一看就停不下来的宋朝史

上

郭瑞祥 著

辽宁人民出版社

图书在版编目（CIP）数据

一看就停不下来的宋朝史 / 郭瑞祥著 . —沈阳：辽宁人民出版社，2020.9
ISBN 978-7-205-09900-8

Ⅰ . ①一… Ⅱ . ①郭… Ⅲ . ①中国历史—宋代—通俗读物 Ⅳ . ① K244.09

中国版本图书馆 CIP 数据核字（2020）第 114899 号

出版发行：辽宁人民出版社
地址：沈阳市和平区十一纬路 25 号　邮编：110003
电话：024-23284321（邮　购）024-23284324（发行部）
传真：024-23284191（发行部）024-23284304（办公室）
http://www.lnpph.com.cn
印　　刷：天津中印联印务有限公司
幅面尺寸：170mm × 240mm
印　　张：30
字　　数：415 千字
出版时间：2020 年 9 月第 1 版
印刷时间：2020 年 9 月第 1 次印刷
责任编辑：赵维宁
封面设计：杨　龙
版式设计：新视点
责任校对：郑　佳
书　　号：ISBN 978-7-205-09900-8

定　　价：90.00 元（上、下）

序 言

五代十国的江湖

政权，原本应是道德伦理、社会秩序的维护者。秦朝注重法制，汉朝武帝以后独尊儒术，即使是在政局动荡的魏晋南北朝时期，统治者也没有停止探索和革新治理方式，致力于天下大同和社稷久安，彰显了政权正向运行的内在逻辑。

与其他时期相比，五代政权更像江湖。

五代政权从唐朝藩镇割据演化过来。唐朝赋予边防部队更大的自主权，没想到会尾大不掉：身兼三镇节度使的安禄山发动叛乱，将庞大帝国冲击得七零八落，从此，军阀林立、藩镇割据成为中晚唐无法消除的疥癣。一百余年之后，黄巢起义耗尽了帝国最后一丝元气。曾是义军的朱温反水，摇身一变成为唐末最大的武装势力。公元 907 年，朱温踢开大唐的炉灶，自立为帝，建立后梁。

潘多拉魔盒由此在五代时期打开。

这个时代，拼的不是道德仁政、治国方略，而是拳头武功！皇帝是老大，掌握兵权的将领按座排次，谁的兵多、谁能打、谁不怕死，那就谁说了算。地方上兵力充裕的大将一旦实力超过中央，就成了王朝的掘墓人。短短五十年间，仅中原地区就先后存在着后梁、后唐、后晋、后汉、后周五个政权，除此之外，还有南唐、前蜀、后蜀、吴越、北汉等十个小政权，所以这一时期被称为五代十国。

我们先把目光投向黄河两岸，朱温建后梁时，定都汴京（今河南开封），辖地基本在燕山以南、淮河秦岭以北。后梁的宿敌是割据太原的李克用，李克用、李存勖父子打着恢复大唐的旗号，与后梁鏖战十五年，终于灭掉后梁，建立后唐，并定都洛阳。

李存勖是位励精图治的君主，公元 925 年灭掉前蜀，让后唐成为五代中疆域最大的国家，北部越过长城，向西到达了陇右，国土面积占当时中国的一半以上。但是李存勖宠信伶人，甚至发展到连政令、军令都要征求伶人意见，引起文臣武将强烈不满。所以公元 926 年，军队将领拥戴李克用养子李嗣源为帝。再后来，李嗣源传位给儿子李从厚，却被养子李从珂趁机起兵夺了帝位。李从珂即位后猜忌诸将，尤其猜忌领兵在外镇守太原的李嗣源的女婿——石敬瑭。公元 936 年，石敬瑭起兵造反，坐困于太原，遂向契丹求救，认辽太宗耶律德光为父，将幽州、云州、蓟州等十六个州割让给契丹。随后，石敬瑭在契丹的援助下灭掉后唐，建立后晋，定都汴京。

幽云十六州包括现今北京、天津全境和河北、山西北部，涵盖燕山山脉，一般称为燕云十六州，是中原地区的北方屏障。燕云丢失，门户洞开，契丹的铁骑几乎可以肆无忌惮地饮马黄淮。

后晋为契丹儿皇帝，大臣都深以为耻。石敬瑭的儿子石重贵继位后拒不称臣，契丹发兵南下，攻进汴京，后晋灭亡。契丹虽灭亡后晋，但遭到中原人民的激烈反抗，无法维持统治，只好北返。公元 947 年，盘踞太原的后晋将领刘知远趁机带兵进入汴京，建国称帝，是为后汉。

后汉是个孱弱的政权，刘知远登基不到一年就死了，其子刘承祐志大才疏，不满于武将骄横，先是设计杀掉在朝中的功勋大臣，继而猜忌领兵在外的大将郭威，密谋派人暗杀他。郭威探知消息后，率先起兵攻入都城汴京，改立刘知远之侄刘赟为帝。郭威尚未将刘赟送至汴京，前线便传来战报，说契丹南下入侵。于是郭威便带兵北上御敌，到达澶州时，郭威手下将领哗变，将一面黄旗代替黄袍披在郭威身上，拥戴他做皇帝，演绎出一场“黄袍加身”的大戏。公元 951 年，郭威带领军队再次进入汴京，登基为帝，国号大周，史称后周。

郭威造反后，派人将行至半路的刘赟杀死。刘赟的父亲、河东节度使刘崇闻知儿子死讯，悲痛欲绝，发誓与后周势不两立。刘崇在太原也称帝，仍然沿用“汉”的国号，史称北汉。

北汉是十国政权之一，也是建国最晚的一个。十国除北汉外，都分布在南方。

东南盘踞着南吴、吴越、闽国三个政权。南吴皇帝杨氏在执政后期大权旁落，被权臣李昪篡位，改国号唐，定都金陵，是十国中最大的国家，史称南唐。吴越王钱氏始终未称帝，第一任国主钱镠教诫子孙“要度德量力而识时务，如遇真主，宜速归附”。闽国在福建一带，建国后内乱不已，公元 945 年被南唐灭国。

中南也有三个政权，分别是南平国、南楚国和南汉国。南平国仅有荆、归、峡三州，在十国中疆域最小，实行睦邻友好政策，以求自保。南楚建都长沙，第一任国主马殷死后，诸子为争夺王位互相倾轧，国力衰微，遂为南唐所灭。公元 955 年南楚旧部复叛，湖南全境由周行逢实际控制。南楚向南，今两广、海南地区是南汉国，南汉后主刘鋹不理朝政，任用宦官、宫女、女巫当政，国势衰微。

西南蜀中先是由唐朝西川节度使王建建立前蜀，公元 925 年为后唐所灭，后唐西川节度使孟知祥又趁乱自立，公元 934 年建国后蜀。后蜀是十国中仅次于南唐的第二强国。

十国之间有战争、有联合，有弱肉强食、有尔虞我诈，但他们在军事上始终难以匹敌中原的五代王朝，特别是后周。

后周君主靠政变取得政权，为了改变武将尾大不掉的弊端，消灭地方上的“江湖老二”，将地方军收归中央，设立了两套军队系统，一套是殿前军，一套是侍卫亲军，殿前军的军力又强于侍卫亲军。这样一来，殿前军首领殿前都点检变成了“江湖老二”，侍卫亲军首领都指挥使算是“江湖老三”。

公元954年元月，郭威病故，养子柴荣继承皇位。这一年，前蜀已不复存在，闽国和南楚也相继灭亡，十国中只有南唐和北汉处于强盛时期。契丹政权雄踞燕山，一直对中原虎视眈眈。

也是这一年，柴荣的高光时刻刚刚到来，而宋朝的主人也在此时走上历史舞台。

我们要讲的宋朝故事，就从这里开始。

目 录

一 皇宫里的秘密

二　战争，让武将走开

三　士大夫的舞台

四　文人这个朋友圈

五　小人物　大社会

六　最是仓皇辞庙日

七　偏安江南

八 吕氏集团

九 师相贾似道

十 独特的政治力量

十一 道学下的士大夫

十二 帝国余晖

一

皇宫里的秘密

江湖老二

柴荣初登帝位，立足未稳，宿敌北汉便联合契丹发动数十万大军乘虚而入，直趋中原，企图一举灭亡后周。柴荣是五代时期少有的英主，他没有畏敌怕战，而是亲率大军远道迎击，力图阻挡敌人于版图之外。

公元954年二月，太行山积雪未消，丹河水寒风凛冽，两支军队在高平激烈交锋，这场战役被称为“高平之战”。

北汉以大将张元徽为左翼，契丹将领杨衮率援军为右翼，北汉君主刘崇为中军，展开咄咄逼人的阵势。后周方面，柴荣针锋相对，以大将李重进、白重赞为左翼，以樊爱能、何徽为右翼，以史彦超、向训为中路，由殿前都指挥使张永德率四千亲兵作为贴身守卫，誓和敌寇决一死战。

北汉依仗兵力上的优势先声夺人，左翼张元徽以精锐骑兵冲击周军右翼。面对威猛彪悍、气势磅礴的北方铁骑，樊爱能、何徽未战先怯，被吓得丢魂丧胆，掉头便跑，致使右翼军迅速溃散。军阵如堤坝，一旦决口便面临着全线崩溃的局面，在这千钧一发的危急时刻，张永德手下宿卫将领赵匡胤大喝一声：“国家安危，在此一举。主上有难，正是我们效命立功的时候，大家跟我冲啊！”说完，提缰催马冲入敌阵。赵匡胤舍生忘死的气概稳定了军心，军队士气大涨、振奋精神，抵抗住了北汉第一波攻击。柴荣抓住机会，冒着雨点般的箭矢冲到阵前亲自督战，后周军队在皇帝的激励下，将士同心、一鼓作气，爆发出不可阻挡的战斗力。江湖法则，愣的怕横的，横的怕不要命的。碰到不要命的强敌，北汉士兵内心恐惧，脚步趔趄，溃不成军。契丹人见北汉败局已定，干脆放弃支援，一走了之。

战后，柴荣整顿军队，论功行赏。败逃的樊爱能、何徽被斩首，年仅二十七岁的赵匡胤受到赏识，破格提拔为殿前都虞候。殿前都虞候掌管军纪整肃，是军队中的高级将领，与行政中的州府同级。

高平之战巩固了后周的强势地位，柴荣从此得以傲视群雄。但柴荣的雄心不止于此，他的目标是统一天下！

南方政权中，实力最强的是南唐。南唐元宗李璟有问鼎中原之志，联合契丹、北汉对后周形成夹攻之势。因此，柴荣在打败北汉后，把主要精力用于削弱南唐。

公元 956 年，柴荣御驾亲征讨伐南唐。大军在寿州遇到阻力，久攻不下。于是柴荣决定改变战术，一方面留重兵对寿州长围久困，另一方面派赵匡胤、韩令坤等分路攻取长江以北的其他重镇，以孤立寿州。

赵匡胤先是在涡口用老弱残兵做诱饵，设下伏击，然后趁南唐军队掉以轻心之时，将其一举歼灭。兵贵神速，取得首战胜利后，赵匡胤决定趁敌军还未在滁州做好防御准备时，攻其不备，一鼓作气进攻滁州。

滁州城外有一险要关口，叫清流关，建在两山夹口，易守难攻，南唐派重兵扼守于此。赵匡胤见此处地势险要，强攻难以奏效，便请当地村民为向导，连夜率兵静悄悄地从山脊绕过关口，直抵滁州城下。滁州守将皇甫晖见赵匡胤部队突然从天而降，十分惊恐，匆忙中想要拖延时间以扭转局面，便在城头喊话说："大家不过是各为其主，没有必要逼人太甚！且让我排兵布阵，咱们一决雌雄！"赵匡胤看破了他的计策，对他笑了笑表示应允。等皇甫晖带着部队慌乱地从城中冲出，赵匡胤伏在马背，抱着马颈，单枪匹马冲进敌阵，喊道："我只杀皇甫晖一人，与其他人无关。"敌军还没有反应过来，赵匡胤已经手起剑落，砍中了皇甫晖头部。接着，后周兵一拥而上，生擒了皇甫晖，滁州城也顺利得手。

与此同时，韩令坤也攻占了扬州。

接连丢城失地的李璟大为恼怒，尽调江南精锐北过长江，发誓要收复诸州。韩令坤在扬州承受了南唐军队的最大压力，以至于打算避其锋芒暂时撤出。

柴荣不愿扬州得而又失，令赵匡胤从滁州驱军至六合作为声援。谁知，赵匡胤到达六合后，却向韩令坤的扬州兵喊话：“有敢退到六合的，斩其足。”俗话说“置之死地而后生”，扬州兵见赵匡胤坚决的态度，便知自己已没有退路，只能死战，扬州兵势如破竹，结果击退了南唐军。

南唐攻不下扬州，转而派大将李景达进攻六合。彼时李景达率领二万余人，赵匡胤却只有不足二千人。有人劝赵匡胤主动出击，赵匡胤摇摇头说：“敌众我寡，主动出击容易暴露兵力。不如以逸待劳，敌人不知我军实力，心存忌惮，如此僵持数日，敌军必然疲惫不堪，我军方可一击而溃。”双方对峙数日后，李景达按捺不住，率兵来攻。周军倾巢而出，气势如虹，果然击退了李景达，歼灭敌军五千多人。

后周取得了一连串胜利，但也兵疲马乏，除了留下少量部队继续围困寿州外，大部队暂时撤回汴京休息整顿，以备再战。

鉴于江淮地区河道纵横，南唐主要依赖水军作战，柴荣决定要训练出自己的水军与南唐抗衡，下令征调能工巧匠在汴水边建造了数百艘战船，又用南唐降将训练水军。仅仅数月，后周的水军便可纵横湖海，势不可当。

公元 957 年十月，柴荣再次亲征，由赵匡胤担任前锋，攻打南唐。后周的水军实力已今非昔比，柴荣指挥水军驰突在纵横交错的水道上，哪里有南唐军队就奔袭到哪里，整个淮河两岸都能听见后周进军的锣鼓声。到次年三月，后周军队连克濠州、泗州、楚州、扬州、泰州、海洲、东浠州等地，战船从淮河游弋到长江，如入无人之境。

眼见后周军队打到了家门口，南唐君主李璟惊恐万状，赶紧派使者前来求和，条件是将江北全部土地割让给后周，奉送财产茶帛，并去除自己的皇帝封号，只称江南国主。

柴荣尽得江北之地，心满意足地班师回朝。

这次远征，赵匡胤拿到了军功第一。论功行赏，张永德晋升为殿前都点检，赵匡胤则接替张永德为殿前都指挥使，同时领忠武军节度使，正式跻身大将行列。

节度使有开府的权利，赵匡胤招赵普、沈义伦、吕余庆、王仁赡、李处耘、楚昭辅等进入幕府，后来他们都成为赵匡胤的心腹。在历次战役中，赵匡胤还结识了一些生死兄弟，有石守信、李继勋、王审琦、韩重赟、刘廷让等，被称为“义社十兄弟”，这些人日后都是宋朝的开国功臣。

南方稳定下来后，柴荣决定征讨契丹辽国。辽国当时在位的是辽穆宗耶律璟，此人晚上通宵饮酒，白天睡觉休息，被称为“睡王”。他凶虐残暴、赏罚无章，国内怨声载道，反叛夺权事件时有发生。趁其辽国人心离散，政局不稳之时，柴荣于公元959年三月发兵河北，打算一举夺回燕云十六州。后周的军队一路高歌猛进，大破益津关、瓦桥关、淤口关，攻克宁州、鄚州、瀛洲三州十七县，沿途辽国守军望风而降。

五月，柴荣驻跸瓦桥关，打算乘胜进击攻下燕京。不料众将忌惮契丹骑兵，纷纷劝谏：“陛下离京四十余日，开边三州十七县，这已经是不世之功。我军将士厮杀良久，十分疲惫，但契丹主力集结于幽州，以逸待劳，胜负尚不可料，不如就此凯旋。”

柴荣十分了解这些将领：他们年轻时不惜性命、拼死作战，无非是想挣个出身，一旦享有富贵，就变得贪生怕死，首鼠两端。这也是柴荣对他们最不满意的地方。

柴荣收复燕云的意志依然坚定，于是他带领众将登上瓦桥关门楼查看地形，研究攻打燕京方案。不料楼口风大，柴荣竟身染沉疴，一病不起。

入夜，柴荣在军营大帐中睡得迷迷糊糊，有内侍前来禀报：“陛下，刚才士兵加固营寨时挖到一只皮囊。北人不会造船，用皮囊充气渡河，不知何故埋在了地下。”

“一只皮囊自行处理就是了，有什么大惊小怪的。”柴荣责怪道。柴荣管理身边人如同治军一样严格，内侍不胜惶恐，想要退下，但犹豫了一下，还是鼓足勇气回答：“打扰陛下病体，奴婢十分不安。但兹事体大，不敢擅专，因为皮囊中有一木条，上面有字，其字不详。”

柴荣听说得怪异，只好勉强起身。内侍赶忙递过一块长二三尺的木条，柴荣一看，上面竟刻着“点检做天子”五个字。

“点检……点检不是张永德吗？”柴荣大骇，从昏昏沉沉的状态中惊醒，一时倒忘了病情。张永德是郭威的女婿，也是柴荣的妹夫，但在这个时代，拥兵自重、谋逆篡位早已是家常便饭，亲情、友情、君臣，在许多人眼里一钱不值。不过也不排除有人故意陷害张永德，张永德掌管殿前军，李重进掌管侍卫亲军，二人一向不合，李重进背地里搞些小动作也不是没有可能。这样的事情不能大张旗鼓进行调查，容易被别有用心的人鼓动士兵把木条当成天意，引起政局动荡。柴荣思虑再三，还是选择防患于未然。于是传令，即日班师回京。

回到汴京，柴荣病情日趋严重，鉴于“点检做天子”的谶语，柴荣对身后的人事进行了精心安排。

柴荣的皇后符氏是大将符彦卿之女，随柴荣出征淮南时染病身亡。柴荣诏令册封符皇后妹妹为新皇后，即小符后；封七岁长子柴宗训为梁王，确立他为皇位继承人。柴荣弥留之际册封新后，目的很明确，梁王年幼，需要皇后垂帘听政，更需要武将的大力支持。

文臣方面以宰相范质、王溥、魏仁浦为顾命大臣，参知枢密院事。枢密院是最高军事机构，负责军队调拨。柴荣让三位文臣掌管枢密院，防范武将的用心十分明显。

武将是调整的重点，总的原则是有名望的老将一律离开中央，资质浅、名望低的被提拔。李重进仍为侍卫亲军都指挥使，但外调镇守淮南；升韩通为侍卫亲军副都指挥使，实际统帅侍卫亲军，并且掌控京城军队调动。免去张永德殿前军都点检一职，外放镇宁军；升赵匡胤为殿前军都点检，统帅殿前军，并晋封开国侯，改归德军节度使。

赵匡胤虽然有韩通掣肘，但掌管着战斗力最强的殿前军。所以此时的“江湖老二”，非赵匡胤莫属。

柴荣的临终安排不可谓不周密，但有一个死结他始终无法解开，那就是五代一直靠拳头说话，忠诚、信义早已被碾得粉碎，一个七岁小孩的拳头，无论如何也难以让那些出生入死的将军们臣服。

脱不下的黄袍

公元 959 年六月中旬，五代时期的英主柴荣在汴京去世，梁王柴宗训继位，是为周恭帝，小符皇后晋升皇太后，垂帘听政，朝中日常事务则由首相范质主持。

皇帝只是个不谙世事的七岁娃娃，符太后也非政治强人，在这个拼拳头、论武功的时代，柴宗训的皇位并不安稳。

朝中手握兵权的将领中，李重进、张永德已经被外放，他们手中的军队实力不足以起事代周。韩通掌握着侍卫亲军和京城城防，但此人寡智少谋，既无心机，也无人缘，不是能够担当大事之人。反观赵匡胤，掌握着帝国最精锐的殿前军，他的“义社十兄弟”又渗透到禁军的各个体系，人人手握重兵，个个独当一面，赵匡胤在军队中的势力无人能比。文臣方面，赵普、楚昭辅等人都是深谋远虑之士，足以辅佐赵匡胤成就一番大事业。赵匡胤又很注重团结朝臣，与宰相王溥私下往来频繁。

综合来看，无论实力、威望、人脉，赵匡胤都是对皇位的最大威胁。所以，柴荣去世不久，从军营将士到市井百姓，“点检做天子”的谶言再度兴起，甚嚣尘上。

侍卫亲军副都指挥使韩通的儿子人称“橐驼儿”，有智略，听到这句谶言后劝诫父亲说：“赵匡胤虽然年轻，但极有威望，父亲还是早做打算，先下手为强，免得将来不好收拾。”谁知韩通竟满不在乎，哈哈大笑说：“我统帅侍卫亲军，又掌管京城布防，赵匡胤只要不离开京城，就是这水坑里的蛤蟆，逃不出我的手掌心，能翻起多大风浪呢？”因此他并没有采取任何防范措施。

外界的传言也让朝堂上的文臣非常忧虑。殿中侍御史郑起上疏范质，指出当前主少国疑，而赵匡胤等人有拉帮结党之嫌，应引起警觉，不宜给赵匡胤统率兵士的权力。然而，当前这种文武辅政的格局是柴荣生前安排的，赵匡胤又无过失，范质没有理由对赵匡胤做出调整。况且范质一介文人，远没有柴荣的胆略和气魄，即便察觉到了赵匡胤是潜在的不安定因素，也没有采取果断措施的决心和手腕。

后周就在这样的暗潮汹涌中度过了半年时间。公元 960 年农历大年初一，宫中照例举行庆贺活动，符太后率文武百官饮酒欢庆，祈福祥和。酒至半酣，却突然接到定州和镇州前线发来的紧急军报：契丹、北汉联合进犯边境！符太后只是个在深闺大院中长大的二十八九岁大的女子，对军政大事哪有什么主见，急忙问询三位宰相。范质、王溥、魏仁浦三人一合计：节度使各司其职镇守一方，不能轻动；韩通虽统率着京城侍卫，却是个大老粗，不适合单独领军去前线；此时最适合带大军出征的，就只有赵匡胤了。于是他们便以皇帝的名义诏令赵匡胤为统帅，带兵北上御敌。

统帅有统筹调度中央禁军的权力，赵匡胤毫不含糊，第二天就升帐点卯，有条不紊地进行了安排部署。随同出征的将领有：殿前副都点检慕容延钊、侍卫马军都指挥使高怀德、侍卫步军都指挥使张令铎、侍卫步军虎捷左厢都指挥使张光瀚、右厢都指挥使赵彦徽。赵匡胤命慕容延钊为先锋火速带军北上，驰援前线。

值得一提的是，赵匡胤此次出征带领的大军以侍卫亲军为主，等于抽空了韩通的班底。这些将领又与赵匡胤有着千丝万缕的联系，高怀德、张令铎都与赵匡胤交好，赵彦徽更是与赵匡胤兄弟相称，所以赵匡胤对大军的掌控度就不须多说。更耐人寻味的是，赵匡胤出征带走了侍卫亲军，却把部分殿前军留在了京城，而掌控殿前军的殿前都指挥使石守信和殿前都虞候王审琦，都是“义社十兄弟”的成员，是赵匡胤的绝对亲信，只会听命于赵匡胤，不可能服从韩通。赵匡胤的这番布局，可以说把中央禁军全部纳入到了自己的麾下。

大年初三，赵匡胤率大军离开汴京。三军号令严明，军容肃整，原本因为春节而变得有些懒散的军士，在赵匡胤这两日的调教下呈现出威武刚猛的气势，浑身上下散发着杀伐之气。

行军途中，赵匡胤的幕僚苗训突然拉住另一位幕僚楚昭辅，指着天上大喊道："快看！太阳下面竟然还有一个太阳！"这句话引得大批将士争相驻足观望。楚昭辅连忙装模作样地向苗训请教，苗训也煞有介事地说："一日克一日，当出新天子。"苗训据说是得道高人陈抟的弟子，善于观测天文、占卜星相，其预言推算很受人推崇，因此他的这句预言一出，就迅速在军营中传播开来。

大军行进至距汴京东北二十里处的陈桥驿驻扎休整。赵匡胤好饮，经常一醉方休。因为军中不便设宴，就一个人自酌自饮，又喝了不少酒，然后倒头便睡，鼾声如雷。不料外面却发生了惊天大事。

这天深夜，都押衙李处耘巡视营寨，发现士兵们议论纷纷、躁动不安，急忙向点检府掌书记赵普汇报。赵普对此心知肚明，就安抚李处耘，让他不用惊慌，也不用过多理会。五更时分，赵匡胤所在的中军帐外一片骚动，一帮禁军将领披甲带刀闯进前帐。赵普起身喝止，众将还是七嘴八舌地嚷道："皇帝幼弱，不能主政，吾等为国厮杀、沙场饮血，有谁知道？不如就此拥立赵匡胤为帝，然后再北上杀敌！"赵普故作惊讶地呵斥道："你等怎能如此胡言乱语！这可是谋逆大罪！"众将答曰："我们现在议论此事，已经足够灭族了，如果赵将军执意不从，我们也只能以死请命。"话说到这份上，赵普便顺势说道："我也不能替赵将军作主，不过诸位既然有这份心，那我就帮诸位仔细谋划一下，万不能这样唐突放肆。"众将听后大喜，遂与赵普商议究竟该如何行事。

赵匡胤一觉睡到大天亮，刚睁开眼，早已立于床前的赵普就向他简要汇报了昨晚发生的事情。赵匡胤听罢大惊："万万不可！"话音未落，众将涌入大帐，带头一人手拿一件黄袍，不由分说便把黄袍披在赵匡胤身上，然后众将跪拜在地，高呼万岁。赵匡胤推辞说："世宗皇帝尸骨未寒，我们如何对得起他！"众将回答道："国不可无主，赵将军不要寒了将士们的心。"赵匡胤又说："你们这些人贪图富贵，逼迫我做天子，能遵从我发号施令那还好，如果不能，那我不能做这个皇帝。”众将急忙再拜，纷纷表示愿意效忠，唯命是从。赵匡胤这才缓和脸色地说：“既然如此，我们在此约法三章：世宗对我有恩，诸位不得惊扰太后与幼主；朝中大臣都曾是我平起平坐的同僚，诸位不得欺凌他们；朝廷府库、百姓之家，更不能纵容军士劫掠。如果能做到这三点，那事成之后论功行赏，违背约定者，则按律诛杀。”众将连声允诺。

之后，赵普将与众将谋划好的行动计划和盘托出，赵匡胤很快就作出决定：遣幕僚楚昭辅入京护佑母亲杜氏及家人；遣骁将王彦升向石守信、王审琦说明情况，要求他们控制军队，趁此拿下京城的控制权；遣亲将潘美到京城向朝廷通报消息。做好这些安排之后，赵匡胤才率领大军开拔回京。

五代兵变，要么两军交战血流成河，要么纵容士兵烧杀抢掠，导致人心恐慌、时局动荡。赵匡胤念及旧恩，力图兵不血刃、和平演变，不仅要“得天下”，更立足于“治天下”。

赵匡胤兵变的消息传到京城后，整个朝堂乱成了一锅粥。范质得知这一消息后瞬间变了脸色，猛然抓住身旁的王溥，指甲几乎剜进王溥的肉里，连声哀叹：“仓促派大将出征，这是我们的罪过啊！”二人急忙到后宫向符太后禀报情况，商量对策，但符太后久居深宫，不擅长处理政事，面对政变不知所措，只能哭哭啼啼地携带幼帝柴宗训到寺庙进香，祈求佛祖保佑。

此时此刻，唯一还有可能阻止赵匡胤的人，就只有韩通了。

韩通本想去军营组织士兵，但军队早已被石守信、王审琦控制，他们命令军士在韩通靠近军营时乱箭齐发，不让韩通靠近。韩通无奈，便打算回府组织亲兵，然后再决定是抵抗到底还是趁势逃出京城。却不料行至半途，正好撞见王彦升率领兵士迎面而来，韩通纵马飞逃，王彦升见状则紧追不舍。二人一追一逃来到韩府外，王彦升拍马赶上韩通，一枪将其刺于马下。随后王彦升又带兵杀入韩府，将韩府上下屠戮一空。

这便是此次政变中发生的唯一一件流血事件。赵匡胤在得知王彦升擅自杀死韩通及其一家老小后，本想将王彦升斩首以儆效尤，但念其毕竟有功，所以并未将其治罪，不过之后也再没有重用过他。

赵匡胤率领大军进城之后，军队秋毫无犯、秩序井然。对平民百姓来说，这场政变就像没有发生过似的。但对朝廷大臣而言，他们必须要作出抉择、重新站队了。

军士们来到朝堂，将朝臣暂时看管起来，等待他们表态。三位宰相首先被带到赵匡胤面前。范质见到赵匡胤后，大声质问："世宗皇帝待你如亲子，你怎忍心做出这样的事！"赵匡胤满脸惭愧，痛哭着向他们详细说明了兵变的情况，诉说自己真的是被逼无奈。范质尚未接话，赵匡胤身边的军校罗彦环就挺剑向前，威胁范质："吾等军士在外搏命厮杀，朝内岂能无明主？今日谁若阻拦吾主，但与吾宝剑说矣！"赵匡胤急忙喝退罗彦环，但范质已经知道，事情发展到这个局面，已经无法挽回了，只能说道："自古有禅让之礼，赵将军若要坐上皇位，理应效法古人，事太后如母，待少帝如子，不可忘却先帝知遇之恩！"赵匡胤眼含热泪，应允下来。

禅让大典是范质主持举行的，然而到了该宣读禅让诏书的关键环节，众人才发现事出仓促竟没有让人准备禅让诏书。正当大殿上的众人不知所措的时候，平日里负责起草诏书的翰林学士承旨陶谷却不慌不忙，从衣袖中掏出早已写好的禅让诏书，使得禅让大典得以顺利进行。

赵匡胤在范质等人的拥扶下登上大殿、坐上龙椅，一个崭新的朝代就此揭开帷幕。

因赵匡胤在后周为归德军节度使，而归德军的治所为宋州，所以赵匡胤按照各朝代以龙兴之地为国号的惯例，颁布圣旨，定国号为"宋"，都城仍设在开封，称东京或汴京，并承袭后周旧制。一百六十多年后，宋朝第十任皇帝赵构，将都城由开封迁往杭州，历史上为了加以区分，将迁都前后的宋朝分称为北宋和南宋。

陈桥驿有棵老槐树，是赵匡胤当年宿营时系马的地方。世人都说赵匡胤的江山得来容易：“拴马时是将军，解马时就是皇帝了。”不过后人大都质疑陈桥驿兵变是有预谋的，是赵匡胤自导自演的一出大戏，大致理由有：

一、契丹北汉联合来犯，在赵匡胤登基后却毫无动静，可见这个军情，是赵匡胤授意他人散播的谎言。

二、军务紧急，赵匡胤怎么还有闲情饮酒，并且恰好醉得不省人事？所以赵匡胤装睡的可能性非常大。

三、军中怎会有现成的黄袍？

四、陶谷的禅让诏书很明显是预先准备好的。

陈桥驿兵变迷雾重重，上面几条并不能拨开迷雾、洞悉真相，因为：

一、柴宗训即位不久，主少国疑，敌国认为有机可乘；赵匡胤政变成功后，政权平稳过渡，且赵匡胤本人又久经沙场，军事造诣极高，敌国不战而退也说得过去。

二、赵匡胤好饮酒是出了名的，他的死就与饮酒有关，上战场之前放纵一下也情有可原。

三、赵匡胤酒醒前，赵普已与诸将密谋良久，军中可能没有黄袍，但应该有黄色布料，临时赶制一件黄袍完全来得及。

四、兵变的消息被事先通报到京城，陶谷凭职业敏感拟好诏书也在情理之中。

有几个细节可以作为赵匡胤并没有参与预谋的论据。以赵匡胤的资历和地位，远没有达到把持朝政、大权独揽、肆意妄行的地步，他不可能事先放出“点检作天子”的谶言，让自己处于受猜忌之中。而且政变这样的大事，随时都会有意想不到的状况发生，赵匡胤在那个时候无论是真醉还是装睡，都是不合时宜的。还有一点，兵变之前，随行大将中赵彦徽与赵匡胤的关系最好，但兵变后不久，赵彦徽的军职反而被罢免，应该是因为他在兵变中的态度不明朗，显然，赵彦徽事前并没有得到消息。

当然，这些并不能完全证实赵匡胤的清白。其实仔细回味整个兵变过程，最有可能的真相是：

一、武将是这次兵变的主谋。按照五代十国弱肉强食的江湖规矩，少主不能服众，众将想要拥戴一位新的天子，而赵匡胤自带领袖气质，加上他自身的人脉、战功、军权等优势，可以说是众望所归。

二、从赵普、苗训、楚昭辅等人的表现来看，赵匡胤的幕僚参与了兵变的谋划，或者说，他们有意识地推动了政变。

三、赵匡胤对众人的谋划早有风闻，但未加制止，反而任其发展、明推暗就。

现有史料的记载，矛盾之处颇多，比如赵匡胤的弟弟赵匡义是否也参与了这场兵变，众说纷纭，一直争论不休。想要揭开历史的真相，恐怕只能等待新的证据。

原来你是这样的兄弟

儒家把忠孝相提并论，认为忠是孝的延伸，孝是忠的底蕴，其实未必尽然。赵匡胤背叛恩主、欺侮幼弱，违背了忠君之道，但侍奉母亲却事必躬亲、毫不违逆，极尽人子之孝。

登基后，赵匡胤尊母亲杜氏为皇太后。赵匡胤虽政务繁忙，但日无寒暑，都要去跟杜太后请安问好。无奈杜太后福寿绵薄，不久宾天。

杜太后临终时屏退左右，拉着赵匡胤的手问："知道你为什么能得到天下吗？"为了让母亲高兴，赵匡胤回答说："这都是托您和我父亲的福。"杜太后说："不对。你能得到天下，是因为周世宗传位给了不谙世事的幼子。如果柴氏有成年人继位，这天下还能轮到你吗！所以在你百年之后，要把皇位传给你弟弟。天下太大，事务繁忙，如果能立长者为君，是社稷之福啊。"赵匡胤哭泣着答应道："我不敢不遵从您的教导。"杜太后担心赵匡胤偏袒自己的儿子，补充说道："二弟之后传于三弟，三弟之后再传给你的儿子，这样你也可以安心了。"太后又诏令宰相赵普进宫，嘱托说："你把我的话记下来，不可违背。"让赵普当场写下誓言，署上姓名，藏于金盒之中，放在宫中隐秘的地方，这就是所谓的"金匮之盟"。

赵匡胤有两个弟弟：二弟比赵匡胤小十二岁，初名匡义，为避讳改名光义，后来即皇帝位后自行改名为炅；三弟比赵匡胤小二十岁，曾名匡美、光美，最后改名廷美。本书按约定俗成分别称呼二人为赵光义、赵廷美。

赵匡胤遵从母亲的要求，任命二弟赵光义为平章事、开封尹。宋代的平章事就是宰相，开封尹是京城的最高行政长官。按五代延续下来的惯例，亲王行开封尹意味着被确立为皇储，例如晋出帝石重贵、周世宗柴荣都曾担任过这一职务。赵光义得到了开封尹一职，离皇储就只差一个王爵的封号。就在赵光义即将功成行满的时候，金匮之盟的见证人赵普却密奏赵匡胤，坚决反对“兄终弟及”这种传位方式。赵普是陈桥驿兵变的有功之臣，也是赵匡胤最为倚重的亲近之臣，他的意见让赵匡胤不得不慎重考虑，所以赵光义封王的事暂时搁置了起来。

赵普是读书人，他竭力维护正统的封建秩序，反映到皇位继承上就是“父死子继”。为此他与赵光义之间进行了针锋相对的斗争。

赵光义为了向军队渗透自己的势力，推荐老丈人符彦卿统领禁军（符彦卿有三个女儿，两个嫁给柴荣，一个嫁给了赵光义），赵普对此坚决不同意。赵匡胤说：“我对待符彦卿这么好，他怎么可能背叛我。”赵普便提醒赵匡胤：“周世宗不是也很信任陛下吗？”赵匡胤无言以对，只好收回成命。

赵光义以开封府为基地，培养了许多心腹党羽。赵普便想方设法予以剪除，不让赵光义势力坐大。

赵普注意到枢密直学士冯瓒才能出众，且与赵光义来往密切，因此赵普便开始针对冯瓒，想方设法把冯瓒排挤出京城。赵普先是推荐冯瓒到遥远的梓州任职，后来觉得这样还不够，赵普继续穷追猛打，把一名心腹安插到冯瓒身边，对冯瓒进行窥察监视。不久，这名心腹果然有所收获，发现了冯瓒有勾结监军、通判贪污受贿的问题。心腹立即返回京城向朝廷举报，还添油加醋地夸大案情，引起赵匡胤的重视。赵匡胤立即令冯瓒回京，亲自对其进行审问。赵普知道单凭这些还不足以彻底踩倒冯瓒，于是，他秘密派人赶赴潼关，拦截搜查冯瓒运回京城的行李。这一招果然有效，他在冯瓒的包裹里发现了几条金带和大量珍玩，并且写有赵光义幕僚刘嶅的名字。金带只有帝王、后妃、王公才能佩饰，刘嶅这样的下级官吏根本没有资格拥有。很明显，冯瓒贿赂的对象不是刘嶅，而是赵光义。赵普喜出望外，把金带珍玩等赃物摆在赵匡胤面前，要求处死冯瓒。没想到事情虽然牵扯上了赵光义，但赵匡胤对赵普和赵光义二人的斗法心知肚明，只想大事化小小事化了。赵普却对这件事情据理力争、不依不饶，赵匡胤只好将冯瓒削职为民，流放到登州沙门岛，并将刘嶅免职。

赵光义受到赵普的处处针对，自然不会任人宰割，他一直在寻找机会进行反击。

有一次，赵普批条子要求大理寺更改一个犯人的刑罚，让大理寺长官雷得骧非常反感。雷得骧一气之下跑去向皇帝告御状，他是个急性子，不等通报便直接闯进了赵匡胤办公的大殿，并且大嚷大叫，情绪激动，言辞激烈。赵匡胤十分信任赵普，责怪雷得骧失礼，呵斥他道："鼎铛尚有耳，汝不闻赵普吾之社稷臣乎？"意思是鼎和铛这样的器物还长着两只耳朵，难道你不长耳朵，没听到过赵普是我倚重的社稷之臣吗？雷得骧见赵匡胤根本不讲道理，口不择言道："陛下这样纵容赵普，这天下到底是您的还是他赵普的。"赵匡胤听后大怒，拿起手边的柱斧就扔向雷得骧。柱斧是玉做的手杖，手柄像斧头，本不能伤人，奈何赵匡胤行伍出身，力道大，这一扔就砸掉了雷得骧两颗门牙。赵匡胤还不解气，命人把雷得骧拖出去，打入死牢。等赵匡胤消气之后，又觉得自己对雷得骧的处罚太重，便免去了雷得骧死刑，将他发配到了偏远地区去了。

雷得骧有个儿子叫雷有邻，赋闲在家，还没有被授予官职。突如其来的一场变故，让他慌了神，并且将过错全部归罪于赵普，立誓要为父亲报仇雪恨。赵光义关注雷家的情况，感到有机可乘，于是勾结雷有邻，资助他搜集赵普的黑资料。雷有邻有时间，也有花不完的钱财，正适合打探消息、网罗证据。接下来，他想尽办法结交赵普身边的幕僚和来往密切的官吏，不惜银两，出手大方，取得了他们的信任。潜伏了五年之久，终于掌握了赵普滥用职权，纵容下属横行不法的大量罪证。

公元 973 年六月，雷有邻以布衣的身份敲响专门用于告御状的登闻鼓，赵匡胤只好下令御史府进行调查。调查发现雷有邻举报属实，赵普确实有罪。赵普在宰相的位置上盘踞十年，得罪了不少人，此时墙倒众人推，大臣们纷纷上奏弹劾，要求罢免赵普。赵匡胤无奈，重惩涉案人员，外放赵普任河阳三城节度使。

赵普一击而倒，赵光义踢开了最大的绊脚石，不到一个月就被封为晋王，虽然没有圣旨明诏，但事实上已经等同于储君。

赵光义虽然武功不如哥哥，胸襟不如哥哥，军事才能不如哥哥，但书读得比哥哥多，治国理政的道理也学了不少，尤其对权略机谋最为得心应手。这几年盘踞开封府，逐步培养了自己的势力和人脉，他在一步一步地向皇帝宝座冲刺。

这个机会终于不期而至。公元976年农历十月十九日夜晚，原本星斗明灿的天气突然阴霾四起，大雪纷扬。赵匡胤感到身体不适，召赵光义到宫中议事。二人屏退左右，边喝酒边谈话。内侍们无法听清所谈内容，只能看到窗上烛影摇动。烛影之下，两个人仿佛讨论得很热烈，又像是争论得很激烈。赵光义几次离开座位，做出避让拒绝的动作。过了片刻，听见赵匡胤用柱斧猛烈击打地面，大声说："好做，好做。"之后室内渐渐平静，归于沉寂。半夜时分，赵光义独自离宫，赵匡胤则解衣就寝。这就是所谓的"烛影斧声"事件。

赵匡胤酒后熟睡，鼾声如雷，直到四更时分，鼾声骤停。侍寝的宋皇后对其呼喊摇晃不见动静，情知有异，赶紧让当值宦官去请御医。御医赶来时，赵匡胤已经停止了呼吸。

宋皇后年方二十六岁，公元968年入宫封后，很受宠爱。她入宫时赵匡胤的长子赵德昭已经被授予官职，忙于公务，宋皇后与他很少见面。倒是次子赵德芳养在宫中，在宋皇后身边生活了很长时间，二人感情深厚。平日里，宋皇后经常在赵匡胤面前吹枕头风，希望赵匡胤立赵德芳为太子。赵匡胤是位主意坚定的英主，确定继承人当然不会受后宫左右。现在赵匡胤暴死，而外界尚不知晓，谁捷足先登，谁就有可能控制局势，成为皇位继承人。宋皇后赶紧收起眼泪，让赵匡胤的心腹太监王继恩速传赵德芳入宫。

王继恩边走边想："陛下平日里看重的是晋王，定然打算传位于晋王。赵德芳官职低微，又是幼子，如何能担当大任？倒不如去请晋王。"于是径直向开封府走去。宋皇后原以为近水楼台可以先得月，怎么也没有想到王继恩这个奴才竟敢擅自做主。她还在宫中焦急等待赵德芳的时候，王继恩已经来到了开封府门前。让王继恩惊讶的是，京城名医程德玄此时也在这里！程德玄解释说自己莫名其妙地感觉今晚会有大事发生，就来到晋王府前等候。两人敲门进见赵光义，通报了宫里情况，赵光义大惊，一时不知如何是好。他虽是公认的储君，但毕竟没有皇帝皇后诏命，这时候擅自入宫无异于叛逆。他犹豫着对王继恩说："我先同家人商量一下。"王继恩催促道："大事当前，当断则断。晋王如果再有迟疑，别人恐怕要捷足先登了！"赵光义当然不愿失去这稍纵即逝的机会，把心一横，咬着牙说："走！"为了不让家人担心，他不带仆从，也不骑马，三人徒步踩雪前往皇宫。

到了寝殿门口，王继恩原打算先行通报，程德玄制止说："非常时期，行非常之事，不必拘于礼数。"于是，赵光义推开殿门径直闯了进去。听见说话和开门声，宋皇后以为是赵德芳到了，迫不及待地问："德芳来了吗？"只听王继恩冷冷回道："晋王来了。"宋皇后是聪明之人，马上意识到已被王继恩出卖，心中暗叫不好。但事到如今，还能有什么办法！她反应很快，当即对赵光义施礼说："我们母子的性命就托付给官家了。"官家是宋代对皇帝的称呼，说明宋皇后被迫放弃了对皇位的争夺。赵光义回答说："共保富贵，勿忧也。"

第二天，赵光义在灵前即位，是为太宗，赵匡胤终年五十岁，庙号太祖。

赵匡胤传位给兄弟，有悖于常伦，伴随着赵光义登基，阴谋论开始在坊间悄悄流传。很多人相信金匮之盟子虚乌有，这都是赵光义弑兄篡位的掩盖，而赵匡胤是死于非命。他们认为"烛影斧声"是赵匡胤和赵光义二人的交锋：

赵匡胤请赵光义喝酒，并告知要把皇位传于赵德昭，二人发生激烈争吵，赵匡胤气得用斧头击打地面，讽刺赵光义说："这就是你做的好事！"既然撕破了脸面，赵光义一不做二不休，在酒里下了毒药，致使赵匡胤夜半毒发身亡。之后让程德玄在开封府门口等待皇宫消息，随时准备入宫争夺帝位。而王继恩，正是赵光义埋伏在皇宫的一颗棋子。

"金匮之盟"和"烛影斧声"确实有很多可疑的地方：比如王继恩怎么敢违

反宋皇后命令自作主张？名医程德玄为何半夜守候在开封府门口？金匮之盟既然保存在宫中，怎会从来没有人看见过？杜太后去世时赵德昭已经十一岁，不久就可长大成人，怎么能与柴荣传位幼子类比？

当然，这些疑点尚不能证明赵光义弑兄篡位。鉴于五代十国王朝倾覆、周世宗柴荣英年早逝的教训，赵匡胤很早就开始着意培养赵光义。等赵德昭长大，赵光义羽翼已丰。如果赵匡胤不愿看到家族流血、骨肉相残，传位赵光义是明智的选择。况且，从政治经验和政治手段上来看，在所有候选人中，赵光义无疑是皇位的最合适人选。赵匡胤喊赵光义喝酒，很有可能是感到身体不适后，向赵光义托付后事，而赵光义总要推辞一番。因此，更多的人认为传位赵光义是赵匡胤本人的政治安排，并没有什么太后遗命和金匮之盟，但赵光义也没有弑兄篡位的道理。赵匡胤的传位意图在生前表现得非常明显，主要有以下四点：

一、按五代以来惯例，授赵光义开封尹，并封晋王，且罢免了一直阻挠传位赵光义的赵普。

二、终太祖之世，两位皇子德昭和德芳都没有封王，与赵光义的官位和爵位都相差很远，明显是给赵光义让道。

三、对赵光义有意扩大自己的势力，赵匡胤听之任之，乐见其成。赵光义在衙门里养了很多精壮的武士，赵匡胤不但不加以约束，还找机会赏赐他们，鼓励他们为晋王尽忠尽力。

四、赵匡胤公然为赵光义继位站台。赵匡胤经常对近臣说："晋王龙行虎步，他日必为太平天子，他的福分连我也比不上啊。"作为皇帝，这样的话语绝对不会是随口一说。

金匮之盟和烛影斧声是宋初两大疑案，也是千年未解之谜。不管赵光义是弑兄篡位，还是正常继位，相对于一统天下的大业来说，也许是正确的选择，但对于赵氏家族的子嗣来说，无疑是噩梦的开始。

家庭风暴

“金匮之盟”的最初设计是赵匡胤传位于二弟赵光义，赵光义传位于三弟赵廷美，赵廷美再传位于赵匡胤长子赵德昭。

赵光义即位后，宋朝周边形势已经发生了根本变化，南方小国大多被灭，宋结束战乱、统一天下的局面指日可待。在这种情况下，为防止武将僭越而设立的“传长不传幼”的盟约已经不合时宜，赵光义逐渐产生了将皇位直接传于儿子的想法，并由此引发一场家庭风暴。

公元 979 年初，赵光义统帅部队亲征北汉，将士们为国效命，奋勇争先，五月攻破太原。将士征战数月，身心俱疲，眼巴巴地等待着朝廷的赏赐。但赵光义头脑发热，企图乘胜利的余威一举夺取燕云，然后再一并行赏，于是强令部队长驱直进，转而进攻劲敌契丹。

开始时宋军进展顺利，轻松拿下易州、涿州，包围了辽国的南京幽州。幽州是中原与塞北的咽喉，辽国决不会轻易放弃。辽主派遣大将耶律休哥率精锐骑兵增援，宋军却因围攻幽州不下，又久不见赏赐，产生了厌战情绪，导致士气低落。七月初六，宋军与契丹援军在幽州城西高粱河决战，宋军惨败，死伤一万多人。赵光义腿上中了两箭，仓皇逃走，身边只跟随着三名近卫。逃到涿州后，赵光义又担心辽军随后追来，找了辆驴车继续南逃百余里才安顿下来。

等到宋军将士突出重围，整顿队伍时，到处寻不到赵光义。诸将议论纷纷，甚至有人猜测赵光义可能已经罹难。国不可一日无主，军不可片刻无帅，怎么办？当时太祖长子赵德昭随行军中，有人便提议拥立赵德昭为帝，安抚人心。赵德昭固辞道："皇叔天命在身，一定能化险为夷，你们不可造次，只安心等待消息便可。"诸将见他执意不从，也没有强求。不久得到赵光义独自南逃的消息，大家才整顿兵马，回军护驾。

回到京城，有好事者将军中议立赵德昭的情况密报给赵光义。赵光义惊出一身冷汗，心想：险些重演一遍当年的黄袍加身！

偏偏这个时候，赵德昭求见。原来诸将攻克太原，一直不见朝廷论功行赏，便推举赵德昭作为代表前来请求赏赐。赵光义正在气头上，呵斥道："战败回来，还有什么颜面讨要功赏！"赵德昭并未察觉赵光义心事，按自己的思路辩解说："征辽纵然无功，但终究荡平了北汉，如果不赏，将士们恐怕会很失望。"赵光义见赵德昭坚持己见，怀疑他有意笼络人心，便讥刺道："等你做了皇帝，再赏赐他们也还不迟。"这两句话，已经把猜忌和怀疑的心思和盘托出。

赵德昭羞愧地回到府邸，心中郁闷，想起这皇位本来应该是自己的，如今被叔叔抢了过去，自己只好忍气吞声，言谈举止还要时时提防、处处小心，每天如履薄冰。明明自己毫无过错，却无端遭受叔叔的疑忌与呵斥。思来想去，赵德昭越想越觉得活着窝囊，瞥见桌上放着一把水果刀，竟随手拿起来割腕自尽了。

赵光义接到报告，又喜又愧又悔。喜的是除去了一个皇位传承上的潜在竞争者，愧的是无颜面对亡故的太后和先帝，悔的是德昭平日里谦恭谨严，自己这样对他确实过分。他怀着复杂的心情亲自来到武功郡王府，不顾身躯尊贵，抱着赵德昭的尸体，流着泪说："真是痴儿，朕不过在气头上说你几句，何至于此！"当即追封赵德昭为魏王，改封赵廷美为秦王，并追赏将士们攻克太原之功，算是对赵德昭的一个交代。

赵德昭死后一年多，赵德芳在府中毫无征兆地病亡，时二十三岁，正值壮年。赵德芳在民间被誉为"八贤王"，《杨家将》里对他有精彩的描述，但在真实的历史中赵德芳却籍籍无名，并且死得不明不白。

皇位潜在的三个竞争者，已经薨了两人，只剩下赵光义的弟弟赵廷美。两位皇子之死是否是赵光义有意所为，尚且难以定论，但接下来赵廷美的一系列冤案，则赤裸裸暴露了赵光义的险恶用心。这一次他断然摘下兄友弟恭的伪装面具，除了自身的政治需要，还与一个人息息相关，这个人便是赵普。

赵普外放任河阳三城节度使，比之中枢宰辅，实在是不值一提。他一心想再执权柄，重返政治中心。熟谙政治手腕的赵普从赵德昭、赵德芳的遭遇中参悟了赵光义的需求和用意，于是灵机一动，想出了个主意，可以帮助自己东山再起。他向赵光义上疏，自称杜太后有一份临终遗命，自己参与制订并了解内情。赵光义大喜，召赵普入宫，二人一席密谈之后，赵普以见证人身份向朝臣公开了“金匮之盟”。不过赵普版的“金匮之盟”，没有涉及传位赵廷美、赵德昭的问题。赵普向赵光义进谏说：“古往今来，兄终弟及是不得已而为之，父死子继才是正常的秩序。太祖已经错了一次，希望陛下不要一错再错。”这话说到了赵光义的心坎上，当时一拍即合，达成了一笔交易：赵光义重新起用赵普为相，赵普帮助赵光义完成“父死子继”的传位计划。他们的剑锋共同指向一个人，那就是赵廷美。

赵廷美见两位侄子死得不明不白，预感到赵光义要背弃三传之约，自己恐怕也不能免祸。他素来秉性粗率、行事随意，心中郁结就不由自主地形之于口舌，私下里发牢骚说：“二哥对不起大哥！”俗话说“祸从口出”，这句话辗转被一些功利小人得知，向赵光义告发秦王“骄恣，将有阴谋窃发。”意思是秦王傲慢放纵，暗地里可能会有阴谋。这两层意思没有任何逻辑关系，但赵光义正要找赵廷美的霉头，便借着这个由头免去了赵廷美的开封尹职务，贬为西京留守，到洛阳任职。

赵光义也知道罢免赵廷美的理由过于牵强，留着赵廷美终究是块心病，就授意赵普秘密调查，罗列能够置赵廷美于死地的罪名。

赵普与另一位宰相卢多逊有隙，便假公济私，想了个一石两鸟的主意。不多久赵普上疏赵光义，言已经查明真相：卢多逊与秦王暗中勾结，密谋反叛！具体事实是，卢多逊经常派遣手下办事员赵白向秦王传递信息，泄露两府中枢的机要秘密。有一次，卢多逊借赵白向秦王表示忠心：“希望当今的皇上早点晏驾，我一定尽心尽力侍奉大王。”赵廷美则遣王府小吏樊德明回话说：“此言正合我意，我也希望皇帝早点晏驾。”并私下赠送给卢多逊一些弓箭兵器，卢多逊一一接受。

赵光义装作一副震惊的样子：“虽然有兄终弟及的约定，但廷美他就这么着急吗？朕念及兄弟之情，他却怀谋逆之心，真是大逆不道呀！”又问赵普：“你确定调查属实吗？”赵普回道：“拘捕赵白、樊德明，审问便知。”赵光义便将案件交付有司严办。重刑之下，焉有撬不开的口！赵白、樊德明一一招认，又缉拿卢多逊对质，卢多逊情知难逃一死，只好违心认罪。

秦王谋逆罪证确凿，但赵光义做贼心虚，生怕外界议论，还得继续把戏演下去，于是召集大臣廷议如何处理赵廷美案。

后周遗老王溥，虽然行将就木，但不改趋炎附势、见风使舵的本性，串通七十四名大臣联名上奏，要求诛杀卢多逊、赵廷美。奏章说：“多逊与廷美勾结交往，诅咒君父，大逆不道，宜行诛灭，以正刑章。”赵光义故作不忍之态：“朕因手足之情，不忍加诛，还是应当从宽处理。”朝臣早已参悟透他的心思，一致请求大义灭亲，处以极刑。赵光义的手段却比这些老臣更加老道，他偏偏要把事情做得不着痕迹，不留非议，要像残叶落入腐水一样让它自消自灭。

最后赵光义颁布诏令：削去赵廷美一切官职，仅保留秦王封号，居于家中，不得擅自出入；子女一律夺取王子公主称号。卢多逊及一家亲属，全部发配崖州。赵白、樊德明以及与案件有牵连的阎密、王继勋等，斩首示众，籍没家产，亲属流放边岛。

过了一段时间，赵普见赵廷美事件风平浪静，没有引发任何政治风波，他便指使接任开封府的李符上言：“赵廷美不思悔过，终日怨言，应该迁徙到边远地区，以防止节外生枝。”李符是开封府长官，而赵廷美被软禁在西京洛阳，不知李符是如何侦得赵廷美“不思悔过，终日怨言”的。不过赵光义不会去细究事情原委，他要的是继续迫害赵廷美的由头。于是削去赵廷美秦王爵位，降为涪陵县公，迁往房州安置。同时命崇仪使阎彦进知房州，监察御史袁廓为房州通判，目的是监视赵廷美。

房州位于神农架大山深处，山林四塞，纵横千里，是宋代有名的蛮荒之地。一名王爷、皇储，现今落到这般田地，如何能不悲伤郁愤！公元 984 年，赵廷美染上肝气横逆之症，撒手人寰，终年三十八岁。

赵廷美死亡的消息报到朝廷，赵光义泣不成声，对朝臣说："廷美自小倔强执拗，长大后更加粗暴凶狠。朕把他贬到房州，想让他改过自新，然后像以往一样加恩重用，谁知他竟猝然病逝，除了悲伤，还能怎样补救呢！"朝臣们甚为感动，纷纷劝说皇上保重龙体，不宜为一名罪人过度悲伤。

除掉兄弟侄儿，赵光义终于可以心安理得将皇位传于儿子。但他的儿子并不领情，家庭风暴还远未结束。

一波三折的皇位之路

赵元侃做梦也想不到，自己后来能坐上龙椅，接受满朝文武潮水般的跪拜，成为四海之内万众敬仰的大宋天子。

赵光义有九个儿子，赵元侃排行第三，处于不上不下的尴尬位置。他对皇位从来没有非分之想，平日里喜欢读书、写诗、做学问，这句用来鼓舞无数士人遨游书海的诗——“书中自有千钟粟，书中自有黄金屋，书中自有颜如玉”也是赵元侃所作。

大哥赵元佐龙凤天姿，武艺超群。赵元佐十三岁时，跟随赵光义和大臣、皇子到近郊打猎。途中，一只兔子从辇前轻快地蹿过，赵元佐反应迅速，搭箭引弓，动作一气呵成，一箭便将兔子射倒在地。看着眼前突然倒地的兔子，大臣们才注意到这个猎杀过程，齐声为赵元佐喝彩，就连来朝的契丹使者也十分惊讶、不敢轻视这位年少的皇子。

宋军出征北汉、讨伐契丹时，赵元佐也随军历练，回朝不久即拜平章事，先封卫王，又改封楚王，徙居东宫。如果不是赵廷美挡在前面，赵元佐恐怕早已被立为太子。

公元 984 年，赵廷美因交结中枢、图谋篡逆遭流放，满朝文武没有人敢提出半点异议。出乎所有人意料，赵元佐竟挺身而出，在赵光义面前为赵廷美申辩，说：“叔父胸无城府，爱发牢骚，说了不该说的话，但决不会谋逆！”赵光义很是奇怪，这个儿子怎么会为对手辩解？赵光义只好提醒他说：“朕惩戒廷美，难道不是为了你吗？”谁知赵元佐毫不领情，反而为赵光义残害亲人的手段而悲伤，抽泣着说：“昔日魏文帝曹丕猜忌陈思王曹植，陈思王感于兄弟阋墙，骨肉相残，作诗‘本是同根生，相煎何太急’，父皇难道不能借鉴吗？何况，天下本袭于伯父，父皇何必纳于私囊？”赵光义没想到钟爱的儿子敢在自己面前这般造次，愣了半晌竟不知如何应对，但他还是相信儿子以后总会理解他的。

后来赵元佐接到赵廷美死在房州的消息时，内心更加郁愤。过去他一直相信烛影斧声是谣传，直到此刻他突然清醒地意识到，那张高高在上的皇帝宝座沾满了鲜血，而且是亲人的鲜血！这让他上朝时再也无法直视那把椅子，一抬头眼前便出现刀剑悬颈，鲜血如注的画面。

仁慈宽厚的赵元佐崩溃了。他见侍者端来的果盘上放着一把水果刀，眼前仿佛出现堂兄赵德昭用这把刀割腕而死的场景，恍惚中感觉那刀直刺自己而来，遂尖叫一声，在极端恐惧中慌忙拿起水果刀挥舞过去，刚好砍伤侍者的眼睛。

赵元佐疯了。在以后的日子里，他爱上了刀，爱拿刀与侍者打闹，高兴或不高兴时会突然捅侍者一刀。侍者对他避之不及，没有人敢走近这位王爷。赵光义虽然恼怒赵元佐曾经的桀骜不恭，叹惋他现在的头脑混沌，但仍然没有放弃对他的希望。赵光义选派最好的医生为他医治，严令侍者下人耐心劝慰。经过一段时间的调理，赵元佐的病情表现出向好的迹象，有时能安安静静地待上一两天，并且说话办事不再颠三倒四。

公元 985 年叶疏秋深之时，赵光义欣喜于赵元佐病情减轻，在宫中大摆重阳宴，与诸王和近臣欢饮。因为怕赵元佐受到刺激，所以没有让他过来。

酒宴结束，已然夜深，诸王结伴而回。路过东宫时，却被披头散发的赵元佐拦住去路，他手握一把宝剑指着众人厉声说：“父皇请你们这些王子，独独落下我，这是要遗弃我吗？”接着手舞足蹈地唱道：“泛彼柏舟，亦泛其流。耿耿不寐，如有隐忧。微我无酒，以敖以游。”这是《诗经》里的一首弃妇诗，描写不遇淑人的苦闷。赵元佐唱着唱着，竟泪流满面。

赵光义的次子陈王赵元僖一向与赵元佐不对付，大声喝道：“楚王疯了，侍卫何在，将他送入东宫！”侍卫们迟疑着，不知道该不该听赵元僖的。赵元佐端详着赵元僖，说：“你是秦王？”赵元僖指着赵元佐说：“疯子，疯子，这里哪有什么秦王，我是陈王！”赵元佐对着其他诸王说：“他分明就是秦王，杀死兄长的秦王。”众人这才明白过来，赵元佐口中的秦王，指的是曾封秦王的唐太宗李世民。

赵元僖尴尬万分，正待辩解，三弟襄王赵元侃走过来拉住赵元僖说：“大哥有病，二哥不要较真，待我劝劝大哥。”说完，他缓缓走了过去，轻声叫道：“大哥，大哥。”兄弟中，唯有赵元侃与赵元佐是一母同胞，平日里关系最近，赵元佐注视着三弟，竟安静下来。赵元侃趁机拉着大哥的手，控制住他手中的剑，劝慰了几句，吩咐侍者好生侍候，这才把赵元佐送回东宫。

兄弟们以为事情到此结束，谈笑着各自回府。不料天色将明时传来消息，赵元佐趁人熟睡之际，竟一把大火烧了东宫，熊熊烈火燃烧了两个时辰才被扑灭。幸亏下人发现及时，楚王及王妃、子女才毫发无伤。

赵光义听到消息，怒不可遏，派人谴责赵元佐：“你身为亲王，富贵至极，竟然这样凶残！国有国法，我不敢擅自违背，我们的父子之情恩断义绝！”遂下令将其拘捕。后来兄弟们和百官联名为赵元佐求情，赵元佐才免于刑罚，废为庶人，另居南宫看管起来。

赵元佐的政治生命就这样结束了，但这跟赵元侃有什么关系呢？机会属于老二赵元僖。

赵元僖性情最像赵光义，寡言少语，心机颇深。赵元佐封卫王时，赵元僖封广平郡王，同样封王，郡王与亲王相差一个档次，赵元僖心中不服，大家都不是皇后所生，为什么要分三六九等？他心中暗暗赌着一口气，一定要超越大哥赵元佐。大哥顶撞父皇，其他王子都捏着一把汗，纷纷为大哥求情，唯独赵元僖旗帜鲜明地支持父皇，暗中上疏说：“楚王同情逆党，足见其心地善良、性情仁慈。但为臣当以忠为先，为子当以孝为先，此乃大是大非的问题，不能糊涂。”赵光义很欣赏这种态度，将赵元僖从郡王加封为陈王。等赵元佐废为庶人，又改封赵元僖为许王，任开封尹。赵元僖终于修成“正果”，成为默认的王储。

赵元僖明白，只要安安分分不出差错，这皇位非自己莫属。因此在开封尹位置上小心翼翼，一切秉承父皇旨意，从不违逆。五年下来，赵元僖虽然没有什么政绩，但也没有什么过失。就此下去，他或许会像赵光义一样，又成为一个表面不动神色、心思刻薄凶狠的帝王。

可惜，上天大概不喜欢同一种风格的执政者，赵元僖因为太胖的缘故，公元992年十一月在朝堂上突发脑溢血，在家中不治身亡。赵光义悲痛万分，废朝五日，以示哀悼。

按长幼排序，赵元侃似乎已经探到了皇位的边沿，不过赵光义并不喜欢这个儿子，迟迟不愿作出决定。

赵光义五十多岁时，腿上箭伤经常复发，身体大不如从前。大臣寇准从青州回朝，赵光义挽起裤腿让他看自己的箭伤，忧虑地感叹道：“元佐已疯，元僖已亡，可惜朕九个儿子竟无中意之人。”寇准知道皇上这是要跟自己说立储之事，便先恭维道：“几位皇子个个龙凤之姿，天命眷顾，定能不负社稷，不负天下，陛下何必忧虑。”赵光义趁机问道：“你看朕把国家交给哪个儿子比较合适？”为了避免皇帝猜忌，寇准不正面回答问题，只是说：“立储的事，既不能同后妃宦官商量，也不能听大臣官员意见，一定要自己做主。”赵光义继续试探：“按长幼应该立元侃。”寇准立即回答：“这个问题我不宜回答，知子莫若父，陛下如果认准就赶快决定吧。”机警的寇准帮助赵光义下定了决心。赵光义即日便任命三子赵元侃为开封尹，改封寿王。

公元995年赵元侃被确立为太子，并将名字改为赵恒。

唐末以来的百年动乱，废弛了立皇太子的礼节。如今一位书生被立为储君，且容貌俊挺，仪表堂皇，天下无不称颂。赵恒谒庙还宫，道路两旁挤满一睹英姿的百姓，车辇过处，千人伏地而拜，都说这才是“真天子”。消息传到宫中，赵光义妒意大发，急诏寇准入宫，叹息说：“朕又做错一件事，你看怎么挽救？”寇准忙问何事，赵光义说：“天下都归心太子，把朕置于何处？朕感觉现在就是个赘疣，得赶紧想个办法才是。”寇准一听却哈哈大笑，跪地称贺，赵光义恼道：“你是来看朕笑话的吗？”寇准说：“朝野上下都称颂陛下选对了接班人，难道不值得祝贺吗？”赵光义这才转忧为喜，眉头稍舒。

安排好后事，解除了后顾之忧，赵光义真的就一病不起了。赵恒离皇帝宝座只有一步之遥，然而，此时却又生波澜，一场政变让皇位继承再次扑朔迷离。

宦官王继恩为赵光义登基立下汗马功劳，且曾在太祖南征时随军，对战事也有所了解。因此，王继恩备受赵光义恩宠，掌管军械库存，负责军队后勤供应，后来又任监军，立下战功。公元993年他还作为统帅入川镇压王小波、李顺起义，从此王继恩权势益炽，宫中、朝中、军中都有一批党羽和同盟。

为了专荣固宠，王继恩打算如法炮制，再来一次拥立新君。他串联参知政事李昌龄、殿前都指挥使李继勋、知制诰胡旦，企图在赵光义驾崩时发动政变，废赵恒，立赵元佐。李皇后受赵光义影响一向喜欢赵元佐，在他们的蛊惑下默认了他们的计划。

公元997年三月二十九日，在赵光义弥留之际，宰相吕端入宫问安，见赵光义榻前只有李皇后和王继恩，最应该守护左右的太子赵恒却不见踪影。吕端预感事情可能会发生变化，便在随身携带的牙笏上写下“大惭”二字，让亲信交给赵恒，敦促他赶紧入宫。大惭是病危的意思，吕端认为皇帝驾崩时太子必须守在身边。

是夜，赵光义晏驾，按规矩应让王继恩到政事堂通知宰辅。吕端却多留了个心眼，推说赵光义曾赐密诏放在书阁中。王继恩果然上当，没有多考虑就直接入内检看，刚踏进书阁，就听背后的大门“嘭”的一声被吕端给关上了。

吕端将王继恩反锁在内阁，命人严加看守，又转身进宫见到李皇后。刚一照面，吕端还未来得及说话，李皇后便先声夺人：“圣上晏驾，立长子为继承人顺理成章，你打算怎样做？”见李皇后直接将拥立赵元佐的想法说了出来，还拿出了立长子的规矩来压他，吕端也据理力争，回答说：“先帝预立太子，就是为身后事着想，如今尸骨未寒，你们就打算违背先帝旨意吗？”这一顶违背先帝旨意的帽子扣下来，让李皇后无言以对。吕端趁着李皇后气势一弱，连忙命召太子赵恒入宫即位，是为真宗。

第二天新皇帝在长春殿会见群臣，开始时由李皇后引导，隐身在垂帘后面。吕端坚决不拜。李皇后质问："按你的意愿立太子为帝，为何不拜？"吕端不卑不亢回答道："未见圣上真容，不敢拜。"直到侍臣撤下帘子，他亲自登殿验视，确定殿上人是赵恒，才率群臣跪地叩首，山呼万岁。

吕端拜相时，有人质疑说吕端平日办事糊里糊涂，难以胜任。赵光义自信地说："吕端小事糊涂，大事不糊涂。"而吕端凭一己之力粉碎政变，避免了政局动荡，也证明了赵光义的眼光不差，大宋的国运不差。

乡村丫头的“女皇”梦

赵恒在位的第二十个年头，公元 1016 年初夏，一场百年一遇的蝗灾席卷全国。蝗虫成群结队从庄稼地飞过，农民辛辛苦苦种下的稻谷、小麦顷刻之间颗粒无收，各地灾情纷至沓来，搅得朝廷上下鸡犬不宁。

赵恒笃信道教，面对蝗灾，他没有选择积极组织抗灾自救，而是建道场、设神坛，祷告上天降福灭蝗。上有所好，下必甚焉。没过多久，各地渐次传来“好消息”，有的地方绘声绘色地描述蝗虫成片成片自行死去的场景，有的地方信誓旦旦地奏言蝗虫只吃草叶不吃庄稼。赵恒天真地以为天神显威，蝗灾已经消除，整个帝国沉浸在自我编织的盛世谎言中。

这天，赵恒拿着几只死去的蝗虫对宰相说：“这是地方呈上的，证明蝗虫确实是自行死亡。这样天大的喜事，一定要举行仪式进行庆贺。”正兴高采烈，一大群蝗虫从东南方飞到皇宫上空，黑压压犹如乌云压顶。有些蝗虫落在殿前台阶之上，仿佛在向君臣示威。赵恒不胜惊恐，失口说道：“幸亏还没有举行庆贺仪式，要不然成了天大的笑话。”

赵恒在位时东封西祀，他对天神的敬仰也发自内心。这一场蝗灾戳穿了他长期伪造天书、虚降祥瑞的神话，也让他多年的信仰轰然倒塌。赵恒从此病了，记忆力衰退，说话吐字不清，脑子一时清醒一时糊涂。从赵恒病状来看，疑似心脑血管疾病后遗症。宋太祖酒后暴死，赵德芳、赵元僖上朝时突然失语，都呈现心脑血管疾病症状，可能是因为赵氏几代人体态都比较胖，也可能有家族遗传病史。

赵恒身体日趋衰弱，难以胜任皇帝这项繁重、庞杂的工作，便把日常行政事务交给最亲近、最信任的人打理，这个人就是皇后刘娥。

刘娥原是四川一个普通的乡村丫头，还在襁褓中就死了父亲。母亲为生活所累，只好带她住在成都郊外的娘家。及笄后，刘娥跟随邻居一位小哥来到汴京，在街头摆个流浪地摊，以加工锻造银饰器物糊口。

刘娥就像山野里盛开的野百合，也许不够娇艳，但芳香四溢，所到之处，无不吸引男人的眼光。在一个清新愉悦的早晨，刘娥来到王府送首饰，王子正拿着一卷诗书踱着方步吟诵《蒹葭》，一抬头，一个青春活力的女孩飘进视野，一段美好的爱情便有了开头。这位王子就是赵恒，当时封襄王，他把刘娥接到家中，二人深居简出，过着幸福的同居生活。

一天，赵光义向赵恒的乳母询问王子的生活情况，乳母不满地说："别的还好，就是最近被一个乡下丫头迷上了。"王子有三妻四妾不算毛病，但赵光义一来担心赵恒沉溺酒色不能自拔，二来不希望低贱的出身影响了皇室高贵的血统，因此一道圣谕下令将刘娥赶出王府。赵恒不得已，偷偷将刘娥安置在幕僚家。

直到赵恒登基即位，才把刘娥接到宫中。这一年刘娥已经三十岁，过了女人最动人的年龄，但赵恒的宠爱没有减弱半分，"承欢侍宴无闲暇，春从春游夜专夜"，令宫中其他女人望尘莫及。唯一的遗憾就是，赵恒已封郭氏为后，刘娥只能屈居其次。

郭皇后生了三个儿子，都没能长大成人，这让她时时处于伤心悲痛之中。公元 1007 年，三十二岁的郭皇后过早谢世了，刘娥迎来了扶正做皇后的绝好机会。但刘娥自十五岁进入王府就一直没有生下一男半女，这让朝中大臣感到忧虑，坚决反对刘娥封后。当然，这难不倒刘娥，刘娥想出了一条"借腹生子"的妙计。

一次，刘娥特意安排长相俊俏的侍女李氏为赵恒端盆洗手，李氏手如柔荑、娇态含羞，撩拨得赵恒心猿意马，当即临幸了李氏。不久后，李氏生下皇子。刘娥却对外隐瞒实情，将李氏安置别处，宣称皇子是自己所生，让宫中要好的姐妹杨妃负责照看抚养，称呼自己为大娘娘，称呼杨妃为小娘娘。这位皇子是赵恒唯一成人的儿子，也就是日后的宋仁宗赵祯。

刘娥公然偷梁换柱，除了皇子赵祯，朝中几乎尽人皆知，但在赵恒的默许下，他人自然也不敢质疑。有了儿子就有了封后的底气，公元 1012 年，刘娥这位乡村走出来的灰姑娘终于涅槃成母仪天下的帝国皇后。

刘娥被雪藏在幕僚家时，闭门幽居，只好以书本为伴，博闻强记，因此知识渐丰，眼界渐宽，见识渐深，久而久之成为赵恒的得力助手。女人若集美貌与智慧于一身，就会爆发出惊人的能量，朝政在刘娥的打理下，可谓井井有条。赵恒越来越离不开刘娥，刘娥逐渐掌控了朝政大权，并有意培植自己的势力，当初反对她封后的寇准、李迪被贬谪流放，而奸佞势利之臣如丁谓、钱惟演等却被提拔重用。

公元 1022 年三月，赵恒走到了生命尽头，立下遗诏传位于赵祯，尊刘娥为皇太后，军国事权由皇太后处置。宋朝先后有九位皇太后垂帘听政，自刘娥首开先河。

按惯例，新皇帝登基次年要改元，朝臣拟了几个年号，刘娥都不满意。善于溜须拍马的宰相丁谓揣摩太后心思，上了个年号叫“天圣”，刘娥没有犹豫就接受了。后来，有人窥破玄机：天者，二人也；圣者，帝王也，天圣隐喻国家有两个当政者。刘娥的野心由此可见一斑。

有野心的不止刘娥一人，宰相丁谓原是刘娥心腹，现在见妇寡幼弱，便产生架空两宫、操弄权柄的念头。他勾结宦官首领雷允恭，规定重要奏章要先经自己审阅再送至内廷，并且提议刘娥、赵祯两宫分处，改两宫五天一正朝为十五天一正朝。对于这些，刘娥心如明镜，但她隐忍下来，她在寻找一个同“老盟友”摊牌的机会。

刘娥任命丁谓为“山陵使”，主管赵恒墓穴建造、遗体安葬工作，雷允恭作为宦官协助丁谓，具体负责工程实施。雷允恭自幼入宫，没有实际办事经验，加上胆大包天，竟擅自更改寝陵位置，致使寝陵渗水。这可是天大的罪过！刘娥抓住机会，发动大臣展开一场揭批雷允恭、丁谓运动，查明二人相互勾结、擅自专权等问题，将雷允恭处死，将丁谓流放崖州。

刘娥不同于靠乱政谋取私利的浅薄之徒，这个曾经一无所有的野丫头其欲望可以吞下整个江山！她知道，夺权靠佞臣，治理国家需要真本事。驱逐丁谓后，她重用有才干的王曾、吕夷简等人，纠正赵恒晚期尚道崇仙、大兴土木的弊端，朝政上出现了拨乱反正、蒸蒸日上的新气象。几年之后，民阜物丰，社会安定，四海升平，刘娥便生出了效仿唐朝武则天的心思。

一次上朝时刘娥问群臣："众爱卿怎样评价武后？"经刘娥一手提拔的肱股之臣个个装出纯粹的样子，好像听不懂太后的话外之音，有些人回答得直率："武则天是唐朝的罪人，几乎使社稷倾覆。"有些人说话比较委婉："武则天虽然是女强人，但百年之后不知该传位何人，只给世人留下笑柄。"刘娥内心刚刚升腾起来的女皇梦瞬间破灭。这时她恍然大悟：时过境迁，经过太祖、太宗、真宗三代坚持不懈地扬文抑武，"有奶便是娘"的时代一去不返。自己为这些朝臣铺平了仕途，他们却是赵宋的死忠之臣，想要让大宋换一种颜色几无可能。

皇位犹如莲花宝座，可远观而不可亵玩，但这阻挡不了刘娥内心对更高权位的觊觎幸望。公元 1033 年，她已摄政十载，赵祯也已二十四岁，早到了亲政的年龄。不过，刘娥迟迟不愿还政赵祯，她还有未了心愿，那就是尝试一下做皇帝的滋味，哪怕仅仅是形式上的。

"国之大事，在祀与戎。"刘娥选择主持祭祀太庙，以体验帝王的荣光。她要穿龙袍、戴龙冠，一切依照皇帝礼仪进行。对于帝国实际掌权人来说，虽然是小小的僭越，但依然遭到朝臣的坚决反对。

一向以稳重著称的参知政事晏殊进见刘娥，不厌其烦地向刘娥讲述周礼。宋代倡导儒教治国，儒教的源头是周礼，周礼才是朝廷最大的规矩！晏殊告诉刘娥，龙袍学名衮衣，上面绘制十二种图案，各有含义，象征着帝王的思想、教化、文采等；龙冠叫衮冕，前后有十二条旒，为的是让帝王保持端庄、神秘。这些均为帝王专美，他人不得擅用。见晏殊旁敲侧击，说得口干舌燥，刘娥只是冷冷一笑："多谢爱卿提醒，哀家知道了。"轻轻松松便将晏殊打发了出去。刘娥要告诉历史，自己才是这十年真正的帝王，决不会因部分大臣的反对就半途而废。但她还是心存顾忌，决定低调行事，只带皇太妃、皇后、妃嫔等女眷祭祀，并且在祭祀程序和服装上稍微变通，堵住谏臣们的嘴。

农历二月初九早上，晨光熹微，皇太后刘娥带领宫廷女眷启程前去拜谒太庙。她乘坐装饰着琬琰象牙的玉辂，穿着皇后专享的深青色礼服，戴着为后妃定制的凤冠，雍容华贵，光彩照人。一切如往常一样，没有任何僭越。

到了太庙，落轿停车，刘娥并没有立刻向祖宗牌位祭献，而是来到休息室，换上了另外一套装束：着衮服、戴冕冠，一如皇帝穿戴。只是将衮服上十二种图案减去两种，变为十种；冕冠上的垂旒由十二道减少为九道。有史以来，还没有后妃戴过这种九旒的冕冠，刘娥特意给它取了个名字，叫仪天冠。仪者，匹配、比肩之意，天者，至高无上也。刘娥恰如其分地将自己的称帝心思表达在服装礼仪上，又通过减少图案和垂旒显示出谦恭，以示与皇帝的区别。

装束停当，祭献仪式正式开启。刘娥以皇太后身份首献，跪拜在赵宋历代帝王的牌位之下，心里默默念叨："我打理江山十载，海晏河清，国富民安，上不负先皇，下呵护幼帝，这里也应有我一席之地。"接下来皇太妃、皇后、妃嫔依次献祭，一切进行顺利。离开太庙时，初春的阳光明媚而温煦，风中夹杂着花草的芳香。刘娥感到自己的人生臻于完美，了无遗憾。

四十五天后，皇太后刘娥一病不起，不久，她带着对权力的无比留恋终于告别尘世，驾崩时依然穿着她祭祀太庙时定制的准皇帝礼服。

最让刘娥放心不下的，是赵祯如果得知自己的身世真相，会对她身后的名誉带来荣耀还是折损呢！为了保险起见，她立下遗嘱，将赵祯的小娘娘杨太妃立为皇太后，接过她的权柄，继续垂帘听政。在宣读遗诏前，有大臣提出异议，说："陛下青春鼎盛，完全能够自己决断朝政，不需要再有一个太后垂帘听政。"群臣早就对刘娥不愿还政颇多微词，如今再无顾忌，一致同意略去遗诏中"军国大事与太后内中裁处"这一条。

刘娥担心的事还是发生了，她强势执政的痕迹被逐渐清除，重用的亲信悉数被贬官外放，排挤过的大臣重新回到朝廷。

当然，“拨乱反正”的高潮是皇帝亲生母亲事件。

有好事者迫不及待向皇帝告密：“太后不是你亲生母亲，你亲妈被太后毒死了。”这消息无疑晴天霹雳，让赵祯猝不及防，也悲痛欲绝。愤怒之下，他下令包围刘娥娘家府宅，等待查明真相。他还亲自打开生母棺椁，一定要揭开生母死亡之谜。结果却出乎赵祯意料之外。原来，刘娥抢走李氏亲生儿子，心中有愧，生前待李氏十分友善，加封李氏为宸妃，找来贫居的李宸妃弟弟授以官职。一年前，李宸妃去世，刘娥以一品礼仪安葬她，为她穿上皇后冠服，并用水银保养尸体，如今容貌宛如生前。赵祯从来没有见过生母，没想到还能目睹生母遗容，大为感动。他对身边人说：“人言岂可尽信。”内心充满自责。于是为刘娥太后加谥号“庄献明肃皇后”（后改为章献明肃皇后），封亲生母亲李宸妃为“庄懿皇后”（后改为章懿皇后）。宋代皇后谥号大多二字，自刘娥起，才有四字，以彰其德。

刘娥的“女皇梦”虽然破灭了，但她以温柔的力量感化赵祯，化敌为友，为自己留下后路，为政局留下和平，这就是刘娥的智慧。从太祖起，宋朝的统治者都善于“温柔一刀”，在温情脉脉中治世、安民、平天下。这是新的气象，中国数千年亘古未有，也是后人对宋朝最为欣赏的地方。

总有皇后要害朕

儒家教义讲求君君臣臣父父子子，每一类人都有一套标准模具，道德和社会力量努力把人分门别类塑造出理想的角色。

赵祯就是这套模具中成长出来的君主。从小刘娥就对他严格管教，请宋朝最博学的老师，教授最经典的教义，不容许有半点逾越。然而，人的天性中自然放纵的一面无法长期压抑，亲政之后，赵祯终于摆脱了套在身上的枷锁，在婚姻感情方面便放纵起来。

赵祯的皇后郭氏是刘娥做主挑选的，善嫉好妒，仗着太后势力阻止赵祯亲近其他女人，赵祯对其十分反感。没有了太后的羁绊，赵祯终于可以肆无忌惮地选择自己喜欢的女人了。他最迷恋的是尚氏和杨氏两位美人。

这一天，赵祯在尚美人处柔情缱绻，郭皇后不经通报径直闯了进来，对着尚美人破口大骂，无非是狐狸精勾引君主一类的言语。尚美人平时受皇后欺凌不敢反抗，如今仗着皇帝就在身边，也有恃无恐地同皇后争执起来。皇后是宫中正主，哪里能忍受妃子在她面前如此嚣张，于是怒从胸中起，扬起手臂将要掌掴尚美人。赵祯一向宽厚，在两位美人争吵时保持中立，但现在眼看着二人的争吵要升级到暴力，赵祯保护美人心切，急忙把身子挡在两人中间，不料郭皇后那一掌结结实实掴在了赵祯的脖颈上，长指甲划出两道清晰的血印，格外显眼。

皇后于皇帝，既是夫妻，又是君臣，儒家所谓的“三纲五常”，其中就有君为臣纲、夫为妻纲。郭皇后这一掌违背了两项纲要，已属大逆不道。赵祯灵机一动，何不借助这个事件废后另立？但古往今来，皇后打皇帝史无前例，赵祯不知该如何操作，就找来宰相吕夷简，像个委屈的孩子一样让吕夷简看脖子上的指痕，要求宰相拿出具体处理意见。两人商量之后，觉得犯上有损皇帝颜面，便找了个更加充分的理由，那就是不育。并且说皇后无子，甘愿让贤，废后就变成了皇后主动“辞职”。

二人自以为把事情做得天衣无缝，却不料在朝中掀起轩然大波。御史台和谏院的言官们的奏章像雪片一样飞向承进司，坚称皇后无过，废后无据。不过数天之后，他们发现他们的奏章积压在承进司的案头，根本没有呈送后宫，更罔谈劝谏皇帝了。这一下激怒了台谏，右谏议大夫、御史中丞孔道辅率领谏官和侍御史孙祖德、范仲淹、梁堂、郭劝等数十人，成群结队来到皇帝办公的垂拱殿前，请求与皇帝直接对话。垂拱殿大门紧闭，赵祯避而不见。孔道辅猛烈拍打殿门上的铜环，高声呼叫：“皇后乃天下之母，怎么能轻易废黜？为什么不让台谏说话？”然后在殿前静坐，打算长期抗争。赵祯恼怒之下，将参与抗争的主要干将孔道辅、范仲淹外贬，其他人员或降级，或罚薪，他以强硬的姿态为这场废后风波画上句号。下诏封郭皇后为净妃，赐道号“清悟”，别居长宁宫。

赵祯赢得了废后的胜利，但并不意味着能够随心所欲地放纵情欲。接下来围绕女人再次发生冲突，让他一并输掉了尚氏和杨氏两位美人。

废后不久，赵祯得了一场病，头晕眼花，口眼呙斜，四肢麻木，咳嗽吐痰，御医诊断为风痰之症，就是西医所说的脑血管痉挛。这种病症可能与赵祯爱吃螃蟹有关，也可能与家族病史有关。但朝臣们不这样认为，他们一口咬定这是“色欲之症”，沉溺酒色所致。应天府推官石介形容赵祯“倡优日戏于上前，妇人朋淫于宫内，饮酒无时节，钟鼓连日夜”。左司谏滕子京上疏，形容皇帝上朝时无精打采，神情疲惫，规劝皇帝注意身体，远离内宠。

外界传得沸沸扬扬，把赵祯说得丑陋不堪，终于惊动了内宫。小娘娘杨太后亲自出面，要求赵祯把尚、杨两位美人赶出宫中，以绝淫念。赵祯当然不舍，想找各种理由证明自己得病与女人无关，可是所有人都不站在他这一边，他一个人抗争不了多久，终于还是做出了让步。

皇后废了，美人赶走了，赵祯一时深宫寂寞，同朝臣商议册立新皇后。在新皇后人选上，赵祯再一次体会到“力不从心”。

赵祯看中了一位陈姓茶商的女儿，亲自挑选黄道吉日，谋划自己的婚礼，却遭到宫廷内外一致反对。宰相吕夷简、参知政事宋绶等屡屡上疏，赵祯一概不理，干脆躲进宫中不见外臣。不料宫中反对声音丝毫不弱，一次，司药太监阎士良趁送药的机会问赵祯：“陛下知道‘子城使’是什么样的官吗？”赵祯想了想说：“有这样一个官吗？”阎士良答道：“那是大臣家奴才的官名。陛下以子城使为岳丈妥当吗？”赵祯不明就里，阎士良解释说：“那陈姓茶商有钱后捐了个官，就是子城使。陛下立他的女儿为后，传出去会被人笑话的。”赵祯心里凉了半截，只好作罢。

最后，按杨太后和大臣们的意见，册立曹氏为后。曹氏乃前枢密使曹彬的孙女，曹彬是宋朝开国元勋，驰骋沙场的名将，欧阳修曾称赞其“国朝名将，勋业之盛，无与为比。”公元 1034 年九月，赵祯举行了盛大的婚礼，又一次被迫把名分给了一个不爱的女人。在以后的岁月里，赵祯对曹后的芥蒂越积越深，常常固执地把曹后放到自己的对立面，以至于闹出“皇后谋大逆”事件。

公元 1056 年大年初一，皇家照例举行盛大的新年团拜，朝臣们穿着礼服来到大庆殿向皇帝恭贺新年，皇帝在内侍的搀扶下坐定龙椅发表新年祝词。赵祯刚要开口，忽然暴感风眩，神志不清，身子一歪，连冠冕都差点掉到地上。赵宋皇室的遗传病又发作了，左右内侍赶紧掐人中，手指伸到嘴里抠取污痰。过了好一会儿，一口污痰吐出，赵祯才慢悠悠地醒了过来。好在接下来的几天里，赵祯恢复了神志，一切似乎又回到了正常轨道。

新年是最重要的节日，辽国也会派使者前来拜年，大年初六，皇帝在紫宸殿为辽使送行。辽使走到大殿中央，尚未开口说话，赵祯的病突然又发作了，还是神志不清，胡言乱语，嘴流涎水。这样的形象在辽使面前有损大国形象和皇帝威仪，大臣们慌了手脚，也顾不上安顿辽使，赶紧将赵祯抬回内宫。

这一次赵祯是真的病了。按照规定，没有皇帝宣召，外臣没有权力进入皇宫探望。文彦博和众大臣忧心皇帝病情，每天早上准时来到皇宫门口，等待宫内报出消息。初七早上，一个谁都意料不到的事情发生了。

几个人正等着太监前来通报皇帝病情，却见赵祯披头散发从宫禁中冲了出来，边跑边喊："皇后与张茂则谋大逆！"张茂则是宫里的一名太监。大臣们心想难道曹皇后勾结太监杀害皇上？这可是天大的事情！

要在往常，必定有侍卫蜂拥而上，先抓了嫌疑犯，再行审讯。不过现在人人都知道皇帝正在病中，经常胡言乱语，大家面面相觑，不知所措。这时几个太监跟着跑了出来，牢牢拽住赵祯并把他抬进了宫中。太监首领、内副都知史志聪转身对目瞪口呆的大臣们说："相公们别整天伫在这里，商议商议怎样降赦消灾吧。"

皇帝有病，祷告祭天也是应有之义，但宰相文彦博感到事情反常，皇帝跟皇后有多大的仇，居然在病中诬陷皇后谋逆！文彦博放心不下，心生一计，找来史志聪说："大臣们商议在宫中为皇帝设醮祈福，地点就选在大庆殿。""什么？"史志聪大吃一惊。这样一来，大臣们不但要进入宫中，而且祭祀场面鸦飞雀乱，皇宫成了什么场所？

"这事闻所未闻，没有先例。"作为大内总管，史志聪并不买文彦博的账。

"非常时期，行非常之事。现在这种情况，有先例可查吗？"文彦博的语气不容置疑。太监说不过这些进士出身的大臣，只好答应："……好吧。"

是夜，文彦博带领大臣一边在大庆殿设醮祭天，为赵祯祈福，一边找机会观察赵祯和身边侍者的一举一动。不知是众大臣感动了上天，还是有大臣在身边赵祯才安心，第二天，赵祯病情真的见好，居然能到崇政殿与众大臣见面。虽然赵祯自始至终都没有说话，但举止行径已经接近常人。

在这段特殊时期，文彦博掌控着全国局势，大权在握。可他忘了，在皇帝缺位的情况下，还有一种势力可以挑战相权，这就是皇后！

史志聪来找文彦博，让他看两封文件：一封是司天官的"奏章"，说皇帝生病是天象所致，请求皇后垂帘听政；另一封则是皇后懿旨，要求大臣们立即撤出皇宫。文彦博是北宋最强势的宰相之一，非常时期，非常事件，他决不会拱手将权力让给皇后！他立即命令侍卫将两名司天官抓来，将“奏章”扔到二人面前，声色俱厉地呵斥：“你们只是负责报告天象的官吏，谁赋予你们权力让你们干预朝政！”文彦博的话直指二人软肋，二人吓得瘫软在地。文彦博见气势上已经完全压倒对方，不给二人缓气的机会，继续追问：“谁指使你们干的？”二人脑中一片空白，脱口而出：“武都知。”武都知指的是内侍省右班副都知武继隆，宫中人物，文彦博心中有数了。严厉责令二人重新解释天象。二人磕头如捣蒜，赶紧爬了出去。

最难对付的还是皇后。皇帝管朝中事，皇后管宫中事，历代皇家都是这样分工。皇后让大臣撤出宫中，并不过分。况且，宰相再强势也是外人，皇后、皇帝才是一家亲。皇帝患病，皇后垂帘，唐高宗朝有过，宋真宗朝也有过。唐高宗朝成就了武则天，宋真宗朝成就了刘娥。

就在文彦博苦思冥想如何破解曹皇后这道难题时，正月十五日，赵祯奇迹般地恢复了神志，并逐渐能够上朝理事了。文彦博长长出了口气，曹皇后垂帘听政的阴谋终于不攻自破。

赵祯疯疯癫癫地说皇后和太监张茂则要谋杀皇帝，这事虽然没有几个人相信，但皇帝与曹皇后关系一向不睦却是尽人皆知。即使没有人追究，当事人也承受着巨大的压力，张茂则当即在宫中上吊自杀。好在命不该绝，被人发现并救下。俗话说大难不死必有后福，赵祯去世后，曹皇后垂帘听政，不顾大臣反对，破格提拔张茂则，让后人对二人关系打上大大的问号，回头反思赵祯“皇后谋大逆”的呼叫，也是迷雾重重。

不愿继位的“皇子”

公元1056年春节，赵祯大病，神志不清、胡言乱语，朝堂上人心惶惶。虽然赵祯在正月十五就恢复了神志，但也让朝臣们意识到确立储君已经刻不容缓。然而，赵祯育有三子全部早亡，面临着后继无人的尴尬局面。赵祯知道自己身体不好，却仍是不甘心，他一直期盼某个后妃能忽然诞下龙子来。

如何劝皇帝立嗣，一下子成为整个帝国的中心议题。

事情在公元1061年闰八月二十六日这一天出现了转机。这天，刚出生两个月的十三皇女夭折，赵祯悲戚地坐在皇宫后园的一座小亭子里，望着天上变幻莫测的白云痴痴地想：人生就像这云朵，说没就没了吗？云有聚散合离，朕还有生下皇子的可能吗？这时，侍立一旁的司马光也随着赵祯的目光游动，一副漫不经心的样子讲起了故事：“景祐四年五月初九，陛下诞下长子，出生即逝。陛下听从皇后建议，接宗亲之子赵宗实入宫，四年后果然又生下一位皇子。可惜，之后把赵宗实送出宫去，陛下就子嗣不蕃了。”赵祯瞪了他一眼，愠怒地问：“你在揭朕的伤疤吗？”司马光连忙跪地叩头：“臣不敢。臣只是想说，民间既然有引子一说，陛下何不仿景祐故事，接一个宗室之子入宫，或许来年就有大喜了。”赵祯沉默不语，过了许久，才喃喃地问：“难道非得选宗室之子入嗣吗？”没等司马光回答，又自言自语地说：“你说的也是忠臣之言啊，一般人不敢提的。”

司马光的聪明在于偷换概念，他不是建议皇帝册立太子，而是过继宗室之子，这样赵祯心理上更容易接受。不久，赵祯传谕政事堂，让宰辅们商议此事。

宰相韩琦进见，还没有开口，赵祯自己先问："朕想要选皇子预备立储，爱卿看谁合适？"韩琦谦恭道："这不是臣应该考虑的事情，还请陛下专断。"赵祯说："多年前濮王的儿子赵宗实曾经养在宫中，其聪明好学，谦恭知礼，颇有儒者之风，就这孩子吧。"韩琦急忙道贺："恭喜陛下后继有人。"赵祯苦笑一声，挥挥手说："让中书省草诏吧。"

赵宗实是赵恒四弟赵元份的孙子，濮王赵允让的第十三个儿子。选择赵宗实入赘的另一个原因是，赵允让一共育有二十二个儿子，按照遗传学规律，选择生育能力强的皇帝，可以避免重蹈赵祯的覆辙。

过继皇子的第一步是先给赵宗实任命官职，诏令为泰州防御使、知宗正寺。谁也没有想到，诏书下达后，赵宗实居然拒绝接受！拒绝的理由冠冕堂皇：父亲赵允让新亡，守孝期间不宜升迁！赵祯和一班大臣都蒙了：还有不愿当储君的人！也许是象征性谦让一番吧。于是，再次下诏，再次推辞，如此三番，赵祯烦了，对韩琦说："难道宗室子弟只有他一个？不如换个人吧。"韩琦劝道："赵宗实固辞不受，正说明他器识远大，足见陛下的选择是正确的。"其实，韩琦怀疑其中另有隐情，并大致猜出了七八分。原来，赵宗实当过一回备胎，后来退回王府，在他幼小的心灵里留下创伤，因此这次死活不愿再"重温旧梦"。韩琦向赵祯建议：不妨等他守孝期满，直接明确为皇子，也好让他心安。

一直到第二年八月，韩琦心想，现在赵宗实应该没有理由拒绝当皇子了吧。于是奏请赵祯，召集宗室全体人员齐聚大内，正式下诏宣布赵宗实为皇子，改名赵曙。因为是唯一皇子，实际上也是皇储，因此需要接入东宫居住。等侍者的轿子进入濮王府，才算真正见识这位皇子的大脾气，他居然躺在床上根本不起来见人！司马光向赵祯进言："谦让固然是美德，但皇命不可抗拒。请陛下公事公办，让有关部门处理此事。"赵祯遂命宗室管理机构的负责人亲自到濮王府宣旨。濮王府的文职人员周孟阳担心赵曙被问罪，私下打听赵曙的真实想法，赵曙告知："非敢邀福，实为避祸。"原来，赵曙担心赵祯万一再有生育，自己这个领养的皇储会作为绊脚石被清除。周孟阳为赵曙分析当下形势说："宫中屡次三番传诏，如果固辞，一旦皇上不耐烦，换了别人作皇子，你以为你还能安然无恙？”赵曙醒悟过来，这才同意搬进宫中。

尽管中间有些不愉快，但赵祯不计前嫌，在宫中大摆酒宴进行庆贺。以后，赵祯时刻把赵曙带在身边，让他参观收藏有图书典籍的龙图阁、天章阁，给他讲述先祖遗迹，对他进行接班前强化培训。

公元1063年，赵祯身体不豫，三月二十九日夜崩于福宁殿。第二天早上，曹皇后先把宰辅找来商议后事，曹皇后说：“先帝无子，怎么办呢？”韩琦接话说：“皇后快别这样说，皇子在东宫，应该宣入。”于是召皇子赵曙进入，告诉他父皇已经驾崩，请求灵前即位。

赵曙好像没有一点思想准备，像一只被烫伤的猫一样跳了起来，连连摆手说：“我不敢做，我不敢做。”说完扭头就跑。宰辅们心想，你跑了这江山社稷怎么办？韩琦使了个眼色，几个人一拥而上，有的拽着胳膊，有的抱着腰，把赵曙控制后，解开他的头发，脱下原来的衣服，强行给他穿上龙袍，戴上衮冕。曹皇后在一边摇着头说：“想当年太祖皇帝黄袍加身，恐怕也没有这种架势。”装扮停当，把殿前军首领和宗室人员召集殿前，宣读曹皇后懿旨，又根据曹皇后和宰辅们的商议结果，着翰林学士拟定赵祯遗诏，宣示百官，赵曙这才算正式即位，是为英宗，尊曹皇后为太后。

四月初八是大敛的日子，赵曙再一次令人跌破眼镜。就在赵祯遗体装进棺材，棺板最后一颗榫卯钉牢的时候，赵曙忽然跳了起来，围着棺材边跳边跑，像是在逃避什么，又像是在寻找什么，接着呼号痛哭。宋代大敛，孝子有跳起脚哭的风俗，但像赵曙这般痛苦、惊悚地跳哭却绝无仅有。一旁的大臣看呆了，皇帝到底是纯孝至极，还是神经错乱，一时难以甄别。赵曙全然不顾大敛礼仪，只管自己尽情表演，葬礼被搅得难以继续进行。关键时刻，还是韩琦当机立断，丢下手上的孝杖，把灵堂的帘子拉下来，避免外人看见皇帝的丑态。然后一把抱住赵曙，呼喊内侍扶入内宫，就这样在皇帝缺席的情况下，匆匆将赵祯入殓下葬。

被连拖带拽强制“押”进内宫的赵曙并没有安分，对侍者一阵拳打脚踢，继而破口大骂。史上不乏皇帝虐待下人的先例，但赵祯当年对下人可是出奇的好，半夜忍饥挨饿都不愿麻烦御厨做饭。现在换了个主，忽然就天上地下，下人还真有点不习惯。有胆大的把皇帝经常毫无理由、毫无征兆地实施暴力的情况汇报给曹太后，曹太后不明白曾经的乖孩子怎么变得这样暴戾，就前去劝慰。

不想赵曙现在根本认不出这个后妈，对曹太后像对下人一样骂骂咧咧。皇帝咒骂太后，不忠不孝，如何燮理天下？曹太后气愤至极，把宰辅们找来，呜咽流涕说："这就是你们议立的皇帝？！"有人就回忆起赵曙刚立皇子时，违逆皇命不肯入宫的旧事，顺着太后的意思建议："皇帝在先帝入殓时不成礼仪，为天下笑。今又对太后不逊，完全不具备做皇帝的素质，建议仿汉代昌邑王故事，另立新君。"汉朝昭帝无子，立昌邑王刘贺为帝，在位二十七天，因荒淫无度被权臣霍光所废。废立不可轻易说出口，一经提出，众人屏住呼吸等曹太后裁决。曹太后还在犹豫，宰相韩琦劝道："皇帝只是生病罢了，病愈的话一定不会这样。儿子有病，母亲不能容忍吗？"参知政事欧阳修跟着表态："仁宗在位岁久，德泽在人，天下信服。现在的皇帝是仁宗所选，当时没有一个人提出异议。太后和我们加起来不过五六个人，如果我们贸然造事，恐天下不从。"几个人不能达成共识，废立的事只好作罢。

鉴于赵曙暂不具备行政能力，韩琦倡议曹太后垂帘听政，由赵曙立储延续至仁宗入殓的闹剧才算结束。至于赵曙为什么突然生病，病出何因，是不是与继承皇位有关，史料不载，曹太后、韩琦等也没有令人调查，只能权作另一桩疑案吧。

三立两废的传奇皇后

赵曙虽然对赵祯和曹太后不孝，对皇后高氏却出奇地好，他一生有三子一女，全部为高氏所出，他们是皇帝中有名的恩爱夫妻。高氏小名滔滔，是曹太后的外甥女，从小跟赵曙一样生活在宫中，二人有着青梅竹马的爱情。高滔滔也希望后辈婚姻幸福，宫中和睦，因此为孙子宋哲宗赵煦挑选皇后的时候格外用心。

彼时力主变法的宋神宗赵顼已经去世，赵煦九岁即位，由太皇太后高滔滔垂帘听政。等赵煦十七岁，高滔滔便开始张罗赵煦的婚姻。她下令在京的各级官员把家里适龄女孩的资料报上来，先根据年龄属相筛掉八字不合的，再筛掉家里子嗣不昌的，然后排除身体弱的、个子低的、有缺陷的，剩下百余人进入宫中，一一考察她们的相貌、人品、气质、才艺。走完这些程序，还有五六位候选人，在征求太后、皇帝和相关人员意见后，由主政的高滔滔拍板定音。

竞争主要在两个人中展开：一个是原枢密使狄青的孙女，一个是已故马军都虞候孟元的孙女。狄氏花容月貌、温良贤淑，自身条件更胜一筹，却被高滔滔无情地否定了。历史的教训告诉人们，外戚权势过大，容易危及帝位，这是高滔滔不愿看到的。选秀历时三个月，最后家境相貌都一般的孟氏胜出，被确定为皇后。

公元 1092 年五月十六日，高滔滔为赵煦举行了高规格的婚礼，首相、次相、司徒、太尉各充其职，王公宗室各分其责，哲宗升座文德殿，向天下子民颁布册令，正式立孟氏为皇后。然后在声势浩大的仪仗队引领下，移驾太庙，敬告祖先。负责仪仗队的官员则是天下最负盛名的文学家苏轼。

高滔滔千算万算，却遗漏了最重要的一点，他的孙子赵煦一点也不喜欢这位相貌平平的皇后，只不过慑于高滔滔垂帘听政的威权，不敢违逆而已。高滔滔在世，赵煦还能做出与孟皇后相敬如宾的样子，等到次年高滔滔晏驾，开始亲政的赵煦，就像一匹挣脱羁绊的野马，不仅可以自由地决定国家大政方针，而且可以肆意地选择自己喜欢的女人。他喜欢一位姓刘的婕妤，姿态婀娜，性情柔媚，有着天生让男人着迷的风韵，像一道茶恰好氤氲了赵煦的感情之水。

俗话说恃宠而骄，时间长了，刘婕妤便不把孟皇后放在眼里。这年正月，皇室女眷们到景灵宫祭祀，礼毕，孟皇后就座，其他嫔妃按规定应当侍立两旁。刘婕妤心中不情愿，一个人跑到门口蹲在地上看花，后背和屁股对着大家，甚是无礼。孟皇后是个老实温顺的人，见到这种情形竟不知如何管束。倒是中宫侍女陈迎儿口齿伶俐，代皇后呵斥道："门口何人，皇后在此，难道不懂规矩吗？"刘婕妤非但不归位，反而站起来要与陈迎儿争吵，见宫娥内侍都对她怒目冷对，这才收敛。

到了冬至，后宫嫔妃要到太后处请安。太后尚未入殿，嫔妃们各自安坐等候。皇后身份尊贵，坐的是朱红色佩着金饰的椅子，其他嫔妃则是普通的黑椅。刘婕妤有意让孟皇后难堪，吩咐贴身太监郝随给自己换上一把与皇后一样的椅子。在场的人多不满刘婕妤违背礼仪，未等她入座，有人指使内侍诈传："皇太后来了。"众人起立相迎，过了片刻仍没有看见太后，只好再次坐下。陈迎儿趁着这个空当，悄悄将刘婕妤座位撤下，刘婕妤坐了个空，一屁股摔坐地上，摔得仰面朝天，云鬓蓬乱，惹得众人哈哈大笑。刘婕妤正要发作，皇太后真的来了，只好赶紧整理衣服，拢了头发，与后妃一起迎接太后。

受到委屈的刘婕妤只好到赵煦处"伸冤"，哭哭啼啼地诉说自己受的委屈，把怨恨都撒到孟皇后身上。赵煦知道孟皇后是没有心机的女人，劝她说："这一定不是皇后的主意，你在正式场合要遵从礼仪，免得有人让你难堪。"刘婕妤本想借这事让赵煦帮他出气，不料反而受到指责，心中更加郁恼。等皇帝不在身边，郝随宽慰她说：“娘娘不要悲戚，那皇后几年也没能生下皇子，只要娘娘能早怀龙种，这朱漆金饰的座椅一定归属于娘娘。”刘婕妤这才破涕为笑，从此引郝随为心腹，一些见不得人的事都由郝随在背后操办。

刘婕妤和孟皇后矛盾越来越深，两宫势同水火，但孟皇后既占有道德上的优势，又具有地位上的尊崇，刘婕妤如何才能斗得过孟皇后？刘婕妤虽然出身不高，却颇得政治斗争的要领，她积极谋划，等待时机，一方面牢牢抓住核心人物赵煦，让恩宠日隆；另一方面积极勾结权贵大臣章惇，培植朝中势力。高滔滔垂帘听政时，重用反对变法的旧党，罢黜支持变法的新党。如今新党人物章惇为相，凡高滔滔起用的人、做过的事都要反对，二人一拍即合，结为同盟，一心扳倒高滔滔册立的孟皇后。

公元 1096 年，孟皇后的女儿福庆公主病了，御医诊治多次不见好转。孟皇后病急乱投医，请学过医术的姐姐进宫治疗，孟皇后的姐姐试过各种方法，均没有效果，情急之下从宫外带来几张画有道家符号的黄纸，告诉孟皇后这叫符箓，有召神劾鬼、镇魔降妖的作用。民间疑难杂症无法医治时，只好求助于鬼神，把符箓烧成灰后放入水中，制成符水，喝下去治病会有奇效。孟皇后身为后宫之主，知道符箓是宫中的禁忌。汉武帝后宫佳人多相信符箓巫蛊之术，为获恩宠，用符箓巫蛊诅咒嫉妒的人，由是爆发株连万人的巫蛊之祸，此后历朝历代便严禁宫中出现类似物件。孟皇后责怪姐姐说：“你怎么敢把符箓带到宫中，这不是消灾，是招祸呀。”当即让姐姐赶紧把符箓带走。姐姐说：“没有外人知道，你悄悄使用吧。”孟皇后无奈，只好偷偷把符箓藏了起来。

哲宗赵煦到皇后宫探望女儿病情，心无城府的孟皇后竟将符箓的事情和盘托出。赵煦也未多想，反而安慰她说：“这也是人之常情，不必放在心上。”孟皇后好久没有听到这样温情的话了，激动得拿出符箓，当着皇帝的面焚烧了。她以为这件事就此翻篇，不料赵煦无意间当成闲话说给刘婕妤听，听者有心，刘婕妤机敏地感到机会来临，安排几位贴己的太监监视皇后宫一举一动，同时勾结外臣章惇，对孟皇后亲属密切布防。

福庆公主病情越来越严重。有一次，孟皇后离开片刻，回来时竟发现有几张符箓放在病床旁边。孟皇后大惊，不敢声张。不过宫中已流言四起，说孟皇后经常用妖术为女儿治病。

福庆公主终究还是没能战胜病魔，几天后夭亡，孟皇后伤痛欲绝，茶饭不思。宫外的孟皇后姐姐得知消息后，联络她的养母燕氏、宫中太监王坚，委托三藐庵的尼姑法端作法事，诵经祷告，超度福庆公主亡灵，祈求孟皇后安康。

事情自然瞒不过早有准备的刘婕妤、章惇。章惇安排外臣上疏，诬陷皇后怀有异心，用妖术诅咒皇帝和嫔妃。同时，刘婕妤在赵煦面前梨花带雨，只说自己晚上常常做噩梦，梦见鬼魅缠身，白天四肢酸软，浑身无力，精神恹恹。宫内朝堂两相呼应，赵煦又亲眼看见孟皇后烧过符箓，于是不由不信，诏令执掌宫禁的皇城司立即缉拿太监、宫女、尼姑等三十多人，又令后宫内押班梁从政、御药房苏珪主审此案。

梁从政、苏珪都是资深太监，善于揣摩皇帝心思，又有刘婕妤、章惇请托，于是办案倾向性十分明显。他们滥用非刑，把嫌疑人打得遍体鳞伤，有的甚至断了胳膊、折了腿骨。孟皇后平日仁慈厚道，对下人尤其和蔼，这些人不忍加害，至死不招，对审讯人员反唇相讥，痛骂不停。梁从政、苏珪气急败坏，竟下令割去他们的舌头，使其无法出声。得不到口供，便强迫嫌疑人在捏造的口供上画押，终于酿成冤狱。审理过后，按程序由侍御史董敦逸复审。董敦逸看到的情景惨不忍睹：嫌疑人都已经奄奄一息，没有一人能说出话来。董敦逸觉察可疑，不愿下笔签字，郝随便威胁董敦逸说："你可知这个案件的来龙去脉吗？你可知皇帝的心意吗？恐怕你救不了他们，连你自己也性命难保。还是多为子孙后代考虑考虑吧。"董敦逸害怕了，只好照着原来的审理结论报了上去。

审理查明的案情有：太监王坚与尼姑法端共同学习朝廷明令禁止的占卜奇书《太乙雷公式》，研究如何为皇后祷告，并诅咒皇后讨厌的人；法端指使王坚到民间收集驴、狗、蛇的交配器官和媚药叩头虫制成催情剂，由皇后带到皇帝寝殿以求欢爱；由燕氏带着符水洒在皇帝经常行走的路上，放进赵煦的茶水里，以获取皇帝对皇后的好感；依据孟皇后的样子刻成木人，经法端施法术后偷偷放在赵煦的床上，以期盼皇后能长期霸占皇帝的恩宠。

赵煦没想到结发之妻竟是施妖厌魅之人，怒不可遏，第二天便迫不及待下诏废除孟皇后，让她出家修道，号华阳教主，居住在瑶华宫。这一起皇宫巫蛊案后世以孟皇后出居地为名，称为“瑶华秘案”。

董敦逸违心定案，事后追悔，上疏为孟皇后辩诬，请求另派良吏，再行审理。殊不知赵煦早有废后之意，瑶华秘案只是个由头罢了，他对朝臣说：“董敦逸怎么能反复无常，这样的人不适合当言官。”经朝臣求情，才没有贬黜。

孟皇后被废，刘婕妤如愿以偿被册立为后。不过好景不长，公元 1100 年二十四岁的赵煦晏驾，由于没有儿子，兄弟赵佶继位，是为徽宗。赵煦的嫡母向太后深知孟皇后冤屈，诏令恢复她的皇后身份，封为“元祐皇后”，此为孟皇后二度被立。刘皇后被封为“元符皇后”，地位反在孟氏之下。一年后，向太后去世，奸相蔡京执政，刘皇后密嘱心腹郝随买通蔡京，暗中指使大臣上疏，以孟皇后支持旧党为由，要求废除皇后位号。赵佶对蔡京言听计从，孟皇后二次被废。

人们都以为孟皇后一辈子将以青灯为伴，再难有翻身之日。孰料人世间福祸无常，公元 1127 年发生“靖康之难”，金人攻入汴京，宗室人员和宫中嫔妃全部被掳去北国。孟皇后因为已被除名而幸免于难，之后迁徙千里，来到杭州，南宋时恢复皇后名号，尊为太后，并两次于国势危急之时垂帘听政。

三立两废两垂帘，孟皇后一生命运与国运紧密相连，随政治倾轧和宫中争斗起起伏伏，其机遇之奇特，经历之丰富，在历史上实属罕见，称她是传奇皇后当之无愧。

二

战争，让武将走开

一场奠基国运的酒宴

公元 941 年，后晋将领安重荣反叛石敬瑭，喊出的口号是“天子宁有种乎？兵强马壮者为之。”这句口号喊出了五代十国所有武将的心声，成为人们普遍信仰的准则和那个时代的特征。赵匡胤建宋之后的一个重要课题，就是如何抑制军队将领觊觎皇位的野心，如何掌控曾并肩战斗却又掌握重兵的弟兄们。

每个开国君主在立国之初都面临着这样棘手的问题，那就是如何对待功臣勋将。夺取天下之时，这些将领出生入死，立下赫赫战功，君主在世或许还能够驾驭，但到了二世三世，这些将领难免功高震主，成为不稳定因素。开国君主都想在去世之前解决好这个问题，他们解决的办法大多只有一个字：“杀！”汉朝诛杀的开国功臣有臧荼、韩信、卢绾、彭越、英布、陈豨等；明初朱元璋炮制了四大冤案，开国功臣只有寥寥数人得以幸免；即使号称不杀功臣的唐太宗李世民，也清洗了侯君集、张亮，排挤掉唐俭、李绩等。

宋朝建立在五代十国政权频繁轮换的废墟之上，这个问题显得尤其严峻。那么，赵匡胤有什么更高明的政策吗？

赵匡胤黄袍加身后，必须封赏有拥戴之功的将领，原殿前副都点检慕容延钊资历老、职务高，接替任殿前都点检，兵变中态度积极的高怀德升任殿前副点检，张令铎为马步军都虞候，当时随征的张光瀚、赵彦徽也得到提拔；“义社十兄弟”中石守信任侍卫马步军副都指挥使，王审琦为殿前军都指挥使。这些人掌控着禁军兵权，还都兼任着各地的节度使，在新政权中举足轻重。

大赏功臣实在是不得已而为之，赵匡胤虽然讲义气，但也只是权宜之计。他知道，这些人嘴里喊着大哥，眼睛紧盯的可能正是老大的位置。他们能把黄袍披在自己的身上，也能把别人抬到皇帝宝座上。有一次他酒醉后对当时的皇后王氏说："你知道我为什么不杀周世宗孤儿寡母吗？别人都说我厚道，感念世宗知遇之恩，说的不错。可还有一层心意他们不知道，今天我杀了前朝遗孤，来日倘若他人篡了皇位，你们弱妇幼子也会血溅这殿前台阶。"这是他的真实心声，他内心深处一直有所警惧，从登基的那一天起，赵匡胤就一直在寻找避免重蹈后周覆辙的办法。

最初，凡有重大战事赵匡胤都务必亲自挂帅，这样才能牢牢把兵权抓在自己手中。公元960年陈桥驿兵变后，驻兵晋南的后周将领李筠不服，勾结淮南节度使李重进反叛，赵匡胤先攻李筠，后伐李重进，都是御驾亲征。但皇帝毕竟一国之主，长期带兵在外不是长久之计。很快，赵匡胤就罢免了与他关系稍远的慕容延钊、韩令坤、张光瀚、赵彦徽等人的禁军职务，不再设殿前都点检，其他职务都由"义社十兄弟"接任。赵匡胤把这些人视为心腹，以为这样就可以睡上安稳觉了。

但还有一个人比他更清醒，就是赵普。赵普不止一次地提醒他："人都是会变的，今天的忠臣也许是明天的敌人。"赵匡胤觉得赵普说得有理，遂决定试探试探这些兄弟们。

这一天，赵匡胤招呼"义社十兄弟"到郊外打猎，一人一骑，佩戴弓箭和刀剑，不带随从。他们一路追逐猎物，中午时分到了树林深处，大家也收获满满。赵匡胤招呼大家说："这里没有外人，你们不要拘谨，大家像过去一样不分彼此，开怀痛饮。"于是他们席地而坐，拢起火，烤着肉，喝着酒，说着笑着，氛围活跃。

喝到七八分醉时，众人打打闹闹，没有尊卑，没有顾忌，仿佛又回到了后周大家一起喝酒玩闹的时候。石守信拍着赵匡胤的肩膀问："大哥，当皇帝什么滋味啊？"众人跟着起哄，有人递过酒壶说："大哥，干一杯。过去我们在一起无所忌惮，多么快乐啊！自从你当皇帝，在大殿上我们都不敢乱说话了。”又有人一屁股坐在赵匡胤身边，把肩头一挺，说：“弟兄们把你抬到皇帝宝座上，这皇位也有俺们一份啊。”众人听后便哈哈大笑。赵匡胤装着喝醉的样子，说：“你们想做天子，简单啊，杀了我拿去便是。”说完解下佩剑就递了过去。有醉意稍轻的便意识到前面的话犯了忌讳，改了称呼说：“臣等都是说笑罢了，陛下切不可放在心上。”话没说完，只见赵匡胤一跃而起，翻身上马，弯弓搭箭，前方不远处正在大树上攀爬跳跃的松鼠应声落地。赵匡胤回头对篝火旁呆若木鸡的弟兄们说：“你们既然尊我为天下之主，以后当守为臣之节，不可飞扬跋扈，不可有非分之意。”

打猎回来，赵匡胤自信地对赵普说：“这一帮兄弟礼节上虽然比较随意，但他们的忠心不用怀疑，不会背叛我的。”赵普还是没有消除顾虑，说：“我倒不担心他们反叛你。不过我仔细观察过这几个人，他们的统御能力都很弱，如果不能有效约束部下，一旦有风吹草动，士兵们率意而为，他们恐怕也身不由己呀。”打猎时兄弟们的玩笑话已经让赵匡胤感到不舒服，经赵普一分析，他意识到问题严重，遂下定决心解决掉这些人的军权。

公元 961 年七月的一天，赵匡胤在宫中设宴招待石守信、高怀德、张令铎等禁军高级将领，嘱咐大家尽情欢饮。宫中设宴是常事，石守信等像往常一样你敬我让、推杯换盏，喝得兴高采烈。

酒至半酣，赵匡胤让左右侍者退下，端起一杯酒，情深义重地说：“如果没有你们的鼎力相助，我定然坐不到皇帝的位子上。让我满饮此杯，以表谢意。”说完一饮而尽。众将附和说：“来来，一起干了。”赵匡胤挥挥手：“慢。”然后把杯子重重地拍到桌子上，长叹一声：“唉……”石守信知道赵匡胤有话要说，问：“陛下有什么忧愁？”赵匡胤做出悲戚的样子说：“做皇帝太难了，不如我做节度使时快活。我整天寝食难安啊！”众人忙询问原因，赵匡胤这才平静地说：“你们稍微想想就能明白，既然皇位尊贵，谁不想要呢？”

众人听出了弦外之音，不由冒出冷汗，放下酒杯，离开座位，跪地叩首说：

“陛下怎么这样说呢？天命已归，谁这么大胆子敢起异心？我等誓死忠贞不渝。”赵匡胤站了起来，严肃地说：“你们固然没有异心，但你们能保证手下人不贪图富贵吗？要是有一天，将士把黄袍穿在你们身上，即便不是你们的心意，但你们还能够自己做主吗？”石守信等又想起树林中的玩笑话，明白自己已经受到猜忌，一边痛哭流涕地表明自己的忠心，一边跪爬到赵匡胤的桌角下，说：“臣等愚钝，竟没有想到这一层，请陛下可怜臣等，给指条明路吧。”赵匡胤这才松了一口气，说：“你们暂且坐下说话。”众人哪里敢坐，齐声说：“但请陛下明示。”赵匡胤话锋一转，说：“人生在世，区区百年，如白驹过隙。这么短暂的生命里什么最重要？富贵！我们在战场上出生入死为了什么？为了锦衣玉食、家业恒昌，为了子孙后代不再受穷受苦！那么怎样才能富贵呢？多攒些银两，多买些田地，多置办些家业。你们做大官不也是为了这些吗？不如你们把军权交出来，去地方上做个封疆大吏，既可以轻轻松松地挣大钱，又可以安安心心享受余生。整天歌舞升平，饮酒欢娱，以终天年。你们要是放心不下，我与你们约为婚姻，君臣之间再无猜忌，上下两安，这样不好吗？”

赵匡胤把话说到这个份上，众人哪敢说个不字，满口应承下来，还得谢主隆恩：“陛下为我们考虑得太周到了。”不过这还没完，赵匡胤微微一笑，说：“今天欢饮尽兴，一醉方休，大家晚上就宿在宫中吧，朕已经为你们准备好了房间。”原来，赵匡胤担心这些人狗急跳墙，串联起来兵变造反，当夜将他们软禁在宫中。几个人到了房间一看，除了笔墨纸砚，多无余物，心里知道皇上用意，当即写下辞职书。

第二天朝会时，几个人不约而同地递交了辞呈，纷纷表示自己年龄大了，体弱多病，带兵打仗已经力不从心。众大臣不明就里，一脸愕然，只有赵普在一旁嘿嘿冷笑。赵匡胤当即恩准众人请求，免去他们禁军职务，只保留节度使头衔。殿前军和侍卫亲军不再设首领，统一归殿前都指挥司、侍卫马军都指挥司和侍卫步军都指挥司三个机构指挥，称为“三衙”。空出来的其他职务由年轻军官担任，他们的威望和号召力不足以对皇朝构成威胁。当然，赵匡胤“约为婚姻”的承诺也没有食言，将妹妹、女儿都嫁到了这几位将领家里。

禁军问题虽然基本解决了，但赵普认为还不够。各地藩镇权力还是太重，赵普建议削夺其权，制其钱谷，收其精兵，这样才能做到天下安定。于是赵匡胤把削权的目标转向节度使。

唐朝后期，节度使垄断了辖区州、县的军权、财权、司法权，连知县都由节度使任命，不需经过中央。赵匡胤削弱藩镇的第一步就是中央空降知县。这一措施的突破口选在了天雄军，担任节度使的是柴荣和赵光义的老丈人符彦卿。赵匡胤任命大臣周渭为辖区内永济县的知县，周渭上任时，符彦卿亲自迎接到郊外，周渭只是在马上行了个见面礼，到县衙后才正式与他相见，以此表示朝廷命官不会屈从节度使。

赵匡胤又把这种措施推向全国，这样节度使对县一级的控制大大减弱。赵匡胤晚年时，赵普因为擅权被贬任河阳三城节度使，怀州知州高保寅与赵普不和，上疏请求直接对中央负责，不受河阳三城节制，赵匡胤欣然同意。怀州开了先例，其他地方依次跟进，至此，节度使只剩下了空衔，变成了荣誉职务，再也不能呼风唤雨。赵普提出的建议首先反制自己，倒是颇具戏剧性和讽刺意味。

后面的历任皇帝，更加不信任武将，带兵打仗都由文官作为统帅，并形成惯例。对西夏战争中的最高指挥有范仲淹、韩琦、王韶等，无一不是进士出身。宋朝彻底摆脱了武将擅权的阴影，当然，也形成军队疲弱的弊端。

从一场酒宴开始，用平和的手段解决了五代十国几十年形成的痼疾，显示出赵匡胤的人文情怀和高超的驾驭能力。更为重要的是，它对宋朝形成特色鲜明的治国方针起到了引领作用，那就是重文抑武。战争，让武将走开，是宋朝吸取前代教训的政策选择，也是中国文人政治的正式启幕。

为什么是曹彬

公元 974 年九月，赵匡胤诏令曹彬率十万大军进攻南唐，朝野上下一片哗然：为什么是曹彬？

文臣们议论纷纷：皇上杯酒释兵权，连自己的结义兄弟都不信任，怎么可能信任曹彬！要知道，曹彬的姨母是后周太祖郭威的贵妃，他本人从二十岁起就一直在后周世宗柴荣帐下听命，是不折不扣的前朝遗老。况且，他与本朝天子的过节也尽人皆知，当时曹彬执掌供奉，赵匡胤找他开后门，想弄些公家的酒喝，被他一口回绝，说什么“这是官酒，不敢相赠”，一副公事公办的嘴脸。赵匡胤任禁军高级将领后，别人争相攀援，曹彬却从不为私事造访，赵匡胤举办的酒会，他也常常借故推脱。这样的官员，皇上居然放心把十万精锐交给他？

武将们则更加愤愤不平。老将王全斌急匆匆地进见赵匡胤说：“灭亡后蜀时我是统帅，曹彬只是东路军的监军，连副统帅都算不上，陛下现在为何忘了老臣，让一个没有战功、官职卑微的裨将带兵征伐南唐？你可知道那南唐比后蜀更强大几分？”没想到赵匡胤脸色突然冷了下来，“啪”地一拍桌子，呵斥道：“你还有老脸提灭蜀的事！朕交代得清清楚楚，要以怀柔为上，不要惊扰百姓，可你却纵容士兵大肆掠夺，屠城滥杀，以至于蜀人对朝廷充满怨言，造成兵变。既然你提起旧事，朕告诉你，当年伐蜀各部，唯有曹彬清廉严谨，秋毫无犯，这才是朕需要的良将。”说完让侍卫将这个没有眼色的老将轰出了大殿。

在文武百官不解和不服中，十月份，曹彬披挂上阵。宋军伐南唐的总体安排是曹彬率水军从江陵顺江而下，副帅潘美率步骑集结于和州，等待会合曹彬水军共同围攻南唐都城金陵。同时又令其他将领于各处牵制南唐军。

十月十八日，曹彬指挥千余艘水军战舰以及载有竹木、绳索的船只启程。宋、南唐以长江为界，宋军行进在江道北侧，驻守南岸的唐军毫无警惕，以为宋军只是例行巡江，有些军寨还热情地与宋军打招呼，送来酒食犒军。尤其是湖口驻有南唐朱令赟部十万水军，竟闭门自守，对宋军庞大舰队不闻不问。

就这样，曹彬顺流而下，基本未遭遇有效抵抗，仅用六天就到达八百公里之外的池州。二十五日，曹彬突袭池州附近毫无防备的峡口寨，轻松得手，然后顺势拿下池州。在池州，宋军实验了搭建浮桥技术，将千余艘战舰用竹木、绳索连接起来，横亘江面，步骑士兵从上面走过，如走陆地。曹彬大喜，令水军加速前进，连克芜湖、当涂，迫近采石矶。采石矶是长江下游重要渡口，是金陵的上游门户，历来为兵家必争之地，南唐在这里驻扎有两万大军。采石矶的对岸就是和州，潘美率领的步骑要在这里渡江。闰十月二十三日，曹彬强攻采石矶，生擒千余人，控制了采石矶要隘。

十一月九日，曹彬将在池州搭建的浮桥移到采石矶。消息传到金陵，南唐主李煜与大臣商量对策，有大臣说："自古未闻有架设浮桥过江的先例，这真是个笑话！宋人久在旱地，一到水上就异想天开。"李煜也讥笑说"如同儿戏"，君臣都以为宋军步骑不可能突破长江天堑，也没有采取任何干扰措施。

三天后，浮桥建成，潘美所部数万步骑顺利过江。对于江南来说，中原步骑犹如噩梦，一旦过了长江，只能眼睁睁看着他们逼近金陵。

公元975年正月十七日，南唐调集十万大军列队金陵城西南的秦淮河上，准备与宋军决一死战。奈何正值隆冬，秦淮河水窄河浅，潘美不等宋军战舰集结，直接率步骑涉江掩杀过去。南唐军哪里承受得住这样虎狼般凶猛的进攻，一击即溃。与此同时，宋军一支水师驾着几艘装满芦苇的战舰直扑南唐水寨，到了近前，点燃芦苇，熊熊烈火遍及江面，南唐水寨被烧得残破不堪。溃败的南唐军逃到金陵城中，紧闭城门不敢应战。不久，宋军完成对金陵的合围，南唐君臣只能死守城池，负隅顽抗。

南唐国主李煜是一位杰出的词人，日常沉溺于软香温玉之中，写一些花前月下的篇什，于治国理政却毫不用心。宋朝已经大军压境，李煜还宸居深宫拜道理佛，沉醉在虚拟的梦幻之中，把军事大权悉数委托给皇甫继勋。皇甫继勋只会纸上谈兵，毫无军事才能，见宋军强大，知道不能抵御，便自作主张要同宋军议和。

有一天李煜偶尔走上城头，才发现战事已经危在旦夕，震怒之下，下令斩杀皇甫继勋。不过，李煜也没有退敌良策，如今能够调动的兵力只有大将朱令赟驻守湖口的十万大军，于是急派使者诏令前来救援。

十万精锐水军确实能够对宋军构成威胁，但长江水浅，朱令赟行进十分缓慢，好不容易行到安庆附近，遭遇曹彬派来的军队拦截。从军队和战舰数量来看，朱令赟占有绝对优势，宋军最多只能延缓时间而已。也许冥冥之中自有天意，朱令赟用火油进攻宋军，不料风向突变，大火反而向自己的船只扑来，就这样十万大军轻易被击溃。朱令赟绝望至极，干脆投火自焚了。

李煜已成瓮中之鳖，单看曹彬什么时候伸出尖牙利爪了。不过曹彬不急。离开汴京前，赵匡胤特意叮嘱，大军所到之处，要宣扬朝廷盛德，切勿掠夺滥杀；又强调说，最好能保全金陵这座文化名城。曹彬谨遵圣谕，他要逼李煜投降，和平收复金陵。然而李煜这位理想主义者，这时表现出宁死不屈的气节，在宫中放一堆木柴，对前来劝降的宋使说："如果金陵城破，我就和全家赴火而死。"

曹彬从正月开始围城，一直持续到十一月，金陵城内已经缺衣少粮，死者相枕，但李煜仍在勉力支撑。李煜既然不见棺材不落泪，曹彬只好下令发起总攻。

总攻前两日，曹彬突然病倒了，卧床不起。将官忧心不已，纷纷前来探视，曹彬说："我得的是心病呀，什么药也医治不了。"众将不解，曹彬解释说："如果你们能遵从皇上教诲，城破之日不妄杀一人，我这病自然就好了。"众将顿时明白了曹彬装病的意图，满口答应。得到众将的承诺后，曹彬立马令人摆上香案，与众将一起焚香立誓，这才起床下地，安排部署攻城事宜。

金陵早已不堪一击，总攻进展顺利，部队很快推进到皇宫。李煜本来打算自焚就义，事到临头又缺乏赴死的勇气，只好带着大臣百余人走出宫门，奉表投降。

李煜来到江边，见到曹彬，倒头便拜，曹彬将他扶起，请他到船上喝茶。船与码头之间用狭窄的木板相连，曹彬在前，大踏步走了过去，李煜在后，战战兢兢不敢踏上木板。众人对李煜投以蔑视的讥笑，只有曹彬面色如常，回过身牵着李煜走过木板。到了船上，曹彬令备茶，让李煜坐在宾客的位置。李煜正要落座，身旁一位裨将呵斥："亡国之君，安敢上座！"吓得李煜屁股一滑，跌坐地上，周围一阵哄笑。曹彬制止裨将说："只有圣上有权处置南唐故主，尔等休得无礼。"

曹彬向李煜通报了押解他回汴京事宜，告诉他启程日期，然后说："你过惯了豪奢的日子，路上吃喝用度简俭寒薄，到朝中俸禄也不能与江南相比。你可回宫中收拾行李，多带些金银细软，以备日后补贴使用。"然后派几个士兵将他护送到宫门口。副将潘美不放心，提醒曹彬说："私自放他回宫，万一有什么差池，你我可承担不起呀。"曹彬笑道："一个连木板都不敢过的人，还会舍得去死吗？况且，他要想自杀也不用等到现在。"果然，第二天李煜如期回来报到了。

回程行水路，舟船在水面慢悠悠行走，闲得无聊，潘美置酒，与曹彬小酌。潘美对曹彬说："我听说战前圣上有承诺，如果生擒李煜，当拜将军为使相，末将先向将军祝贺了。"使相是指宰相级别的节度使，是武将的最高级别。曹彬摆摆手说："不会不会。"潘美愕然，问："难道朝中传闻是假的？"曹彬说："我们在前线打仗，谋划部署都是圣上安排好的，功劳也应归于圣上，功禄名利的事还是看淡一些好。"呷进一口酒，往前凑了凑说："何况北汉还没有扫平。"潘美想不通封使相与北汉有什么关系，就与曹彬押上赌局，赌注是一缸江浙老酒。曹彬指着潘美笑道："这次出征，你没少捎回越州黄酒吧？"潘美亦笑，回敬说："我可不像你，打了胜仗带回来的都是书。"然后故作神秘地说："不能带书，这读音不吉利。"曹彬苦笑一声，心里说，好者好，恶者恶呀。

到了京城，曹彬按照规矩不敢回家，先到朝中向皇帝复命。他请求内侍通报，递上的帖子写着"奉敕江南干事回"。赵匡胤早已得到凯旋的消息，见到这名帖，感慨地说：“武将中没有比曹彬更低调的了。”当即在偏殿接见曹彬、潘美。

汇报过战事后，赵匡胤歉疚地对曹彬说：“本来承诺提拔你作使相，但太原未降，爱卿还是等等吧。”潘美佩服曹彬料事如神，又心疼一缸老酒，这心思在肚里转了一圈，最后竟笑出声来。赵匡胤询问原因，潘美只好把二人打赌的事如实相告。赵匡胤开玩笑说：“你想欺负老实人没得逞吧。”当即赏曹彬二十万钱，并监督潘美履行赌约。出来之后，曹彬对潘美说：“何必非要当什么大官，有钱有酒才是人生乐事啊。”潘美感兴趣的是曹彬缘何知道皇上会食言，曹彬被纠缠不过，只好说出其中因由：如果现在封赏已经登峰造极，以后再立新功就赏无可赏了，这是君主所忌讳的。潘美于是对曹彬更加佩服了。

赵匡胤对曹彬用最小的代价收复江南很满意，不久任命曹彬为枢密使、检校太尉、忠武军节度使。枢密使是最高军事长官，负责制定国防政策和兵力调配。北宋一朝，只有两员武将做过枢密使，一个是曹彬，一个是宋仁宗时期的狄青。

赵光义即位后，依然信任曹彬，加授同平章事，替赵匡胤实现了封曹彬作使相的承诺。公元 986 年，赵光义北伐辽国，任命曹彬为东路统帅。可惜，在岐沟关之战中，曹彬进退失据，导致整个战役失败。但赵光义对曹彬的信任却没有减弱半分，只给予很轻的处罚。公元 999 年赵恒在位时，曹彬病逝，赵恒亲自痛哭致祭，之后每每提到曹彬，必定流涕哭泣。

宋朝帝王把曹彬树为武将标杆，平心而论，曹彬的军事才能远非凤毛麟角，最突出的功绩是平定江南，但以两国力量对比，任何一员武将挂帅都会无往而不胜。那么武将中为何只有曹彬得宠？赵匡胤说得好：“不欺其主者，独曹彬耳。”低调行事，遵守法度，不打折扣地领悟、贯彻君主的旨意，是他立于不败之地的护身法宝。就连后世忽必烈这样的君主也很推崇曹彬，《宋史》更将曹彬列为“宋朝第一良将”。

在帝王心目中，政治始终在军事之上，讲政治比能打仗更重要。参悟透了这一点，就解开了宋朝武将政策和武将命运的密码。想想北宋狄青和南宋岳飞，你就能懂了。

史上曾有杨家将

公元979年，赵光义亲率大军征讨“十国”最后一个政权——北汉，经过四个多月的艰苦战斗，唐末以来被誉为固若金汤的太原城终于支撑不住，北汉末帝刘继元奉表投降。

五月六日，北方的小麦还未泛黄，就已经被饥饿的部队收获一空，赤裸的土地露出焦渴的褐色，仿佛等待着一场甘露的降临。这天清晨，太原城北连城台上，赵光义在这里举行受降仪式。

刘继元率大臣举白旗，穿白衣，捧着北汉国的皇帝印玺以及全国户籍、田地、储粮等档案资料跪在台下请求恕罪。赵光义的虚荣心得到极大满足，封刘继元为特进、彭城郡公。

就在这一场大戏即将表演完毕的时候，太原城头的白旗忽然倒下，重新立起写着“汉”字的皇旗和写着“刘”字的将旗。在场的宋、汉双方都傻了眼：北汉国主就在台下跪着，怎么太原城内又蹦出个伪政权？

抬头看时，只见将旗下站着一位金甲银盔、横眉怒目的彪形大汉，他扬起一把青龙大刀，向城下大喊：“我主投降，我却不降。有本事的过来拼个你死我活。”赵光义急忙问此人是谁，刘继元战战兢兢回答说：“这是先父的义子刘继业，现任建雄军节度使。”赵光义欣喜地说：“原来这就是大名鼎鼎的刘将军！朕在中原早就听说过这个人，浑身是胆，骁勇善战，一腔忠义，人送外号‘无敌’。”接着吩咐刘继元说：“他既是你部下，又是你义弟，一定要劝他归降，这个任务就交给你了。”刘继元不敢违命，连连应承。当即向城上喊话：“兄弟，你可以不要自己性命，但要为太原满城百姓着想啊！百姓何辜，要为气数已尽的汉家朝廷殉葬？”这话说得情真意切，祭出百姓这个砝码，城头上的刘继业一腔热血登时冷却下来，痛哭流涕地面向北汉“皇宫”拜了又拜，终于走下城墙归附大宋。

原来，刘继业本名杨业，因屡立战功，被刘继元的父亲刘钧收为义子，与刘继元一样属“继”字辈，因此叫刘继业。赵光义欣赏其忠勇，恢复其原有姓名，依然叫杨业。后世把他的两个名字串联起来，称呼他为杨继业。后人以他和他的子孙为原型编写了许多话本小说、戏剧作品，《杨家将》的故事，是演绎得最为广泛的北宋题材之一。

杨业对北境比较熟悉，赵光义便任命他为代州知州。第二年辽军入侵雁门，杨业出奇制胜，杀死辽国驸马并活捉一名战将，因赫赫战功升迁为云州观察使，仍兼代州职务。不过，朝中大臣一直猜疑降将，纷纷上疏奏言反对重用杨业，请求将他调离边关。赵光义不为所动，将这些奏章密封后派人送给杨业，杨业越发感动，赤胆忠心，报效宋廷。

公元 986 年，赵光义发动了他在位期间最后一次军事行动——雍熙北伐，目的在于收复燕云十六州，以报高粱河失败之仇。这时辽国皇帝耶律隆绪年方十六岁，暂由太后萧氏执掌权柄，赵光义想当然地认为两宫一定相互掣肘，主少国疑，因此贸然发动战争。

这次北征兵分三路：东路以曹彬为帅，率十万大军，出雄州、霸州，攻涿州；中路由田重进统领，率军出飞狐，掐断幽州与云、应、朔等西部各州联系；西路由潘美御师，出雁门，攻云州。代州是攻取云州的基地，因此任命杨业为西路军副帅。

赵光义的如意算盘是：东路先行，吸引辽军主力，西路再乘虚而入，沿燕山山脉东进，两路主力会师于燕京城下，最后共同攻打燕京。这样一来，东路任务比较轻，需要持重缓行，掌握节奏，西线需要高歌猛进，越快越好，成败的关键在于两条线路的默契配合。

二月，大军正式出发。正如无数次战役一样，开始时进展顺利，曹彬的东路军到三月中旬占领毗邻涿州的固安，而潘美的西路军也攻克了寰州。如果以直线距离计算，寰州距燕京四百公里，固安离燕京只有五十公里。按照作战计划，东路军应当控制节奏，等待西路军。但第一阶段的一帆风顺让东路军忘乎所以，贸然进军占领了涿州，打算在此固守。但东路军由于违反了事先的军事部署，后勤补给无法与之同步跟进，东路军在涿州驻留十天后又被迫回退到雄州。

在这期间，西路军相继攻占朔州、应州、云州，最弱的中路田重进部也攻陷了飞狐、蔚州、灵丘。捷报传来，东路军将领热血沸腾，纷纷请战，面对立功心切的将士，曹彬无法约束，只好带来将士再攻涿州。然而，此时辽军的援军却逐渐赶到，对宋军一路阻击，宋军行进越发艰难，二十余日后粮草又断，宋军将士疲惫不堪，只好再次退兵。大军退至西南二十公里岐沟关时，辽军追兵赶到，又困又乏的宋军已经组织不起像样的防御，大败而逃。岐沟关南是拒马河，河深桥窄，数万宋军蜂拥而至，士兵、马匹在拥挤中纷纷坠河，死伤无数，丢弃的武器盔甲堆积如山。

东路溃败，辽国军队的主力向西转移，接连收复蔚州、寰州，已呈不可阻挡之势。赵光义急令中路、西路撤退。为了削弱辽国实力，又对西路下达一个任务：将已经占领的地区居民迁至宋境。

这时西路军已经退至代州，在如何迁移云、朔、应三州民众上，内部产生了严重分歧，导致激烈矛盾。

副帅杨业见辽军势盛，建议避其锋芒，提出撤退方案：宋军主力出代州后向应州进发以吸引辽军，云州和朔州的守将趁机将民众带出城，而后宋军在途中埋伏，以防止辽军追击。这个建议的要领是声东击西。然而监军王侁一向看不起降将，尤其对杨业因功升迁极为不满，故意针锋相对地提出了反对意见，建议大张旗鼓前往各州接应民众，与辽军硬碰硬进行决战。

二人争执不下，这个时候需要主帅潘美表态，但潘美故作沉思，默然不语。

杨业见众将态度暧昧，大家都对自己心存疑虑，心中着急，争辩道："辽军尽出主力，已经连下两州，这个时候我们迎难而上，犯了兵家大忌，必败无疑。"王侁抢过话头讥讽地说："两军还未交战，你就断言我方必败，岂不是长敌军志气，灭我军威风？你一向自诩为杨无敌，现今大敌在前，你却逗留不战，是不是打算借契丹之力恢复北汉？"

杨业素来耿直，忍受不了王侁的奚落和羞辱，气愤地说："我杨业岂是贪生之人，不过不忍心看着将士们去送死罢了！这样对国家有什么好处！既然监军怀疑我有二心，今天我就带兵与敌人决一死战，大不了殉国明志。"接着召集本部人马，带着儿子延玉准备出战。

杨业自知此去凶多吉少，临行前流泪对潘美说："我本太原降将，蒙主上不杀，还委以重任，我唯一的心愿就是立功报恩。现在诸将怀疑我胆怯避战，我岂能看重自己的生命！这一去恐怕再也见不到主帅了，请向圣上表明心迹，我杨业对大宋唯有忠心赤胆！"潘美安慰说："你父子一世英名，威震塞外，这一去或许能扫荡敌寇，大功告成，怎么能说这样悲观的话呢。"杨业请求道："从这里向前有个陈家谷，希望主帅能派兵在谷口埋伏，末将若有不测，退兵至此，我方可夹击敌军，纵然不能反败为胜，也能减少牺牲。"潘美满口答应，和王侁带兵将杨业送至陈家谷口，在此埋伏等候。

杨业北上朔州，早被辽军探知。辽军主将耶律斜轸安排副将设下埋伏，自己亲自带兵迎战杨业。两军交锋，耶律斜轸假装不敌，调转马头后撤。杨业既然抱定必死的决心，那么只有向前一条路可走，于是紧追不舍。等到辽军伏兵四起，将宋军团团围住，杨业力战不敌，只好边战边撤。

从上午激战到黄昏，终于到了陈家谷口，这时部队已经死伤殆尽，杨业身边只有百余名将士。杨业以为这百余名将士终于有救了，然而在陈家谷口等待他们的只有老树枯藤、斜阳余晖，找不到援军半个人影。

原来潘美王侁等候几个时辰不见杨业，以为必是打了胜仗，击败了辽军，于是带着大军主力向前争功，行进了十多公里。没想到前方传来杨业兵败的消息，潘美和王侁惊慌失措，勒马便逃，早把埋伏接应的允诺忘得一干二净。

杨业孤军奋战，后有追兵，前无援军，自知已经陷入了绝境，忍不住痛哭流涕地对士卒们说：“谁人没有父母兄弟，你们不用陪着我做无谓牺牲，各自逃命去吧。”将士们忠心耿耿，竟无一人肯离去。杨业便率领众人回头再战，身受十多处枪伤依然奋战不止，最后战马中箭倒地，不幸被俘。儿子延玉和七十多岁的部属王贵都战到力竭，被乱枪刺死。杨业在押送燕京途中，叹息道：“圣上待我恩重如山，本打算守边讨贼报答圣恩，不料被奸臣陷害，致使王师败绩。我还有何面目活在世上！”于是三日不吃不喝，不屈而死。

杨业的死讯传至朝廷，让赵光义痛惜不已，称赞他“尽力死敌，立节迈伦”“诚坚金石，气激风云”，追赠他为太尉、大同军节度使。导致杨业死亡的责任人潘美被官降三级，监军王侁被开除官籍，流放金州。

民间演义中，杨业有七个儿子，个个智勇双全，六郎杨延昭尤其突出。真实的历史中，杨业确有七个儿子，不过杨延昭排行最长。杨延昭继承父志，在河北边境任职。公元 999 年辽军骚扰边疆，杨延昭在遂城带领民众顽强抵抗，辽军围困数日进攻不下，只好退兵。当时宋真宗赵恒亲征，在河北大名，亲自召见了杨延昭并封他为莫州刺史。赵恒有意重用杨延昭，不过后来宋、辽签署协议，平息了战事，英雄无用武之地。杨延昭最后官职仅为高阳关的副指挥，与戏曲中的三军统帅相差甚远。

戏曲中杨家将的第三代是杨宗保，第四代杨文广。真实历史中，杨文广是杨延昭的儿子，宋仁宗时期曾跟随狄青南征，立下军功，最高官位为定州路副都总管、步军都虞候，比其父稍胜一筹。

除此之外，戏曲故事里还有杨家的姑娘媳妇组成的“杨门女将”，她们都是让辽国闻风丧胆，对宋朝居功至伟的名将。而事实上，除佘太君外，其余皆为附会。

唐末以来，战死沙场的将军不计其数，但唯有杨业受到世人的敬仰和追捧。究其原因，无外乎“忠君报国”四字。五代十国时期，文臣武将今天是张家的飞鹰，明天可能就是李家的走狗，将士们喋血沙场，为的只是金钱和富贵，道德忠义丧失殆尽。入宋以后，士大夫着力重建儒学，再塑道义，社会对忠君报国逐渐有了高度认同。在这样的背景下，杨业义无反顾报国恩，壮怀激烈死社稷，自然受到推崇。奸臣陷害、御敌抗寇又为故事增加了传奇色彩，口口相传，以至于成为妇孺皆知的满门英烈。而对构陷杨业的行为保持默许和纵容态度的潘美，则成为演义中最大的奸臣潘仁美。

历史也许会被夸大，但道义从不会缺席。

当文臣主导战争

雍熙北伐失败后，赵光义心灰意冷，渐渐失去收复燕云十六州的雄心。继任者赵恒本是一个文弱书生，对战事十分忌惮，便对辽国在军事上开始采取守势。然而，树欲静而风不止，宋朝的退缩助长了辽国的野心，辽国的执政者皇太后萧绰和皇帝辽圣宗耶律隆绪都想有所作为，于是再动干戈，意欲收复被后周柴荣占领的关南地区。

公元1004年深秋，萧绰和耶律隆绪亲自驱兵南下，二十万草原铁骑来势凶猛。不过，这时宋朝河北前线各州都由能征善战的武将把守，辽军一时难以攻下，于是改变策略，一边攻城一边分兵长驱直入，直扑汴京。

前线战报像雪片一样飞向朝廷，强势的次相寇准却把战报扣押起来，没有呈送给赵恒。直到十一月，辽军攻克祁州，继而猛攻瀛洲，瀛洲城头一块门板上就射进三四百只箭矢。前线告急！前线告急！这时寇准才把积压起来的战报一股脑送到赵恒案前。

赵恒看着如小山一样的告急文书，心如火燎地问寇准："这可怎么办呢？"寇准深知当今圣上优柔寡断，扣押战报就是为了给赵恒精神上造成压力，迫使他尽快作出迎战的决定。皇上越急，他越沉着："陛下打算迅速了结战争，还是打持久战？"赵恒心想，寇准怎会说出这种糊涂话，当即回答："当然是尽快了结！"寇准用不容置疑的口气说："只有一个办法，御驾亲征！"

赵恒不是没有想过亲征的问题，但打仗不比读书，热血沸腾的时候豪情万丈，冷静下来又瞻前顾后，畏首畏尾。所以赵恒说："亲征是大事，我得多问几个大臣。"他先问参知政事王钦若，王钦若建议："先帝太宗尚且不能战胜辽国，陛下还是躲躲吧。臣的家乡在江南，山川形胜，有大江之险，请陛下巡幸金陵。"赵恒又问枢密直学士陈尧叟，陈尧叟奏称："川蜀天府之地，有大山阻隔，请幸成都。"赵恒觉得两个地方都不错，但未战先逃，毕竟不甘心，最后召问首相毕士安，毕士安给了个折中方案："打仗靠前线将士，陛下亲征也不能替代他们。不过可以到靠近前线的地方，既安全，又能激励士气。"赵恒反复思考后，决定采纳毕士安的建议，御驾前往开封北一百五十公里的澶州。

赵恒还未启程，忽然有辽使送来一封密函。赵恒急忙拆启，原来是署名王继忠的书信。这王继忠曾是宋朝一员猛将，在一次战役中被俘降辽。王继忠经常向萧绰建议辽宋和好，因此萧绰让王继忠写来这封信，表示愿意议和。朝中大臣听到消息后都松了口气，王钦若、陈尧叟向赵恒祝贺，赵恒则忧虑地说："辽国议和肯定有附加条件，他们的目标应该在关南地区，这是我万万不能答应的。如果不与他们议和，河北百姓难免又一次生灵涂炭，这也是我不忍心的。"权衡利弊后，赵恒还是决定先派使者探探辽人口风。派谁去呢？这时一名叫曹利用的下级官员主动请缨，赵恒就派他先到天雄军，然后入辽帝行营面见萧绰。

议和非一日之功，战争还在继续。赵恒亲征澶州之前，对前线进行了局部调整，令定州都部署王超回师接应皇帝御驾；向天雄军派遣一名得力干将。寇准不失时机地推荐王钦若判天雄军。王钦若是坚定的"逃跑派"，一向反对皇帝亲征，寇准必须要去除这块绊脚石。王钦若对寇准的用意洞若观火，反问道："寇宰相准备在京城享清福吗？"寇准坚定地说："我也即将开赴前线。"就这样，王钦若主持天雄军军事，寇准随赵恒北上澶州。

十一月二十二日，赵恒走到一半路程，得知王超在前线遭遇辽军阻拦，不能按期南下接应，心里便开始惶恐不安。这时逃跑派又开始鼓动皇帝回銮。寇准着急了，拉着赵恒的衣袖说："如果圣上现在调头返回，前线顷刻间就会军心崩溃。等敌军排山倒海杀过来，恐怕您来不及撤到江南，就会变为辽军俘虏。"这时，赵恒身边一位叫高琼的武将插话道：“末将以为陛下巡幸金陵并不难，三两日就到了。”寇准在一旁叫苦不迭，以为这一下彻底完了。谁知高琼话锋一转，又言：“但陛下仔细考虑考虑，将士们父母妻子都在中原，他们会甘心随陛下去江南吗？到时候不定会闹出什么大乱来。”赵恒毕竟不糊涂，这才在忐忑不安中继续前行。

二十五日，赵恒刚到澶州，立足未稳，辽军先头部队已经攻至城下。不过辽军毕竟是小股部队，被赵恒的御前亲征军杀个措手不及，带兵首领中强弩而死。

当时的黄河穿越澶州城而过，将澶州分为南北两城，北城正面迎敌，南城是后援基地。赵恒打算住在南城，寇准不同意，说：“将士们以一睹圣上英姿为荣，如果仅在南城，将士们见不到，就起不到亲征的作用了。”赵恒于是跨过黄河，登上北城城楼，打起了皇帝专用的黄龙旗。城下士兵无不激动万分，高呼万岁，顷刻间士气高涨，人人渴望上阵杀敌。

次日，辽军的第二拨部队赶到，赵恒命大将李继隆出城迎敌，自己亲自在城楼督战。宋军将士人人都一心效命，个个如猛虎蛟龙，不到一个时辰就将敌人杀得丢盔弃甲、仓皇而逃。初战告捷，赵恒嘉赏了将士，满意地回到行宫，把后面的战事委托给寇准，自己只做幕后指挥了。

几日之后，萧绰率领辽军主力来到澶州城下，双方进入相持状态。

澶州倚傍黄河，是开封北面唯一的险要之地。如果这座城失守，意味着宋朝将面临灭国之灾。这时又传来前线通利军、德清军相继失守的消息，赵恒表面镇定，内心却处于惶恐之中。他吩咐内侍密探寇准在干什么，扬言：“如果宰相对战事没有信心，我们赶紧先逃。”内侍禀报赵恒：“宰相一天到晚都在跟翰林学士杨亿饮酒谈诗。”见寇准如此镇定，赵恒才放下心来。

此时对面的萧绰也同样焦灼。辽军深入宋境数千里，兵锋虽锐，但并没有消灭宋军有生力量，也没有攻破几座城池。现在的萧绰和耶律隆绪，相当于进入了宋军的包围圈中。短时间内不可能占领汴京，如果被河北的宋军截断粮道，或者宋廷将陕西军队回调增援，辽军很可能成瓮中之鳖，束手待毙。当然，宋和辽也尽可以放手一搏，拼个鱼死网破，但赵恒和萧绰都不是赌徒，不会拿整个国家作赌注，双方最现实的选择是妥协、议和。

宋朝的议和大使曹利用很快回到澶州赵恒的行宫，转达了辽国的议和条件，即归还后周占领的关南地区。赵恒召大臣们商议，寇准坚决反对议和："辽军三番五次受挫，现在形势对我们有利，稍等三五天，河北将士率军会集澶州，定能全歼辽军。收复燕云十六州，在此一举！"赵恒叹息道："两国交战，无论胜负，受难的总是百姓。再过数十年，我朝必能训练出精兵强将，自有收复燕云的那一天，我还是把机会留给后人吧。"赵恒同意议和，但他不能接受辽国的条件，对曹利用说："关南是父辈传下来的基业，决不能割让，如果辽主坚持这个要求，那只有拼死一战。"曹利用小心翼翼地问："我们能作的让步有哪些？"赵恒沉思片刻说："可以考虑给他们一些钱财。"曹利用跪拜表态说："微臣誓死捍卫陛下的主张，如果不能按陛下的要求达成协议，臣就不活着回来见陛下了。"

临行时，曹利用发现忘了一个关键问题，又进见赵恒问："如果辽国索要钱财，最多给他们多少？"赵恒算了一下，嘱咐说："一年一百万以内可以接受。"赵恒说的一百万，包括钱和绢，宋代经常把钱和绢并举，罗列着放在一起说。当时寇准在侧，等曹利用告别出宫，寇准急忙跟了出来，伸出三个指头对曹利用说："最多不能超过三十万，要是超过了这个数，等你回来看我不砍掉你的脑袋。"

正月十六日，曹利用拿着国书再次出使辽营，面对萧绰咄咄逼人的态势，曹利用做出死猪不怕开水烫的样子："关于领土问题根本不可能，我都不敢向我们皇上提起这事。"然后又对萧绰"循循善诱"一番："假如给一些岁币之类的，我倒可以斡旋一下，不过我们皇上也不一定答应。"辽国随军有一位将军嘟囔一句："我们这次出兵就是为了关南土地，要是达不到这个目的那就太亏了。"曹利用一听这口气，知道辽人已经动摇，态度变得强硬起来："如果非要关南土地，只有兵戈相见，依现在这形势，谁胜谁负还没有定数。到时候关南土地拿不到，钱也拿不到，反而祸及自身就不好了。"辽人没了底气，最后只好同意索求一些钱财了事。经过讨价还价，达成以下协议：

宋与辽双方停战，结为兄弟之国，赵恒年长于耶律隆绪，为兄，辽主为弟；宋每年助辽军饷钱十万两，绢二十万匹，谓之“岁币”；两国边境开设榷场，进行正常贸易；两国不得向边境增兵，不得修筑军事工程。

当曹利用高高兴兴拿着协议文本回澶州复命的时候，赵恒正在吃饭，没有办法接见曹利用。但赵恒又想尽快知道谈判结果，便让内侍先问他岁币的大概数目。曹利用故作严肃地对内侍说：“这个不能告诉你，这可是国家机密。”然后神秘地伸出三个指头向内侍摇了摇。内侍回宫禀报给赵恒时，赵恒以为是三百万，差点把口中的饭喷出来，喃喃地说：“这也太多了吧。”等宣曹利用进来，说清楚只是三十万，赵恒大喜过望：“这不过是两个州的赋税，不值一提。”然后重赏了曹利用。

宋、辽在澶州签署停战协议，澶州有个湖叫澶渊，因此这份协议被称为“澶渊之盟”。双方以兵戈相加开始，以缔结和平结束，是军事实力趋于均衡的结果。宋没有收回燕云十六州，辽也无法得到关南土地，战争除了增加防务负担，带给百姓苦难外，没有任何收益，所以最终双方妥协，作出了明智的选择。以盟约形式缔结和平，在古代大国争霸史上非常少见，这是宋辽两国对人类文明进程的贡献，对中国历史甚至国人的思想塑造都产生了巨大影响。

按澶渊之盟约定，宋每年向辽输送岁币，貌似吃了亏，但宋朝每年节省的军费开支不下于岁币的百倍，从这个意义上说，利大于弊。边境榷场开设后，宋朝丰富的物产卖到辽国，赚取了更多的金钱，在经济上获取更多的利益。金钱换和平，用商业的方式结束战争，是宋朝人的精打细算，也为宋朝重文抑武国策的实施营造了良好的外部环境。

澶渊之盟后，宋、辽之间保持了一百多年的和平友好，两国“生育繁息，牛羊被野，戴白之人，不识干戈”，也正因为这样，两国的军事能力不断下降，当女真金国崛起之时，两国只有被动挨打的份了。当然，对于老百姓来说，百年不见烽烟已经难能可贵了。

西北狼毒种世衡

关中平原向北，是风沙漫漫的黄土高坡和一望无际的荒漠高原。沙漠与丘陵交接的地方，沟壑纵横，山脉蜿蜒，滩涂密布。这里有广袤的牧场，出产牛羊和良种战马，还有上好的青盐和丰富的矿产。九世纪，党项人拓跋思恭帮助唐朝讨伐黄巢起义，收复长安，因功赐姓李，被封为夏州节度使、夏国公，从此李家成为这块土地的主人，拥有夏州、银州、绥州等数十个州府，势力覆盖现在的陕西北部、宁夏、甘肃和内蒙古部分地区。

李家世代奉中原王朝为正朔，宋朝封李氏为平西王，在很长一段时间里，双方和平相处，李氏享受着国中国的特殊待遇。公元 1032 年，新一任夏国国主元昊即位，他不甘心屈居人下，要堂堂正正作夏国皇帝，于是举起反叛大旗，亲率大军向宋朝叩关扬威，并取得金明寨、三川口之战等一连串胜利。

遏制和讨伐西夏刻不容缓，宋朝委派韩琦、范仲淹两位精干的大臣经略陕西，主持对夏前线军事政务。韩琦驻渭州，范仲淹驻延州。

刚一到任，范仲淹就查勘地形，走访将士。初步了解情况后，召集辖区将领、官员召开军事会议，集思广益研究对夏策略。会上，一位资深“老边防”引起范仲淹的注意，这位叫种世衡的基层将领来到地图前，指着延州东北一百公里外的一处山间平地说：“这个地方有一座废弃的城堡，是旧时的宽州。别看它处于大山深处，土地贫瘠，却是一块战略要地。向西可以声援延州，向东可以连接河东，向北能够直取银州，向南能够贯通粮食补给线。现在西夏人还没有意识到它的重要地位，我们应尽快派兵扼守此地。”

种世衡这一番话，令范仲淹茅塞顿开。对西夏，就应该步步为营，逐步蚕食，在宽州故址建城，真是绝妙的好主意！范仲淹当即令种世衡到这个地方负责修筑城堡。

种世衡带着小股部队开拔到宽州故址，还未动工，就被西夏人发现了他的动向。双方就这一块地区发起了争夺战。好在种世衡占据先手优势，故城基础还在，他一边打仗，一边修城，终于垒起了城墙，盖好了营房。这时，一个严峻的问题却凸显出来：城池建在山上，左涧右隘，城外虽然有河，但山上却没有泉水，新修的城堡无水可饮。一旦打起仗来，敌人围攻城池，城中部队将干渴而死！

解决缺水困难最直接的办法是打井，但井深打到一定程度就碰到了岩石，还是没水！众人议论纷纷：这城白修了，无法防守，不如放弃。种世衡不信这个邪，让石工继续向下挖。石工把铁锤、錾子往种世衡面前一扔：“你见过铁錾挖石头吗？”种世衡不作声，命人抬来一箱银子放在地上，说：“挖上来一箩筐碎石，赏一百钱。”重赏之下必有“苦工”，石工二话不说又下了井，凭借一锤一錾硬是凿破岩石层，挖出了井水。

修筑城堡大功告成，为了纪念这可贵的水源，朝廷将这座新城命名为“青涧城”，升任种世衡为青涧城知事。

种世衡在青涧城，有仗打仗，无仗练兵。他打仗练兵就一个办法：钱！比如习练射箭，把亮闪闪的铜钱吊挂在箭靶上，士兵射中了就可以直接把钱拿走。既然处处用钱，朝廷拨款有限，那么钱从何来？种世衡发挥商人的特长，把青涧这座不毛之城硬生生变成了商贾集聚之地。他下令开垦荒田二千顷，属于官有，但并不限于种地，而是大量租给商人，由他们随意经营，并且无需交税。这样，商人蜂拥而来，有了生意还怕没钱？官府就有了大量的银子可供支配。与其说种世衡是位将军，不如说他是一位精明的生意人和优秀的管理人才。

种世衡在青涧城，另一个重要职责是团结山下的羌族部落。这些羌人生性彪悍，战斗力极强，他们明面上是大宋子民，暗地里勾结西夏，在两边投机钻营。种世衡对他们施以恩惠，让他们死心塌地地站在大宋这一边。他经常请羌人喝酒，喝到高兴处，身上佩戴的珠宝、首饰随手就送给了客人。对于小恩小惠不能降服的部落首领，种世衡也会费些心机，用一些奸诈诡计。

慕恩部落是当地最为强大的部落，一天晚上，种世衡请慕恩欢饮，命美貌的侍女在一旁加酒。中途他借故离开，慕恩见主人不在，借着酒兴开始对侍女动手动脚。种世衡其实并未远去，而是折身在窗口偷看。等到关键时刻，他突然出现，慕恩大窘，害怕种世衡治罪，连声赔礼。种世衡没有因这无礼的行为怪罪慕恩，反而很大方地把侍女送给了慕恩。从此，慕恩部落对种世衡拼死效力，立下很多功劳。

从青涧城选址、营建到经营，再到团结蕃部首领，种世衡都表现出不同凡响的政治军事才能。他像一朵荒野里的狼毒花，在西北贫瘠的土地上肆意生长，绽放出与众不同的艳丽色彩。纵观仁宗年间的宋夏战争，种世衡是最有成就的武将。他的得意之作是用反间计杀死夏国国主元昊的左膀右臂野利刚浪唆和野利遇乞兄弟。

宋夏交战，一些草寇、侠客、义士、浪人来到边境寻找机会，或躲避仇人，或淘金发财，或从军立功。其中，有一位叫王光信的和尚，不知从何方游荡到此，既不吃斋念佛，也不普度众生，专干打家劫舍、掳掠盗抢的勾当。他胆大心细、武艺高强、不惜性命，几年间跑遍了黄土高坡的犄角旮旯，与官、兵、匪、民都有来往，在黑道上很有些名声。种世衡了解到此人虽然有恶行，但也讲义气，是条硬汉子，不同于一般鸡鸣狗盗之徒，遂决定收复此人，为国家所用。

种世衡派人专程把王光信请到青涧城，什么活也不给他安排，什么事也不让他做，每天供着他吃喝玩乐、放纵恣肆，只要王光信不杀人，不影响公务，几乎可以为所欲为。远近都知道有位大和尚是种将军的座上宾，奢靡无度，耀武扬威。

西夏为了搜集青涧城情报，野利兄弟派浪埋等三位部将前来诈降。种世衡经常与各色人物打交道，又擅用巧计，一眼看穿了对方的阴谋，但他不动声色，装着高兴的样子，对浪埋等人委以重任，让他们监管税收，故意带着他们巡视全城，以显示信任。过一段时间，种世衡终于等到了时机，开始起用王光信这枚棋子。

这一天，种世衡带着浪埋等三名西夏人去拜访一位在青涧城做药材生意的商人，正碰到王光信喝得酩酊大醉，在商铺闹事。王光信把商铺的山药摔得满地都是，口中谩骂老板用假山药欺人。老板在一旁赔着笑脸说："大师父，我们这可是刚从温县拉来的河内山药。"王光信骂骂咧咧地说："你娘的胡扯，老子走南闯北，什么地道药材没见过，河内山药滋阴壮阳，吃了都要流鼻血，你看老子流了吗？鼻血在哪？要不然我把你打出鼻血来！"说完就要动粗。种世衡大怒，喝道："我平日惯着你也就算了，你今日竟然敢到商铺闹事，不知道商人是青涧城的财神爷吗！"当即让士兵将王光信捆了，交代一句："往死里打，打死了丢到山崖下喂狼。"然后对三位西夏人说："你们给我监督着，我实在不愿再看见这厮。"说完扬长而去。药材铺老板感动得热泪盈眶，直夸种将军善待商人，青涧城营商环境好。

三位西夏人眼看着王光信被打得皮开肉绽，奄奄一息，口中惋惜，心里高兴。直到日薄西山，士兵们打累了，说："这家伙看样子活不了了，不如按将军吩咐将他抛尸野岭吧。"然后将王光信抬出了城。

几个月后，王光信却出现在西夏国都兴庆府。

王光信径直走到野利刚浪唆的将军府，向野利刚浪唆呈上一封种世衡的亲笔信，信上说，我们大宋皇帝已经接到您投降的请求，对您弃暗投明的勇气高度赞赏，打算封您做夏州节度使，等平定了元昊，西夏国这几个州由您统领。王光信然后还拿出了信物，是一颗雕刻成龟形的枣，寓意"早归"。

野利刚浪唆气得差点晕过去：自己什么时候请求投降宋朝了？继而又吓得半死，这话要是传到元昊耳中，还有活命吗？野利刚浪唆想在府中把王光信干掉，但转念一想，万一消息被传出去，自己更说不清楚了。思来想去，决定光明磊落地行事，把王光信绑了，送给元昊处理。

元昊见到王光信，自然不信野利刚浪唆会背叛西夏。元昊下令对王光信严刑拷打，让他供出到这里的真实意图。

在王光信被囚禁的一个多月里，元昊安排狱官对其天天审讯，用尽各种刑罚，但王光信一口咬定原先的话死不更口。审讯王光信的狱官向元昊密奏说："从这一段的审讯情况看，这个和尚说的八成是真的。"元昊还是不信，亲自提审王光信。王光信招供："野利将军早就与种世衡来往频繁，还派了三个部属到种世衡手下任职。"于是元昊遣人打听，竟然真有此事，便开始对野利通敌的事情将信将疑了。

为了求证此事，元昊专门派一名叫李文贵的汉人官员到种世衡的上司鄜延经略使庞籍处，假装成野利刚浪唆的部下，问庞籍说："我家将军接到大宋朝廷旨意，但不明白其中含义，特来求证。"种世衡早将反间的计谋报告了庞籍，庞籍于是跟着演戏，反复向李文贵宣传宋廷招降的意图。李文贵回到西夏后将情况报告给了元昊，元昊也因此认定了野利串通宋军的"事实"，果断杀死了野利兄弟。

元昊穷兵黩武，西夏国内早已民不聊生，他心中萌生了与宋朝议和的念头，因此放回了王光信。

王光信回到青涧城后，一见到种世衡就抱怨说："我在青涧城差一点被你打死，在兴国府差一点被元昊打死，我冤屈啊！被元昊打在意料之中，挨你一顿打我觉得没有必要吧。"种世衡笑着拍着王光信的肩说："你知道青涧城有多少西夏耳目吗？如果不伪装你被打死的假象，你凭空从青涧城消失，到不了兴国府可能就被暗杀在半道了。"随后又重赏王光信，让他到江南享受后半辈子的人生了。

望着王光信一骑绝尘的背影，种世衡阴险一笑，心想："如果没有青涧城的一顿打，我怎么知道你能不能承受得住兴国府的酷刑呢。"当然，这种心思他永远不会说出来。经历了大半辈子的沧桑，他已经学会了低调和隐忍。

种世衡以一个小小的青涧城为基地，立下了其他大将要员望尘莫及的功绩。但直到他去世也只是个正七品的小官。种世衡死后，庞籍升任枢密使，种世衡的儿子上疏陈述父亲的功劳，请求追封，但朝廷一直推诿扯皮，若干年后才被追赠为成州团练使。种世衡的遭遇从一个侧面反映了宋朝武将的宿命。

种世衡子孙继承祖志，世代为将，驻守西北，被称为“种家军”。其孙辈种师道、种师中都是青史留名的一代名将。

错在完美

公元 1039 年十一月，踌躇满志的元昊亲率军队到宋朝保安军叩关扬威，志在必得。

西夏军以骑兵见长，所过之处，战马嘶鸣，尘土飞扬，加上冬季寒风呼啸，草木萧肃，大有摧枯拉朽、横扫千军之势，令人胆战心惊。宋军享三十年太平，将不知兵，兵不知战，哪里见过这样的阵势，早已吓得双腿打战，不要说杀敌立功，就是逃命恐怕也跑不利索了。双方一接触，宋军便呈溃败之势。

就在这千钧一发之际，只见一挺拔男儿，披散着头发，脸上戴一副青铜面具，纵马扬抢，驰入乱阵。他左冲右突，枪挑一片，所到之处，必有敌人血肉横飞，身首异处。其凶猛如罗刹，迅猛捷疾，于千军万马之中，纵横驰骋，锐不可当。

西夏军没有见过这样古怪的装扮、这样高超的武艺，以为武煞星下凡，纷纷溃退，避其锋芒。宋军受到鼓舞，也开始稳住阵脚，展开反攻。渐渐地，战局形势逆转，宋军愈战愈勇，西夏军人像失去巢穴的马蜂，四处散开，乱作一团。元昊见败局已定，赶紧收兵，带着残余人马撤回西夏境内。

这位散发铜面的勇士叫狄青，他年轻时代兄受过，作为罪犯在脸上刺字，被押解进京城并编入军队。元昊反后，狄青主动报名参军来到前线。为了挡住脸上的刺字，也为了给敌军以更强烈的震慑，打仗时狄青习惯披散头发，戴上特制的铜面具。这副铜面具成为西夏人的噩梦，也是令敌军闻风丧胆的见证。

狄青的英雄事迹引起了主政西北的要员关注，范仲淹、韩琦、庞籍都亲自会见了他，听他对行军打仗发表的见解，对他倍加赞赏。范仲淹说："将帅不知古今历史，就只有匹夫之勇。"然后送给狄青一本自己批注过的《春秋》，希望他会打仗，更要做好人。《春秋》是东周时期鲁国的史书，对记述的历史事件是否合乎礼仪规范进行评价，借君子之口论述是非，所以受到儒家推崇。范仲淹建议狄青读《春秋》，就是希望狄青不仅成为良将，而且要成为忠诚于国家和君主的良臣。

狄青没有辜负范仲淹，在对夏战争期间参加大大小小数百次战斗，屡立奇功，先后被擢拔为惠州团练使、眉州防御使、保大安远二军节度观察留后、马步军副都指挥使等。

公元 1052 年，广西少数民族首领侬智高谋反，北宋的主要兵力在河北、陕西，对南方防守十分薄弱。短短四五个月，叛军就接连攻破十余州，兵锋接近湖南、湖北。当时范仲淹刚刚去世，韩琦驻守前线抽不开身，庞籍已是帝国唯一的宰相，他便推荐狄青挂帅南征。赵祯诏令狄青晋升枢密副使，任命他为剿匪总统帅，并在汴京亲自为狄青壮行。

南征的关键一战发生在广西宾州昆仑关，这里距叛军老巢邕州只有五十公里，得昆仑关者得邕州。然而昆仑关第一战，宋军却败了。

原来，狄青的大军未到，严令当地各部扎营待命，不得擅自行动。桂林知州余靖的部将袁用立功心切，再三请战，余靖一向看不起武将，更不把狄青的命令放在眼里，默许袁用率先叩关。十二月初一，袁用率八千步兵与关内叛军打遭遇战，南方的宋军纪律涣散，一触即溃，这一战伤亡两千多人。袁用损兵折将，更打乱了整个战略部署。

狄青到后，果断下令将袁用斩首示众。帐前将领纷纷为其求情，狄青声色俱厉道："我杀袁用，不是因为兵败，而是因为袁用违反军令。大战在即，不斩不足以齐军心！"余靖在侧，越想越害怕，竟汗流浃背、两股战栗，只好离席向狄青请罪，请求治罪。余靖曾任谏官，在朝野很有威望，狄青安慰他说："您是文臣，行军打仗不是您的责任，不受军法处置。"狄青这话中有两层含义，一是军法不追究文臣，二是文臣要有自知之明，不要对行军打仗指手画脚。余靖听后心中骇然，知道狄青决不是简单粗野的武将，同时体会到带兵的不易，从此对狄青心服口服，不敢再任性苟且。

就在大家以为狄青会亲自带兵攻打昆仑关的时候，狄青却下令在宾州休整过春节，并给士兵放假到上元节，让他们在宾州城与民同乐，等双节过后再攻打昆仑关。

“原来狄青也是贪图享乐之辈。”人们议论纷纷，狄青却置若罔闻，反而变本加厉，传令他要犒赏三军，大摆三天宴席。第一天晚上，宴请将佐，第二天晚上，宴请地方官员，第三天晚上，宴请军中校尉。

第二天晚上正是上元之夜，宾州城火树银花、箫鼓喧喧。狄青这一夜宴请的是当地官员。酒过三巡，夜过二鼓，狄青推说身体不适，先行告退，却暗地里迅速披甲戴盔，整理戎装，带领早已蓄势待命的部队，绕开正道，从一侧山间深沟中悄无声息地向昆仑山行进。

宋军欢天喜地闹元宵的气氛成功地麻痹了叛军，宋军主力轻松突破昆仑关，敌人竟一无所知。而狄青之所以宴请地方官，是因为当地情况复杂，怕有人与敌军暗通款曲。他把这些人集中起来，实际上形同软禁。

狄青兵不血刃到了邕州城下，侬智高匆忙率军迎战。叛军当然不是西北铁骑的敌手，经过一番激烈战斗，叛军几乎全军覆没，侬智高一把大火点燃城池，趁乱逃亡大理国去了。战后宋军在验收战果时，发现一具身上挂满黄金佩饰的尸体，有人断言必是侬智高。狄青说：“不能确定这是侬智高的尸体，也许正是他的金蝉脱壳之计。我们应该如实上奏，不要虚报战功，蒙蔽圣上。”

平侬一战而胜，赵祯兴奋不已，召集宰相们讨论为狄青封赏加官。赵祯首先开宗明义，提议迁狄青为枢密使，加同平章事。宰相庞籍坚决反对：“开国时的将军们出生入死，功莫大焉，但太祖只是赏钱，并没有加官枢密使。如果武将做了枢密使，假使再立战功，还能拿什么封赏他们？”参知政事梁适认为当今帝国文昌武疲，需要振作勇武之气，擢拔狄青正是好时机。双方争执不下，这事就暂时搁置了起来。

五月，狄青班师回朝。赵祯在没有与大臣事先沟通好的情况下，出人意料地直接宣布任命狄青为枢密使。庞籍毫无思想准备，不知如何应对，只好说："容臣等回去商议商议，明日再奏。"赵祯知道如果按通常程序走下去，三五个月也不一定能见到任命书，所以果断地说："不用等明天了，你们现在就到殿外阁门内商议，朕要马上见结果。"

诏书下达后，仍有台谏冒死反对。尚书左丞兼御史中丞王举正使出惯用的"杀手锏"，对皇帝说："陛下如果任用狄青为枢密使，请先罢免臣的言官之职。"赵祯说："好。"于是成全了王举正。这恐怕是赵祯四十多年皇帝生涯中决策最为果断的一次。

狄青贵为枢密使，脸上还刺着字，实在不雅观，也有失威仪。赵祯对狄青说："狄爱卿，朕有御医，可以将你脸上的刺字去掉。"狄青回答说："陛下擢臣，不问门第，臣愿留下这黥字，使天下人得知，朝廷对贱儿一样会因功擢拔。"

狄青的诚实和谦逊感动了赵祯，此后一直对其信任有加，在赵祯执政四十多年里，鲜有超越者。不过那些文臣们却不肯放过狄青，一直瞅机会拔出宰辅中的唯一武将。

公元1055年的一天，狄府管家疏忽大意，夜间在府内烧醮，即烧纸作法事，这违反了开封府夜里禁止明火的规定，知府王素派人查看，探明缘由，虚惊一场，也未加追究。知制诰刘敞得知消息，却如获至宝，到开封府指责王素不该放任不管："朱温未发达时，屋里出现怪光，邻里赶去救火，却什么也没有。狄青家里平地起红光，跟朱温当年差不多。"这话明摆着影射狄青有篡逆之心。王素费尽口舌做了解释，刘敞不听，谣言便不胫而走，整个京城议论纷纷。

到了五月，天降大雨，汴水暴涨，狄青的府邸在汴河岸边，没于水中无法居住，便借宿在大相国寺内。相传赵匡胤曾到大相国寺进香，在佛像前问住持和尚："拜还是不拜？"住持答曰："今日佛不拜往日佛。"狄青入住不久，传言有人看见滂沱大雨中，狄青身着黄色衣褂，在大相国寺的正殿前踱来踱去，像极了昔日的赵匡胤。黄色是帝王之色，其他王公贵族、平民百姓绝对不允许穿黄色衣服。怪光黄袍，一火一水，都把矛头指向一个方向，那就是危及社稷。

谣言把狄青推进了舆论漩涡，文臣们终于可以一展身手了。以文章纵横天下的翰林学士欧阳修上疏《乞罢狄青枢密之任》，说："枢密使狄青，出身行伍，以勇武著称。进入枢密院后，位列大臣，已经三四年了，也没犯什么过错。"狄青是个好人，近乎完美，找不出毛病，有什么理由弹劾吗？欧阳修的理论很独特：狄青的问题，就是太完美了！

"狄青以勇气服人，又会训练部队、恩抚将士，底层的士兵佩服他的才能，容易受到煽动。他在军队里号召力太大了，这就是隐患呀！"所以欧阳修建议："现在这形势，最好的解决方案是狄青主动提出辞职，交出兵权。但狄青是个武人，不知进退。近来传闻颇多，有说他应到图谶，有说他家里有火光，都不是好兆头。小人作恶，不一定出于本心，但如果得不到抑制，谁知道以后会怎样发展呢？"最后，欧阳修殷切叮咛："两府很忙，换人是常事，狄青已经干这么长时间了，如果削去事权，既可均其劳逸，又能成全其忠心，何乐不为？"

欧阳修说得天花乱坠，但赵祯对狄青信任有加，对奏章留中不报。欧阳修不馁不弃，连上四道奏章，其他大臣也摇旗呐喊，朝廷舆论呈一边倒之势。赵祯不厌其烦，向彼时的宰相文彦博抱怨："狄青明明是为忠臣，为什么他们要这样对待狄青？"文彦博从容对曰："太祖岂不是周世宗的忠臣？"残酷的历史悲剧发生在本朝先祖身上，赵祯毫无辩解余地，只好牺牲狄青，成全一帮文臣的心愿。公元 1056 年八月，罢狄青枢密使，判陈州。

在整个倒狄过程中，狄青一直被动接招，他面对庞大的文人集团，几乎毫无还手之力，全凭皇帝庇护。武人思想简单，狄青实在想不通，自己一向谨小慎微，与人为善，怎么就落到个墙倒众人推的下场？他特意去问宰相文彦博，文彦博淡淡地说："什么原因也没有，就是朝廷怀疑你。"听了这话，狄青在愤懑之外，平添许多惊恐，到陈州仅仅数月就染病而亡。

仁宗朝最有建树的名将，星陨陈州。他刚到知天命之年，却至死也没弄明白，自己错在何处。

西北第一将

公元 1061 年，一位年轻的进士辞去建昌军司理参军的公职，放弃江南舒适的官员生活，只身走进西北一望无际的茫茫戈壁和连绵不绝的群山峻岭，用一双脚丈量每一座山梁、每一道沟壑、每一粒沙石。整整七年时间，他与原居民同吃同住，与少数民族人共赴生死，终于将这里的地理人文、风土民情、军事部署探访得清清楚楚。

公元 1068 年，他向宋神宗赵顼献上三篇奏章，这就是轰动一时、影响北宋历史后半部进程的《平戎策》。这位“进士牛仔”名叫王韶。

从青海湖西北岸的大山里流出一条小溪，奔流而下形成湟水，流经西宁在接近兰州的地方汇入黄河。黄河与湟水形成的夹角被称为河湟地区。而在宋朝战争史中，广义的河湟地区还包括黄河以南的陇右地区。它的南面是北宋的四川，西面是北宋的秦州，北面就是西夏国。河湟地区的主要居民为吐蕃人，散居在河州、湟州、熙州、洮州、兰州和鄯州，形成大大小小数十个部落。他们与西夏为敌，臣服于宋朝。

王韶《平戎策》开宗明义：欲平西夏，必先取河湟！

此言一出，朝堂大震！朝臣们炸开了锅：“什么？放着西夏这个劲敌不打却反而去打自己的盟友？这王韶是不是疯子？”赵顼说：“咱们且看他后面怎么说。”

接下来，《平戎策》分析河湟地区的现状：河湟虽然大部分是吐蕃人，但并不团结，几十个部落化作一盘散沙，他们根本无法与西夏人抗衡。况且，河湟地区还杂居着羌人，羌人就是墙头草，宋强他们依附宋，夏盛他们降服夏，是潜在的不安定因素。所以宋朝要这样的盟友并没有多大作用。近几年西夏屡次攻打河湟地区，虽然没有攻下，但如果我朝继续坐视不管，西夏将河湟地区收归囊中是早晚的事情。如果西夏得到河湟，秦州、四川都在西夏的攻击范围内，宋军将应接不暇，国防形势会极大地恶化。

王韶说得很有道理，但朝臣们反对的理由也很充分："打仗是要花钱的。付出这么高的成本，有收益吗？"《平戎策》继续分析：西夏穷山恶水，宋朝得之不多，失之不少。而河湟不一样，河湟地区土地丰腴，完全可以自给自足，还可以养活朝廷的驻军。

反对者又发难："万一宋军打不赢，不是凭空多出了许多敌人吗？"《平戎策》回答了这个问题：河湟地区在汉、唐就是中国领土，汉唐能打下，我们理应打得下。况且，河湟正处于分裂之中，如果战略战术应用正确，将这些部落各个击破，不难得手。

反对者语尽词穷，却仍不放弃自己的立场。宋朝的朝堂一向是辩论的赛场，只有强者，没有败者。但赵顼不是赵祯，正意气风发、锐意改革，当然不会瞻前顾后、畏首畏尾，赵顼当即拍板：《平戎策》可行，以后对西夏的大政方针就依《平戎策》为基调了。同时诏令王韶为秦凤路经略司机宜文字一职。职务虽然不高，但权力不小，王韶将全面主持收复河湟事务。

当王韶带着军队到达秦州，人们议论纷纷，都在讨论他的第一战将攻击哪里。出人意料的是，王韶令部队原地待命，自己只带着三五亲兵便深入敌后了。他的第一个目标是鄯州青唐的俞龙珂部，这是青唐势力最大的部落，兵力达十二万人，王韶对付他们的手段是——策反。

王韶在俞龙珂部住了一天一夜，与其首领进行详谈，首领俞龙珂表示愿意归降，并跟随王韶前往汴京觐见宋朝皇帝。赵顼大喜，对俞龙珂加赏、封官，还要赐姓。按照传统，有功的少数民族首领赐国姓，姓赵，但俞龙珂非常仰慕前朝望臣包拯，乞姓包，于是赵顼为他取了一个汉族名字，叫包顺。赵顼单独召见王韶时，夸他是孤胆英雄，王韶诚实地回答："臣在考察西北时，对各个部落都有详尽了解，知道包顺倾慕中原文化，又与西夏仇恨最深，所以才敢以包顺部落为突破口。不是臣有孤胆，只是功课做得足而已。"

开局顺利，接下来就要真刀真枪去打了。打仗需要钱，但朝廷最缺的就是钱，要不然赵顼也不会急着任用王安石进行变法。王韶体谅朝廷的难处，不要钱，要政策。他上奏说："秦州西部万顷良田没人耕种，请允许让我经营这些地，做生意，用赚来的钱打仗。"赵顼征求主政西北的李师中意见，李师中说："哪里有万亩荒田等着王韶去经营？那些土地都有主人，王韶想强行霸占罢了。"赵顼感到这问题严重了，责令宰相王安石进行调查。

王安石是著名的"变法宰相""金融宰相"，能为国家赚钱的事都支持，他派一位叫李若愚的官员前去调查，李若愚偏偏不给力，调查后汇报说根本没有万顷无主荒田，只有一顷田地，还是没收充公得来的。然而王安石对王韶的支持是无条件的，他罢免了李师中和李若愚，另派官员主政陕西。这位官员深谙宰相意图，上任后立刻奏报王韶所言属实，于是赵顼为王韶升职晋级，批准他在西北实行"市易法"，即对小商户、农户发放小额贷款，赚取利息以筹集军饷、军费。

从王韶申请"市易法"的过程看，其手段很不光彩，很可能有弄虚作假的行为。不过上述记载出自《宋史》，《宋史》的立场是反对王安石变法的，因此事实真相是否果真如此，谨慎存疑。

有了钱，王韶可以放开手脚在西北一展宏图了。公元 1072 年，王韶带兵长驱直入向西进发，攻打盘踞在渭源堡里的羌人。

渭源堡建在抹邦山上，羌人士兵把持着上山的交通要道。俗话说"一夫当关，万夫莫开"，讲的就是只有狭窄山路的防守型要塞。宋军开拔到山下，诸将建议在山下列阵，等羌兵下山对战。王韶说："你们以为羌人都是傻子吗？你列好阵，他就得下山陪练？这样耗下去，等敌人援军赶到，我军就危险了。为今之计，只有把险要之地夺过来，为我所有，才是最安全的策略。"于是下令强攻山寨。

士兵们抬头看着与天齐高、险峻陡峭的山峰，大有畏难情绪。王韶手执宝剑，站在上山道路旁，驱赶士兵说："不上山者杀，敢言退者斩。"士兵们没有退路，只好勉强登山。攀爬到半山腰，敌人从山上滚落车轮大小的石块，爬在前面的士兵被石块击中，鲜血迸溅，哀号着滚落山崖。后面的士兵顿时心生畏惧，掉头便跑。王韶见状，脱下文官的衣服，换上铠甲，从队伍后拨开众人，带头向山上冲去。从古到今，狭路相逢勇者胜，而士兵的战斗力都是将官激励出来的。王韶冲锋在前，部将紧跟其后，士兵们便踊跃前行了。羌人的散兵游勇毕竟比不上宋朝的正规军，不到两个时辰，渭源堡已归宋军所有。

自宋朝建立以来，历任皇帝、将军对陇西、河湟地区都以收买为主，现在突然挑起战事，当地的吐蕃和羌人大为震惊。吐蕃首领瞎征判断宋军的目标绝不仅仅是羌人，他也不能允许外人在自己的地盘上为所欲为，于是亲率大军前来增援，发誓要夺回渭源堡。

王韶站在抹邦山目眺远方，远方有旷荡的草原和连绵的群山，有曾隶属于中原政权的大好河山。宋军之志，岂在渭源？如果固守一座山峰，还不如坐以待毙！他再次发出让部属瞠目结舌的军令：烧毁渭源堡，大军分成两路，小部分在山岭上遍插旌旗，设为疑兵，自己亲率大部队向着瞎征援军的方向奔驰。他快马加鞭，食不下鞍，赶到敌人到来前在武胜军附近的山头设伏。等瞎征军队进入伏击圈，宋军鼓声雷动，千军万马从八面山峰杀下，杀得敌人措手不及，一举歼灭其主力，不但确保了渭源堡的安全，而且顺势拿下了武胜军。

之所以选择在武胜军设伏，是因为武胜军处于黄土高原和青藏高原交接处，是关中西出的咽喉要道，它是宋朝和吐蕃势力的消长点，犹如襄阳之于江汉，如剑门之于成都，如采石矶之于金陵。

渭源堡、武胜军大捷的消息传到汴京，赵顼、王安石非常高兴，当即将武胜军改名镇洮军，寓意全面统治、管理洮水流域。王韶攻占河州后，这里又改名为熙州。

经过短暂整顿，公元 1073 年，王韶一鼓作气，连续向西、向南攻下黄河以南的河州、洮州和岷州等。次年回京述职，赵顼赏赐王韶一处宅院，加官资政殿学士，这已经是正三品的官职了。但王韶还没来得及高兴，前线就传来败北的消息，羌人复叛，勾结瞎征围困河州。

王韶日行千里赶回陇西，到达熙州，见将士们正在安排部署守城。王韶命令撤去守城士兵，挑选精锐两万人到河州救援。当大家以为王韶会直趋河州时，王韶却对将士们说："敌人一定采取了预防措施，我们贸然前去，恐怕会进入敌人的伏击圈。与其救援河州，不如先打掉他们的伏兵。《兵书》上说'批亢捣虚，形格势禁，则自为解耳'就是这个道理。"于是王韶不去救援河州，反而进攻半道上敌军控制的定羌城，而后破香子城，以两城为基地，扫荡沿途山岭关隘，将河州之外的敌军全部铲除。瞎征见大势已去，慌忙退兵。王韶在后紧追不舍，经过数次战役，最后生擒瞎征。至此，熙州、河州才稳定下来，朝廷合并南方的洮州、岷州，以及东面的通远军，建制熙河路。

王韶用六七年的时间，收复熙、河、洮、岷等数州，将宋朝疆域扩大了一千多平方公里，却并没有给宋朝带来经济利益。熙河路税赋收入很少，需要朝廷从全国调拨粮食钱帛，反而加重了中央财政负担。王韶又不精通为官之道，将频繁用兵、劳力费财的责任推加到朝廷身上，引发赵顼和王安石不满，最终将其调离。王韶离职后，他的儿子王厚继承父志，继续拓疆，收复了鄯州、湟州。父子两代的军事行动，史称"熙河开边"。熙河开边不仅巩固了北宋的西部防线，而且对西夏形成半包围之势，自此一直保持着对西夏的军事主动。

王韶开边是宋朝灭亡北汉后最为辉煌的军事成就，但后人却很少提及，对王韶其人也争议颇多。究其原因，其一，王韶政治上属"变法派"，与王安石保持一致，民国之前，史学一直否定王安石变法，从而连累了王韶；其二，王韶不打西夏，却打盟军，虽然有自己的理由，但毕竟师出无名，劳民伤财；其三，王韶的军事策略整体上属"先易后难"，是时吐蕃比西夏弱得多，羌人又是河湟地区最弱的武装，王韶"吃柿子拣软的捏"，儒学人士觉得胜之不武；其四，宋朝在熙河的统治并不稳固，当地居民反抗活动频繁，朝廷受其拖累，进退两难。文彦博就评价王韶开边说："就像工匠盖房，一开始总说得简单，动工后造价越来越高。"

"是非成败转头空。青山依旧在，几度夕阳红。"不管怎样说，熙河开边是北宋少有的振作之气，王韶被称为"西北第一将"并不为过。正如清代蔡上翔所评："韶以书生知兵，诚为不出之才。而谋必胜，攻必克，宋世文臣筹边，功未有过焉者也。"

三

士大夫的舞台

神秘的誓碑

公元 1127 年，金人携白山黑水的疾风暴雪一路南下，攻入汴京，耀武扬威地进入皇宫大内和太庙宗祠。他们一番洗劫之后，留下残羹剩炙，老百姓得以目睹它们昔日的森严与神秘。在太庙，人们惊异地发现，寝殿后面有一夹层，夹层内空空荡荡，只有一座高七八尺、宽四尺的碑石，上面用销金黄幔遮盖。揭开黄幔，只见碑石上赫然写着几行大字：

柴氏子孙有罪不得加刑，纵犯谋逆，止于狱中赐尽，不得市曹行戮，亦不得连坐支属；

不得杀士大夫，及上疏言事人；

子孙有渝此誓者，天必殛之。

原来，这是一座誓碑。坊间早有“太祖誓碑”的传言，今日人们终于一睹其真容。

南宋陆游《避暑漫抄》记载，宋太祖赵匡胤于建隆三年（962）秘密勒刻此誓碑，立于太庙最隐秘的房间，平日里上锁，严禁所有人出入。只有皇帝每年祭祀或者在新皇帝即位时方可启封。皇帝礼谒完祖宗牌位，打开密室，对着誓碑恭恭敬敬行跪拜礼，然后宣读誓词，中间只能由一不识字的小太监跟随。其余人等只能站在院子里，不能入内，更没有权力阅读碑文。群臣只知道太庙有密室，密室有碑石，皇帝祭祀必进，但对碑文的具体内容一无所知。

现在碑文的神秘面纱被揭开，人们不禁要问：既为太祖遗训，为何不公布天下？有智者解密说：碑文中有不杀士大夫一条，如果公开了，士大夫肯定有恃无恐，那还不得闹翻天？又有人问：太祖遗训后世天子执行了吗？人们扳着指头算了一下，还真找不出后世天子有违反的地方。

陈桥驿兵变后，赵匡胤将后周的太庙迁到西京洛阳，派专人看管维护。封废帝柴宗训为郑王，安置房州。房州处于大山深处，包括赵廷美等许多王侯都曾流放到这里。这样的待遇虽不能算好，但比起前朝亡国的帝王，已经厚道多了。柴宗训二十岁那年病逝，赵匡胤专门为其举行了哀悼仪式，辍朝十日。

柴宗训的儿子都未成人，但他还有位弟弟，后周亡时尚在襁褓之中。赵匡胤时篡位率文臣武将进宫，询问左右，怎样处理这个孩子，赵普坚决地说："除去他。"此话一出，当时在场的将领纷纷表示赞成，只有潘美默默立在一旁，手指用力地掐着大殿柱子没有表态。赵匡胤见状，问他："你认为不应该杀吗？"潘美哽咽着说："臣与陛下都曾效力于后周，如果劝陛下杀掉这孩子，有负世宗皇帝；如果劝陛下不杀他，又恐怕陛下猜疑。"赵匡胤想了想，自言自语说："即人之位，杀人之子，朕不忍心啊！"于是将这个孩子让潘美领养，交代说："世宗之子，不能做你儿子，只能做你侄子。"潘美把这孩子抱回家，为掩人耳目，仍然把他作为儿子抚养，改名潘惟吉。这之后，赵匡胤从未再过问此事，潘美也绝口不提。潘惟吉累任天雄军驻泊都监，他的儿子墓志上写着"叔祖潘美"，却不写祖父是谁，就是因为其中有难言之隐。

到了仁宗年间，赵祯特意让人取来柴氏族谱，从中挑选一位年长的人封为崇义公，赏赐千顷良田，让他奉祀后周帝王。在民间传说中，赵匡胤还赐给柴氏子孙"丹书铁券"，就是免死金牌。如小说《水浒传》中"小旋风"柴进就是柴荣后代，持有丹书铁券。这有悖史实，宋朝没有发放过所谓"丹书铁券"，柴荣也没有留下嫡系子嗣，但民间传说多少反映了柴氏在宋朝的特殊地位，与太祖誓碑相吻合。

誓碑三条的重点无疑是“不杀士大夫及言官”。士大夫指文官，言官即向皇帝进谏的官员，特指御史台和谏院的官员。有宋一代，只有一次杀言事之人的记载，发生在南宋初政局不稳之时。太学生陈东和布衣欧阳澈上疏反对宋高宗赵构偏安江南，并请杀主和大臣，因而激怒赵构，将二人斩于市集。严格来说，二人不属于士大夫，也不属于言官，只能算言事之人。另外，据说赵构当时尚不知有誓碑存在，被掳去辽国的宋徽宗赵佶嘱托一起北迁的武义大夫曹勋说，如果有可能回到南方，一定要转告赵构：“太祖曾有誓碑约藏于太庙，不杀大臣及言事官，违者不祥。”赵构得知后亲自为陈东、欧阳澈平反。

纵观整个宋朝，对士大夫极为宽容，即使在党争最激烈的时候，对“罪行”严重的官员大多贬至当时条件极为恶劣的海南、岭南，宁愿让他们受折磨而死，也不愿亲手染上诛杀士大夫的鲜血。名臣寇准、苏轼都曾受过岭南甚至海南之苦。南宋将亡时贾似道兵败，万夫所指，朝野上下一致请求诛杀他，但当时的太后和皇帝还是囿于祖宗遗训，将他一贬了事。北宋庆历年间还发生过一起辱骂儒家先圣和皇帝的案件，对涉事官员的处理更具代表性。

公元 1044 年秋冬之际，按照传统，朝廷各部门要举办赛神会，各行各业祭祀神灵，以求保佑事业腾达，工作顺利。大家暂时放下工作，拜神祈福，一幅热闹景象。忙碌了将近一年的文武官员还可以借此轻松几天，名正言顺地凑在一起聚餐宴饮。

进奏院是主管朝廷文件往来、官方新闻发布的部门，各路、州向朝廷报告工作、呈递文件，都要经过进奏院，相当于朝廷的机要局、各路州驻京办事处的管理中心。进奏院的行业神是“仓王”，就是传说中创造汉字的仓颉。这一天，进奏院负责人苏舜钦带领工作人员打着箫鼓，演着杂戏，列着仪仗，将仓王神像抬出，众人依官阶对仓王一一祭拜。仪式过后，到了中午苏舜钦就带着众人在单位里摆上宴席，啸聚痛饮。往年都是每个人凑钱兑份子买酒买菜，今年苏舜钦把过期的公文当废纸卖掉，得了四五十贯钱充当酒资。由于酒资充足，苏舜钦还邀请了朝中平日交好的青年才俊王洙、王益柔等十几位官员一起欢聚。

酒足饭饱之后，苏舜钦令本单位的工作人员和服务人员先行回去，自己跟交好的朝中同僚继续推杯换盏。为助酒兴，他们从街上青楼里招来两名歌伎，簇拥杂坐，奏乐唱歌。其中王益柔即兴赋诗，作《傲歌》击节而歌。歌中有“欹倒太极遣帝扶，周公孔子驱为奴”的句子，意思是喝醉酒后让皇帝给自己当拐杖，把周公和孔子当作奴仆进行差遣。一帮朋友意气风发，傲视古今，谁也没有意识到不妥。这时，一位叫李定的官员路过，听说朝中才俊都在，也想加入他们。但李定是恩荫得到的官职，进士出身的才俊们瞧不起他，出言不逊地拒绝了他。李定恼羞成怒，一气之下向御史中丞王拱辰告发了这些人。王拱辰意识到这件事性质严重，当夜进宫，面奏仁宗赵祯。赵祯一改往日优柔寡断的毛病，下令连夜缉拿嫌犯。宫中侍卫先是到进奏院，酒宴已散，他们马不停蹄搜查各人府宅，将一干人悉数捉拿逮捕。

苏舜钦等人涉及的违纪违法问题主要有：公款吃喝、官衙狎妓、诋毁圣贤。其中最严重的是第三项。《傲歌》不仅对皇上不敬，而且辱没了古圣先贤，在儒家立国的时代是大罪。赵祯召集两府和御史台商议如何处理，御史张方平先举了两个例子：孔融说：“父亲跟儿子有什么可亲近的？不过是当时为了发泄情欲罢了。儿子为什么要孝敬母亲？就像把东西寄养在瓶中，取出来后跟瓶就没有什么关系了。”曹操认为他诋毁“孝道”，就把他杀了。司马昭杀死嵇康的罪名是“非毁典谟”，就是妄议道德和法律。所以张方平认为辱没圣人就是鄙视儒学，论刑当斩。其他人都随声附和。只有枢密副使韩琦求情说：“王益柔年少轻狂，并不代表排斥儒学、不忠不孝，应该给年轻人改正错误的机会。”两府争执激烈不能作出决断，赵祯权衡之后说：“祖宗之法，不杀士大夫，能宽就宽吧。”最后酒宴组织者苏舜钦被除名，王益柔被降职外放，参加宴会的其他人也大多被外贬。

这是一起仁宗朝著名案件，称“进奏院狱”。因为受到处理的都是年轻人，所以王拱辰说：“青年才俊一网打尽。”进奏院狱触及了皇朝的底线，在宋朝已经属于很重的处罚了，不过比起前朝后代的文字狱，实在如蚊蝇叮咬之痛。而这一切，都得益于宋初那块神秘的誓碑。

赵匡胤把“不杀士大夫及言官”上升到基本国策，是他对五代武将擅权进行的修正。汉高祖刘邦曾提出“与士大夫共治天下”，但没有很好地实行。到了宋代，这一治国理念才深入人心，即天下虽然是皇帝的天下，治理天下依仗的却是士大夫，这一理念又深深地影响着宋朝的政治架构。宋朝与前朝的种种不同，都可以从“与士大夫共治天下”中寻找出答案，包括不杀士大夫及言官。宋朝中期名臣范仲淹曾由衷地感叹：“祖宗以来未尝轻易杀一臣子，这是盛德之事。”这也是人们对宋朝最为称道的地方。

宰相须用读书人

宋朝推行“与士大夫共治天下”，其关键在于建立文官政治，让读书人执掌权柄。

赵匡胤出身行伍，文化程度不高。据说有一次到朱雀门，指着门上的匾额问赵普说：“为什么匾额不直接写‘朱雀门’，而是中间加一个‘之’字？”赵普解释：“‘之’是语气助词。”赵匡胤不以为然地讥讽道：“之乎者也，助得甚事。”然而，赵匡胤后来在残酷的战争中意识到学问的重要性，开始读书学习知识。

赵匡胤跟随柴荣征战淮南，凯旋时有人检举他掳掠了许多金银财帛，装了好几大箱子。柴荣命人调查，打开箱子一看，里面居然都是从南唐抄没的书籍。柴荣问他：“你作为武将，心中应该装着百万甲兵，收集这么多书干什么？”赵匡胤真诚地回答：“臣蒙陛下信任，委以将帅，常常担心不能圆满地完成任务。后来发现读书能学知识、广见闻、增智虑，这正是打仗所需要的。”

建立宋朝后，赵匡胤认为马上可以得天下，却不能在马上治天下，更不能在马上守天下。他自己喜欢读书，也督促别人读书。

有一次，他问近臣：“朕想要武将通过读书明白治理国家的道理，怎么样？”结果这些近臣们一脸茫然，不懂皇帝在说什么，因为他们觉得武将不读书是天经地义的事情。不过赵匡胤既然有平定天下的志向，也能改变武将的不良习气。他听说西川路有一位武将在战争中滥杀无辜，割掉妇女的乳房炫耀，便下令将这位将领斩杀于市。大臣们求情劝阻，说只是杀了一个老百姓而已，无需施以这样重的刑罚。赵匡胤伤心地说："兴师吊伐是迫不得已的事情，那位妇人有什么过错被他残害至此！这都是不读书不知道仁义廉耻的结果。"最后，赵匡胤坚决地将这位武将处以极刑。他到武成王庙祭祀时，看见里面供奉着秦国大将白起，用手杖指着他的塑像说："此人在长平之战中坑杀赵国四十万降卒，这样残暴的将领，不管打了多少胜仗都不应该立在这里。"遂下令将白起塑像清除。

通过赵匡胤的杀一儆百和循循善诱，加上士大夫的社会地位日益提高，一部分武将也依葫芦画瓢开始涉猎书籍。侍卫亲军步军都指挥使党进是家奴出身，目不识丁，连一二三这些简单的数字都不认识。禁军将官上朝时都带一笏板，把要禀报的事写在上面，作为提醒或者以备皇上提问，党进也装模作样加以效仿。有一次，他赴任前线，需在朝堂向赵匡胤告别。他事先让下人准备好告别致辞，背熟记会，又写在笏板上。谁知事到临头，由于紧张，致辞一句也想不起来了，跪在地上结结巴巴不知该说什么。满朝文武窃窃而笑，党进脸憋得通红，情急之下脱口而出："臣闻上古其风朴略，愿官家好将息。"官家是对皇帝的称呼，这两句前后没有半点联系，众人面面相觑，不知所云。事后手下人问他怎么想起念这两句，党进憨厚地说："我见那些文臣们爱掉书袋，也来这么一句，让官家知道我也读书了。"当时武将读书热情高涨，乃至于此。

武将尚且如此，赵匡胤对文臣更是多加劝勉。"乾德"是赵匡胤在位的第二个年号，乾德三年时，赵匡胤在宫中发现一面旧铜镜，背面刻有"乾德四年"的字样。赵匡胤惊诧："乾德四年还未到，怎么镜子就做出来了，还是旧的？"于是拿着镜子询问宰辅们。几位宰辅大眼瞪小眼不知缘故。赵匡胤便召来当时最有学问的陶谷、窦仪二人。窦仪呵呵一笑，解释说："前蜀后主王衍曾用过'乾德'这个年号。这面镜子一定是前蜀旧物，被蜀人带入宫中。"赵匡胤由是感慨，说出一句著名的话："宰相须用读书人。"然后指着赵普教训道："你也算文人，但读书太少。在这些大儒面前，你不觉得惭愧吗？"

赵普受到激励，从此手不释卷，每天下朝回家，就从箱子里拿出书本诵读。等赵普去世，别人打开箱子，发现里面只有一部《论语》。人们想起他生前曾对赵光义说："臣有一部《论语》，以半部佐太祖平天下，以半部佐陛下致太平。"从此便用"半部《论语》治天下"来描述赵普。

引导文臣武将读书，固然是推行文官政治的重要举措，但要从根本上改变"武蛮文疲"的状况，还需要建立教育和选拔人才的机制。宋朝建立当年的二月份，赵匡胤亲临国家最高学府国子监，下诏修葺校舍祠宇，供奉先圣、先贤、先哲、先儒牌位，还亲自撰写了孔子、孟子的颂词，以此来倡导学习和教育。公元 1009 年，宋真宗赵恒把民办的应天书院升为府办学校，钦赐匾额"应天府书院"，开创了州府办学的先例，从此各州府也都建立了自己的学校，民间办学也十分兴盛。中国古代四大书院应天府书院、岳麓书院、白鹿洞书院、嵩阳书院都创办或成名于宋代。公元 1044 年，宋仁宗又兴办太学，这样宋朝就形成了完善的教育体系。

赵匡胤之后的历任皇帝都重视教育，并以读书人自居。赵光义时，已基本完成全国统一大业，朝廷可以腾出更多精力发展文化事业。朝廷下诏将各国图书集中到汴京，又鼓励民间捐献藏书，到太平兴国年间，国家藏书达到八万册。赵光义新修三个图书馆收藏这些图书，分别叫史馆、昭文馆、集贤院，并称"三馆"。宋朝的宰辅大多在三馆供过职，因此三馆成为青年才俊的晋身之所。

公元 977 年，赵光义下诏命户部侍郎李昉等大儒将图书编类整理，历时八年编成一部类书即百科全书，共一千卷。赵光义高兴地对宰相宋琪说："从今天起每天给朕三卷书，朕要亲览，要把这些书全部看完。"宋琪劝道："陛下以读书为乐是好事，但一天看三卷书也太伤神了。"赵光义说："朕性喜读书，开卷有益。每每读到前代兴衰故事就有所启迪，能够引以为戒。我一天读三卷，一年就把一千卷读完了。这样算来，好学的人读万卷书也不算太难。只要能从书中读到乐趣，是不会感到累的。朕昨天从上午读到黄昏，有一只鹳雀停留在大殿房脊的神兽上，直到朕读完才飞走。"宋琪恭维说："汉代大儒杨震讲学时，有鹳雀衔来三条鳣鱼放在讲堂前面，陛下读书赶得上古代大儒了。"

此后赵光义果然日读不辍，一年读完了全卷书。因这部类书在太平兴国年间编纂，又为赵光义亲览，因此取名《太平御览》。后来，赵光义、赵恒又组织编写了一千卷文章《文苑英华》、一千卷小说《太平广记》、一千卷史书《册府元龟》，与《太平御览》并称“宋四大书”。

宋代皇帝好学，经常请当世大儒进行讲学，称为“经筵”。经筵起源于汉朝，皇帝特设御前讲席与大臣讲经论史，但一直没有固定制度，全靠帝王个人喜好和人文素养。宋朝自赵光义始设经筵，真宗赵恒专门设翰林侍读学士、侍讲学士，掌管经筵的进读、讲解、应对事项，规定两天开一次经筵。仁宗赵祯完善了经筵体系，设置“崇政殿说书”“天章阁侍读”等经筵官，宰相、史官、御史等都要参加经筵听讲。赵祯还特意诏令建造两座宫殿专门用于讲经设筵，一座叫迩英阁，另一座叫延义阁。

第一次在延义阁开讲时，赵祯早早驾临，一帮辅臣也随后赶到。因为读经讲筵，皇帝是学生，饱读诗书的大儒才是老师，所以大家简单行过见面礼后，大儒站在讲台上，而赵祯和辅臣手捧经文书卷，面前放一杯清茶、几颗点心，像个小学生一样端坐下面。经筵分史、经两部分，第一讲由盛度讲史，讲的是《旧唐书》，第二讲由贾昌朝讲经，内容是《春秋》。老师不但讲读，而且还跟“学生们”互动，就一些问题进行提问，赵祯和辅臣争先恐后应对，或者就老师的讲题研讨切磋，有讨论，有争议，时而互相赞赏，时而面红耳赤，赵祯也不认为有失身份，反而很享受这样的过程。

后来，赵祯把双日经筵变为每日经筵，几乎每天朝毕都要驾驭迩英、延义开讲经筵，即使寒冬酷暑也不中断。盛夏之时，仁宗坐在迩英阁里，也不带扇子，左右侍从用拂子为其驱赶蚊蝇。冬天则在殿的一角放个小炉子，以御寒冷。这里或温馨、或欢愉、或热烈，充满着浓郁的学术氛围和帝国朝气蓬勃的进取精神，是当时最高端的学术沙龙。自赵祯始，北宋皇帝在迩英、延义二阁经筵，或者一天一讲，或者两日一讲，几成定制。

皇帝倡导，宰相示范，大臣踊跃，宋朝读书好学蔚然成风，全社会以文为荣。学者尹洙说过：“状元登第，虽将兵数十万，恢复幽蓟，逐强虏于穷漠，凯歌劳还，献捷太庙，其荣亦不可及也。”考中状元比带兵收复燕云十六州更让人荣耀，说的虽然是科举，但也反映了时人的文化观。在这样的风气引导下，宋朝重文轻武的政治理念、政治体制终于形成，文化事业蓬勃发展，鸿儒巨擘鳞次涌现。

“华夏民族之文化，历数千载之演进，造极于赵宋之世”绝不是偶然。

宁鸣而死，不默而生

公元1036年五月，知开封府范仲淹走进垂拱殿，郑重其事地向宋仁宗赵祯呈上自己绘制的一幅图册，声称这幅图大有玄机，事关皇朝兴衰成败。

赵祯仔细看来，原来是一幅《百官图》，上面详细标记了朝中每一位官员的升迁路线。范仲淹解释说："臣用了大半年时间调查绘制出这幅《百官图》，从图中可以看出，官员升迁有些合乎程序，有些却违背了程序。"赵祯从图册中抬起头，问："范爱卿究竟想说什么？"范仲淹加重语调说："陛下，您身为天子，不觉得很不正常吗？您已经亲政四年了，在您眼皮底下居然有随意提拔、滥用官员这样的事情发生！"赵祯愠怒道："你这是在批评朕是昏君吗？"范仲淹微微屈身前倾道："这不是您的过错，是宰相的失职。"赵祯这才缓过气来，安慰范仲淹："一年前你因郭后的事被贬，跟宰相吕夷简的疙瘩还没有解开呀。"范仲淹抬起头，眼中露出刚毅之色："这不是臣与吕宰相私人的恩怨，臣的所作所为都是为了国家！"然后，范仲淹向赵祯进谏：您赋予宰相的权力太大了，时间长了宰相会生出二心，朝中大臣也会依附于宰相。这幅《百官图》就是一幅宰相势力图！为今之计，必需收回宰相的人事任命权，追究吕夷简党同伐异的责任。

吕夷简盘踞相位已达十五年之久，善于阿附圣意，打击异己，赵祯焉能不知。但水至清则无鱼，如果没有一点利益，谁会为皇朝卖命呢！赵祯一边称赞范仲淹忠诚耿介，一边说："这只是你的一面之词，我得听听宰相怎么说。明日你们在朝堂当着众大臣的面进行质辩，让大臣们评评理。"赵祯两边都不愿得罪，干脆从中和稀泥，把皮球推给两人和众朝臣。

第二天，朝堂上演了一场辩论赛。范仲淹拿出《百官图》，点名指出某人有道德污点却被重用，某人卑鄙猥琐却得到提升，而这些都是吕夷简任人唯亲、结党营私的明证。吕夷简辩解："人非圣贤孰能无过？我考察了太多的官员，真正有操守的很难找到。"范仲淹义正辞严："有操行的人多了，只是你不知道罢了。物以类聚人以群分，像你这样的奸佞之臣，有操行的人不愿与你同流合污。"双方越辩越激烈，越说越激动，吕夷简指责范仲淹"越职行事，荐引朋党，离间君臣。"上疏言事是谏官的职责，不在开封府权限范围，所以吕夷简才有这么一说。范仲淹官位虽然不高，但在朝野之中，是"君子"的典范、道德的楷模，身后有许多追随者，这是吕夷简指责他"荐引朋党"的缘由。

两人充分发言后，辩论赛主持人赵祯要求朝臣选边站队。朝中大臣大多受过吕夷简恩惠，而范仲淹的追随者都是馆阁的年轻人，还没有资历站在朝堂之上。朝臣表态投票的结果是吕夷简胜！

御史大夫韩渎痛心疾首地发言："范知府呀范知府，第一次你因为谏章献太后还政陛下被贬，第二次因为谏废郭氏皇后被贬，怎么就不吸取一点教训呢！"接着摇头惋惜道："还是太年轻、太年轻。"赵祯和吕夷简听了心中不是滋味：这是批评他还是表扬他呢？吕夷简赶忙抢过话头，为范仲淹定性说："仲淹迂阔，务名无实。"意思是范仲淹过于看重自己的名声，为人行事不切实际，不懂变通。

其实吕夷简看人很准，"仲淹迂阔，务名无实"确实直指范仲淹的软肋。不过，正因为范仲淹不愿与阴暗面妥协，才成就了他道德标杆的身价。

辩论既输，范仲淹再次被贬，出任饶州知府。虽然仕途三起三落，却无损他的美誉，相反得到更大的威望和更多的尊敬。集贤院校理余靖上疏指责赵祯亲政以来，多次驱逐进谏者，不是太平之政。余靖的上疏似乎印证了范仲淹"荐引朋党"的罪名，赵祯大怒，将他降职为筠州的酒税官。馆阁校勘尹洙飞蛾扑火，继续上疏："要说朋党，有我一个。范仲淹与我既是师生，又是朋友，连余靖都算范仲淹朋党，怎能落下我！"结果被贬监郢州酒税。

范仲淹的铁杆拥趸者中，还有鼎鼎大名的欧阳修，当时同样任馆阁校勘。他没有上疏，而是给知谏院高若讷写了一封信，指责高若讷身为谏官，不敢为朝堂不公声援呐喊，实在是君子之贼。这封信就是轰动一时、传颂百世的《与高司谏书》。信中说："你家有老母，又贪恋官位，不敢反对宰相我也能理解。但你不以为耻，反以为荣，毫无羞愧之色，必须把你划入小人的行列！"最后欧阳修大义凛然："我就是范仲淹朋党，你拿着信去告我呀！让天下人都知道，谏官也是驱逐范仲淹的帮凶。"欧阳修求仁得仁，被贬为夷陵县令。

这场风波并没有因为四人被贬而烟消云散。西京留守推官蔡襄作了一组五言诗，名叫《四贤一不肖》，四贤指范仲淹、余靖、尹洙、欧阳修；一不肖指高若讷。《四贤一不肖》流传一时，辽国使者还将这组诗带回契丹，悬挂在驿馆。泗州通判陈恢奏请治蔡襄罪，左司谏韩琦则弹劾陈恢越职行事，双方你来我往，俨然势不两立。

范仲淹到达饶州后，朋友们纷纷捎来诗文寄予同情。吏部流内铨谢绛写诗安慰，范仲淹回诗写道："心焉介如石，可裂不可夺。"意思是心像磐石一样坚硬，可以碎裂但不可以改变。直史馆叶清臣也寄来诗词，范仲淹回曰："一入谏诤司，鸿毛忽其身。"意思是自从当谏官的那一刻起，就把生命看得比鸿毛还轻。建德县令梅尧臣写一篇《灵乌赋》劝导范仲淹，既为他鸣不平，又告诫他"结尔舌兮钤尔喙，尔饮啄兮尔自遂。"意思是把你的嘴封住不要发声，只要能吃饭喝水就行。范仲淹则回敬一篇《灵乌赋》，把自己比作乌鸦，"宁鸣而死，不默而生"，表达他不惧人言、不畏权势的决心和专制社会知识分子对言论自由的觉悟和抗争。这一句，连同范仲淹后来的"先天下之忧而忧，后天下之乐而乐"，成为士大夫的政治理想和政治宣言，也是范仲淹一生的为官准则。

公元1040年，范仲淹被贬四年后，西北战事不利，西夏计破金明寨、喋血三川口。朝廷急需用人，被任命为陕西安抚使的韩琦向赵祯推荐范仲淹。由于范仲淹和吕夷简的矛盾，赵祯犹豫再三。他征求吕夷简意见，吕夷简说："范仲淹是贤能之人，不能仅仅恢复旧职，一定要重用。"赵祯这才放心地任命范仲淹为陕西都转运使。赵祯想促进二人和解，对范仲淹说："这次起用你，吕宰相没少为你说话。他年长你十几岁，你应该主动冰释前嫌。"范仲淹答道："我与吕宰相争执的是国事，没有个人恩怨。"临行前，他给吕夷简写了一封信，信中回顾了唐朝的一段旧事：郭子仪与李光弼有矛盾，互不理睬，安禄山造反时，二人执手含泪告别，勉励忠义为国。范仲淹把吕夷简比作郭子仪，把自己比作李光弼，希望不要斤斤计较于私人矛盾。

国难当头，范仲淹和吕夷简都以大局为重，表现出了政治家的胸襟和风度。从这封信开始，二人将相和，没有再发生过攻讦。

时光如流水，逶迤而去。到公元 1044 年，吕夷简已致仕息政，退居郑州。范仲淹出任参知政事，担当重任，主持"庆历新政"，但反对新政的力量十分强大，范仲淹的政务开展得并不顺利，于是他向赵祯请示重回西北前线。路过郑州时，范仲淹特地去拜访吕夷简，逗留数日。二人尽释前嫌，吕夷简告诉范仲淹，离开朝廷后难免有小人中伤，去时容易回来难，恐怕从此要告别朝政了。这时候，范仲淹深深地认识到：也许吕夷简比自己更适合这个社会。自己是炫目的白，一生都在远离和抵制黑污，而吕夷简恰恰是灰色的，有对大宋的忠诚，有知人善任和出色的协调能力，也有排斥异己、废黜直道、贪恋权柄。范仲淹能够自己做到出淤泥而不染，却无法让整个社会变得干净而纯粹。当然，尽管如此，他还在努力，"居庙堂之高则忧其民，处江湖之远则忧其君，先天下之忧而忧，"这正是范仲淹及他周围的君子们存在的意义和价值。

范、吕告别不久，吕夷简即走完他充满争议的一生。其时，范仲淹正在西北边陲，无法亲临吊唁，特地作《祭吕相公文》以示哀悼。文中曰："得公遗书，适在边土。就哭不逮，追想无穷。心存目断，千里悲风。"可见其后期对吕夷简的敬重。

范仲淹被誉为"宋朝道德人品第一人"，吕夷简绝非范仲淹同道中人，二人也难称知己。但这位道德楷模的内心世界，吕夷简这样黑白间杂的人却能够懂得。

一个人的外交

公元1042年初，宋夏激战正酣，辽国使者忽然气势汹汹地进入汴京，带来辽兴宗耶律宗真的一封亲笔信，信中历数宋朝“三宗罪”：一是旧事重提，后周柴荣夺取的关南地区，宋朝一直占据不还；二是宋朝向北方投入少量兵力支援对夏战争，并修建了一些防止骑兵入侵的水塘，耶律宗真认为宋朝这种行为违背了澶渊之盟的规定；三是耶律宗真的姐姐是元昊的王妃，耶律宗真认为宋朝攻打西夏就是不给辽国面子。这三宗罪无事生非、蛮不讲理，辽国明显想乘宋夏战争坐收渔翁之利。

宋朝如果同时两面同时受敌，后果则难以承受，朝堂不出意外地再一次炸开了锅，有人建议抓紧时间加固洛阳城，移驾西京；有人劝赵祯将关南地区送给辽国，以躲避无妄之灾；有人主张将精兵强将从西北前线调回，防御契丹。宰相吕夷简力排众议：“如果此时向辽国示弱，反而助长了他的嚣张气焰。”他举澶渊之盟的例子，说明只能前进，不能退缩，奏请升河北大名府为北京，向辽国传递信号：大宋皇帝打算御驾亲征，抗敌卫国。赵祯采纳了吕夷简的建议，同时积极推动外交斡旋，力图避免战争。吕夷简推荐右正言富弼作为使臣负责同辽国交涉。富弼时年三十九岁，被看好为未来的帝国栋梁，现在形势未明，出使辽国凶多吉少，因此欧阳修上疏反对富弼出使。赵祯召见了富弼，富弼说：“主忧臣辱，臣不敢爱其死。”表达了不吝惜以死报国的决心。赵祯大为感动，遂确定富弼为特使。

富弼带着赵祯的亲笔信来到辽国，耶律宗真一见面就劈头盖脸地责难：“南朝违背盟约，派兵把守雁门关、征调民兵、修建水塘，这是要干什么！北朝群情激愤，纷纷请求兴兵南下，是我极力弹压才劝阻了群臣。南朝如果不答应我们的条件，别怪我们先礼后兵。”耶律宗真提出的条件是：归还关南地区。

富弼临危不乱：“辽国忘记我朝真宗的大恩大德了吗？想当年两国在澶州交战，如果真宗皇帝听从将军们的建议，辽国恐怕要全军覆没了吧。”富弼的话软中带硬，提醒耶律宗真不要忘记历史，接着问：“中原幅员辽阔，有精兵百万，陛下认为真打起仗来辽国一定能赢吗？”耶律宗真倒也实在，回答说：“不能。”富弼趁势循循善诱：“如果两国开战，无论输赢，陛下都不是受益人。”耶律宗真想不通：“怎么讲？”富弼替耶律宗真盘算：“我朝每年给贵国的岁币都当成陛下的小金库花了吧？如果用兵，胜利了功劳归将军，掳掠的钱财也归将军；失败了责任则在陛下。陛下想清楚是不是这个理。”

耶律宗真被富弼这番话戳到了痛处，他即位后政局一直不稳，母亲、弟弟公然觊觎皇位，朝中奸佞当道，各打各的小算盘。耶律宗真本想借战争凝聚人心，经富弼一分析，当即醒悟，战争决不能打。但当着宋使的面改口，也不是皇帝的风格，于是二人不欢而散。

第二天，耶律宗真安排了一场围猎活动，邀请富弼一同参加。耶律宗真带着近卫军驰骋草原追逐禽兽，辽人马壮膘肥，弓强力猛，抬手张臂之间，一只只大雁应声而落，一只只野猪哀嚎仆地，草原上飘荡着辽人的欢呼声和自然生灵的血腥气。耶律宗真用这种方式告诉中原人：谈判，要凭强大的军事实力说话！他骑在飞奔的骏马上，向富弼大声叫喊：“如果契丹得到关南之地，那么两国友谊永存；如果得不到土地……”声音湮没在草原呼啸的劲风里，耶律宗真搭箭弯弓，“嗖”的一声射了出去，身边的卫士纵马向前，拾起一只麋鹿，高呼万岁。耶律宗真仰天长啸，声震四野。在辽人恣肆的笑声中，富弼不甘示弱，用尽全身力气将音量提升到最大：“辽人以得到土地为荣耀，宋人以失去土地为耻辱。把荣耀建立在别人的屈辱之上，算什么兄弟之邦！”然而没有人能听到他喊什么……

富弼就像一块又臭又硬的顽石，让辽国无可奈何。负责接待富弼的刘六符说：“我家君主觉得你的话有一定道理。我们不要土地了，将宋朝的公主嫁给本朝太子，两国缔结婚姻、永结友好。”和亲是汉、唐对北方少数民族惯用的妥协方法，但宋朝人以文明中心自居，不屑也不忍将金枝玉叶嫁到蛮荒之地受苦受难，于是富弼耐心地给刘六符算经济账：“本朝公主出嫁，嫁妆不过十万缗钱，不如每年获得岁币实惠。况且，公主嫁过来万一婚姻不睦，对两国反倒是灾难。”刘六符将富弼的话转达给耶律宗真，耶律宗真犹豫不决，召富弼进殿，说：“你先回去吧。”富弼愣了半天没有回过神，谈判还没有结束就回去？辽人葫芦里卖的什么药？只听耶律宗真又说：“缔结婚姻还是增加岁币，我还没有考虑清楚，你回去多拟几套方案，写好誓书（即盟约）来让我们挑选一套。”辽国看似掌握着主动权，其实相当于同意了宋朝的要求。

富弼成功避免了战争，宋朝君臣都认为是天大的好消息，经过研究，写了三份誓书，第一份缔结婚姻；第二份增加岁币十万缗钱；第三份增加岁币二十万缗钱，条件是辽国约束西夏息兵称臣。富弼要求在每份誓书中增加三点，一是宋朝在边境不再扩建水塘；二是两国不得无故向边境派兵；三是两国不得收留对方逃亡人员。这三点是富弼在辽国已经达成的协议，对宋朝也没有利益损失。

八月，赵祯担心夜长梦多，催促富弼先行再使辽国，誓书随后快马送达。富弼行走到深州武强县时收到朝廷送来的誓书。按规定，国书一旦封好，使臣无权拆封。但富弼是直接谈判人，必需检视誓书。违规拆封后大吃一惊，原来他提出增加的三点居然没有写进誓书！没有皇帝命令，使者只能前行，不能回头。富弼这时却顾不上这些规定了，将行李甩给副手保管，自己日夜兼程回到汴京面见赵祯。

赵祯没想到居然会发生这样重大的事故，马上传唤宰相吕夷简、参知政事晏殊，吕夷简故作惊讶：“真有这样的事？”打开誓书确认后承认可能是失误，晏殊也打圆场，归结于宰相一时疏忽。富弼指着晏殊说：“晏殊是个奸臣，与吕夷简狼狈为奸，蒙蔽圣上。”要知道，晏殊对富弼有知遇之恩，并且是富弼的岳父！赵祯心中暗笑，十分欣赏富弼的正直坦率。

修改好国书，富弼仔细把关后才重新启程北上。到辽国后却再生波澜，耶律宗真同意第三份誓书，但要求写上“献”岁币二十万。以下奉上谓之献，宋朝岂能自矮一截？富弼不干，耶律宗真说：“不想用‘献’，那就用‘纳’吧。”纳有上缴的意思，富弼依然不同意。富弼建议按“澶渊之盟”定式，表述为“助军旅之费”。耶律宗真搬出依据：“‘纳’字自古有之，唐高祖李渊向突厥借兵，奉送钱粮用的便是‘纳’。”富弼针锋相对：“后来唐太宗擒获突厥可汗，就再也没有发生过这样的事。”这话暗含威胁、嘲讽，耶律宗真大怒：“你就不顾忌两朝生灵，不怕血流成河吗！”富弼不卑不亢：“血流成河也不是一个国家的事情。我头可断，血可流，但你们想得到‘献’‘纳’二字，比登天还难！”耶律宗真气急败坏，不过他还有办法。他绕过富弼，让刘六符拿着誓书直接到汴京找赵祯，专门讨论“献”“纳”二字。

富弼不同意使用“献”“纳”，是因为他号准了耶律宗真的脉搏，知道他不会为一个表述而诉诸武力。但以宋朝大臣的秉性，为了和议什么条件都有可能接受。得到刘六符使宋的消息，富弼暗叫不好，连忙修书上奏，希望赵祯不要答应辽国的要求。但富弼远在千里，根本无法影响朝廷中大臣们的决策。

当赵祯将辽国的意思交付宰辅们商量时，他们丝毫不考虑富弼的建议，更不从外交角度去争取最大利益。他们一致认为用词并不重要，晏殊是大文人，建议说：“纳比献温和一些，就用纳吧。”等到富弼回京，一切都已尘埃落定。垂拱殿外，只留下富弼一声叹息。

这份盟约，辽人按自己的年号称“重熙增币”。辽国得到每年增加银十万两、绢十万匹的利益，加上澶渊之盟约定的数量，辽国得到的岁币达到银二十万两，绢三十万匹。不过，辽国也为“重熙增币”付出了不同寻常的代价，为了履行“约束西夏”的承诺，辽三次对西夏用兵，每次都大败而归。西夏被迫与宋讲和，专心致志地应对与辽的战争。宋朝几乎凭富弼一人之力，争取到对辽、对夏两个国家的和平。

君子有党

公元 1043 年是宋仁宗庆历三年。这年四月，宋夏战争稍有缓和，赵祯急调范仲淹回京，下旨说:“现在朝中迫切需要你！”范仲淹以边关未平请辞，赵祯不允，三番五次之后，范仲淹只好就命，八月回到汴京任参知政事。

其实朝中并无大事，只是赵祯感受到了危机。几年战争下来，中央财政大幅亏空，已经无以为继。按说，宋朝很有钱，财政收入远远高于前朝后世，是当时世界经济中心。但宋朝收入高，开销也大，赵匡胤杯酒释兵权，罢免武将，对他们许以富贵、多赏赐钱财，等于国家闲养着这些武将。后来为了分化权力，朝廷把原本一个岗位分成三四个，如公元 1043 年八月间，设两个平章事、两个参知政事，三位枢密使和枢密副使，另外还有一个三司使，而在汉唐，这八个职务只集中在一两个人身上。这样，宋朝财政需要负担的官吏比前朝多出三四倍以上，形成官员泛滥的“冗官”问题。

宋朝兵制为募兵制，一日参军终身为兵，受财政供给。在兵力部署上，由于北方没有险要的关卡方便驻守，于是宋朝采取人海战术，大量扩充兵源，而士兵的战斗能力低下，形成士兵数量虚多的“冗兵”问题。

“冗官”和“冗兵”都需要财政支撑，宋朝官员和士兵物质待遇又高，形成财政负担沉重的“冗费”问题。和平时代中央财政还能勉力维持，一旦遇到战争就力不从心了。所以当前赵祯面临的最严重的挑战，是解决“三冗”问题。

赵祯把这个难题交给了范仲淹。

九月，范仲淹在天章阁向赵祯献上十条建议，被认为拉开了“庆历新政”的帷幕。这十条中有六条关于吏治，一条关于发展经济，一条关于兵制，一条普惠民众，一条纪律保证。从“范十条”可以看出，吏治是庆历新政的重点。赵祯采纳了范仲淹的建议，并授权范仲淹、富弼负责实施和推进。

十月，庆历新政启动。范仲淹派出部分官员到路、州，监督新政实施，叫“按察使”。按察使将考察到的不称职官员名单报到政事堂，由范仲淹亲自审定，一一勾除。富弼在一旁看得心疼，劝谏道：“你勾掉一个名字容易，但这名字背后是一家人在失声痛哭。”范仲淹回答说：“一家人痛哭总比一路人痛哭好。”但朝廷派出按察使考察官吏，谁合格谁不合格，全由按察使说了算，并不代表公论，时间长了，地方官员意见很大，反弹强烈。

京西路按察使李绚向朝廷报告知河南府范雍、知许州王举正、知陈州任中师、知河阳任布这几个人不合格，其中范雍担任过三司使、王举正担任过参知政事、任中师和任布担任过枢密副使。四人都是两府旧人，怎会甘心受李绚摆布！四人决定联合起来对抗李绚，对李绚的所有工作拒不配合，反而奏称李绚滥用职权、胡作非为。朝廷不能一下子得罪这么多功勋旧臣，只好将李绚召回，另派张洎、张昇按察河南府。二张吸取教训，干脆只说好话，报称河南府官员个个称职，没有平庸无能之人，更没有违法乱纪之辈。按察工作就这样在一些地区流于形式、形同空文。

吏治改革还要求京官升迁需有五个人联保，逼迫官员拉帮结派、投机钻营，为自己积攒人脉资源。这样一来，官场阿谀之风、攀结之风盛行，反而没有人注重政绩了。监进奏院苏舜钦是坚定的革新派，只要有人非议新政，苏舜钦必与其争辩个面红耳赤。但时间一长，苏舜钦也意识到新政存在不少问题，上疏范仲淹，指出新政雷声大、雨点小，说得多、干得少，没有什么收效。

新政举步维艰，还触动了不少人的既得利益，一时间反对新政的声音汹涌不绝。一些“保守派”开始利用革新派的弱点有意识地进行反击，范仲淹的好友滕宗谅成了第一个沦陷的靶子。滕宗谅就是范仲淹所写的《岳阳楼记》中的滕子京，他与范仲淹同年进士，保持着一生的友谊。

范仲淹主政西北时，举荐滕宗谅为泾州知州。公元 1042 年九月，西夏十万大军南下，在定川寨消灭宋朝一万多人，西夏军顺利越过六盘山，纵横关中六百多里如入无人之境。泾州兵少，难以抵御，正惶恐不安之时，范仲淹率环庆路一万五千将士增援，给泾州吃了定心丸。滕宗谅兴奋之余，买来牛、驴等牲畜，大摆酒宴招待援军，还到寺院为定川寨阵亡的将士作法事。招待援军和作法事的开支，用的是公使钱。所谓公使钱，是指朝廷向各州发放的用于公务宴请、馈赠的招待费。滕宗谅犒军和作法事超出了公使钱适用范围，且数目巨大，达到十六万贯。新任陕西安抚招讨使郑戬发现后将其上报朝廷，保守派抓住机会，引弓发箭，对革新派进行反攻倒算。监察御史梁坚立即弹劾滕宗谅，赵祯派太常博士燕度前去调查。滕宗谅得知消息，竟一把大火将账本全部烧了，他解释说："公使钱不是用在我一个人身上，我不想连累其他人。"这样一来，案件就无法进一步深入，滕宗谅需要承担这件事的全部后果。

其实，宋朝滥用公使钱的现象十分普遍，何况前线激励士兵、完善工事都需要钱，特殊时期和突发事件带来的消耗不是朝廷能够预料的，也不是预算能够解决的。所以，范仲淹为滕宗谅极力开脱，甚至愿以辞职为代价，而御史中丞王拱辰主张严肃处理，也以辞职相要挟。赵祯认为理在台谏，但碍于范仲淹情面，只好将滕宗谅从轻发落，调到偏远的岳州。然而一波未平，一波又起，公使钱案持续发酵，涉及渭州知州张亢甚至狄青和种世衡，西北将帅人心浮动、人人自危，赵祯担心事情发展到无法收拾的地步，紧急叫停，事态才没有继续扩大。

这个案件其实并不复杂，但反对派把滕宗谅推到明面上，其剑锋却暗指范仲淹。范仲淹与滕宗谅同进共退，并提出将自己与韩琦在西北的公使钱一并调查，大有朋党之嫌，令赵祯十分不快，心中便埋下了猜疑的祸根。接下来又发生苏舜钦进奏院狱，支持范仲淹的馆阁年轻派悉数落网，更让赵祯对革新派感到失望。

公元 1044 年四月的一天，赵祯装作漫不经心地问范仲淹："历史上多有小人结成朋党，那么君子有没有朋党？"耿直的范仲淹回答："我在边塞的时候，作战勇敢的人来往密切，贪生怕死的人相互聚拢。朝廷上也是这个理，正义的君子与奸邪的小人各有自己的政治势力，需要帝王用心判断。”为了打消赵祯的疑心，他又补充说：“如果结成朋党能传播正能量，何不乐见其成？”但赵祯听起来很不是滋味。朋党历来为皇帝所忌讳，因为朝臣忠于各派领袖，皇帝的威严就会大打折扣。唐朝后期有牛李之争，两派斗了近四十年，闹得国家鸡犬不宁，严重削弱了大唐国力。前车之鉴，后事之师，赵祯一直对朋党绷紧神经。

这次谈话不欢而散，但君子坦荡荡，他们不屑于隐瞒自己的政治观点，明知前面是悬崖，也得硬着头皮往前走。过了几天，欧阳修写出一篇《朋党论》，以洋洋洒洒之笔为“君子之党”辩解。这篇文章承认君子有党，并进一步阐述“君子之党”与“小人之党”的区别：“大凡君子与君子以同道为朋，小人与小人以同利为朋。”君子结盟的纽带是理想，小人同党的媒介是利益。在这基础上，欧阳修进一步认为君子是真朋，小人是伪朋。小人见利忘义，即便兄弟亲戚也有翻脸的可能；君子所守者道义，所行者忠信，所惜者名节，始终如一，不易改变。欧阳修又发挥史学所长，大量举例，说明小人之党误国，君子之党兴邦，希望君主远离小人之伪朋，重用君子之真朋，这样天下可治。

欧阳修希望通过这篇文章能够消除赵祯的疑心病，他自以为写得漂亮、事理充分、逻辑清晰、辩证有力，但毕竟有违千年来人们对朋党的负面认识，一时间朝野上下朋党祸论甚嚣尘上，过去漠然处之的中间派也纷纷指责君子们结党营私，危害社稷，君子党和新政成为众矢之的。这篇文章在后世也余波不断，司马光、苏轼、秦观、李纲都曾撰文反对欧阳修的观点，连七百年之后的雍正帝也加入其中，驳斥说：“君子无朋，惟小人则有之。”范仲淹次子范纯仁则认为朋党的本质就是政治结盟，不存在“道”“利”的区别。

欧阳修的《朋党论》说明庆历君子们在政治斗争方面还缺少经验，将现成的把柄送给政敌，这是他们落败的直接原因。

公元 1044 年四月，西夏和辽国开战，宋朝担心殃及自己，范仲淹、富弼趁机请往前线，范仲淹赴陕西，富弼赴河北，离开了汴京的政治漩涡，昙花一现的庆历新政寿终正寝。

看谏官如何教训皇帝

公元 1048 年十月，赵祯将其最心爱的女人张氏册封为贵妃。后宫之事，本轮不到大臣掺和，不过这次册封却掀起轩然大波。奇怪的是，波澜的中心不是张氏，而是朝中大臣三司使张尧佐。

张氏出身书香门第、官宦之家，因为父亲早亡，八岁便被母亲送到宫中，侍候赵祯的小娘娘杨妃。张氏在杨妃宫中得以经常见到赵祯，她长得漂亮，为人也机灵，引起了赵祯注意，后纳为才人。张氏善解人意，赵祯崇尚俭朴，张氏床上只有一袭黄绢席，一套黄格子褥，别无长物。天下大旱，赵祯在宫中祈雨，张氏刺破自己的胳膊，用血写祈祷词。张氏如此巧慧，自然宠冠六宫，赵祯对她言听计从。张氏娘家无人，只有伯父张尧佐考中进士后进入官场，张氏便时时照应，张尧佐在很短的时间里就从龙图阁直学士、端明殿学士，一直晋升为三司使。

张氏加封前仅是四等美人，加封后地位在众妃之上，只在皇后之下。赵祯与曹皇后素来不和，按张贵妃的受宠程度和晋升势头，极有可能威胁曹皇后地位，这是朝臣不愿看到也不能容忍的。谏官余靖进谏："张尧佐提拔得太快了。过去您宠爱尚美人和杨美人，因而废除了郭皇后，现在应该引以为戒呀。"言外之意如果张家恩宠过盛，张贵妃会得陇望蜀，对皇后之位产生非分之想。赵祯还未做出反应，直到公元 1050 年九月，朝廷举行郊祭大典，张尧佐借此机会滥发赏钱笼络人心。知谏院包拯上疏指出，国家财政困难，张尧佐却用公家的钱笼络人心。这些年国家困敝，作为三司使的张尧佐难辞其咎。赵祯到这时心里动摇了，财政是国家命脉，他必须慎重对待。

知杂御史何郯家在成都，赵祯特意将他改官知汉州，为了让他离家乡更近一点。何郯临行前上疏赵祯："张尧佐从在外供职的小郎官到朝廷要员，只用了五六年时间。虽然张尧佐也是进士及第，但骤然被宠用，外人难免议论任人唯亲。现在利用职务之便滥发福利，外面议论他这是在为进入两府做准备。如果真是这样，到时候台谏肯定会死谏，闹得陛下两面不落好。不如收回张尧佐权力，许他以富贵，对张贵妃和谏臣都有个交代。"

为了避免朝廷鸡犬不宁，赵祯只好听从何郯的建议，免去张尧佐三司使职务，任命他为宣徽南院使、怀康节度使、景灵宫使、群牧制置使。这"四使"级别高、待遇好，但都是闲差虚职，相当于将张尧佐边缘化了。尽管如此，赵祯还是未雨绸缪，事先将敢于直言的监察御史郭劝调离，换成温和讷言的王举正，同时诏谕外戚不得进入两府，以为这样就可以让朝臣消停下去。

但赵祯还是错误地低估了形势。恰在这时，秀州地震，谏官们借着天灾对张尧佐展开狂轰滥炸。包拯一马当先，他递上一道长长的奏章："上天发怒说明陛下政事有失。臣仔细盘想了近年情况，认为只有任用张尧佐是最大的失政。换言之，张尧佐就是天怒人怨的罪魁祸首！张尧佐就像清澈明净中的污浊秽行，朗朗乾坤下的魑魅魍魉，一目了然，千夫所指。不知道陛下为什么任用他、包庇他，上违天意，下逆民情，从而酿成这么大的危机。作为忠贞耿直的大臣，我对你太失望、太痛心了！希望你不要罔顾天戒，遗患国家。"

在赵祯眼里一向老实巴交的王举正竟然也不是省油的灯，他上任的第一道奏章也直接指向张尧佐。不过相对委婉一些，他引经据典，从汉代帝王对后妃外戚的分封到唐朝类似事件的先例，论证任用张尧佐为三司使和"四使"是极其严重的错误，最后下结论："爵赏、职位都是天下公器，不能私相授受。让后宫外戚担任这些职务就是以权谋私！"他建议将张尧佐贬为地方官，并撂下话说："如果皇上不采纳我的建议，请将我罢免。"撂挑子是谏官的一种套路，也是谏官的权力，叫“振职”。赵祯自然不许。

此法不能奏效，王举正又换一种招数。某一天，赵祯想宣布张尧佐任命时，王举正突然发难，要求百官留下作为见证，他要与赵祯展开“廷辩”。所谓“廷辩”就是在朝堂上对质，让大臣们评理决断。廷辩是朝廷赋予谏官最后的权力，也是最有力的武器。赵祯自知自己说不过这些饱学之士，况且自己身为皇帝，跟臣下你一句我一句论理无疑是自失身份，他必须阻止廷辩，于是愠怒道：“节度使不过是个粗官，值得浪费大家时间廷辩吗？”谏官唐介官职低微，站在后面，这时他扒开众人蹿到前排质问赵祯：“你刚才说节度使是粗官？你还记得吗，你大爷爷太祖皇帝、你爷爷太宗皇帝都曾做过节度使？你竟然敢说节度使是粗官！”赵祯没想到自己一时冲动的话竟让谏官抓住把柄，看来廷辩已经不需要进行了，胜负已判。

赵祯无话可说，干脆一甩衣袖，从龙椅上站起来想溜。但是他没有想到的是，谏官中不乏胆大妄为之人，包拯上前一步，拽住赵祯的衣襟说：“怎么，没理了想一走了之？今天这事一定要说清楚！”二人在朝堂的出口处一个试图挣脱，一个死活不许，包拯边扯拉边大声给赵祯讲道理上课，从历史说到朝政，从朝政说到稳定，说到了激动处，唾沫星子乱飞，喷了赵祯一脸。包拯的体味扑鼻而来，赵祯胃里一阵上翻，赶忙用宽大的袖子遮住脸面、捂住鼻子，强行挣脱跑回宫中。

其实，赵祯任命张尧佐也是拜张贵妃所托。他每次上朝，张贵妃必定会叮嘱一声“宣徽使”。今天预期在朝堂宣布任命，张贵妃更是左盼右盼，坐卧不安，走出寝宫张望，希望早点得到好消息。她远远看见赵祯跑着回来，不知所以，正准备发问，赵祯指着脸上的唾液委屈地说：“你只知道要宣徽使，哪知道朕在朝堂上受的是什么气。”然后把刚才朝堂上发生的事讲给张贵妃听，最后感叹道：“有包拯在，你伯父的宣徽使恐怕是当不上了。”张贵妃是何等灵性之人，她一边忙着谢罪，一边拿来毛巾、端来热水小心翼翼给赵祯擦洗，宽慰赵祯说：“办不成就不要为难了，我去做伯父的思想工作，让他放弃这个职位。”最终张尧佐的

“四使”去掉“两使”，只被任命为怀康节度使和群牧制置使。

这一场围绕着张尧佐任职的风波从六月闹到十一月，看似已经翻篇，谁想又激起更大的风浪。事件中宰执一直失声，被台谏认为趋炎附势。张尧佐刚刚赴任，谏官们便集中炮火对准时任宰相的文彦博。谏官经过深挖细查，查明文彦博与张贵妃早有勾结！

文彦博任益州知州时，向张贵妃进献了一件衣服，用珍贵的“灯笼锦”蜀绣做成。上元节那天，张贵妃陪赵祯看灯，就穿着这件灯笼锦，让赵祯觉得美人美裳与花灯映衬，相得益彰，无比华美。赵祯笑问衣服从何而来，张贵妃颇为得意地回答是文彦博夫人送的，然后解释说：“文彦博与家父是故交，他们为了让陛下高兴，特意送给臣妾这件华服。”心爱的美人打扮得漂漂亮亮，没有不欢喜的道理，所以赵祯并未在意，反而直夸文彦博会来事。

唐介首先上奏请罢文彦博，罪名是阿附张尧佐，暗结张贵妃，并指责赵祯放纵后宫，致使贵妃干政。赵祯大怒，将唐介的奏章扔到地上，咆哮道：“你再信口雌黄，将你贬到岭南！”唐介毫不畏惧：“纵上刀山下火海臣也不会退缩，何况贬窜。”赵祯气急败坏命令内侍：“快去传唤两府宰执，看看这家伙在胡说些什么！”等宰执们都到齐，唐介径直走到文彦博面前说：“文彦博，你自己对皇帝说，到底有没有暗结贵妃。”文彦博既不辩解，也不承认，只是一味劝唐介消消气。枢密副使梁适看不过去，呵斥唐介下殿。唐介并不退缩，反而越发嚣张，站在大殿中央大喊大叫，非要皇帝给个结果。赵祯无奈，下令侍卫将唐介送监察御史处理。

这时候，文彦博显示出良好的政治素养，跪下请求：“谏官言事乃他们的职责，希望陛下不要降罪唐介。”第二天，其他官员也纷纷上疏请求，赵祯于是将唐介从轻发落，贬到英州。他知道唐介为人耿介，怕他路上想不开，特意派宫中使者护送他到贬所。

经唐介这么一闹，文彦博感到自己已经不适宜继续留任宰相，极力请辞，被降职知许州。三年后，赵祯召文彦博重回朝廷，文彦博说：“唐介不回，臣也不敢独行。”在他的坚持下，唐介也回到汴京。此后二人相处甚是和睦。

宋仁宗时代，朝臣看重心中的正义，不唯上，不逃避，虽然偏执，但绝不同流合污，民主、自由、正直、担当的士大夫政治达到巅峰。而宋仁宗优容言事之臣，为这种政治风气提供了宽松的环境。

天降大任于斯人

公元1060年，赵祯下诏任命司马光和王安石同修起居注，二人均坚辞不受。司马光先后辞了五次，架不住皇帝坚持任命他的决心，司马光没办法只好受命。而王安石更加过分，使者将敕命送来，他躲进厕所不见，使者只好把敕命放到桌子上离开，王安石追出几里地又把敕命强行送还。从那时起，人们都知道朝廷中有两个执拗之人，后来他们官做大了，一个被称为“司马牛”，一个被称为“拗相公”。

也许那个时候赵祯已经意识到，未来朝堂将是这两个人的舞台，所以才有同诏同职的任命。

到公元1068年，司马光和王安石已经成为盛名最炽的两个人，即使韩琦、富弼、欧阳修这样的三朝元老也不能掩盖他们的光芒。宋神宗赵顼胸怀大志，锐意进取，决意改变财政连年赤字、国用难以为继的问题。八月十三日他在便殿召见朝中主要人员，讨论革新变法。王安石说：“国用之所以不足，是因为没有找到善于理财的人。”司马光反驳：“所谓善于理财，只不过是按人头收税，用簸箕收租，巧取豪夺百姓财富而已。朝廷精于算计，百姓穷困为盗，这符合国家利益吗？”王安石解释：“真正善于理财的人，不加赋而国用足。”司马光轻蔑地笑道：“天下竟有这样的道理？天地所生货财百物止有此数，不在民间则在公家。不从百姓那里取财，难道能从天上掉下来？”王安石反唇相讥：“只要办法到，自有开源拓财的空间。你不能，不代表别人不能。”司马光愤怒：“你这是桑弘羊欺骗汉武帝的话！”

汉初文景之治减赋轻徭，积累了大量财富。汉武帝对匈奴用兵，仅仅几年就将国库消耗殆尽，于是用桑弘羊进行改制，国家财政得到大幅改善。桑弘羊的主要措施是将盐、酒、铁和交通运输收归官有，垄断国计民生的经营权和矿藏物资的开采权，从而将财富集中到国家。汉武帝死后，霍光与桑弘羊曾就国家干预和与民休息进行激烈辩论，最终霍光杀掉了桑弘羊，但并未对盐铁专营政策进行调整。

司马光和王安石就像当年霍光和桑弘羊一样争执不下。赵顼打圆场：“朕听说你们在仁宗嘉祐年间就建立了友谊，同为‘嘉祐四友’，不要为此伤了和气。朕以为，当务之急是节俭开支，长远之策是开源增收。”他把二人观点综合起来，为这场辩论画上句号。

司马光认为“天地所生货财百物止有此数，不在民间则在公家”，所以理财就意味着节流，减少不必要开支，裁减不必要人员，这样才能与民休养生息，民富而致国强。王安石所谓“不加赋而国用足”，重在开源，通过发展经济和金融杠杆来实行国家财富递增。从现代经济学的角度看，王安石的观点无疑是正确的。问题是，在小农经济的古代，要达到“不加赋而国用足”谈何容易！后来变法闹得沸沸扬扬，矛盾双方尖锐对立，焦点就是变法是否偏离了“不加赋而国用足”这个既定方向。

起初，赵顼确有让两人并驾齐驱领导革新的意向。他任命司马光主持成立机构，比照公元 1042 年的数目裁减各项费用。然而司马光婉言谢绝，说：“国用所以不足者，在于用度太奢、赏赐不节、宗室繁多、官职冗滥、军旅不精。必须陛下与两府大臣及三司官吏逐渐改变，不是臣一朝一夕能够裁减下去的。”继而又推脱说：“我还有更重要的事情做，就是写《资治通鉴》这本宏大的史书，实在无暇兼顾其他工作。”赵顼无奈，只好放弃了设置组建“裁减局”的构想。

设想如果司马光积极参与到革新中去，与王安石互相配合、互相制约、互相补充，即将进行的变法也许不会那么激进，也许不会四面树敌，北宋的政局将是一番新的天地。可惜历史不能设想，由于司马光采取了不合作的态度，赵顼强烈的革新愿望必然全面依赖于王安石。历史的车轮在此稍显犹豫，又不可遏制地朝着某个方向滚滚而去。

当时革新已经形成朝野共识，司马光也是赞同的，包括裁减费用就是他本人提出来的，但其何以消极以对？细究起来，司马光好读古书，好讲道德，好议时论政，这为他积累了名声和威望。但与大多数读书人一样，他眼高手低，对革新并没有具体的设想和规划，更罔谈策略和措施。他知道帝国生病了，但对怎样医治却茫然无知。所以，他无法完成"裁减局"的历史使命，也无法协助赵顼完成革新大业，于是只好超脱其外，站在道德高地上指手画脚。换言之，不是不想，而是不能。

此时能够担当大任的唯有王安石。赵顼问："要大治天下，何以为先？"王安石斩钉截铁地说："变风俗，立法度。"宋代以儒家治国，这六个字却尽得法家精髓，是其他朝臣不敢想更不敢说出口的治国理念。然而正是这种理念，成就了秦始皇的统一大业，也帮助汉武帝、唐太宗建立了不世功勋。赵顼心中的理想就是灭两蕃、收燕云，他最推崇的就是汉武唐宗这样的人物。王安石的这句话让赵顼怦然心动，毅然将革新的大旗交给了王安石。此后君臣契合，皆因他们都认同"变风俗，立法度"。

公元1069年，熙宁二年二月，赵顼任命王安石为参知政事，正式启动被后世称为"熙宁变法"或"王安石变法"的革新运动。然而变法远非一帆风顺，从开局之日起就在争议与倾轧中步履蹒跚。

变法的第一步是成立机构，叫"制置三司条例司"，主要任务是进行改革规划，出台法制条文，监督变法实施。为了保证变法的各项措施能够顺利进行，条例司不受中书省、枢密院、三司制约，有权独立行使政权、财权，甚至通过变法拿到了部分兵权；条例司对地方路、州府军、县的领导自成体系，两府无权过问；条例司人事安排由王安石一锤定音，不需要走传统的任免程序。

很快，权开封府推官苏轼、翰林学士范镇便上疏指责条例司侵夺相权、三司权，国家出现中书省之外又一中书省，三司之外又一三司，下面的人该听谁的？无所适从。连条例司的名义领导人陈升之也建议将其并入中书省，但由于王安石的反对，十五个月后条例司才罢归中书，其主要职能由司农寺承担。这时王安石已经担任宰相并大权独揽。

公元1069年七月第一部新法出台，即均输法。过去由地方政府和商贾富豪供应汴京消费量庞大的物资，现在改为由中央政府统一调剂采购，从中赚取差价。之后陆续颁布了青苗法、农田水利法、免役法、市易法、方田均税法、免行法、将兵法、保甲法、军器监法、保马法，涉及商业、农业、军事等领域，另外还改革科举、太学教育等，改革几乎涉及帝国的方方面面。

新法无一例外地受到抨击和反对，其中争议最大的是青苗法。夏秋麦谷成熟前，正是农民青黄不接的时候，为了糊口，一些农户以地里的麦谷作抵押物，贷取富豪的高利贷。“青苗法”规定农户可到官府借贷，利息低于富豪的高利贷。为了防止逾期不能偿还贷款，还要求贫富搭配，十人联保。青苗法的设计初衷，是从富户手中夺过贷款市场，赚取利息。实施后，马上反馈过来两种截然不同的意见。

秀州判官李定被举荐入京，被问及青苗法，说：“民便之，无不喜者。”但老臣韩琦从河北大名府上奏称青苗法在实施中严重偏离设计初衷，试想，富户不缺钱，不愿贷，贫户贷了款也还不起，由于联保的作用，最后还是由富户还钱。那么，这跟贫户直接从富户处贷款有什么区别？过去富户贷款是自愿行为，现在地方官追求政绩，强制摊派贷款，回收贷款时不惜动用刑罚，为此家破人亡、妻离子散的不在少数。

接着知青州欧阳修、知开封府韩维纷纷上奏，强烈抨击青苗法。更有地方大员指责朝廷唯利是图、破坏制度、为害天下。朝堂上翰林学士范镇嘲讽青苗法不过是为了让富人变穷、穷人更穷。宰相富弼为此称病辞职，外放亳州，在辖区内公开抵制新法。在条例司工作的苏辙本已被王安石笼络，没想到苏辙竟临阵倒戈，也请辞外放。还有一部分大臣将矛头指向王安石，纷纷奏请罢免他。谏官吕诲列举王安石十大罪状，指其“奸诈”。

新法成为众矢之的，赵顼走到哪里，都是一片反对之声。枢密使文彦博认为变法行事过当，赵顼说：“士大夫不高兴，但对老百姓没有什么不好的。”文彦博不客气地顶撞：“皇帝与士大夫共治天下，不是与老百姓共治天下。”赵顼又问御史中丞吕公著，吕公著更是危言耸听：“没有听说君主失去人心还能图治。假如韩琦在河北利用人心，举兵清君侧，陛下该如何应对？”赵顼到后宫探望两宫太后，太皇太后曹氏说：“听说青苗法闹得天下怨沸，你应该废除它。”赵顼解释：“这是利民的好法，不会让老百姓受苦。”曹太后继续建议：“虽然王安石有才，但得罪的人太多了。你要真爱惜他，就应当让他暂时出京避避风头，一年半载再召回来。”赵顼依然毫不妥协：“现在朝中只有王安石一人能为国担当。”这时，赵顼的弟弟赵颢在一旁接话说：“太皇太后说的句句在理，请皇上认真考虑。”赵顼竟暴跳如雷，当着两宫太后的面失态吼道：“你是说我败坏天下吗？那换你当皇帝试试！”

变法，已经让赵顼失去了耐心和理智。

朝堂已无王安石

公元 1074 年三月，一匹快马飞奔京城，将一封密奏送到掌管天下公文的银台司。银台司以为是紧急军情，不敢怠慢，径直送到皇帝赵顼面前。赵顼打开奏封一看，哪里是军情战况，原来是一幅手工绘画。画的是汴京城外官道上络绎不绝的农民，他们有的相互搀扶着艰难行走，有的扑倒在路旁已经毙命，有人在插草卖身，有人正伸手乞讨，有人哀号痛哭，有人目光呆滞。画上人个个瘦骨嶙峋、面有菜色，一看就是背井离乡的流民，因此题为《流民图》。

与《流民图》一同呈上的还有一道奏章，说明图画原委。原来，作画人叫郑侠，进士出身，现在是汴京南门的门监。去年七月以来，天下大旱，汴京周围几个月滴水未降，青苗法又逼迫人们卖儿鬻女，闹得民不聊生。郑侠每日在城头上望见城外难民涌动，心生慈悲，决心将这一情况陈奏给皇帝。但郑侠人微言轻，既没有机会面见赵顼，也没有资格呈报奏章。胆大心细的郑侠想出一个办法，他作为门监与驿站的人相熟，于是他谎称有紧急密奏，通过这一特殊渠道将《流民图》送到了赵顼面前。

古人迷信天人感应，认为天下大旱必是政务有失，新法就成了替罪羊。郑侠断言：只要废除新法，十日之内必降大雨，否则请斩于宣德门外！

看到《流民图》，赵顼潸然泪下。赵顼变法的初衷一定是为国为民，而现在天怒人怨，难道真的是变法错了吗？赵顼拿出大旱以来大臣们的奏章，无不把责任指向新法和王安石。连司天监也奏言：天久阳，星失度，这是强臣擅国、政失民心的征兆，建议罢免王安石。当天晚上，赵顼唉声叹气，一夜未眠。

次日他召集大臣晨会，朝堂之上问王安石：“你认识郑侠这个人吗？”王安石回答：“他是臣的学生。”赵顼心中有数了，排除了郑侠挟私报复的可能。他让王安石看《流民图》，王安石辩解说：即使帝尧、汤武这样的圣王也免不了水旱之灾。接着，王安石还是跪地请辞。他太累了，真的需要休息。赵顼恩准，同时诏谕暂停青苗、免役等法。史载，三日后，大雨倾盆。

罢免王安石、暂停新法只是赵顼对天怒人怨的政治妥协，并非出于本意。仅仅三个多月后，赵顼又重启革新，由王安石的得力干将、新任参知政事吕惠卿主持变法。吕惠卿在王安石变法的基础上，新推出“手实法”，在全国范围内统计个人财产，按财产数额收缴赋税。地方上为了多收税，让衙役差吏挨家挨户入室统计，连鸡鸭猪狗都不放过，闹得鸡飞狗跳。为了防止百姓对个人财产隐瞒不报，还对举报告状者实行重奖，一时间民间告密成风，社会秩序混乱，百姓怨声载道，州县叫苦不迭。赵顼见吕惠卿才德不能匹位，公元 1075 年二月，诏令王安石复出，二度担任宰相。

时过境迁，虽然仅仅过去十数月，朝堂上却已今非昔比。经过几轮淘洗，韩琦、富弼、吕公著这些有影响力的保守派大臣基本都被发配外地，司马光也蜷缩在洛阳专心地写《资治通鉴》去了，就连御史台和谏院也都换成了变法派自己人。但变法派内部的倾轧才刚刚开始。

先是吕惠卿主政期间排挤走曾布、吕嘉问以及王安石的弟弟王安国，在他满以为宰相宝座非他莫属的时候，赵顼宣王安石入朝，对他是个沉重打击，于是他摇身一变成为王安石的仇敌。吕惠卿先是把王安石的一些私人信件交给赵顼，以期能诋毁王安石，并没有得到他想要的效果。于是，他又试图捏造案件诬陷王安石谋反。同时，王安石与亲密战友韩绛也产生裂痕，两人为一些小事争吵不休。

盟友的反目让王安石心神疲惫，更严重的是一向坚定支持王安石的赵顼态度也发生了微妙变化。赵顼此时已年近而立，对变法有自己的想法，而王安石性格执拗，二人经常在具体问题上发生冲突，王安石却丝毫不给皇帝面子，不但挟持赵顼同意自己的意见，而且还非要赵顼当面认错，弄得赵顼十分难堪。难怪吕惠卿说：“臣不知参知的政事究竟是陛下的还是王安石的。”王安石的儿子王雱意欲扳倒吕惠卿，将有赵顼御批的文件偷了出来，不料最后却落入吕惠卿之手。吕惠卿以此状告王安石欺君罔上，赵顼大为不快，严厉斥责了王安石。王雱因自己的鲁莽连累父亲而伤心欲绝，生了一场大病，不久竟不治而亡。

公元 1076 年十月，天上出现彗星，当时的人们认为是不祥之兆。王安石再次背锅，加上痛失爱子，诸事不顺，心灰意冷，遂二次罢相。这一走，曾经契合如同一人的君臣竟成永别。

变法仍在继续，这一次由赵顼亲自主持，主要是理顺机构和官职，改变宋初机构重叠、官职泛滥的情况。最重要的改变是在保留枢密院的前提下回归三省六部制，宰相改称左右仆射，取消了参知政事一职，并进一步明晰官阶和俸禄，避免了官员待遇上的随意而为。此时赵顼已经改年号为元丰，因此这次行政体制改革被称为“元丰改制”。

元丰改制裁撤了一批机构和冗官，为朝廷节省开支两万多贯。当然，它的影响远不止于此。改制前宰相拥有相当大的权力，甚至可以驳回皇帝的人事任免，改制后皇帝诏命可以直接向六部下达，宰相权力大为削弱，台谏部门也形同虚设，皇权专制得到加强。元丰改制的成果深刻影响了明清政治，从此“与士大夫共治天下”变成皇帝独享天下，过去皇帝不能为所欲为的“民主政治”宣告结束。其实，王安石在朝时赵顼已经有意更改官制，但二人的方案不同，故而未能实施。王安石需要的是高度集中的相权，而赵顼需要的是高度集中的皇权，二人在政制改革目标上尖锐对立，根本不可能达成一致。

赵顼一朝，能够让人回想起来的只有一件事，那就是变法。熙宁变法为大宋带来一些积极成果，最显著的就是财政收入剧增，彻底改变了财政赤字状况。公元 1077 年的赋税收入是英宗年间的四倍以上，积蓄的财帛能够供朝廷开支二十年。

强大的财力支撑了强大的兵力，王韶在西北拓边一千多平方公里。公元

1076年由郭逵领兵对交趾作战取得胜利，迫使交趾奉表求和。湘西为少数民族羁縻区，名义上归宋，其实是独立王国。赵顼和王安石趁其内部纷争，发起战争，新派人物章惇统兵荡平湘西，促进了民族融合和当地的经济社会发展。

然而，公元1081年和1082年，赵顼两次发动对西夏战争，都以惨败收场，两次阵亡不下三十万人。消息传来，赵顼失声痛哭，几天茶食不进，他毕生追求的盛世武功、强国梦想受到致命打击，从此消极萎靡，1085年赵顼忧郁而逝，年仅三十八岁。王安石在江宁听到兵败消息，茫然失色，第二天昏迷不醒，数日里默默无语。

赵顼去世后，哲宗赵煦即位，太皇太后高滔滔垂帘听政。高滔滔仰慕的是仁宗朝“无为而治”，她将蛰居洛阳的司马光召回朝廷，尽废新法，史称“元祐更化”。公元1086年四月，王安石在人生黯淡中寂寞地告别了这个纷纷攘攘的世界。

新法被废，王安石变法最终归于失败，令人唏嘘。王安石变法古往今来争议不断，分析变法的本质，检讨变法失败的原因，是一件困难但有意义的事情。

一、变法与国策的对抗。

新法变革的是“祖宗之法”，触动的绝不仅仅是大官僚的利益，而是整个国家的既得利益。比如“冗兵”是重文轻武政策的必然结果，士兵没有战斗力，只有依靠人海战术去保家卫国。在不改变重文轻武国策的前提下要彻底去除“冗兵”是不现实的。

二、皇权与相权的争夺。

宋初是皇权社会最“民主”的时期，皇权和相权都得到遏制。推进改革需要共识，需要权力相对集中。王安石想要集中相权推进改革，而赵顼把集中皇权作为改革的目标，二人最初尚能相向而行，最后不得不分道扬镳。

三、雄心与现实的错位。

赵顼是一位有理想，有雄心大志的皇帝，一心想“富国”“强兵”，目的是灭亡西夏、收复燕云，但操之过急，最终陷于穷兵黩武的泥淖。变法无法承受对西夏战争失败的后果，其本人也因此早亡，断送了变法进程。

四、富国与富民的悖论。

“不加赋而国用足”是变法的口号，新法设计的初衷是做大经济蛋糕和从土豪富商手中取钱，实际施行过程中却演变为对平民百姓财富的掠夺。变法后国库充盈了，而老百姓不但没有得到实惠，反而处处感受到压榨之苦。

五、市场与干预的碰撞。

王安石变法主要在经济领域，其做法是强烈的国家干预主义。比如市易法，相当于官府开个百货公司，买卖各种商品；而均输法则是从富商手中夺取京城市场供应权；青苗法就是开办国家银行。国家干预对市场有利有害，但在古代，国家干预经济政策几乎都以失败告终。正如历史学家黄仁宇所言，王安石企图以金融管制操纵经济，但当时却没有金融经济运行的配套环境。

变法最终一地鸡毛，只留下党争这个帝国的肿瘤。

复仇者

公元 1062 年，长安南山崎岖的小道上走来两位风华正茂的读书人，一个儒雅洒脱，一个豪迈挺拔。他们言辞不拘、谈笑风生，一看就知道是一对经常诗书论道的好友。

日近正午的时候，他们来到闻名遐迩的仙游潭前，传说喝了仙游潭水便可飞黄腾达，富贵无边。然而现在他们面临一个困境，就是仙游潭虽近在咫尺，却并不容易到达。因为他们与仙游潭之间隔了一道万丈深渊，只有一条狭窄而被残蚀的独木桥架连深渊的两端。儒雅者颤颤巍巍地说："我们还是到此为止吧。"豪迈者云淡风轻："看我的。"说完竟独自稳步走过木桥。只见他来到潭边，捧起一泓清泉喝了几口，然后取出一根绳索，一端系在崖边一棵小树上，另一端系在腰间，手握绳索，脚踏崖石坠到半空，神色自若地用毛笔在崖壁上写下"章惇、苏轼到此一游"几个大字。然后神色自若地上岸、解绳、过桥回到来处。

儒雅者看得目瞪口呆，半晌才回过神说："你将来能杀人。"豪迈者问："怎么讲？""连自己性命都不爱惜的人，还能在乎别人的性命吗？"豪迈者哈哈大笑："你就不能夸我一句嘛？"

是的，儒雅者就是大名鼎鼎的苏轼，此时二十二岁，任凤翔府节度判官；豪迈者叫章惇，长苏轼一岁，是年任商洛县令。

这是他们年轻时候的故事了。熙丰变法（即熙宁变法和元丰改制，史学上一般合称熙丰变法）中，章惇是变法的中坚力量，官至三司使、副宰相、枢密院事；而苏轼则属旧党，经常上奏写诗反对新法，于公元 1074 年被捕入狱，后贬至黄州。

赵顼死后，太皇太后高滔滔推行“元祐更化”，旧党全面复辟，司马光欲废免役法，章惇与他当面辩论，激怒了高滔滔，公元 1086 年被罢黜至汝州，仍不断受到旧党攻击，最后，章惇辗转任提举杭州洞霄宫的闲官。而过去的“罪犯”苏轼却一跃升为礼部尚书。更让章惇难以容忍的是，旧党竟捏造事实陷害新党另一员大将蔡确，把他贬到岭南。熙丰年间新党对旧党属温和地排斥，将他们大都外放到亳州、杭州、河阳这些富庶之地，岭南这样的蛮荒瘴疠之地已经很久没有朝臣贬窜了。元祐更化赤裸裸的倾轧陡然激起章惇“杀人”的凶残野性，他要复仇，要以牙还牙，要像秋风扫落叶一样对旧党赶尽杀绝！

公元 1093 年秋，高滔滔病逝，赵煦亲政，被高滔滔刻意压制了八年的赵煦如同章惇一样燃烧着报复的火焰，他立志继承父亲神宗的志向，重启新法，跟高滔滔对着干！章惇就这样迎来了他的高光时刻，在美丽的杭州西湖湖畔接到圣旨，诏他即日进京。章惇阴锁多年的眉头舒展开来，他知道，这一去，必是帝国宰相，将重新执掌一些人的生杀大权。

章惇简单地收拾一下行囊，即刻动身走水路赶赴京城。船过射阳湖，忽见岸上一人招手喊道：“章相公何妨一叙。”章惇看时，原来是江南名士陈瓘，他多年不见的好友。陈瓘首先祝贺章惇，然后便直入主题：“相公回朝为政最紧要的是做什么？”章惇毫不隐瞒：“司马光奸邪，他所办的事必须纠正过来，没有比这更急迫的了。”陈瓘说：“错了。天下形势就像这条小船，如果把东西都放在右边，船必然右翻；如果都挪回左边，船又会左翻。最好的办法是放到中间，不偏不倚，保持平衡，这才是治国之道啊。”章惇争辩：“可司马光驱逐新党，甚至将蔡确流放岭南，致使他死在了那里。”陈瓘耐心解释：“即使司马光错了，相公有必要跟着他错吗？当今之计，唯有消除朋党，才能去除朝廷旧弊。假如旧党得势贬新党，新党得势贬旧党，世道轮回，万一自己再有失势那一天呢？”章惇思索良久，认为陈瓘说得有道理。

道理懂，但心绪难平。章惇上任，朝廷立刻展开了血腥的报复运动。

章惇拿来第一个开刀的竟是老朋友苏轼，将他从定州贬到英州，还未到任，又被再贬惠州。在惠州，乐天派苏轼写诗“报道先生春睡美，道人轻打五更钟”，传到京城，章惇冷笑：“这小子过得还如此快活。”又一纸诏书将他发配到儋州。苏轼是第一位被贬窜到岭南的旧党人物。不知苏轼何辜，新党总要拿他祭旗。

苏轼之后，吕大防、刘挚、苏辙、梁焘等也被贬窜岭南。结果，吕大防死在途中；刘挚死在贬所新州；梁焘先贬雷州，又贬化州，也没有逃过死亡厄运；苏辙命硬，接连贬雷州、循州，宋徽宗即位后得以返还。章惇连九十多岁的老臣文彦博也不放过，定他为司马光朋党，诋毁神宗，反对变法，由太师降为太子太保，文彦博受到打击不久便去世了。

在章惇眼里，苏轼、吕大防等还都是小喽啰、从犯，他最恨的还是旧党领袖司马光、吕公著，但这些人已经死亡，无法对其进行肉体折磨。不过章惇有办法，他奏请赵煦剥夺死者追封的谥号，拆掉官修的碑楼，磨掉碑文。两年后，意犹未尽的章惇进一步追贬司马光、吕公著等死人的官职。即使如此也难解章惇心头之恨，他又建议对司马光挖坟、掘墓、鞭尸、曝骨，赵煦犹豫，中书侍郎许将谏曰：“发人坟墓，非盛德事。”枢密院使曾布也附和反对，章惇才没有得逞。

章惇还用其人之道还治其人之身。公元1089年，旧党将王安石追随者七十七人张榜公布，以示警告，其中就有章惇。章惇以牙还牙，将文彦博等三十人揭榜朝堂，公开示众。

旧党得势，皆因有高滔滔撑腰。章惇认为要把旧党从肉体到精神都彻底整垮，让他们永世不得翻身，必须将高滔滔拉下马。高滔滔垂帘听政时，赵煦被压制，心中十分怨愤，章惇见抓住赵煦心理，开始对已经死亡的高滔滔下手。高滔滔生前身边有两个太监，一个叫陈衍，已被发配海南；另一个叫张士良，被发配郴州。海南太远，暂且饶过，章惇下令将张士良羁押进京，由蔡京负责审讯，试图从他的口中找出对高滔滔不利的证据。

蔡京在刑堂上摆放好刀锯鼎镬等各色刑具，又拿出一张任命敕书，对张士良说：“要么官复原职，要么大刑伺候，你选一样吧。”张士良于是招供很多高滔滔执政时的细节，比如贴身太监陈衍曾经滥用皇帝御玺，瞒着两宫私传谕令等。但新党需要的是高滔滔“谋逆”的罪证，只有这样才能让赵煦下定决心与高滔滔完全割裂。蔡京引导说：“当年太皇太后是怎样压制圣上，跟谁一起策划过废立之事？”张士良仰天大哭：“太皇太后不可污，天地神祇不可欺。士良宁愿受刑，不敢妄供。”

蔡京百般恐吓不能让张士良伏供，但章惇有自己的办法，他向赵煦奏称张士良、陈衍根据高滔滔的授意，驱逐皇帝身边的太监，意图剪除皇帝心腹，论罪当诛。他干脆替赵煦拟好了一道诏书：剥夺高滔滔“宣仁太后”称号，废为庶人！以孙子废祖母毕竟是一件有悖道德的事，赵煦犹豫不决，无法估量这份“诏书”签批引发的后果，整个晚上对着“诏书”发呆发愣。皇帝的异常早有人报到赵煦嫡母向太后宫中，向太后探听原委后大惊，连夜起驾来到赵煦寝宫，声泪俱下地对赵煦说：“我昔日天天服侍在宣仁太后的崇庆宫，她做的事情就像天上的太阳一样正大光明，哪里有过废立的计划！你要是打算废除宣仁太后，干脆连我一起废了，免得日后费事。”接着，赵煦的亲生母亲朱太妃也赶了过来，哭道：“你要做这样的事情，还不如先让我死了。”赵煦无奈，当着两位母亲的面烧掉“诏书”，表示不再理会此事。第二天，章惇在朝堂上再次请求废高滔滔，赵煦愤而起身：“你这是不让我进英宗庙了吗？！”章惇这才死心。

搞臭旧党的另一种手段就是“修史”。元祐年间，范祖禹、黄庭坚主笔修有《神宗实录》，记录神宗朝的大事，站在旧党的立场上对变法有许多攻击、丑化，章惇颇为不满，经赵煦同意，由蔡卞重新勘定《神宗实录》，对王安石和变法进行“翻案”，算是旧党就熙丰（熙宁、元丰）变法对历史的一个交代。可惜，南宋后赵构再次“翻案”，同样拿《神宗实录》说事。几次三番之后，《神宗实录》已经面目全非。历史是橱窗里摆放的模特，任何人都想打扮一番，无非是粉饰自己，诋毁政敌。

如果说熙丰年间排斥旧党是为了推动变法，尚且情有可原，到了元祐更化打击新党已经是赤裸裸的报复。绍圣后，章惇驱逐所有旧党人物，其中三十多人贬窜到“死地”岭南、海南，甚至建议派人暗杀这些贬官，将党争推到极致，让士大夫政治沾满血腥。

章惇在赵煦亲政后独相六年，对宋朝振兴做出了贡献，比如部分重启新法，军事上对西夏节节胜利等。但其肆无忌惮地进行政治迫害，又让北宋在党争的漩涡里永无宁日。

四

文人这个朋友圈

诗家总爱西昆好

公元974年，建州蒲城的杨文逸家里来了一位道人，自称怀玉山人。道人在杨府与杨文逸攀谈了许久，一直到杨文逸身倦体乏也没有告辞的意思。杨文逸稍一走神，再睁眼看时，那道人突然就不见了。正诧异间，下人来报，少夫人产下一子，这就是后来的诗坛盟主杨亿。杨亿生下来浑身长满毛发，长达尺余，如同野人，一个月后才完全脱落。这样的桥段自然荒诞不经，却被记录在《宋史·杨亿传》中。按正史的一般规律，只有王侯将相出生时才有异兆，如今把异兆加在杨亿身上，可见时人心中杨亿绝非等闲之人。

其实，杨亿的一生就是传奇。据说杨亿身上毛发一脱落就会说话了，并且母亲教什么都能出口成诵。如果说这违反了生理规律的话，杨亿七岁能够作文赋诗却是实实在在的事情。到他十一岁的时候，“神童”的名声已经传到了皇宫大内，这让宋太宗赵光义很是惊讶，又大为兴奋，因为唐末五代百余年文化荒废，已经很少听说年少成才的案例了。

为了表示对文化的高度重视，赵光义先令江南转运使进行考察，然后特地诏杨亿进京，在皇宫大殿对杨亿进行了一场特殊的专场专试，考生只有一人，就是杨亿，考官也只有一人，就是赵光义。考试连续进行了三天，考了五篇诗赋，杨亿都文思泉涌、下笔立成。赵光义看了杨亿的卷子，大加赞赏，让内侍把杨亿领到政事堂，向宰辅们炫耀说：“朕得到一位早慧的人才，你们这些文化人可以跟小朋友比试比试。”在政事堂，参与编写过《太平御览》的大文学家李昉不服气，又给杨亿出了一道命题诗歌，杨亿毫无紧张扭捏之态，依然一挥而就。李昉看后连连赞叹，当即给赵光义上了一道贺章，恭喜朝廷得人。为了嘉奖，赵光义授予杨亿秘书省正字的官职，相当于国家图书馆里的校对。当然杨亿年纪还这么小不可能给朝廷当童工，他的主要任务是带薪读书、成长，等待将来为朝廷所用。

杨亿再一次进入人们的视野是他十九岁的时候，他通过考试被赐同进士出身，进入翰林院，成为皇帝的文学侍从，负责起草诏书和写应制文章。赵光义是位好文的君主，是年三月春光明媚之时，他召集群臣在皇家园林金明池赏花、听曲、宴饮、赋诗，赵光义特地安排杨亿随从，坐在自己的身边。杨亿也不负圣望，当场作一篇《金明池颂》，华章浓采、锦词妙语让赵光义赞叹不已，竟兴致勃勃地高声朗读起其中的句子。

第二年再开金明池宴，兴高采烈的赵光义又要杨亿赋诗填词，不料杨亿却没有到场。原来参加金明池宴需要一定的级别，杨亿当时官位还不到，赵光义又没有特别邀请他，因而杨亿未能参加。赵光义有些失落，不久提拔杨亿直集贤院，成为年轻的馆阁官员，这样他就有了参加金明池宴的资格。

真宗朝，杨亿已经官拜左正言，但他主动提出到地方上工作，理由竟是家里太穷了，工资不够花。原来，宋代文人爱聚会、好朋友，杨亿尤其如此，这样薪水吃紧，到地方上可能会多捞一些油水。不过朝廷很快又把他诏了回来，因为他的文章写得太好了，朝中无人能及，赵恒也离不开他。当时不但皇帝的圣旨敕令让他写，大臣们也经常委托他写奏章、谢表，结果先代大臣上奏章，再代皇帝拟敕令，后代大臣呈谢表，这一系列竟由杨亿一人自导自演、自弹自唱，而杨亿也乐意从中收润稿费补贴家用。

除了作文学侍从，杨亿对朝廷的最大贡献是修书。真宗赵恒诏令修八十卷《太宗实录》，其中五十六卷出自杨亿之手。公元 1005 年，大型丛书《册府元龟》开始编纂，这是记载从上古到五代君臣事迹的巨著，同《太平广记》《太平御览》《文苑英华》合称“宋四大书”，凡三十一部、一千卷。其总编是王钦若和杨亿，参与编纂人员达十八人，历时八年才完成。这部书的目录体例皆出自杨亿，各人完成自己的篇目后，又由杨亿窜定。可以说，《册府元龟》的编纂杨亿功劳应是第一。

就在这时，杨亿向朝廷推荐刘筠进入了编纂队伍。杨亿认识刘筠更早，公元1002年，朝廷为太清楼藏书挑选校对人员，令杨亿主持考试选拔，三十二岁的刘筠参加了这次考试，被擢拔为第一。从这个意义上来说，二人可谓师生之谊。参加编纂的人员还有钱惟演，日后拜枢密使；有夏竦，也曾拜枢密使；有丁谓，日后拜相。但这个时候，杨亿是他们的领导，也是他们的文学老师。

《册府元龟》的编纂者都是当世学界精英。他们在崇文院集体办公，八年时间朝夕相处，干着同一件事情，主营业务之余，总要找事情消遣娱乐。文人消遣的方式之一便是作诗。《红楼梦》中姐妹们经常指物为诗，搞同题竞赛，杨亿和他的编纂团队最热衷的也是这件事。

夏天，崇文院花园荷花绽放，荷风送香，杨亿携同僚一起观赏，随口吟道："绝岸疏烟合，回塘夕照和。……玉杯承露重，钿扇起风多。翠羽芳洲近，青丝快骑过。石城秋信断，搔首奈愁何。"杨亿一向以才思敏捷著称，据说一边口吟，书童一边记录，记录速度还赶不上口吟速度。刘筠等赞赏之余，也不甘示弱，每人口占一首。刘筠诗首句"水国开良宴"，把荷花盛开比作一场良宴，颇为有趣；钱惟演"徐娘羞半面，楚女妒细腰"，有沉鱼落雁的意味；丁谓"孤立弱烟披，素心危露泣"，把荷花亭亭玉立的形象描写得让人怦然心动。众人各有千秋，次日他们重游再战，如此竟连续赋荷花诗四首。夏天过后是七夕，杨亿感叹"忽忽一夕填桥苦，不似人间有造舟"。刘筠满眼都是"玉腕双丝轻宛转，霞衣杂佩暗丁当"的星汉斑斓。钱惟演则哀婉于"若比人间更肠断，万重云浪寄微辞"的悲伤之中。

八年里，他们和诗无数。八年后，杨亿将这些诗集中起来，编辑成册，取名《西昆酬唱集》。《山海经》中记载，昆仑之西有群玉山，相传是古代帝王藏书的地方，这是书名的来历。宋初主流诗作大多浅白，而《酬唱集》里的诗歌语句文采斑斓、华丽典雅，语意深奥含蓄、回味悠长，人们称之为"西昆体"。西昆体的文风与真宗朝“盛世”的状况相得益彰，很快得以流行，雄霸诗坛五十年，一直到欧阳修诗文革新运动取得成功才逐渐式微。金朝元好问“诗家总爱西昆好”，大概颇能说明当时盛况。

西昆体主力干将都是朝廷要员，虽有唱和，但在长期共事过程中，几个人因道德修养、性格特点不同而分道扬镳。杨亿为人正直、忠清鲠亮，与刘筠是一以贯之的盟友，他们与同样耿直的寇准气味相投，在政治上相互援引。澶渊之盟前夕，杨亿也跟着亲征契丹，每日与寇准醉饮、歌舞，互相开着无伤大雅的玩笑，丝毫没有在前线的紧张不安。在中书省，寇准经常和同事嬉戏联对。有一次，寇准出了副上句“水底日为天上日”，当时无人能够对出。杨亿来了后，不假思索对曰“眼中人是面前人”，众人皆称好对。

杨亿阵营的对立面是王钦若、丁谓、夏竦和钱惟演。王钦若作为《册府元龟》第一主编，向赵恒汇报时，只要得到赞赏，就把自己的名字写在前面；如果受到批评，责任都推给杨亿。以至于两个人势同水火，只要杨亿在办公场所，王钦若一般不去，王钦若一去，杨亿就避开。后来王钦若出知杭州，赵恒和大臣都作诗相送，只有杨亿无动于衷。赵恒看不下去，特地对杨亿说：“你们也是多年共事的同僚了，即使没有深情厚谊，写一首诗做做样子，大家面子上都过得去才好。”杨亿倔强地回绝了皇帝，毫不避讳两人的矛盾。

丁谓和王钦若等五人沆瀣一气，相互勾结，时人谓之“五鬼”。公元 1012 年赵恒想要立刘娥为皇后，打算让杨亿拟旨，丁谓表现得最为积极，诱导杨亿说：“这是获得富贵的好机会。”杨亿断然拒绝：“如此富贵非所愿也。”刘筠也与杨亿一样秉性，朝廷贬黜丁谓，后又反悔，想让刘筠起草丁谓留任的诏书，刘筠不肯，朝廷只好另宣晏殊。刘筠从宫中出来，在枢密院南门正好撞见前去接班的晏殊。刘筠怒目以视，晏殊不敢与他对望，只好低着头侧身走过。

南宋黄公度词“西昆往事悠悠”，说的大概就是西昆派们既富贵闲适，又勾心斗角的生活。

曾是洛阳花下客

假如穿越回公元1031—1033年间的宋朝，文人最向往的落脚点可能不是京城开封，而是西京洛阳。这一时期，洛阳群英荟萃，钱惟演、谢绛、尹洙、梅尧臣、欧阳修等天纵骄子有幸共事一衙，他们一起演绎着令人称羡的风雅盛事。

钱惟演是吴越国主钱俶的第七子，作为旧时王孙，仕途起点很高，但不会被皇帝真正信任。偏偏钱惟演又是一个官迷，只好一味地阿谀太后刘娥，迎合权臣丁谓，为士大夫所不齿。刘娥后期将其判河南府、西京留守，这对于钱惟演本人或许是不幸，对于欧阳修这些年轻人来说，却是一生之大幸。

这时钱惟演已经五十多岁，年龄最大，官职最高，资历最老。谢绛任河南府通判，工于词赋为时人所重。这二人既是前辈，又是领导。欧阳修年仅二十五六，任西京留守推官，尹洙、梅尧臣也不过三十来岁，他们和杨俞等衙内其他五人并称“洛阳八友”。钱惟演、谢绛既是文坛宿将，又爱惜人才，他们把这些才俊供养起来，几乎不给他们安排公务。这些人的使命就是吃喝游玩，吟诗作赋。

洛阳是天下名都，前朝留下来的宫苑林园星罗棋布，后世可考的就有十九处之多。这些名苑各具特色，如天王院花园无池无亭，唯有牡丹十万株；董氏西园则小桥流水，亭台花石；吕文穆园又木茂竹盛，溪流涓涓，可谓水木清华。名园各有佳处，是“八友”平日里流连忘返的地方。那些相邀携游、纵情玩乐的场景给欧阳修留下一生的印象，若干年后，他依然回味隽永：“把酒祝东风，且共从容。垂杨紫陌洛城东。总是当时携手处，游遍芳丛。”

足迹再远一些，便是洛城之南的伊水。伊水之畔，有以北魏石窟闻名的龙门山，还有唐代诗人白居易隐居的香山。一次，一位叫陈经的秀才路过洛阳，八友陪他游伊水，夜里寄宿在山上，他们乘着皎洁的月光在山路上散步，又来到水边泛舟饮酒，诗词唱酬，如此三天三夜兴致不减。欧阳修记下了这次游赏，并作《游龙门分题十五首》以咏之："春岩瀑泉响，夜久山已寂。明月净松林，千峰同一色。"

洛阳之东，有天下驰名的中岳嵩山，也是八友常游之地。他们踏遍太室山和少室山大大小小的奇峰峻岭，在每一处题文竟诗，欧阳修写有《嵩山十二题》，梅尧臣也不甘落后，有《同永叔子聪游嵩山赋十二题》。永叔是欧阳修的字，子聪是杨俞的字，杨俞名声虽不显，当时也位列八友。游嵩山还有一段有趣的插曲，这年隆冬，他们在嵩山玩了一整天，很晚才往回返，没想到半路上下起了大雪，道路艰难，行走不便，只好投宿在龙门香山。直到晚上，几个人方兴致阑珊，忽然有几辆马车载风载雪疾驰而来，原来钱惟演怕他们深夜寂寞，给他们送来美食，还带来厨子和歌伎，以慰藉他们劳顿之苦。钱惟演还捎来话说，正是龙门赏雪时，众人不如再多玩几天，府衙内没有什么要紧公务，不要急着回去。遇到这样的领导，真文人之幸。

除了游赏，钱惟演还经常邀聚宴请。这年盛夏的午后，钱惟演又在后园设宴，赴宴的都是居住洛阳的官宦名流。人已到齐，独不见平时最为积极的欧阳修。钱惟演派下人去找，过了好久，才看见欧阳修与一名漂亮官伎姗姗而来。宋代官员狎妓并不违反纪律，甚至官府还都养有一些歌舞伎，平日里娱乐应酬供表演助兴。不过这么大的聚会，让众人等这么久，确实说不过去，何况二人还出双入对。更为可疑的是，官伎脸色绯红，云鬓散乱，衣冠不整，难免让人想入非非。钱惟演参悟玄机，却揣着明白装糊涂，故作生气地斥责官伎："为什么来得这么迟？"官伎倒也落落大方："天热午睡不小心把金钗丢了，为了找金钗所以来迟。"钱惟演不依不饶："同欧阳推官一起来，是碰巧了吗？"官伎答道："欧阳先生也在帮我找金钗。”众人意会，有人起哄要罚欧阳修喝酒，有人主张罚官伎唱曲。钱惟演说：“永叔喝酒，官伎唱曲，这不是分内的事吗？要罚就罚个有意思的。永叔才思敏捷，不如令他当场填词一首。”大家都觉得这个主意好，钱惟演补充说：“官伎迟到扫了大家的兴，按理应该辞退。永叔词如果填得好，不但免除对她的处罚，她丢失的金钗可由我来赔。”欧阳修自知理亏，又不忍心官伎被罚，便不推辞，立马而就填了一阕《临江仙》：

柳外轻雷池上雨，雨声滴碎荷声。小楼西角断虹明。阑干倚处，待得月华生。

燕子飞来窥画栋，玉钩垂下帘旌。凉波不动簟纹平。水精双枕，傍有堕钗横。

这是一幅闺趣图。上阕写室外，雨停了，天晴了，彩虹勾画处，美人在小楼一角，斜倚栏干，等待着明媚的月光生起。下阕写闺阁，美人孤独而眠，金钗横斜，垂落在水晶枕旁。整首词笔触细腻，用意工致，氛围清幽却又情趣宜人，美人内心寂寞却又让人怦然心动。最妙的是后两句，凉波夏睡，金钗斜坠，刚好附会官伎的解释。这首词可以被理解为是写闺中少妇思念情人，也可以说是再现那位官伎丢失金钗的场景，这正是欧阳修用心精巧之处。

这首《临江仙》赢得满堂喝彩，大家原谅了欧阳修和那位官伎，钱惟演也不食言，果然赔偿了一副金钗。

既是文人会聚，免不了要展现才艺，有时还要一较高下。钱惟演府上新盖了一座楼，取名双桂楼。按当时风俗，每有重要建筑落成，都要作文记之。钱惟演就把谢绛、欧阳修、尹洙等几个人召集起来，让他们各写一篇文章以记其事。欧阳修最为年轻，急于表现自己，最早交卷。这篇文章写了一千多字，谢绛交的文章七百多字，尹洙的文章只有三百多字。事后评析，众人却评尹洙第一。欧阳修开始不服，后来仔细拜读，不得不认承认尹洙比自己写得好。他虚心向尹洙请教，尹洙坦诚地批评说："永叔这篇文章过于繁琐了，不够精练，根本不需要这么多字，我看最多五百字足矣。"欧阳修上进心强，将《双桂楼记》又写了一遍，钱惟演认为此篇已经超过尹洙的了，尹洙感叹道："永叔真是一日千里呀！"

除钱惟演外，其他几人都是诗文革新运动的倡导者，诗文革新，革的就是西昆体，但钱惟演毫不在意，反而鼓励年轻人不要走他们的老路，提倡他们去写人情，状风物，贴近生活，反映现实。正是在这种宽容的氛围中，欧阳修、尹洙、梅尧臣在这里发起声势浩大的诗文革新运动，主张诗文因事有所激，因物兴以通，摒弃浮艳空洞的诗风，提倡平实朴素的文风。最终，梅尧臣成为宋诗开山师祖，欧阳修成为文坛领袖，尹洙也多有建树。

天下没有不散的筵席，公元1033年农历十二月，钱惟演因"擅议宗庙"遭弹劾，迁贬随州。他的下属们前去送行，钱惟演在送别宴上作词一首，曰《玉楼春》：

城上风光莺语乱，城下烟波春拍岸。绿杨芳草几时休，泪眼愁肠先已断。

情怀渐变成衰晚，鸾镜朱颜惊暗换，昔时多病厌芳尊，今日芳尊惟恐浅。

过去因为身体原因不想多喝酒，而今日只怕酒少盛不下离愁。钱惟演让歌伎演唱此词，曲声悲苦，欧阳修等在座的无不落泪。钱惟演年轻时官誉不太好，晚年在洛阳对年轻文人有知遇之恩，算是对文坛最后的贡献。欧阳修时常怀念、感谢钱惟演，在《归田录》这本书里记述钱惟演的教诲："平生惟好读书，坐则读经史，卧则读小说，上厕则阅小辞，盖未尝顷刻释卷也。"欧阳修后来总结自己："余平生所作文章，多在三上，乃马上、枕上、厕上也。"显然受了钱惟演影响。

钱惟演在随州经常吟唱的就是《玉楼春》，往往泪下。府上一位侍奉过他父亲钱俶的老歌伎已白发苍苍，不胜伤感地说："前国主薨逝前自作挽歌，同相公所唱词意相近，莫是相公也要死亡了吗？"果然，离开洛阳仅一年，钱惟演就走完了自己充满矛盾和争议的一生。

公元 1034 年三月，欧阳修西京留守推官任满，也离开了洛阳。他依依不舍：“洛阳正值芳菲节，秾艳清香相间发。游丝有意苦相萦，垂柳无端争赠别。”别后，他十分怀念洛阳的时光，“常忆洛阳风景媚，……别来已隔千山翠。”“曾是洛阳花下客，野芳虽晚不须嗟。”天下没有不散的筵席，洛阳文人集团至此烟消云散。他们各奔东西，却像一颗颗种子，日后都长成了参天大树，呵护着自己理想的文学天空。

今宵酒醒何处

漫漫数千年的古代社会，赵宋是唯一不设夜禁的朝代，开放的夜生活带来了商业贸易的繁荣，也丰富了声色娱乐，其中包括酒楼，也包括青楼。青楼不仅有卖身的色妓，更多的是卖艺的歌伎。歌伎大多习练诗词歌赋、琴棋书画，其中不乏色艺俱佳者。

宋代歌伎与文人有着天然的联系，因为她们演唱的歌曲就是被后世视为瑰宝的“词”，一首词的风采需要文人和歌伎通力协作才能得到完美诠释。那些富贵词人如晏殊会在家里豢养歌伎，组建私人歌舞团队；而那些无官无职、穷困潦倒的文人只能混迹青楼，向青楼女子兜售歌词以换取糊口的资费。柳永显然属于后者，但其铮铮佼佼，以至于名声大噪，歌伎们皆以结识柳永为荣。如果柳永能给哪位歌伎填上一首词，这歌女便顿时身价百倍。

矾楼是汴京最豪华的酒肆和青楼，这天老板和歌伎拥挤在欢门前，单等一位贵客光顾，便是柳永。柳永原名三变，在家排行第七，人称“七爷”，这次是特邀到丰乐楼做客。老板摆上酒席，等柳永坐定，将店里一位色艺出众的歌伎唤来侍奉。那歌伎首先唱了两首曲子，又跳了两支舞，老板见柳永听着舒心，趁着酒兴歌兴正浓，奉上一叠冷金纸，上面压着包银两，脸上赔笑道：“请七爷为姑娘题词可好，这是一点润笔费，还望笑纳。”柳永瞥了一眼银包，感觉比平日里大了许多，用手缓缓从纸上移开，确实沉甸甸地有些分量，于是思索着拿起笔就要落墨，只听旁边语声宛转：“奴家名叫英英，七爷可否将奴家姓名缀入其中。”柳永回了一眼，略加思索，便写道：

英英妙舞腰肢软。章台柳、昭阳燕。锦衣冠盖，绮堂筵会，是处千金争选。顾香砌、丝管初调，倚轻风、佩环微颤。

乍入霓裳促遍。逞盈盈、渐催檀板。慢垂霞袖，急趋莲步，进退奇容千变。笑何止、倾国倾城，暂回眸、万人肠断。

此词曲调老板和英英都闻所未闻，老板喜道："这是七爷自度的曲子吧？"当即英英在柳永指导下练习演唱，高低错落，轻重徐急，时而风拂花海，时而轻云蔽月。英英喜不自胜，问道："七爷，这词可有牌名？"柳永反问："依英英之见呢？"老板抢先道："这词第一句'英英妙舞腰肢软。章台柳、昭阳燕。'不如词牌就叫《柳腰轻》吧。"柳永打趣道："这恐怕要成英英专用词牌了。"当晚酒过三巡，就由英英服侍宿在酒楼。

这大约就是柳永的生活日常，醉卧风尘，宿花眠柳。在他词中出现过的歌伎有佳娘、酥娘、英英、虫娘、秀香、瑶卿等。说起柳永与歌伎的渊源，应该追溯到杭州。

柳永曾是怀抱理想的有志青年，他十九岁离开家乡赴京赶考，路过杭州，留恋西湖和钱塘美景，有意谒拜知府孙何。无奈府衙门禁甚严，苦于无人引荐。柳永眉头一皱，心生一计，他找到杭州最负盛名的歌伎楚楚，对她说："快到中秋了，孙大人一定会召你参加府上宴会，你可在宴会上演唱这一首词。若孙大人问起，烦请姑娘帮助推荐。"果然，孙何对这首词非常感兴趣，中秋过后专门宴请了柳永。词的曲牌叫《望海潮》，写道：

东南形胜，三吴都会，钱塘自古繁华。烟柳画桥，风帘翠幕，参差十万人家。云树绕堤沙，怒涛卷霜雪，天堑无涯。市列珠玑，户盈罗绮，竞豪奢。

重湖叠巘清嘉，有三秋桂子，十里荷花。羌管弄晴，菱歌泛夜，嬉嬉钓叟莲娃。千骑拥高牙，乘醉听箫鼓，吟赏烟霞。异日图将好景，归去凤池夸。

这首词展现了杭州的湖山之美和市井繁华，据说引发了另一则故事：一百五十年后，金主完颜亮看到“三秋桂子，十里荷花”几句，羡慕江南富庶，“遂起投鞭渡江之志”，挑起了侵宋战争。当然那时已经是南宋了，战争的起因恐怕不会这么简单。

柳永一路且玩且行，到达汴京已是三年之后。公元 1007 年秋闱，柳永顺利通过开封府考试，到次年春天参加礼部的省试。踌躇满志的柳永志在必得，但又舍不得青楼的软香温玉，本以为是红袖添香的佳事，不料红粉误人，公元 1008 年的考试居然名落孙山。柳永内心不服，一股傲慢之气从丹田升起，当即作了一首《鹤冲天》：

黄金榜上。偶失龙头望。明代暂遗贤，如何向。未遂风云便，争不恣狂荡。何须论得丧。才子词人，自是白衣卿相。

烟花巷陌，依约丹青屏障。幸有意中人，堪寻访。且恁偎红倚翠，风流事、平生畅。青春都一饷。忍把浮名，换了浅斟低唱。

柳永丝毫不怀疑自己的实力，认为落榜是“偶失龙头望”，不过偶然失手罢了。而后酸溜溜地自称“白衣卿相”，虽然没有考中，但填词作曲，声望比公卿将相更高。最后柳永以轻蔑的态度把功名比作“浮名”，与其为浮名所累，不如偎红倚翠，在勾栏妓院里风流快活。

南宋吴曾在《能改斋漫录》中记载，仁宗赵祯看到“忍把浮名，换了浅斟低唱”两句后非常生气，御批“且去浅斟酌唱，何要浮名！”此后柳永再考，仁宗专门将其黜落。柳永无奈，只好流落烟花柳巷，自称“奉旨填词柳三变”。这样的故事大致符合柳永一生仕途不得意，混迹烟柳巷的状况，于是很多人信了。其实，柳永第一次参加科考的公元 1008 年是宋真宗大中祥符元年，此时距赵祯登基还有十五年，距赵祯亲政还有二十五年，所以此事不可信。并且，柳永对功名有着异乎寻常的执着，除了服丧期间，他参加了每一次科考，根本做不到“忍把浮名，换了浅斟低唱。”

对柳永打击最大的是公元1019年这次科考，其兄柳三复及第，对比之下，柳永意识到自己的落第绝非“偶失”，而是功力未济。原来，宋代科考考的不仅是词赋，还有策论经史等科目，这些并非柳永强项。柳永沮丧的心情可想而知。而这时他的感情生活也出现波折，那一段时间，他长期钟情于一位叫虫娘的歌伎，这样让他入不敷出，柳永本以为及第后经济状况就会有好转，可现在，“便是有、举场消息。待这回、好好怜伊，更不轻离拆。”已化为泡影。于是他决定离开汴京，离开虫娘。

寒蝉凄切，对长亭晚，骤雨初歇。都门帐饮无绪，方留恋处，兰舟催发。执手相看泪眼，竟无语凝噎。念去去，千里烟波，暮霭沉沉楚天阔。

多情自古伤离别，更那堪冷落清秋节！今宵酒醒何处？杨柳岸，晓风残月。此去经年，应是良辰好景虚设。便纵有千种风情，更与何人说？

寒意渐至的仲秋，蝉声愈噪，仿佛在唱别最后的挽歌。刚刚一番秋雨，洗尽清秋浮华，水天一色，更显江面寥廓，秋水瘦净。这样的季节，这样的渡口，最怕别离。离情太长，前方太远，时光太短。然而离别终将是无法逃避的主题，泪水是此刻唯一的表达，今夜注定是冷寂的独眠。醒来在旅途，孑孓的小船，萧索的柳岸，残月如钩，晓风清凉。在这初秋的寒意里，怎能不更刻骨地想你。

这首《雨霖铃》奠定了柳永作为宋朝前期最重要词人的文学地位，也将宋词的艺术成就推向新的高峰。南宋俞文豹《吹剑录》记载：苏轼问他人：“我的词比柳七如何？”那人对曰：“柳七的词适宜十七八岁的妙龄女郎，拿着一红牙板咿咿地唱‘杨柳岸、晓风残月’；学士您的词一定要关西大汉拿着铜琵琶、铁绰板，豪迈地唱‘大江东去’。”这段故事似在揶揄苏不如柳。

此后柳永一直在全国各地流浪，直到公元 1034 年，赵祯亲政特开恩科，对历届科场沉沦之士的录取放宽尺度，柳永才得以考中，旋被授予睦州团练推官。其时柳永已年过半百，涕泪俱下，不知是喜悦还是心酸。

赵祯非常喜欢柳永的词，经常让伶人在宫中演唱，柳永也刻意呈送一些歌功颂德的词投其所好。这一段时间，柳永仕途顺利，先后任余杭令、泗州判官、西京陵台令，后调入京城任职。公元 1042 年晚秋，他又向赵祯进献一首《醉蓬莱》，其中有“宸游凤辇何处”，与当年御制的真宗挽词语意接近，让赵祯有些许不快。读到最后，又有“太液波翻”，赵祯忌讳这个“翻”字，说：“何不言波澄！”并恼怒地把词掷于地上，从此再也不听柳永的词了，而柳永的仕途也至此停滞不前。

北宋张舜民《画墁录》记载，柳永词忤赵祯后，吏部将柳永外放为苏州通判。柳永知道自己闯了祸，找同样善于作词的宰相晏殊试图补救。晏殊故作惊讶：“你也会作曲子吗？”柳永只好谦恭地回答：“跟相公一样也作曲子。”晏殊轻蔑地讥刺道：“我虽然作曲，但不会写‘针线慵拈伴伊坐’这样的句子。”柳永讨了个无趣，只好退出。“针线慵拈伴伊坐”出自柳永一首《定风波》，是首思妇词，并不艳情，只是多些直白。其实，晏殊不喜欢的恐怕不是淫秽之声，而是柳词中的市井之气，这才是富贵词人嫌弃的“恶俗”。

由于柳永官职卑微，生前名声不好，《宋史》无传，他死于何年也无法确定。只是据说，他出殡的那天汴京各青楼歌伎自发前来，人人皓衣素服，哭声震天。队伍所过之处，云暗风疾，落叶萧萧，仿佛天地在为这位宋词的开拓者书写悼词……

石介之死

出朱雀门不远，御街东侧便是北宋的最高学府太学。大约公元 1042 年的一天，东方晨光熹微，太学生们还在温暖的衾被里安睡，忽然被一阵震耳欲聋的鼓声惊醒。

只听外面有人喊道："弟子们都给我听着！有些学生写文章不讲道统，不在内容思想上下功夫，偏要咬文嚼字、雕琢词汇，这是舍本求末，与写文章的初衷南辕北辙、背道而驰。就像吃饭穿衣，吃的珍馐玉馔却填不饱肚子，穿的绫罗绸缎却抵不住严寒，这样的饭菜不如去喂猪，这样的衣服不如去裹树。"接着又一通鼓声，那声音继续："这次我就不点名了，如果以后再不纠正这类毛病，我就在这里把你的名字喊出来。"

床上的学生早已笑得岔气，他们知道，只有学校的疯子讲师石介能够做出这样的事情。

石介虽然是位大学问家，但秉性脾气确实像个疯子。山东、河北遭受水灾，他写文章把"龙"大骂一顿，历数"龙"的种种罪行。有人告诉他农村一些人没有土地，只能靠租大户的田、借大户的牛耕种，然后给大户交租，石介惊讶得眼珠子就要蹦了出来，大声叫喊不愿相信。他写一篇名叫《怪说》的文章，提倡儒学，猛烈抨击佛道两教和杨亿的西昆体。当时无论佛老还是西昆都有大量的追随者，有人恐吓他说要实施反击，扬言让他躲避到深山老林中别再出来，石介"辄跃起身数尺，瞋目作色应之"，他一下子跳起几尺高，瞪着大眼愤怒地回应对方。

石介虽“疯”，却是古道热肠。他的好友兼老师孙复贫穷无力葬亲，石介向自己的学术追随者董秀才写信请求资助孙复；奉符知县马永伯被免职，家中贫穷，以至于全家几十口人断饮断炊、无衣无食，石介鼓励同道张安石施以援手：“安石读周孔之书，知周孔之道，富仁义之文，有仁义之心，岂不有意乎？”

石介的“疯”，源于爱憎分明。因为他是一位狂热的道德主义者，评价人和事的标准就是儒家之道。他二十三岁在应天府书院求学，当时是晏殊知应天府，范仲淹掌管学院，石介也在这个时候形成了自己的世界观，并成为范仲淹的忠实追随者。从此他的世界只有黑白之分，要么君子，要么小人，要么正直，要么奸邪。在庆历年间的党争之中，他以自己独特的方式横插一杠，并以卫道士的精神为之殉难。

公元 1043 年，吕夷简致仕，向宋仁宗赵祯推荐了一批宰辅人选，于是赵祯结合了吕夷简的建议任命夏竦为枢密使，范仲淹、韩琦为枢密副使。这三人都是从西北前线调回的功勋大臣，但他们的口碑却大为不同。范仲淹、韩琦是所谓的正人君子，夏竦在真宗朝时与丁谓、王钦若走得比较近，做事圆滑，当面一套、背后一套，而且生活奢靡，为士大夫所不齿。任命刚下，台谏即弹劾夏竦在西北御寇不力，为人奸邪。于是赵祯决定由杜衍任枢密使，改范仲淹为参知政事，韩琦、富弼为枢密副使，同时任命欧阳修、余靖等四人为谏官。夏竦原本急不可耐地回汴京上任，还没有入城，就接到新的调令：免去枢密使一职，改知亳州。

新的人事任命让石介异常亢奋，他人不在政界就以笔参政，写下一首七百二十字长诗《庆历圣德颂》，诗中写道：

皇帝明圣，忠邪辨别。举擢俊良，扫除妖魃。众贤之进，如茅斯拔。大奸之去，如距斯脱。上倚辅弼，司予调燮。下赖谏诤，维予纪法。左右正人，无有邪孽。予望太平，日不逾浃。

长诗颂扬仁宗皇帝选贤任能，擢拔俊良，远离奸佞。皇帝任用这些人，天下马上会出现太平盛世。皇帝任用这些人，则大臣慑服，诸侯敬畏，四海顺从。皇帝任用这些人，则四海欢欣，连鸟虫鱼兽都为之兴奋。长诗还一一点名评价二府和谏臣，特别是对范仲淹、富弼不吝赞美之词，称他们为舜帝时的贤臣夔和契。

诗歌乍一看在颂扬赵祯知人善任之德，仔细品来尽是讴歌君子们的道德品行和政治品质，捎带着抨击了那些“妖魃”“大奸”“邪孽”，从“大奸之去”这样的句子不难判断，石介所谓的奸佞之辈，毫无疑问是指向夏竦。与台谏的奏章相比，诗歌的影响力不仅在朝堂，还远播乡野、江湖甚至异国他邦。这样赤裸裸地高调颂扬君子们，只会让皇帝猜疑，让朝臣嫉妒，让所谓的“奸佞”忌恨。所以石介的好友孙复说：“这首诗恐怕会给你招来厄运。”夏竦失了官职，丢了面子，本就十分恼怒，现在又承受羞辱，他暗暗记下这笔仇，收集了很多石介的字迹作为字帖，让家中的婢女临摹仿写，久而久之，婢女竟能仿得真假难辨。

接下来就是短暂而热闹的“庆历新政”。石介为新政打气，给富弼写信鼓励他尽心辅佐皇帝，“行伊、周之事”。因为石介是名人，他的这封信很快就流传到了社会上。

夏竦从中嗅出了血腥的味道，马上让婢女模仿这封信，只是改动一个字，变成了“行伊、霍之事”。夏竦把新的书信投放到社会上，加上他派人有意地宣传扩散，老的版本逐渐被淹没，人们口口相传的竟是“行伊、霍之事”。

伊尹是商朝第一位丞相，为商朝的建立和繁荣立下汗马功劳。商朝第四位君主太甲贪图享乐、暴虐百姓，伊尹将其放逐到商汤的寝陵，自己与诸位大臣代为执政。后来太甲认识到错误，悔过自新，伊尹又将他迎回朝廷归还政权。周公是周武王的弟弟，周武王的儿子周成王即位时年纪太小不能理政，周公摄政七年还政于周成王。霍光是西汉权臣，汉昭帝死后，霍光迎立昌邑王刘贺即位，二十七天后以刘贺荒淫无道为由将其废除。伊尹、周公是后世推崇的名相贤臣，合称“伊、周”。伊尹有放逐君主太甲的经历，霍光有废除昌邑王的事迹，后人用“行伊、霍之事”代指废立君主。

“伊、周”“伊、霍”一字之差，可谓生死之别。这事非同小可，即使宋朝宽宥大臣，若大臣果真有废立君主的念头也难逃杀头之罪。富弼坐在火山口无法自证清白，只好以行动来做注脚，他主动请辞，到河北任宣抚使。

最惨的还是石介。石介是反对派最直接的靶子，在众口一词的声讨中，悲愤交集，身患重病。公元 1045 年七月，年仅四十一岁的石介竟病逝家中。

石介虽死，但仍不能解除夏竦等人的心头之恨。十一月，有人密告徐州孔直温利用妖法邪术诱惑当地士兵谋反，京东提点刑狱吕居简派兵逮捕了孔直温，并在孔直温家中找到石介寄给孔直温的书信，以及石介好友孙复的诗文。这刚好给了夏竦一个把柄，他造谣说，石介“明修栈道，暗度陈仓”，并没有死，而是被富弼派到辽国，准备借兵与富弼里应外合攻打宋朝。为此，他还编造许多细节，给石介添加了许多传奇故事。比如说石介向辽国借兵，辽兴宗不愿撕毁盟约，石介只好灰溜溜逃回国内，又潜伏到登州、莱州，暗中联络孔直温等准备造反起事。这些谣言可谓一石两鸟。当时富弼正在河北任宣抚使，无论石介是在辽国，还是在河北、京东，富弼都难辞其咎。

为了让谣言更可信，夏竦竟向皇帝建议，对石介开棺验尸，看看到底死没死。石介是著名学者，拥有众多学生弟子，若被开棺验尸，无疑是精神上的莫大羞辱。石介的墓葬在老家奉符，时任京东路提点刑狱吕居简，坚决顶住压力，拒绝开棺验尸，并找到当时参加石介丧葬的亲朋友人取证，联名作保。朝中大臣也感到夏竦做得太过分了，纷纷上疏为石介辩护，指责夏竦“项庄舞剑、意在沛公”，揪住石介不放，目的是整治富弼、范仲淹等。赵祯虽然没有支持开棺验尸，但还是将富弼罢免，等候查处，使富弼一度处于惊恐不安之中。此事过后，赵祯才任命富弼为京东东路安抚使、知青州。

石介之死，直接原因是《庆历圣德颂》和写给富弼的信，深层次原因是石介偏激的性格和执着的理想主义。他把人的优点和缺陷在显微镜下无限放大并加以赞扬或鞭挞，连他最推崇的范仲淹、韩琦都认为石介成事不足，败事有余；弹劾过夏竦的张方平甚至认为石介是“狂生”“奸邪”；稍后的苏轼读到《庆历圣德颂》，批评石介是“迂阔矫诞之士”，即书生意气、不切实际、矫揉荒诞。

石介的最大贡献在教育、古文学和理学。三十岁时，他即和孙复一起创建泰山学院，是北宋四大学院之一；他被延请入太学后，许多人慕名而至，学生人数从二三十名猛增为数千人。他的《徂徕石先生文集》用大量的篇幅阐述文章的渊源、功用以及文与道的关系，又以文章“言志”“立言”“传道”，其本质是宣扬儒家观念，是宋朝新儒学的中坚力量，是程朱理学的先驱人物。

石介从没有进入权力中枢，但一直泅渡于权力漩涡中。作为一名没有参政资格的狂热道德守望者，石介只有通过诗歌去影响政治。靠狂妄过激的语言去激发社会情绪，这才是《庆历圣德颂》的价值所在，也是石介的悲剧所在。

师生恩怨

诗文革新运动后，文人争相与西昆体进行切割，所以在北宋这个文人圈，晏殊就是老大。

晏殊十四岁即作为特殊人才踏进仕途。那一年江西把晏殊作为神童推荐给真宗赵恒，赵恒在朝堂大殿当着众臣子的面考试晏殊，晏殊接过题目一看，说："这道题前两天我刚刚做过，还是请陛下再换一题吧。"赵恒听着稀奇——这孩子诚实，不错。又换了一道题，晏殊气定神闲，援笔立成，赵恒审阅卷纸——哦，货真价实，有才，于是赐晏殊同进士出身。

公元 1027 年，三十七岁的晏殊知应天府，恰好范仲淹在应天府丁母忧，于是晏殊延请范仲淹到应天府学院主持工作；次年晏殊回朝任枢密副使，又举荐范仲淹任馆职。虽然范仲淹比晏殊还年长两岁，但晏殊对范仲淹有知遇举荐之恩。

公元 1030 年，晏殊知贡举主持科考，给考生们出的题目是《司空掌舆地之图赋》。这个题目有点晦涩，许多考生把握不准，面面相觑。这时第三次参加科举的欧阳修落落大方地站起来提问（这在宋代科举中是被允许的）："古时司空有周代司空和汉代司空，二者虽然都掌管地图，但其他职能不太一样，不知道老师题目中的司空指周代司空还是汉代司空？"晏殊赞赏地回答："整个考场只有你一个人动脑筋了，这里指的正是汉代司空。"这场考试晏殊点欧阳修为"省元"即礼部考试第一名，只是殿试时被太后刘娥调整为第十四名。按当时的风气，晏殊与欧阳修算是有师徒之恩。

然而，这两位重量级学生都有不合老师意的地方，原因大约是晏殊性情平和，而范仲淹耿直方正，欧阳修落拓不羁。

公元1029年冬至，赵祯率领百官为垂帘听政的刘娥祝寿，范仲淹挺身而出表示反对："天下皇帝最大，岂有皇帝在公开场合下跪拜亲之礼。如果在后宫行家人礼节，不管怎样都行；朝堂之上这样做有损皇帝威仪。"周围人都替范仲淹捏把汗，晏殊把范仲淹召到自己府上，训斥他"狂率""好奇邀名"，担心自己受到连累。范仲淹自请出京通判河中府，给晏殊写信进行解释，并申明做忠臣直士的决心，晏殊也逐渐理解了范仲淹，二人之间最终消除了误会。

而晏殊与欧阳修的芥蒂却伴随一生。

最初，晏殊欣赏欧阳修甚于范仲淹，毕竟范仲淹把主要精力放在了政治上，而欧阳修以才学见长，在诗词文章上与晏殊齐头并肩，二人惺惺相惜。公元1036年欧阳修因为追随范仲淹被贬夷陵、乾德，晏殊十分牵挂，几次试图调他回京城都未能如愿，于是作词表达惆怅之情："一曲新词酒一杯，去年天气旧亭台。夕阳西下几时回。无可奈何花落去，似曾相识燕归来。小园香径独徘徊。"饮着今年的酒，唱着新作的词曲，看着旧年的亭台，遥想昔日与弟子们吟诗互酬的美好时光，不知何时才能团聚。

公元1041年欧阳修终于回到朝廷，晏殊已任枢密使，掌军事大权。师生相聚京城，满心欢喜，经常欢聚宴饮。是年冬，第一场雪纷纷扬扬，汴河上下银装素裹。文人对雪似乎有着特别的情愫，将踏雪赏花饮酒赋诗奉为雅事，晏殊犹好此道。

这天，晏殊把几名朋友和弟子请到西园设宴欢饮，大家兴致正好，争相赋诗。欧阳修才情最高，别人写的是律诗绝句，他却一口气写了一首三十二句的七言长诗。诗的前半部分写的是天寒地贫，奸邪用事，瘟疫横行，后半部分总算有些祥瑞，写西园的山石玉树、欢声笑语，不料最后结语笔锋又转："主人与国共休戚，不惟喜悦将丰登。须怜铁甲冷彻骨，四十余万屯边兵。"当时宋夏之间正在激战，这分明在讽喻晏殊虽然执掌军事，却不能体恤边关将士饥寒冷暖，反而在这里闲情逸致，赏雪饮酒。这诗写得如此不合时宜，大煞风景，令晏殊十分难堪，心中恼怒："昔日宰相裴度请韩愈赴宴，韩愈心情不悦，作诗不过是'园林穷盛事，钟鼓乐清时'，也没有如此作闹！"韩愈当年就是性情中人，说话不太讲究方式，晏殊以韩愈作比批评欧阳修为人处世令人生厌。

以局外人揣测，欧阳修领导的"诗文革新运动"就是要发挥"文以载道"的作用，提倡"雅颂中寓有美刺"，所以诗歌不愿一味逢迎歌颂，而是有意贴近现实反映时事；再者欧阳修的批评也不无道理，国难当头哪里还有心情寻欢作乐！但是，老师好心好意请客，欢乐和美的酒宴中出现这样不和谐的音符确实令人扫兴。况且北宋官员奢靡淫逸的习气由来已久，已经蔚然成风，就是寇准在国难兵危之时也不忘寻欢作乐，欧阳修本人何尝不是如此？即便果然要讽喻，也要分时间场合，何况还是面对师长。欧阳修这首诗真的是匪夷所思，难怪晏殊会如此生气。

二人性格不同，价值观不同，慢慢地互相看不顺眼。晏殊曾指着韩愈画像对人说："我发现欧阳修长得很像韩愈呀。我看重的是欧阳修的文章，不是欧阳修的为人。"欧阳修对晏殊的评价是："晏公小词最佳，诗次之，文又次于诗，其为人又次于文也。"二人都认为对方人品不如文品。

西园赋诗事件造成的不快并未对二人的师生友情造成根本性伤害。随即晏殊迁宰相，还大力举荐欧阳修知谏院。晏殊的本意大约是一人为相，一人为谏官，师生和睦，互相关照，引为援手。不料此后发生的"庆历新政"让二人愈行愈远。

欧阳修是新政的鼓吹者和得力干将，晏殊却态度暧昧，消极抵制。在对外关系上，欧阳修血气方刚，立场强硬，而晏殊主张以和为贵。这样就形成晏殊执政，欧阳修挑刺的局面，二人工作中磕磕绊绊，让晏殊更加厌烦欧阳修。

"庆历新政"失败后，欧阳修离开朝廷落职为河北都转运按察使。他的台谏同僚孙甫、蔡襄奏《乞留欧阳修札子》："任修于河北而去朝廷，于修之才则失其所长，于朝廷之体则轻其所重。”这是说任命欧阳修到河北不能发挥他的才学特长，朝廷也失去了一个重量级人才。二人找到宰相晏殊，希望他伸出援助之手。谁知晏殊不但不成人之美，反而推波助澜，向皇帝进谗言坚持让欧阳修离开。孙甫、蔡襄百思不得其解：晏殊与欧阳修有师生之谊，为何要落井下石？最后得出结论：晏殊是见风使舵的小人，这样卑鄙的行径不可原谅，二人剑锋一转，集中火力弹劾晏殊。

赵祯生母李宸妃去世时，刘娥令晏殊写墓志铭，晏殊当然不可能把李宸妃的真实身份写出来。孙甫、蔡襄搬出陈年旧事，鸡蛋里挑骨头，弹劾晏殊“明知道章懿皇后乃圣上生母，却装聋作哑，墓志铭上隐瞒事实，造成天大的遗憾。晏殊罪不容赦！”这真是滑稽！刘娥当政时，满朝文武有几个人不知道李宸妃是皇上生母，又有几个人敢提着脑袋向皇上奏明？如今已经过去十多年，时过境迁却翻出旧账，明显属于挟私报复，既不厚道，也缺乏逻辑。让人大跌眼镜的是，这样无事生非的奏章竟然得到赵祯的响应，一道圣旨，将晏殊贬为颍州知州。也许没有别的原因，赵祯只是希望晏殊腾出宰相的位子吧。

晏殊无缘无故落职颍州自然心情不爽，把根由加在了欧阳修身上，对他更加反感。欧阳修明知老师对自己有意见，但作为后辈，不敢忘记师恩，仍然勤于问候。譬如晏殊刚到颍州，欧阳修就写来了书信。公元1049年，欧阳修迁任颍州，这时老师已经离开一年多，到了陈州。欧阳修又给老师写了封信：“想当年您点选我做进士，又提拔我为谏官，对我恩重如山。然而我们之间来往走动还没有宾客殷勤，书信问候还没有公务频繁。难道四处漂泊让我们越来越生疏，孤僻自处让我们不敢面对？现在有幸到您工作过的州郡任职，与您现在管理的州郡比邻，真让我三生有幸。我一定勤于政事，不辜负您的教诲，希望您保重身体。”

当时晏殊正在府上宴请宾客，草草看了书信，不以为然。唤来书童按照他的口授回了一封信，只有数十句，中间喝酒行令一刻也没有停止。宾朋看不下去了，委婉劝谏：“欧阳修名气这样大，虽然是您的弟子，但这样回复也太草率了吧。”晏殊淡淡一笑：“不过是贡举时的门生，这样回复已经很郑重了。”

晏殊终究是不肯原谅欧阳修。欧阳修对晏殊也感情复杂。晏殊去世后，欧阳修做了三首悼念诗，其中一句写道："富贵优游五十年，始终明哲保身全。"真不知这是褒扬呢，还是委婉的批评。由此可见，二人的矛盾不是文人相轻，也不是宿世恩怨，只是政治观点和处世哲学不同而已。

千年第一榜

公元1057年是宋仁宗嘉祐二年，正月初六，皇家法定节假日后上班的第一天，皇帝诏令欧阳修知贡举，主持本年度礼部省试。主持科考意味着朝廷对其人品和学问的双重肯定，这让欧阳修兴奋不已，不过他还有更大的野心。

诗文革新运动一路攻城略地，已经取得社会认可，唯有科考还故步自封，以时文和西昆体为限，称“太学体”。欧阳修决定借此机会革新科举，彻底颠覆西昆体，因此他举荐好友梅尧臣任参详官，相当于贡举官的助理。

自任命之日起，欧阳修就被深锁贡院，不得与外界接触，称为“锁院”。这一锁大约五十天有余，出题、阅卷、定榜，不一而足。考试之日，举子们进入贡院，经过搜身，按榜就座，开始考试。贡院里的考场并不像明清时的单人单间，而是左右排开桌椅，考生一桌一椅，主考官坐在大殿中央监督考试。省试也并不像后人想象的那样写一篇文章了事，而是分科进行多场考试，有诗、赋、策、论、经等，这些科目连考三天，考生吃住都在贡院。考生答题完毕，工作人员会将试卷上的姓名用纸糊住，换成他们随机确定的编号，进行“糊名”。然后由专门人员将考生试卷一一誊录，为的是防止阅卷考官从笔迹上认出考生，或者考生在试卷上作暗语。

这次策试的论题是《刑赏忠厚之至论》，围绕主政者奖惩赏罚进行议论。一些“太学体”文章让欧阳修啼笑皆非。如一张卷子写：“天地轧，万物茁，圣人发。”欧阳修提起朱笔，在后面批道：“秀才刺，试官刷。”然后打上红杠，表示宣判死刑。有一篇策论首先引起参详官梅尧臣的注意，文章提出应赏罚分明，可赏可不赏的，要赏，以示广恩；可罚可不罚的，不罚，以示慎刑。最后得出结论："立法贵严，而责人贵宽"，这样才能"以君子长者之道待天下，使天下相率而归于君子长者之道"。文章的观点完全符合儒家的"仁政"思想，梅尧臣称赞其"有孟轲之风"。兴奋之余，马上将试卷推荐给欧阳修。欧阳修看后也赞叹不已，特别欣赏其朴实畅达的文风。梅尧臣建议将这位举子擢拔为第一，欧阳修沉思良久："这篇文章本应第一，但视野所及此卷非曾巩莫属。曾巩与我有师生之谊，为避免遭人非议，不如擢为第二吧。"等糊名揭开，显示这篇文章的作者居然是苏轼。欧阳修又查询苏轼其他各科的成绩，其"《春秋》对义"竟名列第一。

彼时苏轼刚刚随父亲苏洵从四川眉山前来赶考，在京城籍籍无名，梅尧臣对这位年轻人不太放心。苏轼卷子中有一句："当尧之时，皋陶为士，将杀人。皋陶曰杀之三，尧曰宥之三。"梅尧臣问欧阳修："我不算饱学之士，但也熟读史书，这一段话为什么想不起出处？"欧阳修说："史书浩如烟海，你我有所遗漏也在所难免，不如以后有机会再问问这位年轻人。"后来欧阳修果然专门询问苏轼，苏轼说："记得在《三国志·孔融传》里。"欧阳修回家一字一字查找《孔融传》，还是没有找到。苏轼没想到老师这样认真，只好承认这个句子是自己杜撰的："曹操灭袁绍，将袁绍儿媳赐给自己的儿子曹丕。孔融说：'过去武王伐纣，曾将妲己赐给周公。'曹操惊问见于何书，孔融说：'以今日之事观之，想来如此。'皋陶、尧之事，我也是想来如此。"苏轼这样戏耍考官，不但没有惹恼欧阳修，反而令欧阳修对这位年轻人愈加刮目相看。读书而不读死书，可谓善读书。从苏轼身上，欧阳修看到了文学的未来。

到了放榜的日子，榜单一出，舆论大哗。那些专写太学体的落榜举子义愤难平，他们为了应对科考，学习训练的都是这样的文章，现在剔除旧习气，相当于废除了毕生"文功"，可能一辈子再也与功名无缘。他们聚集在早朝的必经之路宣德门外，等欧阳修坐骑一到，蜂拥而上，拿出早已写好的"檄文"予以声讨，还伴以污言秽语的谩骂。此后又有人写祭文投入欧阳修家中进行诅咒。有意思的是，据《梦溪笔谈》记载，写出“天地轧，万物茁，圣人发”的考生名叫刘几，这次考试后引以为耻，立志转变文风。两年后，改名刘辉，重新参加科举，欧阳修依然为主考官，竟得进士第一。

省试之后还有殿试一关。三月初五，汴京的街头已是春风浩荡，举子们在皇城东华门外排好队伍，礼部官员认真地搜身检查，防止夹带，防止藏有短刀利刃。检查过的举子在引导下鱼贯入宫，走过紫宸殿、文德殿、垂拱殿、皇仪殿，进入集英殿，但见大殿两旁整齐地摆放着桌凳，桌凳上贴有举子们的牌号与姓名。因为是皇帝亲试，所以不需要糊名和誊录，除了不准夹带和抄袭，一切都在公开进行。等皇帝落座后，礼部侍郎等一干大臣向皇帝跪拜行礼，然后宣布考试开始，并向举子们出示考题。

这一年殿试的考生上千人，四十八岁的仁宗皇帝自然没有精力对举子们的试卷一一审阅。举子们的试卷先交给指定官员初阅，拿出意见，再将上等试卷呈递皇帝，由皇帝亲自决定名次。六天过后，殿试放出成绩，叫“传胪唱名”，举子们重新集聚在集英殿等候宣读名次。宋人十分看重科举，“朝为田舍郎，暮登天子堂”，对于许多人来说无疑有一步登天的感觉。洛阳人尹洙是天圣二年的进士，描述当时的体验：“状元登第，虽将兵数十万，恢复幽蓟，逐强虏于穷漠，凯歌劳还，献捷太庙，其荣亦不可及也。”尹洙认为做状元比带兵收服幽蓟更荣耀，可见当时其酣畅痛快的心情。

这一榜的状元是章衡，榜眼窦卞，探花罗恺，这三个人日后并无显名。而苏轼的具体名次不见于史册，根据其弟苏辙在苏轼的墓志铭中记载，二十一岁的苏轼“殿试中乙科”，宋制科举甲、乙科名次并无定论，无论如何，弱冠之年能够蟾宫折桂，确是不同凡响。况且经过欧阳修的极力夸耀，汴京城很快刮起苏轼旋风，人们争相以阅读苏轼文章为荣。

欧阳修拿着苏轼的文章对梅尧臣说：“读苏轼的文章，酣畅淋漓。真是痛快，痛快呀！老夫当让开道路，放他出人头地。”他又对儿子说：“记住我的话。有此人在，三十年后再也没有人谈论老夫了。”事实当然没有那么残酷，但也并非妄言。欧阳修贬滁州时作《醉翁亭记》，音乐家沈遵特地到琅琊山，聆听飞瀑鸣泉，谱写琴曲《醉翁操》。欧阳修听到这段琴曲，感到非常契合琅琊山的自然环境，又为琴曲作词《醉翁吟》。公元 1080 年苏轼被贬黄州，沈遵的弟子崔闲登门拜访，为苏轼演奏《醉翁操》，请苏轼重新填词。苏轼欣然命笔，自此之后，世人只知苏轼的《醉翁操》，不知欧阳修有《醉翁吟》。

这一科上榜的进士还有：苏辙、曾巩、曾布、程颢、张载、吕惠卿、章惇、林希、王韶。每一个名字都是传奇，每一个人物都是巨星，他们的光环照耀了时代，闪烁在历史的星空之中。

苏辙是苏轼的弟弟，是年十九岁，“唐宋八大家”之一，元祐年间任尚书右丞、门下侍郎，即副宰相。

曾巩也是“唐宋八大家”之一，并整理、校勘过许多史书、文集。值得一提的是，曾巩妹夫王补之，门人王回、王向与他同科得中，可谓阖家欢喜。

程颢是理学的奠基者，“洛学”的代表人物。理学受到后世统治阶级尊崇，逐步演变成为官方正统的儒家思想，对元明清政治形态产生了重大影响。

张载是程颢的表叔，也是理学创始人之一，世称横渠先生，他提出“为天地立心，为生民立命，为往圣继绝学，为万世开太平。”影响深远，经久不衰。

曾布、吕惠卿、章惇都是变法派的中坚力量，位居两府要职，是北宋政坛上呼风唤雨式的人物，在《宋史》中又均被列入奸臣传。不过严格来说，章惇不能归为本科进士，因为状元章衡是他的族侄，章惇耻居其下，据不受敕，公元 1059 年再考，中一甲第五名。

林希也是新党人物，见风使舵，投机钻营，只不过人物影响力较小。

王韶是北宋后期最著名的军事家，主导宋、夏熙河之役，收复熙、河、洮、岷、宕、亹五州，拓边二千余里。

一个榜单会聚这么多叱咤风云的人物，在宋史上没有，明清史上更没有，所以嘉祐二年的科考被称为千年第一榜一点也不过分。以这一科为标志，大宋文化走向巅峰。同时，这一科为大宋的衰败埋下伏笔。接下来的几十年里，政坛风起云涌，这些人追波逐流，无不渴望勇立潮头。他们互不服气，互相倾轧，拉开了北宋党争的帷幕。

从苏轼到东坡

宋人遣词造句喜欢用耸人听闻的字眼，比如朝臣经常被政敌攻击为“奸佞”“邪妄”，连道德楷模范仲淹也概莫能外。大家习以为常，被攻击者也不甚气恼。但有一种情况例外，就是诗歌、书信这样传播广泛、有社会影响的文字，人们对其中的评价还是非常在意的，夏竦对石介恨之入骨就是这个缘故。所以作家、诗人是危险的职业，稍有不慎就有可能惹上文字狱的麻烦。若论起宋代文字狱第一大案，非第一才子苏轼莫属。

公元 1079 年，四十三岁的苏轼前往湖州上任，按惯例向皇帝写谢表，朝廷以公告的方式张贴出来，让朝臣周知。苏轼在谢表中有这样几句话：“伏念臣性资顽鄙……知其愚不适时，难以追陪新进。察其老不生事，或能牧养小民。”大意是我这人愚钝适应不了形势，不能与新提拔的人一起共事。年龄大了还容易生出事端，只能到地方上管理平民百姓。这里的“新进”指熙宁变法中得宠的新党人物。看来苏轼对离开朝廷外放州郡有些微词。正是这几句牢骚话，让“新进”大为不满，监察御史里行何正臣首先发难，上奏指责苏轼“愚弄朝廷，妄自尊大”，又攻击苏轼“一有水旱之灾，盗贼之变，轼必倡言，归咎新法”。接着监察御史李定亲自披挂上阵，把新法受到的挫折归咎于苏轼的妖言惑众。他们试图从苏轼的诗文中找出新的证据，将市面上刊印的苏轼诗文集想方设法收集起来，从字里行间寻找蛛丝马迹，以加重苏轼的罪行。

彼时正是元丰二年，王安石已二次罢相，宋神宗赵顼在变法路上乾纲独断、一意孤行，正要找个反面典型杀鸡儆猴。苏轼在这时一头撞到枪口上，赵顼便下令缉捕苏轼。

七月二十八日，官差到达湖州州衙。苏轼已经预先得到消息，但不知自己身犯何罪，更不知将怎样处理，躲在屋里不敢出来。通判祖无颇劝道："躲不是办法。"苏轼问："既已是罪犯，该穿什么衣服？"祖无颇想了想："敕令宣布之前你还是郡守，自然穿官服。"苏轼这才出去见官差。官差冷若冰霜地站在苏轼面前一言不发，苏轼只好先开口："我自知必死无疑，请允许我先与家人告别。"官差这才说话："死倒未必。"然后宣读朝廷公文，原来只是一份普通的免职逮捕令。即使如此，苏轼家人和官衙上下已是哭声一片。

羁押进京后，苏轼被囚禁在御史台。主审张璪是苏轼的同年进士，二人交往颇深，但现在张璪却希望将苏轼推入深渊。审问一开始，张璪就颐指气使："祖上五代以内有没有可以免死的丹书铁券呀？"言外之意这次必死无疑。审问的重点是苏轼利用诗词攻击新政和诽谤朝廷。例如苏轼有一首《山村五绝》："杖藜裹饭去匆匆，过眼青钱转手空。赢得儿童语音好，一年强半在城中。"这是讽刺青苗法实施后，老人小孩都到城里借钱去了，农田无人耕种，百姓更穷了。这是苏轼唯一承认的讽喻诗。张璪远远没有满足，又找到苏轼与湖州知州孙觉的唱和诗："嗟予与子久离群，耳冷心灰百不闻。若对青山谈世事，当须举白便浮君。"大意是，我们这些不合群的人早已心灰意冷，谁要是谈论朝政，罚酒一杯。张璪认为这是对朝政的冷嘲热讽。又如《送曾巩得燕字》："翁今自憔悴，子去亦宜然。贾谊穷适楚，乐生老思燕。"被解读为对朝廷贬保守派的怨艾。这样的诗词找了一百多首，苏轼自然不会承认这些诗词有讽刺朝政的意图。然而张璪等决不善罢甘休，采取辱骂、恫吓、精神折磨等手段逼迫苏轼招供。

据隔壁囚室关押人员回忆，审问官员如狼似虎，轮番上阵，夜以继日，不让苏轼有片刻喘息机会，其斥骂凌辱，惨不忍睹。苏轼在狱中度过一生中最为黑暗的一百零三个日夜，张璪等人终于如愿以偿，拿着"供状"到赵顼面前为苏轼定罪去了。

就在李定、张璪意欲将苏轼置于死地的时候，另一批大臣同时展开了紧急营救行动。苏辙上疏愿以自己的官爵换兄长一条性命。已经退休致仕的范镇、张方平也愤而上疏，言辞激烈。宰相吴充谏赵顼："曹操尚能容祢衡，陛下难道还不如曹操吗？"翰林学士章惇此时同情苏轼："仁宗皇帝认为苏轼是一代之宝，陛下将他关进监狱，后世不知当如何议论。"王安石的弟弟王安礼进谏："自古豁达大度的君主不会因言论而处分臣民，苏轼才高位低，有些怨言不是正常的吗？"二次罢相的王安石从江宁为苏轼说情："安有圣世而杀才士乎？"

苏轼案甚至惊动了年迈的仁宗朝的曹皇后，她现已位居太后，是赵顼的祖母。曹太后流着泪对赵顼说："我记得仁宗皇帝说过，朕为子孙得了两位太平宰相，指的就是苏轼、苏辙兄弟。现在苏轼因为写诗而下狱，莫非受了仇人的中伤？"曹太后病重，赵顼要大赦天下为祖母祈福，曹太后说："不需赦免天下凶恶之人，只要放了苏轼就够了。"听到赵顼大赦天下的诏令，李定大为惊恐，坚决反对赦免苏轼。他的手下舒亶甚至丧心病狂地要求诛杀接受过苏轼诗词的张方平、司马光、范镇等二十二人。

苏轼在狱中以为自己必死无疑。他和儿子在送饭时约定，平日里送肉，如果有坏消息就送鱼。一日，儿子因事让别人代劳，没有交代清楚，结果给苏轼送去了鱼。苏轼以为自己死期已到，写了两首绝命诗给苏辙。狱卒按照惯例将诗歌交给皇帝审阅，因诗中有皇恩浩荡、无缘回报的意思，令赵顼感动，让苏轼的案件有了峰回路转的转机。迫于后宫、朝臣的压力，特别是祖宗"不杀士大夫"成法的约束，最后苏轼被从轻发落为黄州团练副使，不得签署公事，相当于留职察看。

汉代御史台里种植着许多参天古柏，乌鸦成群结队地栖息在上面，因此这地方又称"乌台"。苏轼因诗文获罪，历史上便把此案称为"乌台诗案"。乌台诗案是北宋一百六十多年间最为卑鄙的冤案，是对士大夫言论自由的疯狂打击，是新旧党人从政见分歧到互相仇恨的导火索，也是皇权与士大夫政治渐行渐远的标志性事件。

苏轼是被官差押解到贬所的。由于他是戴罪之身，在黄州没有立锥之地，且薪水低微，生活困顿。更令人难熬的是，乌台诗案给苏轼精神上造成沉痛打击，让他感到宇宙之大，竟没有一处可以栖息的温暖小屋。一个冷寂的冬日，他独自走到江边，看见残月寂寥，不禁顾影自怜：

缺月挂疏桐，漏断人初静。谁见幽人独往来，飘渺孤鸿影。
惊起却回头，有恨无人省。拣尽寒枝不肯栖，寂寞沙洲冷。

幽人即孤鸿，孤鸿即词人，世界以冰冷待我，而我只能与寂寞为伍。人间烟火似已尽，唯有高洁期自许。

然而苏轼终究是不寂寞的。在黄州，他受到当地百姓的热烈欢迎和官员朋友的殷切关爱。故人马正卿向州府申请了一块五十亩的荒地赠予苏轼开垦，从此苏轼在黄州有了“职田”，日出而作，日落而息，躬耕不辍，收获劳动果实。因这块地位于黄州城东门外的小山坡上，从此苏轼便自号“东坡居士”。

从苏轼到东坡，不仅仅是名号的转变，更是人生态度的涅槃和艺术创作的升腾。黄州之前，苏轼写过“但愿人长久，千里共婵娟”这样情谊深长的词句，也写过“休对故人思故国，且将新火试新茶。诗酒趁年华”这样超脱豁达的词句，更写过“老夫聊发少年狂，左牵黄，右擎苍”这样豪迈雄健的词句，但黄州之后，东坡的诗词超越了自我，超越了生死，超越了奔流不息的时间和星河浩瀚的宇宙。

走在路上，雷雨突至，东坡淡定从容：“竹杖芒鞋轻胜马，谁怕？一蓑烟雨任平生。”遇到同样落难的朋友，东坡体悟到人生适意处：“试问岭南应不好？却道，此心安处是吾乡。”看到大江东去，东坡明白了人生即是过客：“人生如梦，一樽还酹江月。”

黄州临近长江，传说是三国赤壁之战的古战场。苏轼与客泛舟江上，写下不朽的前后《赤壁赋》：

且夫天地之间，物各有主，苟非吾之所有，虽一毫而莫取。惟江上之清风，与山间之明月，耳得之而为声，目遇之而成色，取之无禁，用之不竭。是造物者之无尽藏也，而吾与子之所共适。

超凡脱俗，超今越古，风月不死，先生不亡。

苏轼在黄州待了四年，等他离开黄州时真的“也无风雨也无晴”了。此后无论更加偏远的惠州、儋州，对于他来说只不过一眼云烟罢了。

长恨此身非我有，何时忘却营营？夜阑风静縠纹平。小舟从此逝，江海寄余生。

经历过生死，还有什么不能放下。

欲将沉醉换悲凉

他的父亲是著名词人，善写花间词，他也是著名词人，续写花间词；他的父亲是太平宰相，他却是青衫布衣；他的父亲一生富贵优游，他却半生穷困潦倒；他的父亲经略天下，他却醉卧花丛。他就是晏几道，号小山，晏殊的第七个儿子。

晏几道有幸含着金钥匙出生在相府之家，从小就享受锦衣玉食、歌舞管弦；晏几道“不幸出生”在衣来伸手饭来张口的官禄之家，除了写词作曲，几无所长。当然，晏几道有着天然的人脉资源，为他进入仕途创造了良好的条件。他的姐夫是富弼，欧阳修是父亲的门生，单凭这些人脉关系就令他赢在了起跑线上。然而，晏几道遗传了父亲的聪慧，却没有遗传父亲的性情，他清高孤傲，高标自持不屑于厚脸求人；他耿介率真，直来直去从不会拐弯抹角。这让他不能适应人际关系和官场法则，为他的悲剧人生埋下伏笔。

晏几道执拗的性格在他童年时就令晏殊摇头叹息。有一次家里举办宴会，晏殊让小晏几道为客人背诗。晏几道脱口而出：“酒力渐浓春思荡，鸳鸯绣被翻红浪。”这是柳永《蝶恋花》中的一句，写男女情事，妖艳淫邪，为士大夫所不齿。小晏几道的吟咏让客人面面相觑，不知该如何评价。晏殊十分尴尬，大声斥责，小晏几道则委屈地说：“我觉得这几句朗朗上口，就背了，有什么不对吗？”晏殊忧心忡忡：“这孩子长大怕难以成器。”

也许每一个人都有自己的人生轨迹，晏几道沿着自己的轨道走下去，青年时果然是个浪荡公子。他唯一的爱好就是填词作曲，家里养着一堆歌伎，但毕竟用起来不太方便，何况母亲管教甚严。有一次父亲买了个侍妾，母亲便将家里闹翻了天，这让年轻的晏几道对家庭有着深深的恐惧和叛逆。这时他的两位好友，沈廉叔和陈君龙，都是鲜衣怒马的贵族子弟，更重要的是，他们家里养着一批相貌出众、才艺精湛的歌伎。那一段时间，晏几道以朋友家为自己家，整日泡在胭脂堆里，过着珠环翠绕、莺歌燕舞的放荡生活。

金鞭美少年，去跃青骢马。牵系玉楼人，绣被春寒夜。

他像一个骑马挥鞭的少年游侠，风流倜傥，意气风发，吸引着那些女孩子的目光，也牵挂着那些女孩子们的相思。

彩袖殷勤捧玉钟，当年拼却醉颜红。舞低杨柳楼心月，歌尽桃花扇底风。

更多时候，他们情深缱绻，纵情诗酒。美人温柔多情，殷勤劝酒，少年开怀畅饮，面色通红。舞宴歌席不尽欢，人醉情切酒阑珊。那一场快活恣意是人生最好的时光。

这时候，晏几道原本可以走上仕途的。他的词作很早就名满天下，仁宗赵祯宫中宴乐，爱听小词，特地宣他奉制填词，晏几道作了一曲《鹧鸪天》，歌颂皇恩，歌颂祥瑞，赵祯大称快意，诏令嘉赏。但晏几道没有很好利用帝王的资源，他也不愿考取功名，特别是进士科中的经文策论让他头疼，这位任性的青年只爱干自己喜欢的事情。

公元 1055 年，晏殊去世，这对还没有学会生存的晏几道是个致命的打击，从此他只能坐吃山空。雪上加霜的是，他的两位好朋友也传来噩耗，沈廉叔也一命呜呼，而陈君龙又卧床不起，那些千娇百媚的歌女们只得遣散。

暮春慵懒的午后，晏几道沉睡方醒，听到这个消息，拼命地向朋友家跑。歌女们都已离去，只剩下他最喜爱的小蘋姑娘还在徘徊，仿佛只为他一人等待。他慢慢走近，生怕惊醒了痴情的伊人，怕她立刻像鸟儿一样飞走。天空下起小雨，沙沙地打在妖娆的桃树之上，桃花在微风中肆意凋零，一瓣瓣、一片片飘落在小蘋的发梢、脸颊、红纱绿裙上，小蘋茕茕孑立，在落英缤纷中美得像轻云蔽月的仙子。不远处，一对燕子在雨中翻飞嬉戏，全然不知离愁别恨，全然不懂湿漉漉的相思。

梦后楼台高锁，酒醒帘幕低垂。去年春恨却来时。落花人独立，微雨燕双飞。

记得小蘋初见，两重心字罗衣。琵琶弦上说相思。当时明月在，曾照彩云归。

人生若只如初见，当时的惊鸿一瞥，当时的琴韵悠长，当时明媚又羞涩的情愫。一切都成过往，成为记忆中的符号，成为醉卧里的呢喃。如今，唯有泪水，泪水比雨水更长。

家道中衰，囊中羞涩，让他无力挽留，正如东风无力挽留残败的花瓣。他到底还是把小蘋送走，亲手埋葬了那一段旖旎的青春。

留人不住，醉解兰舟去。一棹碧涛春水路，过尽晓莺啼处。

渡头杨柳青青，枝枝叶叶离情。此后锦书休寄，画楼云雨无凭。

此后锦书休寄，也许忘记才是最好的祭奠。

然而又怎能忘记。在沈、陈两府，晏几道最中意的有莲、鸿、蘋、云四位女子，此后的岁月里，晏几道写了大量的词作给这四位女子，写她们的美貌，她们的歌舞，她们的善解人意，她们的身世飘零。晏几道一直靠回忆逃避世俗、温暖穷困潦倒的人生。

生活越来越艰难，父亲那些门客故吏一个个离他而去，“诸公虽称爱之，而又以小谨望之，遂陆沉于下位”，众人虽然声称喜欢他，但没有人愿意帮他，于是晏几道逐渐沦落到社会底层。

他的人生谷底是在公元1074年，郑侠画了一幅《流民图》，反映新法的弊端。郑侠上《流民图》时假借紧急军务，走的是特殊渠道，因此有罪。新党趁机展开清理，搜查郑侠家时发现一首晏几道的诗："小白长红又满枝，筑球场外独支颐。春风自是人间客，主张繁华得几时？"新党认为是讽刺新法不长久，于是将晏几道下狱。不过晏几道的命运比苏轼要好些，因为讽刺诗只有一首，也没有在社会上流传，不久就把他放了。饶是如此，这次牢狱之灾还是给晏几道带来更深的精神创伤，让他对仕途世俗心灰意冷。

人生有触底就有反弹，公元1085年，名声在外的晏几道竟意外地得到一个监颍州许田镇的小官，同父亲宰相的地位比，这个"镇长"真的是难以入眼。不过迫于生计，晏几道还是走马上任了。彼时颍州知州韩维是晏殊学生，但韩维不愿提拔这位恩公之子，称晏几道"盖才有余，而德不足者"，道德品质有缺陷。大约批评晏几道与歌女为伴，自甘"堕落"吧。有人劝他去谒拜朝中晏家的门生故吏，晏几道冷冷地说："他们自做高官，我自填小词，已经没有什么瓜葛了。"

晏几道作监镇的时候已经五十多岁，大约没干多长时间。在他暮年时又有一次攀附权贵的机会，权相蔡京邀他填词，晏几道答应了，写了两词喜气洋洋的《鹧鸪天》，但没有一句阿谀奉承的语言，更没有一句涉及蔡京。

晏几道就这样高标傲骨，不仅对权贵，对他没有兴趣的文人也是如此。他的朋友似乎只有黄庭坚一人，黄庭坚欣赏他的才华，不吝资助他酒资，二人当垆醉酒，论道谈词，时常酩酊。当时许多文学同道仰慕他，以结识他为荣，但晏几道觉得这与自己并没有什么关系。他的知音在烟花酒楼，在风尘柳巷。

元祐年间，苏东坡名满天下，仕途也正如日中天，他央求自己的弟子黄庭坚，想拜访晏几道这位遗世独立的词痴。而晏几道傲慢回绝："今日政事堂中，半吾家旧客，亦未暇见也。"宰执大臣中，有一半是家父的门客，我都懒得见他们，哪有工夫见苏轼小辈！

晏几道生活落魄，对书籍却出手大方，他父亲的遗产几乎全部被他用来买书了，即使饥寒交迫时他也不舍得放弃这些书。他屡次搬家，书籍又沉，妻子厌烦地说：“你放不下这些书，就像乞丐不肯丢弃讨饭的碗。”晏几道反而喜气洋洋：“你说对了，书就是我的饭碗呀。”

黄庭坚总结晏几道有“四痴”：做官受阻却不愿依傍权贵；文章自成体式却不愿科举及第；家人饥寒交迫却依然挥霍千万而不为生活所忧；被别人屡次辜负却依然选择信任。这“痴”让晏几道不食人间烟火，这“痴”让晏几道醉心歌舞往事，这“痴”让晏几道备尝生活艰辛，然而又是这“痴”，给了读者独一无二的悲情体验。

天边金掌露成霜，云随雁字长。绿杯红袖趁重阳，人情似故乡。
兰佩紫，菊簪黄，殷勤理旧狂。欲将沉醉换悲凉，清歌莫断肠！

这一生都在“殷勤理旧狂”，到头来却是“欲将沉醉换悲凉”。那一刻，醉后断肠的，可依然是为莲、鸿、蘋、云四位姑娘？

当时只道是寻常

公元 353 年三月初三是上巳日，时任东晋会稽内史的王羲之邀请谢安、孙绰等名士到兰渚山麓兰亭聚会，拜水祈福。礼毕举行了一个游戏，大家坐在溪流旁边，将一种叫做“觞”的酒具放在上游，随着弯弯曲曲的溪流徐徐而下，酒觞在谁的面前停下或者打转，谁就要畅饮此酒、临流赋诗。当时有四十二人参加聚会，得诗三十七首，王羲之把这些诗编辑成册并亲笔为之写序，这篇序就是号称天下第一行书的《兰亭序》。

兰亭诗会作为名士风流的象征，为文人墨客所倾慕。北宋哲宗元祐年间，也有类似的雅聚为后人称道。

英宗赵曙的驸马王诜是一位狂热的文艺爱好者，王诜经常把京师的文坛名流请到驸马府的西园饮酒品茶、谈诗论艺，李公麟用绘画的方式忠实记录下他们聚会的场景，取名《西园雅集图》。图上有文艺大咖十六人，他们有的在吟诗，有的在泼墨，有的在题石，有的在打坐，有的在抚琴，各尽风雅，各寻其乐。画成之后，米芾作记，曰：“人间清旷之乐，不过如此！”米芾还记录下这十六个人的名字，包括苏轼、苏辙、黄庭坚、秦观、米芾、李公麟、李之仪等。参加西园雅集的都是旷世奇才，以至于后世画家马远、刘松年、赵孟頫、唐寅、张大千等纷纷仿照摹绘。

这些文人雅士在西园聚会，少不了留下佳话。一次王诜说已经把大家的马喂饱了，词人孙洙顺口说出一联“都尉指挥都喂马”，大家都在苦思下联的时候，适逢公主前来送茶，苏轼应景对曰："大家齐吃大家茶"，后一个"大家"是对公主的尊称。在座的都称赞苏轼对得绝妙，公主也为之莞尔。

此时重回京师的苏轼早已名满天下，无可争辩地坐上大宋文学的第一把交椅，像黄庭坚、秦观、晁补之、张耒这些卓有成就的诗词达人也拜倒在他的门下，号称"苏门四学士"。

王诜与苏轼的交情更深，可以追溯到乌台诗案前。那时候苏轼经常出入驸马府，为王诜写诗填词，王诜则备好酒食茶果等候，苏轼临走，王诜还会再送些弓箭等小礼品。王诜还出钱为苏轼印制了第一本诗集，也给苏轼带来了麻烦，政敌正是通过他印制的诗集去寻找苏轼的罪证。乌台诗案中王诜还给苏轼通风报信，因此受到连累，被降官两级。

王诜最大的爱好还是书画。他建了一个"宝绘堂"专门收藏书画，其中大部分都是历代精品。这些藏品有的是皇帝所赐，有的是朋友赠送，还有的则属于巧取豪夺。像苏轼这样的老朋友找他办事，也要贿赂以书画才行。又比如米芾有一幅名家易元吉的《鹳鹤图》，王诜借去观赏，结果有去无回。诗人刘季孙有一幅王献之的书法精品《送梨帖》，米芾十分喜欢，商量好用欧阳询二帖真迹、王维六幅《雪图》、一条黑里透黄的犀带、一枚砚山（山状的砚台）、一枚玉座珊瑚来交换这幅《送梨帖》。但王诜借米芾的砚山不还，致使交换无法进行。后来刘季孙死了，他的儿子将《送梨帖》卖给了他人，米芾唯有唏嘘。有些稀世珍品实在无法得到，王诜就请工匠作假，把赝品当真品收藏。一次，他把别人真品上的印章剪裁下来贴在赝品上，虽然达到了以假乱真的目的，但真品却因此大打折扣。

当然王诜的藏品大部分还是买来的，驸马不会缺钱，只要市场有卖他就可以轻松得到。

当时汴京最大的书画市场在大相国寺，真品赝品鱼龙混杂，需要耐心淘选。大相国寺是艺术品的集散地，除了书画也有古籍善本、古玩金石等。如黄庭坚曾在这里买到大文豪宋祁的《新唐书》草稿，上面有修改涂抹的痕迹，黄庭坚通过草稿认真研究宋祁写作时的思维过程，据说作文水平从此突飞猛进。黄庭坚成名后，他的手稿也成为大相国寺的热销品，成为文人墨客和收藏家的首选。一次蔡京从这里得到黄庭坚的一幅题字，认定他有影射新党的嫌疑，不过这时候黄庭坚已经去世，再也无法治他的罪了。

年轻的太学生赵明诚经常到大相国寺淘选金石碑碣。他是宰相赵挺之的儿子，但毕竟还是学生，花家里的钱不太方便，所以碰到中意的拓片古玩需要典当些衣服才能买下来。回家的时候他还不忘买一些时鲜的水果给新婚的妻子作零食。

赵明诚对婚姻很挑剔，就像挑选金石碑文一样看中的是对方内在的价值，因此慢慢地就熬成了大龄青年。二十一岁时他对父亲说："昨天晚上做了个梦，梦见三句话十二个字，不知何解。"父亲开始不以为然："说来听听。"赵明诚："言与司合，安上已脱，芝芙草拔。"父亲想了想，已然喷饭："你这是出谜让我猜呀。这三句是四个字：词女之夫。儿子想结婚了。"第二天赵挺之就为儿子下了婚帖，不久迎娶礼部员外郎李格非的女儿李清照为妻。

李清照此时已凭借几首小词名噪京城，轰动朝野，她与赵明诚婚后幸福的生活也总是与诗词文艺息息相关。饭后喝茶时他们进行一场"赌书"游戏，由一人先提一典故，另一人回答出自某书、某卷、某页、某行，胜出者先喝茶。有时胜出者太过高兴，举杯大笑，反而把茶水泼了一身。清代词人纳兰性德"赌书消得泼茶香，当时只道是寻常"就是借用赵、李故事。

一次重阳节，李清照作一首《醉花阴》，赵明诚欲与之一较高下，闭门三天三夜写了五十首相似题材的词，与李词混放在一起让友人评价，友人说："只有三句绝佳：莫道不消魂，帘卷西风，人比黄花瘦。"正是李清照的词句。那时李清照女为悦己者容，买了一枝鲜花绾在头上，却又像怀揣小鹿般惴惴不安："怕郎猜道，奴面不如花面好。云鬓斜簪，徒要教郎比并看。"李清照经常以花自矜："此花不与群花比""自是花中第一流"。

元宵佳节，李清照有机会和赵明诚一起到大相国寺逛街看花、观灯赏戏，夫妻相携，其乐融融。许多年后，李清照依然难忘当时的欢乐场景：

中州盛日，闺门多暇，记得偏重三五。铺翠冠儿，捻金雪柳，簇带争济楚。

文人对元宵节异乎寻常的感受在于这是个遇见爱情的节日。“暗尘随马去，明月逐人来。”“月上柳梢头，人约黄昏后。”仁宗庆历年间的一次元宵灯会，翰林学士宋祁坐轿回府，在摩肩接踵的游人中不免磕磕碰碰。大相国寺附近是最拥挤的场所，赶巧对面也过来一顶轿子，挂玉穗、披彩锦、垂绣幰，有几分高贵，又有几分娟秀，一看就知是宫中之物。两顶轿子尽量相让，无奈路窄人稠，还是撞在了一起。宋祁的轿帘在倾斜中荡开了一下，就听对面轿子里发出“噫”的惊叫，只见一位宫女掀起绣幰，朝宋祁粲然一笑：“原来是小宋！”这一回眸令宋祁心旌荡漾，久久难忘，回家后口占一词：

画毂雕鞍狭路逢，一声肠断绣帘中。身无彩凤双飞翼，心有灵犀一点通。
金作屋，玉为笼，车如流水马如龙。刘郎已恨蓬山远，更隔蓬山几万重。

这首《鹧鸪天》后来传入宫中，仁宗赵祯若有所思：“这首词似有故事。”多方打听，终于得知词的本事，让内侍把那几日出宫的宫女集中起来询问：“谁叫的小宋？”最后一位宫女羞涩地承认了。赵祯又诏宋祁进宫，命人演唱《鹧鸪天》，宋祁听得心惊肉跳，羞愧难当。赵祯笑道：“朕当使蓬山变咫尺，得遂心愿。”于是做了一回月下老儿，将那位宫女赐给了宋祁。

宋祁被称为“小宋”，是因为他还有位哥哥宋庠也在朝中为官。天圣二年，兄弟二人一同参加科举，礼部定序宋祁第一，宋庠第三，刘娥觉得弟弟排在哥哥前面不妥，于是取宋庠为状元，宋祁第十，时人称为“双状元”。进士及第要跨马游街、雁塔题名，唐代题名在慈恩寺大雁塔，宋代题名便在大相国寺，那里记载着一个朝代的无上荣光。

李清照离开汴京是在公元1107年，由于党争株连，她只好随同丈夫远趋山东避祸。那时宋祁早已作古，王诜也化为抔土，唯有记录北宋物阜繁华和文化风华的大相国寺还巍然屹立。

又二十年，烽烟起，战火燃，李清照押着十五车金石书画从青州避难江宁，面对滔滔长江水内心近乎绝望：“至今思项羽，不肯过江东。”

又四十年，诗人范成大出使金国，特地凭吊大宋文人魂牵梦绕的大相国寺，“寺榜犹祐陵御书，寺中杂货，皆胡俗所需而已。”宋徽宗御书犹在，寺中陈列的尽是外族人的商品了。

再想起大相国寺，当时只道是寻常，回首已是泪满裳。

五

小人物　大社会

假钦差接管了边防军

公元978年暮春，中原已是花残草盛，西北秦州却依然砾石荒野。凤翔前往秦州的官道上，除了偶尔疾驰过三五匹铁甲银枪的军人坐骑外，几乎看不到炊烟人家和文士商贾。这里的黑夜来得突然，太阳刚没入西方似有若无的山峦，大地已弥漫在深沉的暮色中了。

官道旁唯一的灯火是朝廷设立的驿站，用于官吏军士歇脚或换乘。驿卒们打着百无聊赖的哈欠，准备早早歇息在床上想象一下江南的柳烟或垆边的明月，这时一阵“哒哒”马蹄声由远及近，接着响起了急促的敲门声。

驿卒打开门，外面人喊着：“换马，换马。”驿卒就着屋里的灯光一看，来人一袭官衣，一看就像京城里来的人。这是一个比较有经验的驿卒，知道拍门的都是长官，伺候不周随时有掉脑袋的危险。所以小心翼翼地问：“长官可有枢密院的牒？”驿站属军事设施，归枢密院管辖，持有凭证的人才能享受住店、换马或者其他服务。

只见那人傲慢地反问：“你认识这马吗？”驿卒打着灯笼上前仔细看了一圈：“这是官马。”官马吃的是精饲料，马鞍等饰品也与平民的马不同。那人又从马脖子上取下悬挂的马缨，向驿卒展示：“认识这物品吗？”驿卒将灯挑到近前看了看，马缨上竟饰有黄金穗，他知道这非常珍贵，却不知出处，只好摇摇头。那人不屑地说：“这可是皇家用品。”驿卒陡然起敬：“大人是……？”“我乃钦差使臣，有特殊使命。”驿卒虽接待过地方官吏、过路将士，还从来没有遇见过钦差大臣，吓得不敢再要求出示官牒，连忙重新施过礼，就为来人换马去了。

马匹换好，来人的脸色陡然严肃起来，命驿卒把负责人巡驿殿直姚承遂找来，对姚承遂说：“我奉皇命秘密巡边，需要有个向导，从现在起你就跟着我了。”姚承遂听着这人派头很大，被唬住了，不敢不从。

那么这个钦差到底什么来头？原来这人叫李飞雄，并不是什么钦差，而是秦州节度判官李若愚的儿子、凤翔府盩厔县尉张季英的女婿。李飞雄从小生活在京城，但由于父亲和岳父的关系，对西北非常熟悉，包括秦州府库仓廪储藏的物品，亦包括山川地形、兵力部署等情况。因为李若愚经常在外做官，对儿子疏于管教，李飞雄常在京师和河北一带游逛，结交一些无赖恶少，整日酗酒赌博，属于社会边缘青年。李飞雄虽然不正干，但胆子大、心气高，一心想做一件惊天动地的大事，于是有了这一次“钦差之旅”。

李飞雄先到盩厔探望岳父，趁张季英不备，偷了他的官马跑到驿站冒充钦差，而他的所谓“信物”马缨只不过是在集市上买来的赝品。

收服了姚承遂，更增添了李飞雄的信心，在以后同各级官吏打交道时更加理直气壮、从容淡定。有姚承遂跟随，后面遇到的官吏也更加相信李飞雄的身份，很少再提出质疑。尽管如此，李飞雄只敢到偏僻的小地方欺骗底层官员，这样不容易暴露，他还用同样的方法胁迫陇州监军供奉官王守定、吴山县县尉卢赞跟随。姚承遂等自以为结交钦差就找到了一条官运亨通的捷径，还扬扬得意、满心欢喜。

这些小官员显然不是李飞雄的目标，他的目标是拥有自己的军队，割据一方。有了姚承遂等的景从，李飞雄向着实现个人野心靠近了一大步。他野心的落脚点在秦州清水县，由于戎人内附并不安分，朝廷在清水县驻有军队进行弹压，李飞雄就是要把这支军队掌握到手。

农历四月二十六日，李飞雄来到军前，照例自称钦差使者，要求驻军将领全部集中起来听旨。不多时，秦州都巡检使周承瑨、田仁朗，内弓箭库副使、巡检刘文裕，还有王侁、梁崇赞、韦韬、马知节等七名将领到齐。他们谁也没有想到，李飞雄二话不说，直接下令将七人绑了！众人不明就里，见李飞雄有地方官姚承遂等人跟随，便不敢怀疑其钦差身份，也不敢反抗，只好束手就擒。

田仁朗胆子稍微大些，一边号啕大哭一边请求展示诏书，李飞雄佯装愤怒大声斥责："我接受了圣上秘密指令，因为你们逗挠不用命，所以要把你们全部杀掉。"逗挠就是怯阵避敌不敢作战，用命即效命。田仁朗还要申辩，李飞雄又说："难道你们没有听说封州杀李鹤的事情吗？那时有诏书吗？"原来，赵光义即位不久，即派亲信四处出动，暗访各地官吏是否廉洁，有没有贪赃违法的行为。亲信到达岭南封州时，查明知州李鹤徇私枉法、排除异己，还有诬陷当地军吏谋反的罪行。赵光义听奏后不走寻常程序，令亲信就地将李鹤诛杀，不再审问，也不出示诏书。这件事早已传遍全国，即使秦州这样偏僻的地方也有耳闻。有了这样的先例，众人不敢再多嘴了。李飞雄意犹未尽，得意地炫耀："我是当今圣上任开封府时的亲信，你们还敢不服吗？"大家哭丧着脸，伤心欲绝，却唯有待毙。

李飞雄没有马上杀掉七位将领，他打算把他们及这支队伍带到秦州，然后占领秦州并处死所有不配合的官吏，占城为王。于是不再耽搁，即刻启程上路。

七位将军中最不甘心的是刘文裕，刘文裕的祖姑是赵光义的祖母，说起来还算外戚，赵光义任晋王时提携过他，也算圣上旧吏，怎么忽然就要被杀头了？刘文裕尝试着寻找活路，悄悄接近李飞雄，对他说："我也曾在晋王府做事，说起来我们算是同僚，使者大人一定要救救我呀。"李飞雄见刘文裕言辞恳切，打量他几眼，然后把他拉到没人的地方神秘地问："你愿意与我一起谋取富贵吗？"刘文裕吃了一惊，皇帝的亲信已是极贵之人，这人还有什么更高的奢求？难道他要谋逆吗？或者只是一个冒牌的钦差？刘文裕毕竟见过一些世面，不同于那些四肢发达、头脑简单的武夫，略一琢磨就知道其中一定有问题，但手脚被缚，受制于人，只好先答应下来。李飞雄正要壮大自己的队伍，于是给刘文裕松绑，刘文裕一下子从阶下囚变成了座上宾。

在行路过程中，刘文裕趁李飞雄没有注意，策马前行到田仁朗身边，小声把自己的怀疑说了出来。田仁朗在七人中最孔武有力，是搏击的好手。二人有了默契，又走一段路，田仁朗忽地从马匹上跌落下来，躺在地上一动不动。李飞雄拨开前面的兵吏，赶紧上前使劲摇动田仁朗，田仁朗做出痛苦的模样，挣扎着爬不起来。李飞雄见田仁朗受伤，只好亲自为他解绑。田仁朗手脚刚摆脱束缚，猛地将李飞雄扑倒，死死摁住。刘文裕也过来帮忙，很快将李飞雄反绑。李飞雄大声呼叫："你们竟敢杀钦差大臣，是要造反吗？"而刘文裕也喊道："他是冒牌钦差，大家不要上当。"随从的士兵都是田仁朗等的部下，在没有搞清楚事实真相的情况下，自然不会帮助李飞雄，而姚承遂等也不是李飞雄死党，只能作壁上观。

田仁朗、刘文裕等将李飞雄押解到秦州。秦州是个大州，知州段思恭有直达圣廷的权力，李飞雄是不是钦差自然由他一问便知，接着就将李飞雄关入大牢。李飞雄自知再也无法掩盖，便一一招供。

案件汇报给朝廷后，龙颜大怒，赵光义感觉朝廷的脸面被丢尽了，便对李飞雄实施了最严厉的刑罚：夷三族。他的父亲李若愚、岳父张季英飞来横祸，受到连累身首异处。就连他平日结交的那些无赖恶少也一并伏诛。没有验证李飞雄身份而站错队伍的姚承遂、王守定、卢赞以及跟随他的驿卒都倒了血霉，皆判腰斩并杀全家。不可思议的是，乾州知州李若拙远在千里之外，只因与李若愚连名，赵光义怀疑二人是兄弟，将其逮捕入狱。后来查明二人只是同宗，有些交情，而且李若拙对这一切并不知情，但赵光义气愤难消，竟毫无道理地将其撤职贬到海南。

五月二十四日，赵光义亲自下诏通报李飞雄假钦差案，并借此开展警示教育，要求官宦人家引以为戒，教育好子女。对于子女凶残乖戾，屡教不改的，应向官府报告，由官府进行惩戒处罚。李飞雄案还暴露了许多制度漏洞，这年六月，朝廷便制作了专用的银牌作为换乘驿马的凭证，废除了自五代始使用枢密院凭证的制度。

其实，赵光义也是假钦差案的肇始者，正是他破坏了官员管理制度，擅用亲信在既没有诏书又不走程序的情况下诛杀封州知府，导致假钦差在军营众目睽睽之下毫不费力地逮捕七位将军。但皇上总是医不自医，除非国家遭遇重大的灾难，否则永远不会主动追究自己的责任。

皇帝平反的冤案

宋代最有权势的地方政府莫过于开封府，赵光义、赵恒、赵桓都曾任职开封府尹。开封府的职能是管理京都事务，当然包括刑案诉讼。由于事务庞杂，其刑案审理又细分若干法庭，如专管民事诉讼的府院，负责社会治安的左右军巡司，受理轻微刑事案的勾当左右厢公事等。

公元 984 年，府衙接到一桩投毒杀人案，交由右军巡司审理。当时谁也没有想到，这起看似不起眼的小案最后竟然惊动了皇帝赵光义，还导致数十名官吏受到惩处，可谓宋朝的“杨乃武与小白菜”案。

前来告状的是位大户人家的婢女，但她却不是原告，只是代理人。她的主母刘氏因卧病在床，不能起身，因此委托她将状纸递交到开封府。刘氏状告儿子王元吉在饭菜里下毒加害，以至于自己快要死了。

原来，王家是殷实的大户，可惜王元吉的母亲早逝，王父又找了个年轻的填房刘氏。继母刘氏对王元吉虽然没有养育之恩，但也进入王家多年，还为王元吉娶了媳妇，彼此相处还算融洽。人有旦夕祸福，去年王父偶感风寒，竟不治身亡。刘氏与王元吉失去了王父这座桥梁，时间长了难免发生磕磕碰碰，二人的感情也越发淡漠。前天刘氏忽然生病，卧床不起，她一口咬定是王元吉想要独吞家财，对自己下毒所致，因此请开封府主持公道。

虽然只是一介平民案，但这个案件有两点引人注目，其一是人命官司，刘氏虽然没有当场死亡，但已经卧床，病体沉重，如果案件属实，这无疑是谋杀。其二，刘氏与王元吉乃母子，如果所讼属实，王元吉将罪加一等。宋代以孝治国，法律上对涉及直系亲属的规定甚为严苛，现在看来甚至于不近人情。比如规定凡是状告父母、祖父母的都要处以绞刑，并且还真有这样的案例：988 年广安军百姓安崇绪状告已经离婚的继母侵吞父亲家产，致使自己生活没有着落，大理寺反过来判对安崇绪处以极刑，理由是他控告母亲。虽然这起案件由赵光义亲自主持廷议进行了纠正，但由此可见母子案极其敏感，并且其中儿子处于绝对弱势。

开封府接到刘氏报案不敢马虎，知府刘保勋将案件交给右军巡司审理。右军巡司的最高长官是巡判宋廷煦，这是一个循规蹈矩的官吏，没有高超的能力但也不会滥用职权。宋廷煦派人查验当时的饭菜，但饭菜早就被清理了，他只好下令拘捕王元吉。宋廷煦开堂审案，王元吉对所有指控均矢口否认，反而认定刘氏与人私通，妇节有亏，所以才反咬一口。公说公有理婆说婆有理，宋廷煦糊涂了。这时手下有人出主意："如果刘氏诬告，她的病应是假的；如果王元吉不诚实，刘氏的病必是真的。"宋廷煦派人探望刘氏，果然病体沉重，宋廷煦便以王元吉有罪匆匆结案。

审理结果报到知府处，知府刘保勋、判官李继凝、推官张雍研讨了案卷，一致认为结案太草率了，没有说服力，更重要的是王元吉没有认罪并一直喊冤！看来宋廷煦的能力实在太差，难以查明真相，刘保勋拍板说："还是交给左军巡司吧，巡判韩昭裔堪称能吏。"这样案件就转到了左军巡司。

韩昭裔确实与宋廷煦不同，马上抓住了问题的关键，即刘氏是否中毒。他当即派医工前去检验刘氏伤情。医工到王家时，刘氏已奄奄一息，面无血色，目光游离，连说话的力气都没有了。除了婢女，还有刘氏的娘家兄弟刘三在照料家事，特别是王元吉被拘捕后，刘三俨然成了王家总管。医工的工作流程是先在刘氏身上取血，然后用银针验视。用现代医学观点来看，银针并不能准确判定是否有毒，但古代的科技水平不高，也只能如此。医工取血前，刘三在一旁哭哭啼啼，嘟囔着姐姐命苦，毒入膏肓还要忍受刀锋之苦，然后屏退婢女，将一块金锭塞到了医工手里。医工看着黄灿灿的金锭，心中便有了数，验视之后回衙向韩昭裔报告："那刘氏面色苍白、四肢厥冷、言语不清，下官又取血验视，当是将乌头混入饭菜中毒所至。"韩昭裔叹道："果然为王元吉所害。"于是下令对王元吉严刑审讯。

然而，实施贿赂的不仅仅是刘三，王元吉妻子张氏也在积极为丈夫打点，这就出现了王家两代人竞相贿赂同一拨官吏的奇观。开封府吃了原告吃被告，但终究刘氏掌握着家庭财权，能拿出的银子多，于是法律的天平便开始向刘氏倾斜。

王元吉不肯开口认罪，狱卒们对他实施了一种叫做"鼠弹筝"的酷刑，将嫌犯四肢中的每个指（趾）头都用极细的绳子绑着，然后拉开绷紧，像筝弦一样。行刑时执刑人用木棍敲打细绳，细绳便拉动指（趾）头，出现将要开裂的感觉，痛得撕心裂肺。重刑之下哪里有铁石之人，王元吉熬不过疼痛，只好伏罪。

按大宋律法，案件办理之后还须复审，开封府的复审机构是司录司。提审王元吉的时候，王元吉大喊冤枉，并将如何屈打成招的情形向司录司官员进行了描述。司录司仔细验证案卷，发现了不少疑点：没有人证，除了刘氏诉状和王元吉自供别无见证人；也没有物证，虽然有验视报告，但乌头这种毒药从何而来？王元吉购买乌头的凭据、乌头残留均没有侦查。加上对王元吉动了大刑，案件的可信度大打折扣。司录司不敢怠慢，将复审结果汇报给了知府刘保勋。

在没有证据的情况下动用大刑，这在任何朝代都不被允许，刘保勋仔细审查过司录司的复审报告，感到问题严重，便下令将左军巡司参与审问的人员先羁押起来，然后找判官李继凝、推官张雍商议接下来怎么处理。张雍说："虽然动用了大刑，但王元吉不一定没有罪。如果将这个案件定为冤案，不仅左军巡司，恐怕你我都逃脱不了管理不当的罪责。"判官李继凝感到不安："人命关天，假定王元吉冤死，将来恐怕我等也免不了牢狱之灾。"面对两难局面，知府刘保勋提出了个折中意见："现在刘氏已死，既然死无对证，不如判王元吉有罪，然后从轻发落，算是两方面因素都兼顾到了。"最后开封府判王元吉流放并上报朝廷批准。

王元吉捡了条性命，但并不满意，在牢中大喊大叫："你们收了我的钱财却还让我受刑，还有没有良心，还有没有天理！"王家为此已经倾家荡产，妻子张氏索性一不做二不休，到宣德门南街敲响了登闻鼓。在宋代，登闻鼓是平民向皇帝陈述冤情的"绿色通道"，意味着皇帝将亲自审理此案。赵匡胤时有一位叫牟晖的小民敲响登闻鼓，只是希望朝廷替他找回丢失的猪。赵匡胤没有生气，反而高兴地对宰相说："百姓为这样的小事敲登闻鼓，可见天下没有多少冤情了。"当然，如果无事生非，滥敲登闻鼓，谎报冤情，当事人会受到极重的惩罚。

接到登闻鼓院的上奏，赵光义召见张氏当面听她陈述冤情，然后马上把开封府所有涉案人员拘捕，由御史台进行审理。当时的御史中丞滕中正是开封府推官张雍的岳丈，赵光义要求他回避，特命供奉官蔚进另行审理。

御史台办案水平果然非开封府能比，在走访调查了刘氏的婢女，王家族众、亲戚、街坊等大量人证后，终于将案件查了个水落石出：王元吉的父亲死后，刘氏不甘寂寞，红杏出墙。但事不机密，被亲戚撞见了。王元吉风闻，前去质问刘氏，刘氏又羞又愧又害怕，情急之下一病不起。刘氏最担心的还是被告发，中国历代都有通奸罪，宋律规定"徒一年半；有夫者，徒二年"。并且"奸从夫捕"，就是说只有夫家才有权报案。刘氏要想逃避刑罚，只有堵上王元吉的嘴，便恶人先告状，诬陷王元吉下毒。而开封府徇私枉法，滥用酷刑，最终酿成冤案。

赵光义看到御史台的案情报告，大怒，下诏对全部涉案官吏进行处理：知府刘保勋、判官李继凝作为主管，罚三个月薪俸；推官张雍向左军巡司交代只查投毒，不查其他，误导案件，被免职；左军巡判韩昭裔、右军巡判宋廷煦糊涂办案，被免职；医工和其他受贿官吏被流放海岛。只有司录司的官员因为主持公道受到奖赏。最有意思的是，对王元吉实施"鼠弹筝"酷刑的官吏，赵光义下令以其人之道还治其人之身，让他们也尝尝酷刑的滋味。这些狱卒在酷刑之下嗷嗷号叫，只求速死。等到解除捆绑，他们的双手还许久不能动弹。

事件过后，赵光义对宰辅们感慨："京畿之地、天子脚下竟发生这样的冤狱酷刑，何况其他地方！”其实北宋前期法律执行得算是相当不错了，到了徽宗时期法律却等同于儿戏，如《宋史·刑法》所言：“然其末流之弊，专用己私以乱祖宗之成宪者多矣。”为了一己私欲滥用刑罚，冤案错案自然层出不穷了。

房地产扯出的风流案

向敏中是一位清正廉洁、谨言慎行的官员，公元1001年任宰相，他在任期间闭门谢客，门庭寂静。真宗赵恒因此称赞他：“敏中大耐官职！”非常适合宰相职位。次年，向敏中买了一处宅院，却不料因此惹来麻烦，使刚刚得到的宰相宝座付诸东流。

宋朝商品经济发达，加上科举带来的阶层流动，房地产交易非常活跃，袁采在《袁氏世范》中记录：“贫富无定势，田宅无定主。”宰相置办一处房地产本是平常之事，不过这处宅院却比较特殊，他是已故宰相薛居正的遗产。

薛居正是承接太祖、太宗之间的宰相，为相近十年，颇得二帝赏识。他的故宅地段好，院落大，房屋坚固，在汴京首屈一指。宋太宗赵光义知道薛居正子孙不肖，曾明令他们保留薛相宅院，不得买卖。薛居正是个妻管严，家有悍妻，纵然有婢妾侍女也无从下手，结果没有生育，老年领养了个儿子叫薛惟吉。薛惟吉授左千牛卫大将军，虽不能继承父业，倒也是守成之人。然而到了孙子辈薛安上、薛安民，兄弟俩不务正业，又没有谋生的本领，很快就把祖上的积累消耗一空。兄弟俩又不愿节俭度日，便打起了祖宅的主意，也就顾不上那些陈年旧令了，直接跟向敏中兜售。向敏中对这个宅院也是垂涎已久，双方一拍即合，便达成了买卖协议，低价交易了前宰相的豪宅。

本来他们的私下交易做得神不知鬼不觉，不料却因别人家的事惹祸上身。给向敏中带来麻烦的也是位响当当的人物，那就是他的前任张齐贤。

张齐贤曾两度拜相，雍熙北伐失败后主动请缨镇守边关，在代州多次大战辽军，既有边功，又有治绩，政坛影响力还在向敏中之上。张齐贤来搅这趟浑水，倒不是要跟向敏中争买宅院，而是看中了一个女人。这个女人姓柴，是薛惟吉的续弦，薛安上、薛安民兄弟的继母。薛惟吉四十二岁突然死亡，那时柴氏嫁给他不久，没有生育，此后为他守寡六年，跟薛家兄弟的矛盾越积越深。

薛家兄弟坐吃山空，除了卖宅还盯上了继母的嫁妆和体己钱。柴氏当然不愿意，觉得这样长久下去对自己不利，所以就着急嫁掉。张齐贤听到风声前来提亲，柴氏贪张齐贤高官，又心羡英雄，便爽快地答应了。宋朝律法不反对妇女再嫁，事实上再嫁女非常普遍，如理学家程颐的侄女守寡后，程颐的父亲帮助她改嫁，程颐赞赏父亲"嫁遣孤女，必尽其力"。李清照在丈夫赵明诚死后也曾改嫁他人。就连皇室也常有改嫁再婚现象，仁宗赵祯的第二任皇后曹氏就是改嫁女，原嫁与李家，新婚之夜看丈夫不顺眼又逃回了娘家，这丝毫没有影响她被选入宫做皇后。

至此，薛家没落，张齐贤要人，向敏中要宅，二者原本井水不犯河水。但柴氏再嫁却引起薛安上、薛安民兄弟不满。宋朝律法，寡妇改嫁有权带走自己的嫁妆和夫妻共有财产。《宋刑统》："妇人财产，并同夫为主。"就是说妇女陪嫁的财产，与丈夫共同拥有，不属于丈夫那个家族。《袁氏世范》上有告知："作妻名置产，身死而妻改嫁，举之自随者多矣。"现实生活中，有些丈夫出于对妻子的呵护或者为了避免同宗兄弟分割财产，故意将购置的产业挂在妻子名下。因此，大户人家妇女改嫁带走的财产绝非小数。薛安上兄弟日益贫困，不甘心柴氏带走丰厚的财产，于是一纸诉状将柴氏告到了开封府，子女当然无权反对继母再嫁，两兄弟告的是柴氏私藏薛家的财产并准备带到张家。

此时开封府的当家人是寇准，日后赫赫有名的名臣名相。因为这个案子涉及已故宰相薛居正和刚卸任宰相张齐贤，不在开封府管辖范围内，寇准直接报送给了宋真宗赵恒。赵恒一看：前任宰相娶寡妇，娶的是已故宰相的儿媳妇，有意思。单看宰相这个字眼十分敏感，赵恒不愿把事情闹大，就命司门员外郎张正伦私下问询柴氏。柴氏矢口否认对她的指控，反而指责薛家兄弟许多不是。公说公有理，婆说婆有理，私下问事不能解决问题，只好将案件转交给御史台审问柴氏。

作为被告的柴氏大为不满，以她对薛氏兄弟的了解，两兄弟胆小且蠢笨，不可能作出这样的决策，背后一定有人指使。经过用心琢磨和仔细推敲，她觉得买薛家祖宅的向敏中嫌疑最大。经人指点，柴氏反咬一口，揭发向敏中垂涎自己美色，前来求婚被拒绝后恼羞成怒，暗地里唆使两兄弟诬告自己。

剧情有了反转，赵恒听到汇报后皱起了眉头：现在事情越闹越大，又一位现任宰相牵扯了进去。既然是现任，御史台也不便审理了，赵恒亲自把向敏中召来询问，向敏中一口否定："哪里有这样的事？老婆刚刚去世，我每天沉浸在悲伤之中，不要说一个寡妇，就是黄花闺女我也决计不会续娶的。"赵恒当然愿意相信自己的宰相了，就把这事情搁置起来，打算不了了之。

皇帝不负责任的处理方法让柴氏很尴尬，自己连名声都豁出去了最后却一无所得，怎么甘心？这柴氏不愧是故宰相的儿媳妇，一不做二不休，干脆敲响了登闻鼓。这一下赵恒困惑了，不追究你责任就是了，你还不依不饶起来。于是赵恒下令御史台严审严查。

这一次真的挖出了新材料，案情有了新进展：柴氏招供告向敏中是张齐贤长子张宗诲的主意；御史台同时查明柴氏确实贪占隐瞒了薛家财产，将两万缗财宝偷偷埋藏在地下；到薛府搜家时又意外获取薛居正故宅的买卖合同。这一案中案让向敏中与薛安上兄弟违反诏令私自交易的问题浮出水面。

这一下案情总算进入了正题，御史台将案情汇报给赵恒，同时弹劾向敏中。如果案件仅止于此，也不算大问题，向敏中完全可以推脱不知道赵光义的诏令，将责任甩给薛家子孙。然而墙倒众人推，人一旦走上困境，各种麻烦就会接踵而来。御史台开了个头，向敏中的冤家仇人纷纷现身，非要将他拉下马不可。盐铁使王嗣宗素来忌妒向敏中，趁机告发了一件外界鲜为人知的事情：向敏中在妻子刚死不久就下聘驸马都尉王承衍的女儿。这一条才是杀手锏，因为向敏中不久前才在赵恒面前信誓旦旦：妻子新丧，不复议婚。如果所奏属实，那就是欺君之罪！

赵恒立刻着人调查，王承衍的女儿亲口证实了这条指控，两家已经商议好了婚约，只是还没有来得及下聘礼。赵恒对这位宰相失望了，这像一个老实人的所作所为吗？窥一斑而见全豹，背后还不知道干了多少欺上瞒下的事情！是可忍孰不可忍，于是一纸诏书将他贬任永兴军节度使去了。向敏中偷鸡不成蚀把米，宅院没有买到手，王家女也没有娶进家，反而丢了才当上一年半的宰相位。更让向敏中难过的是，起草诏书的翰林学士宋白，曾向向敏中借钱被拒绝，宋白便抓住这次机会在诏书用词上“公报私仇”，写道：“对朕食言，为臣自昧。”这八个字相当刻薄并且含有讥讽的意思。向敏中看到诏书，羞愧难当，无法控制自己的情绪竟然老泪纵横。在宋代，诏书语言并非完全由皇帝钦定，起草人有相当大的发挥空间。宋徽宗赵佶曾愤愤不平：“现在制诰者，所褒必溢美，所贬必溢恶，岂王体之言？”但他也没有办法。

这起事件的相关人均滑稽可耻，全部受到了处罚。张齐贤长子张宗诲教唆柴氏诬陷向敏中，被发配到海州。薛安上违诏变卖宅院，被判鞭笞。柴氏则被罚铜八斤，私藏财宝充公，更要命的是没有办法再嫁张齐贤了，只能在薛家继续与两兄弟艰难度日、斗智斗勇。至于张齐贤，抢着迎娶柴氏的目的很明确，那就是贪图钱财，用意猥琐卑鄙，况且其子犯错，父责难免，便贬职到西京赋闲去了。

一块房地产引发的风流案，涉及三位宰相，没有赢家，满盘皆输。

诡异的天体事件

公元1018年春夏之交，西京洛阳连续发生入室伤人事件，令人毛骨悚然。伤人者不是江洋大盗，也不是惯偷匪贼，而是一种名为“帽妖”的不明天体，更让人匪夷所思。

五月，汴京有士兵在军营旁看到有泉水源源不断涌出，饮之百病皆愈。宋真宗赵恒下令在泉水涌出的地方建造祥源观。他正陶醉在天降祥瑞的喜悦之中，从河阳三城节度使张旻快马送来一封加急奏章，称最近一段时间西京洛阳流传着一则谣传，天空上飘浮着一个状若帽盖的飞行物，倏忽东西，来去无踪。可怕的是，这种飞行物晚上飞入百姓家户，变成一只大狼，伤害了不少人。人们从没有见过这是什么，只好根据形状和特性称之为“帽妖”。有些胆大的年轻人聚集在一起想要捉住“帽妖”，拿着武器在后面追赶，但“帽妖”如光如云如风如电，赶不上抓不着，徒费工夫。几天以来，洛阳已经乱了套，人心惶惶，晚上人们不敢睡觉、不敢开门、不敢高声说话。

赵恒向来对与上天带来的神秘事件保持着持续而浓厚的兴趣，但前提当然是神秘事件不能对国家社稷造成危害。现在不明天体造成社会混乱，当然必须重视。不过令赵恒纳闷的是，洛阳发生的事件都已经传到黄河北岸的河阳三城了，为什么不见洛阳的奏报。他立即任命侍御史吕言为钦差大臣到洛阳问责，追究洛阳官员责任，同时调查“帽妖”事件，平息百姓恐慌情绪。

洛阳的最高长官西京留守王嗣宗是一位极有个性的官员，他是太祖朝状元，刚正不阿不畏权势，曾因顶撞上司被诬下狱，出狱后依然秉性不改。有一次宋太宗赵光义派耳目到下面暗访调查，当时王嗣宗通判河州，他下令将这些耳目抓起来五花大绑押送回朝廷，并上疏赵光义：“为什么不能正大光明地委任有见识的大臣来调研视察，反而派这些宵小之辈？臣认为陛下不应该这样做啊！”古代有“忤逆”罪专指顶撞皇上，枉议君主，所以王嗣宗再一次被送进监狱。但王嗣宗毕竟是有才干的人，不久复职任江浙荆湖发运使，当地巫风盛行，民众有病不吃药反而祈求于寺庙，王嗣宗下令把境内寺庙全拆了，不准祭祀。再后来，王嗣宗知邠州，城东有个灵应公庙，庙里穴居着许多狐狸，民众相传甚为灵验，不管大事小事、私事公事都要到庙里参拜一番。王嗣宗非常不满意这种做法，下令捣毁庙宇，在狐狸洞前点火熏烟，狐狸从洞中跑出，洞外早安排有士兵进行捕杀。这些狐狸被一网打尽，知府士兵都没事，人们便不再迷信灵应公庙了。

这样一位不畏天、不信邪的官员，根本不把吕言和“帽妖”放在眼里，吕言责问他为什么不上报“帽妖”事件，王嗣宗轻描淡写：“哪里有什么“帽妖”，不过是老百姓以讹传讹罢了。”在王嗣宗看来，子虚乌有的事情不搭理就是了，越是重视，别人就越郑重其事。他建议以不变应万变，不理睬，谣言自然会消停。

但吕言身负皇命，哪敢怠慢。王嗣宗越是不作为，吕言越要大张旗鼓。他抓不住“帽妖”，只好把这种现象归咎于上天的警示，在洛阳举行了一场高规格、大规模的祭祀活动，祈祷上天降福消灾，保佑社稷民众。本来谣言只在小范围、私底下传播，经吕言这么高调又郑重的举动，谣言变成百姓公开的谈资，民间的不安情绪更加严重了。谣言还从洛阳向外发散，不久即蔓延到了京城，并且越传越玄，官宦、贵族、军队中都有人发现了“帽妖”，言之凿凿看见“帽妖”不断变化形状袭击无辜之人，甚至生吃人肉、抢走儿童，汴京乃至整个帝国风声鹤唳，惶惶不可终日。

这时候赵恒头脑清醒过来，有没有“帽妖”事小，因此造成社会动荡事大，制止恐慌才是当务之急！怎样去除恐慌？赵恒与时任起居舍人的吕夷简商议，吕夷简是北宋最重要的宰相之一，当时年轻又有才干，他建议将“天意”嫁祸于人事，人事一旦改变，恐慌自然消除。赵恒平日信任道士和尚，这是帝国最活跃的一个人群，也是与神秘事件关联最密切的一个群体。二人便心生一计，要借道士和尚的人头去平息事端。

不出两天，有人向朝廷举报有道士耿概等数人整日里鬼鬼祟祟、偷偷摸摸，不知在干些什么。赵恒立即任命吕夷简调查此案。精明强干的吕夷简很快查明真相：这几个道士装神弄鬼，虽然没有证据表明“帽妖”案是他们所作所为，但他们施加道术妖法没少欺骗百姓。赵恒立即下令将耿概等斩首示众。可怜这几个道士运气太差，非常时期碰到非常之事，只好被当作替罪羊告慰百姓了。赵恒用他们的人头向百姓宣布：“帽妖”不是猛兽，也不是上天的惩罚，而是这些道士施展的道术，不能信、不可怕。朝廷已经制裁了这些人，“帽妖”危害的谣言可以休矣！

“帽妖”传言的另一个重灾区是南京应天府。时任应天府知府是真宗朝的状元王曾，日后与吕夷简一同出阁拜相，也是响当当的人物。王曾对付“帽妖”的方法强硬而直接，他下令晚上每家每户必须打开院门屋门，并且不准议论“帽妖”，同时派官差严查，一旦发现严惩不贷。这一招果然管用，百姓们尽管心惊胆战，但官府命令不敢对抗，只好照办。十数天下来，居然一点儿事也没有，关于“帽妖”的谣传便不攻自破。有了应天府的先例，“帽妖”的事情终于逐渐平息下来。

回过头看“帽妖”到底是什么，吕言认为是上天异兆，王嗣宗不以为然，王曾更是认为有人装神弄鬼，赵恒未知可否，至少在古代没有人能够说得清楚。用现代眼光审视历史，有人说“帽妖”是UFO即不明飞行物，但宇宙中是否存在不明飞行物尚未得到科学界证实，“帽妖”也不便归入此类；况且“帽妖”飞入百姓家伤人，这也是其他UFO相关报道所没有的。还有人说“帽妖”是道术带给人的幻觉，但朝廷严查了几位道人，证明与“帽妖”无关；况且道术本身子虚乌有，即便带给人幻觉也不可能在几座城市引起持续那么长时间的骚乱。

既然科学无法解释，那么最大的可能是根本就不存在“帽妖”，证据是事件中只有伤人吃人的传说而没有官方的统计数字，说明是别有用心的人制造的混乱，或者在全社会神秘主义盛行的氛围下人们臆想出的奇特事件。事实上，真宗朝诡异的自然现象何止“帽妖”一件！

澶渊之盟后，国内老百姓安居乐业，宋辽之间和平共处，西夏还未兴起，宋真宗赵恒便有些飘飘然得意忘形，一心想显摆一下盛世伟绩。但既无开疆拓土的战功，又无百业旺达的作为，怎样才能营造盛世氛围呢？赵恒的办法是人为制造“天降祥瑞”，仅在公元1008年就有三次“上天赐降神书”，大年初三承天门门楼的鸱吻上挂着一块黄绢和天书，黄绢上写有“赵受命，兴于宋，付于恒”等字样；四月初一功德阁再次出现天书；六月初六天书再降泰山。伴随着天书降临，各地也祥瑞不断。这一年有的地方禾苗高得不可思议，有的地方云雾中看见龙腾，陕西这个地方黄河居然变清了，泰山上的老虎居然全部搬家了。之后赵恒祭祀泰山、汾阴、亳州，东封西祀都伴随着天降祥瑞。整个社会都在装神弄鬼，如《宋史》所说“一国君臣如病狂”。在这样的氛围中，出现“帽妖”的幻觉也不算稀奇。

“帽妖”事件结束后，有谏官奏称老百姓贪图重赏诬告他人，致使几个道士无端被捕，而吕夷简等审理此案时存在严刑逼供的问题，希望皇帝查明真相，主持公道。赵恒心知肚明，怎能处理这件事的最大功臣？他装模作样地派人了解一番，最后表态说审案虽有不尽如人意的地方，但人犯也有犯罪事实，既然不能死而复生，这件事就到此为止，不平反、不追究。之后又对“帽妖”案中不作为的王嗣宗进行了处理，免去西京留守职务，将他调往偏远地方任职。及时上报信息的张旻以及处理得当的王曾没有受到奖赏，帮倒忙的吕言也没有受到处罚。其实，如果不是吕言照着赵恒的作风依葫芦画瓢进行所谓祭祀，“帽妖”事件或许不会传播那么快、那么广，影响不会那么大、那么坏。

以弥勒佛的名义

如果不是生活在北宋，涿州青年王则不知道能不能成为一名职业军人。

秦汉实行征兵制，士兵打完仗重新回家做农民；隋唐还实行府兵制，干两三年复员回家，这些时候很少有职业军人。北宋是典型的募兵制，一入军营便是"铁饭碗"，终身财政饭。北宋招募的兵源很奇特，一般招募流民、灾民、贫民，因为这些人是社会的不安定因素，朝廷认为把他们招入军营就没有人造反了。这些兵的素质不高，所以北宋有农民起义，但规模都不大，时间都不长，而兵变却比较频繁。

王则是一个贫民，也是流民。从小贫困致使他四处流浪，最后落脚贝州给地主放牧牛羊。稍大，王则不想再过无田无屋、没有自由的生活了，于是应募进入了军队，就在贝州宣毅军任一名小校。

贝州是个重要的地方，位于燕京与汴京的中点上，北面是冀州，西南是北京大名府，东面还有博州和德州，换言之，贝州也算对契丹的战略前线。按说这里的军队应当兵强马壮，实际上由于几十年的和平，这里已经战备松懈。更严重的是，北宋的募兵政策造成士兵数量极多，财政供应不足，僧多粥少，待遇极低。到北宋末年，前线士兵甚至每天只能吃两顿粗鄙的秕谷和糟糠，所以士兵中不满情绪很严重。

从流民到士兵，王则过得依然不如意，这让他很失落。人能够慰藉失落的唯有信仰，幸好王则有信仰。

当时在贝州、冀州一带流行一种宗教，叫弥勒教。弥勒教创立于南朝梁武帝时期，源于大乘佛教，教义认为弥勒下生成佛，反对把释迦牟尼当作佛。两宋之后，弥勒教与明教合流，叫白莲教，更为有名。

王则接受了弥勒教，由于他有些小聪明，善于与人交往，又不甘心平庸，逐渐成为河北一带弥勒教的领导人。王则受众教徒拥戴，还有一个重要原因，是他小时候离开涿州，母亲在他背上刺了一个醒目的“福”字，一来作为记号，二来作为祝福。入教后，教徒看见他背上的字，妄传这福字暗含天意，是弥勒佛传递给世俗的信号，因此他在弥勒教中具有了号召力。

宗教具有凝聚人心的作用，在特殊时刻很容易成为起义暴动的诱因和组织媒介。黄巾军起义打着的旗号是“太平道”，即道教的一种；流传于南方的摩尼教则催生了北宋末年方腊起义和明末红巾军起义；清朝的起义有白莲教、天理会、拜上帝会（太平天国）等。弥勒教在北魏时就有造反的记录，沙门法庆自命为“新佛”，宣传“弥勒佛取代释迦牟尼佛下凡救世”等思想，提倡杀人，认为杀人能成为菩萨，杀人越多菩萨地位越高。在这种教义指导下，教徒屠灭寺舍，斩戮僧尼，焚烧经像，以杀害为主业，史称“大乘教起义”。隋末又有人自称“弥勒出世”聚众作乱。

弥勒佛在河北源远流长，中间时盛时衰，宋朝统治者对此是有警惕的。宋真宗赵恒曾下诏禁止河北民众学习妖术、剑术，禁止私自设立神坛庙祠发展信众。因为弥勒教崇尚白衣，朝廷甚至禁止白衣法师。尽管如此，弥勒佛还是暗地里秘密传播，并且发展迅速，到公元 1047 年，无论军营还是民间都有大量教徒。他们宣扬“释迦佛当谢，弥勒佛持世”，应当到了改朝换代的时候，很有蛊惑性。

在这种背景下，王则决定起事造反。他串联信众造反的日期定在公元 1048 年农历大年初一，这一天旧称元日或者元旦，从京师到贝州各级官员都要放假过节，防备松懈，是造反的良机。王则任用小吏张峦、卜吉作出周密计划，他们准备同河北、山东各州府同时举事，首先占领澶州上的黄河浮桥，掐断朝廷与河北的联系，防止京师部队前来镇压。然后建都大名府，与大宋划河而治。

由于串联范围广、时间长、涉及人数众多，保密工作难度很大。十一月，一名叫潘方净的信徒怀揣匕首拿着书信去见北京（河北大名）留守贾昌期，可能是要实施刺杀行动，结果没有成功反而被捕，起事的计划就此败露。王则得到消息，不等官府有所反应就提前举起了起义的大旗。

冬至这天，贝州知州张得一带领官僚部署前去参拜天庆观，王则趁机打开武器库，将官方的刀枪剑戟发放给叛军，将一支队伍拉了起来。一声令下，叛军杀向天庆观，张得一惊恐之下退守一座叫骁捷营的军营，没有想到骁捷营也有叛军。叛军里应外合，烧了营门，活捉了张得一和通判董元亨。分管军队的兵马都监田斌率亲兵抵抗，无奈叛军势大，田斌败退城外。叛军威胁通判董元亨："大王要军资库的钥匙。"董元亨厉声斥责："大王是谁？一帮妖众也敢拉起队伍？我就是死也不会给你们钥匙。"结果被杀。叛军还杀死了节度判官、司理参军等数名官员。

王则的信徒都是贫民和下级军吏，没有知识分子，只求苟安和一时富贵，缺乏深远的政治纲领和政治规划。占领贝州后他们小胜即安，开始了"建国大业"：国号"安阳"，年号"得圣"，王则称东平郡王，张峦为宰相，卜吉为节度使。可笑的是，贝州地盘太小，为了圆"建国"梦，王则将居住的地方命名"中京"，以中京为中心向外辐射，给每个建筑都起个州府名字，如杭州、梓州等，信徒中级别高的被任命为知州。"安阳国"实行全民皆兵制度，十二岁幼童至七十岁老翁都是军人，面部刺上"义军破赵得胜"字样，国旗、军旗上是斗大的"佛"字。

比叛军更可笑的是被俘的官员。知州张得一被软禁，吓得魂飞魄散，见到叛军无论官兵一律称"大王"，恭恭敬敬作揖敬礼，弯腰站立，得到允许才敢坐到椅子上。更为人不齿的是，他还主动为叛军草拟礼仪，甘心为草班政权服务。

王则原以为贝州起事，其他州府会景从跟随，但各地官兵加强了戒备，其他地区的信徒大多身陷囹圄，再也没能占领第二座城池。

北宋地方官为了政绩，遇到叛乱一般区域内处理，不愿及时向朝廷报告，除非捂不住。方腊在睦州举事，两个月后才报到汴京。北宋兵力部署又极不平衡，很多地方是军事真空，一旦发生叛乱没有地方军平叛，只能坐等朝廷禁军。公元 1043 年山东沂州发生王伦农民起义，地方武装力量“捉贼虎翼卒”前去镇压，虎翼卒平日忍受欺压早有反心，战前倒戈杀死将领朱进并加入了起义军队伍。尽管如此，这支队伍仍然规模很小，只有一百多人，一路向南如入无人之境，因为地方武装捉拿盗贼还行，遇到成规模的部队根本不敢作战。王伦从沂州到密州、海州、泗州等地，行程千里，竟打到扬州，队伍也逐渐扩大。到达扬州北的高邮时，知军晁仲不愿投降，又不能螳臂当车，就让当地富豪捐款，买酒买肉出城犒劳起义军。一顿吃喝之后奉上银两作为辛苦费，同起义军商量：高邮地方小，没啥油水，各位豪杰别在这里耽搁了大生意。起义军也仗义，果然放过了高邮。

河北不同于别处，毗邻辽国，敏感度高，也是北宋重兵之地，不可能出现王伦起义直下千里的状况。河北重镇是北京大名府，贾昌期握有重兵，一位青年将领马遂自告奋勇要率兵剿灭叛匪，贾昌期却幻想能和平招安，派马遂为使孤身前往贝州。

王则穿着自制的龙袍召见了马遂，马遂费尽口舌，王则置若罔闻，只顾饮茶，看都不愿多看马遂一眼。马遂琢磨这是突然袭击擒拿王则的好机会！当时张得一坐在一侧，马遂向张得一使眼色，希望能得到帮助，张得一却装作没看见，不敢与马遂对视。马遂只好自己动手，然而毕竟势单力薄，被乱刀砍死。

招降不成，只好围剿。贾昌期派大名府钤辖郝质、高阳关部署王信围攻贝州城，但河北城防十分坚固，官兵竟束手无策。十二月十日，贝州兵变十八天后，朝廷派老将明镐亲临前线指挥攻城，他在城墙外又筑一道城墙，试图在两墙一样高时方便入城。寒冬腊月取土困难，只好用草木搭建，却被叛军一把火烧个精光。从上进攻失败，明镐转入地下，白天扰乱叛军，夜晚偷偷挖地洞入城。

贝州城久攻不下，仁宗赵祯坐卧不安，对着满朝文武发脾气：“你们这些宰相、枢密天天上殿，关键时刻没有一个能用的。”参知政事文彦博主动请缨，会同明镐于 1048 年闰正月初一才将贝州攻打下来。当了六十四天“郡王”的王则闰正月二十七被凌迟，弥勒佛没有保佑他逃脱一死。那位委身事敌的张得一当然也被施以极刑，还连累了子女兄弟一并受到惩处。

政治角力场上的“潘金莲”

她不是潘金莲，她没有出轨，没有遇到西门庆，也没有勾引小叔子。她又是潘金莲，她许了个与武大郎一样的丑丈夫，她要杀掉那个三寸丁。但她终究还不是潘金莲，她下得去手却没有成功，还因此遭受了牢狱之灾。

她叫阿云，从小生活在一个不幸的家庭。不省事时就死了父亲，母亲含辛茹苦把她养大，一直没有再嫁，寄居在娑家。按宋时世俗，女子在娑家地位不高，当家的是阿云的叔叔。她们每天只能吃到最粗鄙的粮食，仅以果腹。尽管如此，阿云还是在母亲的照料下成长起来了，长得亭亭玉立，灿若桃花。

公元1068年，阿云的母亲病死，只剩下她孤身一人。如果叔父不是太刻薄，她还可以过无爱但有食的贫寒生活，然而叔父已经不想在她身上再浪费一丁点儿粮食，哪怕一个月甚至一天。叔父看着她日渐丰满的身体有了新的想法：为什么不把她卖掉，不但省了稻谷，还可以得到一笔钱财？就这样，在母亲尸骨未寒之时，她被卖给了隔壁村子一位丑陋猥琐的老光棍韦大。这一年她才十三岁，古人称为豆蔻年华。

十三岁是少女懵懂怀春的年龄，阿云心仪的男子高大白净、英俊倜傥，就像潘金莲不安分与武大郎厮守一生一样，阿云也不甘心这样将就。她哭，她闹，但没用，叔父已经铁了心要将她嫁人，谁出价高就嫁给谁。阿云刚在母亲的丧礼上哭肿了眼睛，不想在自己的婚礼上泪湿盖头，与其同不喜欢的人生活一辈子，毋宁死。要么自己死，要么他人死，最终阿云选择了让未婚的丈夫死。

乡下的女孩性子野，加上没人管，在一个月黑风高的夜里阿云开始了自己的斩首行动。这天晚上，她摸到韦大搭在田间的草棚，听见草棚里鼾声如雷，心中窃喜，拿着一把柴刀直接走了进去，朝着床上就是一阵乱砍，砍下十余刀然后掉头就跑。阿云当时不知道，她年龄太小、力气太小，根本没有对韦大造成致命伤害，只是砍断了他的一根手指。

事情按照既定的逻辑进展，韦大报案，县里差役经过侦破，将嫌疑对象锁定在阿云身上，阿云入狱，未等大刑伺候，她就将一切都原原本本地招了，毕竟一个十三岁的女孩难以承受刑罚的威慑。至此，整个案件清晰明了，对于偌大一个帝国来说，这样的案件简单而又普通。

然而正是这样一个不起眼的案件，引发政治角力，朝廷君臣、政坛大佬都被卷入其中，闹得沸沸扬扬，争得你死我活。

争论的缘由在于如何给案件定性。古代“夫为妇纲”，妻子杀害丈夫比一般的伤人案件刑罚更重，论律当斩。县里按斩刑上报到登州，登州知州许遵认为不妥：阿云尚在为母亲服丧期间，按法律和伦理都不应该这个时候订婚，所以婚约无效，韦大不能被认为是阿云的未婚夫，况且阿云对韦大造成的伤害并不严重，这只是一起普通的伤害罪，判有期即可。

案件继续上报给大理寺判决，大理寺主管案件审理，相当于现今的最高法院，大理寺审定意见后还要再经审刑院复核，但两部门均不同意许遵。他们认为，虽然是母丧期，又受叔父强迫，但婚约已成，该不该有婚约和事实上有没有婚约是两个概念，阿云有事实婚姻，构成谋杀亲夫罪，支持死刑。

两部门意见反馈到登州，许遵依然不服。虽然这个叫阿云的女孩与他非亲非故，但他认为不应该这样罔视生命。他本可以选择明哲保身，但宋代士大夫的骨气让他有强烈的纠偏扶正的使命感。恰在这时，宋神宗赵顼下了道诏书，说谋杀罪造成伤害的，只要在审讯前招供，一律按自首对待，可以减两格处理。许遵有了更充分的理由，就直接上疏皇帝要求为阿云减刑。赵顼觉得许遵奏言有道理，转给了刑部，让刑部协调各部门按新颁布的诏书执行。但刑部并不买皇帝的账，并且指责许遵妄言。这时恰好许遵调动了工作岗位到大理寺任职，遂以诏书为准绳，改判阿云。

这时负责监督百官的御史台又掺和进来了。御史台弹劾许遵，理由是作为大理寺卿却不遵循法律，为犯人开脱，建议罢免。许遵辩解说："刑部判决不正确。放着现成的皇帝敕令不用，却依据过去的案例，一查清事实就把人杀了，堵塞了自首和自辩的途径，这恐怕不符合疑案从轻的法律原则。"

截至现在，御史台、刑部、审刑院站在一个立场，主张按刑律判阿云死刑；许遵和他领导的大理寺站一个立场，主张按皇帝敕令判阿云有期徒刑。皇帝赵顼虽未表明立场，但总不会自己打自己的嘴巴，当然也支持轻判。既然双方争执不下，那么到底该听谁的呢？

皇帝毫无疑问仍然是最高决策人，但事务性工作须先由最高行政机构门下中书、枢密院等二府商议，政策性理解由文件起草者翰林学士、知制诰解释，仍不能形成统一意见的，再由皇帝裁决。赵顼把阿云狱的解释工作交给了两位翰林学士，要他们二人判定到底孰是孰非。这两位翰林学士正是司马光和王安石。

司马光说："法律是国家的最高意志，任何人不能凌驾于法律之上，包括皇帝。所以敕令不能干扰和代替法律。"王安石说："法律是人制定的，更应该与时俱进，皇帝的敕令也是法律。"两人是帝国最有学问的人，论点更具代表性，即"律敕之争"，表面上看争国家的法律大还是皇帝的敕令大，其本质是祖宗之法能不能改。《宋刑统》形成于宋太祖赵匡胤时期，赵顼通过敕令的形式更改《宋刑统》，司马光认为不行，支持刑部，王安石认为可以，支持许遵。二人针锋相对，各说各话，谁也说服不了谁。这时候皇帝就可以走向前台了，赵顼下令采纳王安石建议，判决对阿云减刑。

一场普通乡下女孩的简单案件，震动朝野，惊动皇帝和重臣大员，成为北宋史上最为轰动的平民案。但事情仍然没有结束，御史台这一次又表现出强硬姿态，不仅要与许遵死磕到底，而且要与皇帝掰一掰。

御史中丞滕甫不服："翰林学生和知制诰不仅仅是司马光和王安石两人，还应该听听其他人的意见。”赵顼说：“可以。”于是让翰林学士吕公著、韩维，知制诰钱公辅等都选边站队，明确自己的意见和态度，结果大家都赞同王安石。赵顼：“这一次你们怎么说？”看来可以盖棺定论了，但刑部、审刑院以及包括许遵领导下的大理寺中的法官都不认同，集体上奏：“翰林学士审过案吗？他们有司法经验吗？纸上谈兵、闭门造车，没有实践价值。”赵顼对这场争论感到厌烦，又把“自首减刑”的敕令进一步细化，做出解释，命令中书省发文执行，中书省以“与法律相抵触”为由驳回。帝国的相府就有这么大的权力，皇帝也没有办法，案件就这样一直处于挣扯当中。

次年二月，朝廷人事变动，任命王安石为参知政事主持变法，大权独揽。赵顼下诏强调：“今后谋杀案有自首情节的，一律按敕令裁定。”王安石说：“去年已经有敕令了，不需要另下新诏。”赵顼于是下令刑部与二府再议阿云狱。因为王安石打击旧党，重用新党，新任官员大都支持王安石，而宰相文彦博、枢密使吕公弼等认为：“所谓杀伤，就是企图谋杀而致伤，目的还是要杀死对方，所以不适用自首。”不久，富弼取代文彦博为相，富弼自知独木难支，以有病为由不发表意见，这起案件最终按许遵所奏、王安石所议、赵顼的裁决，对阿云轻判为边关流放，后逢大赦恢复自由，又嫁人生子。

案件起始阶段，许遵所争的或许是平民的人权。但自司马光、王安石介入，其中间掺杂了太多的政治因素，案件判决成为一场政治角力，他们争的不是小人物的命运，而是大社会的发展方向。以今人的法律观点看待阿云之狱，人们会给予这个女孩更多的同情，罪不至死。但当时社会对女性苛刻，杀夫违背伦常，与其他谋杀案不同。所以，这起案件又反映了古代社会妇女的悲戚命运，其政治和社会参照价值都非同寻常。至于其法律上的参照价值，到今天仍然是课堂上的经典教义。

元祐年间，司马光为相，马上废除了赵顼“谋杀案自首者减刑”的敕令，算是报了一箭之仇。野史说，司马光重新将阿云下狱并追溯执行死刑。但不管野史可不可靠，真实的历史事实已无可查考。无论孰对孰错，我们都希望不要抓住一位身处社会底层的可怜女孩不放。

商人的落日烟村

宋朝刚建立时，因为开封无险可守，太祖赵匡胤有意把都城迁到洛阳，赵光义反对说：都城安危“在德不在险”，赵匡胤沉默不语。不只赵光义，群臣十有八九反对迁都，因为开封河流四畅八达，便于将天下财富汇聚到这里。试想，谁愿意离开繁花似锦的大都市到偏僻贫瘠的荒郊野岭？

开封有四条河流，皆是运河。自西向东南为汴河，古称通济渠，是隋朝开凿的大运河中重要一段，上游至武陟黄河相连，下游与淮河贯通然后通向江南。从西南流进汴京的是蔡河，沿水路可以通向现在的河南南部。五丈河则从开封西北入、东北出，北方物资交易大多通过五丈河进行。还有一条河叫金水河，起贯通其他三条河流的作用。

四条河中，漕运最繁忙的无疑是汴河，有宋朝生命线的美誉。江南是天下最富裕的地区，每年通过汴河运往汴京的稻米五百万石，占总量的八成以上。除了基本口粮，汴河上往来穿梭的船只上还载着布帛、茶、盐、金属、羽毛、胶、漆等物资，经营这些货物的除了官府就是商人。

茶叶是利润最大的商品之一，原因是宋代北方不产茶，全国茶叶皆出自江南、福建、四川地区。福建建安的茶叶在北方最走俏，每年春雷刚起，正是移栽茶苗的季节，各地精明的商人就云集这里开始挑选茶田茶树，订立合同，并且提前交预订款以防止同行抢货。

宋真宗天禧年间的田昌是一位实力雄厚的商人，每年在建安预订茶叶不下十万斤。从福建回京的路上，他还要在太湖逗留，这里的茶叶碧绿细嫩，喝起来清香扑鼻入肺，也就是后世的碧螺春，此茶在京城也有大量的推崇者。等热门茶区踩点完毕，已是惊蛰，离出茶只有一个月时间了，这段时间田昌需要集中精力完成的是筹集资金。到了清明，田昌把钱交给本地的茶场，把炒好的茶叶装上船，就可以登船回程了，这时他绷紧的神经才松弛下来。

在诸多商品中，稻米受年成影响，北方的粮食如果歉收，商人能够卖更高的价钱，获更大的利润，反之，利润大打折扣，甚至可能赔钱。茶叶因为出产地区少，利润相对稳定，一般到汴京能以六七倍价格沽出，到山西、河北甚至能卖到十倍的价格，可谓旱涝保收。澶渊之盟后，田昌还把茶叶卖到辽国，每年通过边境榷场交易的茶叶不下万斤。

从江南到汴京，船慢悠悠地航行二十多天才能到达汴京。不过田昌并不寂寞，因为春江潮平，水面上百舸争游，大都是买卖货物的商船。每到夜晚，船只停靠渡口，老板和船工可以上岸买酒图一醉。田昌一般不会跟伙计们一起吃饭，这条航线来往多了，不乏熟人，每一个渡口都能约上三两富商好友到酒楼小酌，谈论行情涨跌、收入多寡。泗州是水路途中重要的城市，田昌一般会在这里多待两天，因为这里有不少勾栏青楼，田昌常来常往，有个相好牵挂于心，每年也只有这几天能够与她欢聚。

前几年，田昌与十几家有实力的茶商组织了一个行业协会，就叫茶行。茶行定一些规矩，十几家茶商须共同遵守。茶叶一运到京城，田昌便在京城最大的酒楼樊楼订了一桌酒，邀请茶行成员单位悉数赴宴，大家商量的事情是今年的新茶如何定价。所以茶行起到垄断市场的作用，在自由经济时代，朝廷也没有办法对他们进行干预。

田昌在汴京有间店铺，叫田家茶铺。这间小小的店铺当然无法消化掉每年航运过来的十四五万斤茶叶，售卖茶叶主要还是靠批发给二道小商贩。汴京内有许多小商贩，他们资金有限无法直接从江南进货，只能做二手交易。这些小商贩有的开间店铺，有的则挑着担子走街串巷。田昌把茶叶批发给他们，为他们提供担保甚至赊欠，生意手法灵活，这些人俨然成了给田昌打工的分销员，所以田昌的茶生意是汴京乃至全国最好的。为了增加客户的黏合度，田昌还想出了个主意，就是做商标，把自己的茶叶与别家的区别开来。凡田家茶铺批发出去的茶叶包装上都画有一个图标，方框里一朵嫩绿的茶叶，茶叶的形状像个“十”字，组合起来便是田家茶铺的“田”。商标增加了商品的竞争力，当时茶叶本身就是奢侈品，许多挑剔的皇亲国戚、官宦贵族非田家铺子的茶叶不喝。

田昌是个没有太大欲望的商人，只想本本分分地把茶铺生意做好，等老了回到家乡过清闲隐逸的生活。不过几年后他还是捐了个官，宋朝大多数时期虽然没有公开卖官鬻爵，但走走关系、托托人情在某个高官府中做个幕僚还是比较轻松的事情。因为生意的缘故，田昌认识不少达官贵人，这些老客户都愿意帮忙，田昌就捐了，反正也不用上班，就是挂个空名。有了这个名头，营商环境改善了不少，比如太府寺是朝廷管理汴京商业市场的部门，茶叶经营执照（茶引）、度量衡的校验、税收都在这个部门。日常里太府寺官吏对商户横眉冷对，自从田昌有个官员这个护身符，偶尔还能看到他们热情的笑脸。

商人一般不愿意同官员打交道，因为弄不好便会家破人亡。

江南出产丝绸纱绢，萧山商人郑某专门做纱绢生意。这一天，郑某接待了一位特殊的商人，那就是杭州知州孙沔。北宋商业发达，已经到了“全民皆商”的地步，即使朝廷官员和军队将领，也深度参与到商业活动中，成为“官倒”。孙沔任并州知州时做丝绸、纱绢、药品、纸张生意，派衙役到江南进货，出的是公差，办的是私事，整个衙门变成了一座大商行。后来改知杭州，到了富庶之地，更加如鱼得水。孙沔想买郑某的纱，郑某不知对面坐的竟是知州大人，把价钱抬得很高，并且没有商量余地。这让孙沔恼羞成怒，便开始使用下三滥手段，以势压人。他派手下衙役秘密调查郑某，将他的家族、亲戚、成长经历翻了个底朝天，终于发现郑某有偷税漏税行为，孙沔小题大做，把郑某发配到边疆，家产充公。

比起许明，郑某的命运还算好些。许明做的是珠宝古董生意，手里有一百颗大珍珠，成色极好。孙沔得知消息，便让小舅子出面购买。有郑某的案例在先，许明忌惮孙沔，任由对方出价，以利润换平安，最后以三百二十贯的极低价把珍珠卖给了孙沔。然而孙沔得寸进尺，他又看中了许明手中另一件更值钱的宝贝，那就是唐代画家郭虔晖的作品《鹰图》。孙沔想买《鹰图》，这已经触及了许明的底线，许明无论如何不肯出手。孙沔再次用同样手段对付许明，他查到许明小时候有个乳名叫“大王儿”，便无事生非：“只有皇上才能册封王侯，许家岂能自封为王？这是谋逆啊！”许明竟因此获罪刺配充军。

当然，宋朝整体上对商人宽容，认为商人能为国家增添财富，不再被列入“贱民”，有科举和做官的权利。商人也通过种种渠道回报社会，不乏义举。

洛阳商人胡和叔家财万贯，他的儿子娶了张氏之女。张家也是巨富，家中没有男孩，打算把家产让胡和叔的儿子继承，胡和叔对儿子说：“大丈夫不能见利忘义，何况我们家已有花不完的钱财，张氏的家产不如分给他的亲戚们吧。”竟拒绝了张氏的好意。

邛州茶商张子履每年要做百余身衣服送给孤寡老人，下雪天挨门挨户叩问有没有饥寒不能过冬者。有一年遭遇灾害，张子履把茶场抵押出去救济灾民。汴州药商陈靖，每年把经商利润散布给穷人，自己分文不得。

除了扶贫济困，商人更是积极投身于公益事业，宋英宗年间，长乐女商人钱四娘捐款兴修水利，但由于技术原因，水利工程失败，懊恼的钱四娘竟投水自尽。到了神宗年间，同乡卖酒的商人李宏再次捐款修建池塘，他吸取钱四娘的教训，找懂工程的和尚冯智日进行设计监工，终于完成了钱四娘遗愿。

商人得利而不忘义，大多有不错的结局。莱州人李用生于商贾之家，一生与名利为伍，六十一岁安然长逝，但他的心中别有洞天，生前无奈，只好反映到死后的墓葬上。他给自己修建坟墓，墓壁绘上色彩艳丽的图画，有仕女、有舞蹈、有散乐，抒发了生前的艺术情怀。墓壁上还有四首七言绝句，其中一首云：“男儿未遇福如何，落日烟村信骋驰。唯有深思与旧恨，翻峰未肯等闲君。”未遇指没有能进入仕途，落日烟村指商人羁旅行役的漂泊生活，这里有墓主的深思与旧恨，也道出了北宋商人的成功和遗憾。

六

最是仓皇辞庙日

远交近攻

公元 1111 年，北宋使团在辽国圆满完成出使任务，离开辽国燕京到达卢沟河时，一位辽国官员求见使团副使童贯。童贯傲慢地对门吏说："阿狗阿猫也想见本官？轰走就是了。"门吏不敢多嘴，去了一会儿又回来，再次通报："那人说有奇计能够收复燕云。"童贯本是宦官，宋徽宗赵佶在西北用兵，任用他担任监军，打过几个胜仗，赵佶便授予他实职。此后童贯节节高升，如今已是北宋军队的掌门人，在朝中权势仅次于蔡京。童贯既以军功显赫于朝廷，面对"收复燕云"的诱惑当然激动万分，马上传令会见来人。

来人名叫马植，原是在辽国做官的汉人，因受排挤决定投靠宋朝。马植开门见山："我这见面礼大得很，太尉可要重视呀。"童贯老奸巨猾，不动声色地说："我朝与辽国已百年和好，你就不用挑拨离间了。"马植微微屈身："不敢。或许当今圣上会有兴趣。"童贯端详良久，见他神色镇定，胸有成竹，便道："把你想说的说出来。"马植反守为攻："太尉可知道女真？"童贯沉思一会儿："我听说他们在东北千里之外。"马植："是的。他们属辽国黄龙府管辖。""但这与燕云十六州有什么关系？"童贯有些泄气。马植只好进入主题："我看女真人不久必反！"童贯是聪明之人，略一思索已知马植话题所向，但颇有疑虑地问："辽国这么强，他们即便反叛，能有什么作为？"马植阴险一笑："辽国看似庞然大物，其实已垂垂暮年矣。只要大宋联络女真，给予资助，到时候与女真分享辽国土地，还怕得不到燕云吗？"童贯脑子转了几个弯后，立刻意识到这是一个建立功勋、升官加爵的大买卖，值得一赌，于是击节叫好，将马植带回了北宋。

马植无疑是一颗动能十足的石子，在大宋朝堂这个湖泊里溅起巨大的水花。朝堂立刻分成两派：远交近攻派和唇亡齿寒派。

太宰郑居中说："我大宋与辽国是有盟约的，现在弃之不论，生造事端，这算良策吗？"

蔡京："每年给契丹五十万银帛，难道还没有厌烦吗？"

郑居中："如果打起仗来，五百万也不是尽头！况且百万生灵涂炭，你们忍心看到这样的惨状吗？"

童贯："收复燕云是太祖太宗以下历代先皇之宿愿，为人臣岂敢忘记？"

郑居中："仁宗皇帝签增币誓书时，没有与辽国讨论燕云地区的问题，百年之后再提起，没有这个必要了吧。"

童贯："神宗皇帝雄才大略，推行改革，就是为了平灭西夏，收复燕云。"

神宗之后，旧党以仁宗为标杆，讲究的是不扰民，不折腾，无为而治；新党以神宗为楷模，追求的是拓疆土，平天下，建立伟业。二者出发点不同，实施的政策自然有异。每当太后垂帘都欣慕仁宗，皇帝亲政又绍述神宗，这也是北宋后期朝政反反复复的原因。现在追溯到两位先皇，双方已经没有办法辩论下去了。

知枢密院事郑洵武从另一个角度表示温和反对："建国之初，以太宗之神武，赵普之谋略，曹彬、潘美之将才，尚不能收复燕云，我们难道强过他们吗？"这话不合逻辑，却让赵佶等无言以对，赵佶总不能大言不惭说自己比祖宗更强吧？虽然心里一百个不情愿，也只好表态以后再议。

童贯担心赵佶被郑居中等人说服，散朝之后私下求见赵佶，说了一句话便让赵佶下定决心联合女真，共同对付契丹。童贯说："太平盛世，陛下怎样才能做青史留名的圣主？唯有收复故土！"赵佶生平喜好书画花石，不太留心政事，但决不意味着他甘心做一个平庸的皇帝。既然机会摆在面前，为什么不试一下呢？

第二天，赵佶下诏，将马植赐名赵良嗣，这传递了一个信号：这个人很有价值！至于联络女真，暂时先放在了一边，不是因为几个大臣的反对，而是宋朝和女真间隔着辽国，无法直达，况且女真势力还小，赵佶需要再等等看。

正如赵良嗣预料的那样，五年之后，契丹和女真形势发生了翻天覆地的变化。公元 1114 年，女真首领完颜阿骨打以二千五百人起兵，多次击败辽军，相继占领辽国宁江州、宾州、祥州等地，公元 1115 年，完颜阿骨打称帝，国号大金。面对女真蓬勃发展之势，辽国天祚帝耶律延禧打算亲征，谁料关键时刻辽国发生内乱，反而让金国乘势扩大了地盘，到公元 1116 年，金国已经占领了沈州和辽国东京辽阳府等东北平原的广大地区，向南势力达到了渤海湾。这时，宋朝已经具备直接联络女真的客观条件了。

公元 1118 年，赵佶正式派使团走海路出访金国，联系联合灭辽事宜。使团多达八十余人，大部分由武官和士兵组成，正使叫马政，同行的还有他的儿子、武进士马扩，翻译呼庆等。使团于闰九月上旬从山东登州下海，九月二十九日到达北岸，一下船就碰到了金国的巡逻兵。这些金兵从来没有听说过有宋朝，把他们列为不明身份的人，抢掠了他们携带的珍宝细软，还打算杀掉他们。后来呼庆等人不停地申辩，对方将信将疑，将他们五花大绑带着去见阿骨打。此时阿骨打尚在女真族腹地，他们辗转十几个州，历经半个多月才见到阿骨打。由于马政这次只是打前站，建立联系，并没有签订协议的任务，所以进展顺利，金国当然愿意有一个帮手对付共同的敌人。是年年底，阿骨打也派出使团回访宋朝。

公元 1119 年正月，金国使团抵达汴京，联金灭辽已箭在弦上，不得不发。朝野依然有一些反对的声音，赵佶均置之不理，写了封书信给阿骨打。这时出现了一个难题：这书信应该是对等的国书，还是上对下的诏书？自大的宋朝人认为金国还很弱小，一厢情愿地用了“诏书”，派直秘阁赵有开为使者再次出访金国。不巧的是，赵有开到达登州病死了，这时又误传了辽、金和好的消息，于是赵佶下令宋使停止访金，只让使者捎回了诏书。阿骨打见到“诏书”认为被轻视了，不予理睬，宋、金和谈第一阶段就这样不了了之。

又过了一年，童贯终于还是按捺不住立功建勋的强烈愿望，继续鼓动赵佶联金灭辽。这时朝鲜国过来一个使团，告诉赵佶女真乃虎狼之国，不要同他们联盟，还要积极备战，防止女真灭辽后挑衅宋朝。赵佶犹豫再三，最终还是没有抵挡住收复燕云、做“伟大皇帝”的诱惑，决定放低姿态，再派使团访金。这次任命的正使就是辽国叛逃过来的赵良嗣，是联金灭辽的积极推动者。赵佶赋予他很大权力，允许他便宜行事，根据情况直接同金国商定盟约。

公元 1120 年四月赵良嗣抵达辽州，在这里他刚好目睹了金军攻打辽国上京的全过程，见识了金国虎狼之师的战斗力。辽国地理形势特殊，燕山、阴山、太行山、大兴安岭等众多山脉将国土分割成交通不畅的几个碎片，所以辽国实行“五京”制，每个碎片上建立一个都城。北部内蒙古高原是契丹的发源地，建上京；在今内蒙古宁城县附近建中京，是辽国后期中央政府所在地；燕山南麓的幽州为南京即燕京；燕山以西、太行山以北地区设云州为西京；东京则设在沈州，已被金国占领。五月十三日，金国分三路围攻辽上京，只用了半天就攻下外城，守将见大势已去，只好投降。战争结束，阿骨打才抽出时间接见赵良嗣，骄傲地说：“宋国还敢小瞧于我吗？”

接下来的谈判艰苦而繁琐，需要一条一条进行磋商。磋商的焦点集中在三个方面：土地、金钱和夹击辽国的具体方式。

土地可以分解成三块：辽燕京及周边附属的州郡，称燕京地区；辽西京云州及周边附属的州郡，因在太行山北，称山后地区；还有燕京之东的营州、平州、滦州三州，称东三州。东三州历代都为汉人疆土，但在石敬瑭割让燕云之前已被辽国占领，在行政区划上与燕京也互不隶属，因此这三州情况更为复杂。阿骨打口头同意了燕云归属宋朝，但不认同东三州属于宋地。后来形成文字，阿骨打给赵佶的信上却写道：“赵良嗣等言，燕京本是汉地，若许复旧。”并没有写山后地区，因此山后地区成为两国不断争执的一个焦点。在商议土地的时候，双方认同人口附着于土地，比如中京的百姓到燕京避难，宋朝有义务将他们遣返给金国。

关于金钱，金国提出既然宋给辽有岁币，金国也当享受这个待遇。赵良嗣同意每年付给金国三十万钱帛，阿骨打说：“辽国占领着燕京，你们每年给五十万；我现在把燕京还给了你们，却减少到三十万，这不公平。”经过讨价还价，最后达成协议，宋给辽的五十万岁币全部转移给金国。这一项协议很无理，既然双方地位平等，又夹击攻辽，不知为何一方却要付给另一方岁币。当然从后来灭辽的过程来看，宋朝基本上没有出力，又另当别论。

关于作战方式，双方商定北宋负责攻打燕京，而金国从北面绕道前去攻打西京。双方还商定不允许单方面同辽和议。这一项由宋使提出，本意是担心金国中途反悔，孰料后来又搬起石头砸了自己的脚。

这是一次成果颇丰的出访，九月初赵良嗣回到汴京，赵佶当即写了回信确认双方的谈判成果，这就是所谓的宋金海上之盟。赵佶还通过备忘录的形式希望金国明确灭辽后应将山后地区交付给宋朝，为了这个问题双方又来往几个回合，但金国一直不予理睬。

如果宋朝只得到燕京数州，其西、东天堑依然缺漏，所谓燕山屏障形同虚设，这是北宋亡国悲剧的伏笔。

打不赢的燕京之战

正当宋金两国在谈判桌上频繁过招之时，一艘艘宋朝皇家轮船组成的船队穿梭于运河之上，往来于汴京、杭州之间，满载各式各样的花草树木、嶙峋奇石，将它们运送到皇宫之中。有时石块高大，竟要拆除城门才能进去。这些耗费巨大、生事扰民的花石却只是为了满足赵佶高雅的艺术情趣。

受文化昌盛的影响，宋太宗以后历任皇帝都好诗文书画。赵光义喜欢书写飞白体，当时钱币上的铸字就是他亲笔题写；赵恒尤善楷书，有晋人之风度；赵祯书写的《尚书》悬挂在迩英阁大殿中央，前来筵经的大儒赞不绝口。然而宋帝中艺术天赋最高的是赵佶，他的工笔画和自创的瘦金体书法独步天下，代表了宋代艺术的最高成就。

作为艺术家的赵佶自然喜欢与艺术有关的物品，除了书画就是奇形怪状的石头和姿态万千的树木。上有所好，下必甚焉。宦官童贯最初的发迹就是到江南为赵佶搜罗奇物珍品，蔡京与长子蔡攸也以此重返权力中心。江南大量奇石异木送到京城，送进皇宫，赵佶就建造一座万岁山，后来改名艮岳，专门摆放种植从各地运来的花石。蔡京位高权重之后，把搜罗、运送花石的美差委托给朱勔，朱勔更是变本加厉，借机搜刮民脂民膏，江南百姓苦不堪言。

公元 1120 年睦州方腊揭竿而起，仅一个多月就占领杭州，接着又攻陷了婺州、衢州、处州，最为富饶的江南弥漫在战火之中。后院失火，不敢麻痹，赵佶立即派童贯提兵江南镇压方腊，直到公元 1121 年四月方腊起义才被平息掉。方腊起义本身不算大事，但发生在最富庶的江南地区，让朝廷原本就不宽裕的财政更加捉襟见肘。

忙着处理内部事务，赵佶把宋金海上之盟的事搁在一边，几乎就淡忘掉了。而这段时间，金、辽都没闲着，两国形势又发生了翻天覆地的变化。公元1122年正月，金国夺取辽国中京，三月份攻打西京，一路摧枯拉朽，战斗过程简单粗暴，了无可述。这时的辽国仅剩下燕京地区，却依然内斗不断。

金人攻下中京时，天祚帝耶律延禧怕留在燕京或西京当了俘虏，便逃到了西北的夹山之中躲藏起来。燕京没有了皇帝的消息，转而拥立留守耶律淳为帝，号称天锡帝。耶律淳分析了当前形势，认为只有傍着宋朝这棵“大树”才能稍有安全感，于是派使臣到汴京，希望宋朝能承认他这个新皇帝。恰在这时金国也派来使者，一方面责问宋朝为何没有出兵，另一方面扬言要自取燕京，到时候土地全部归金国所有，宋朝的岁币也不能少一分一厘。这一下赵佶慌了，回绝了耶律淳，急忙部署北伐燕京的事宜。

公元1122年四月十四日，赵佶拜童贯为帅，总领河北兵马，兵力达十万以上。宋河北军几乎从来没有打过仗，宋朝背弃澶渊之盟，出师无名，加上军粮都是粗糙的秕谷，致使宋军士气低落，毫无战斗力。然而宋朝君臣对攻下燕京却充满信心，赵佶给童贯分析了三种可能：最好是燕京人民早主动依附，热烈欢迎宋军进城入驻；其次是辽军投降宋军，可以保留耶律淳藩王地位，保持高度自治；最下是人民不愿回归，辽人不愿投降，比较麻烦，只好示以武力。监军蔡攸临行前更是乐观地向皇帝请求：“等得胜归来，希望陛下将身边的两位侍女赏赐给微臣。”朝廷上下对战争一片敷衍潦草的态度，既不知彼又不知己，可谓未战先输。

二十三日童贯到达前线高阳关，将军队分成两路，西路由老将种师道率领，东路由辛兴宗指挥。辽军方面倾力御敌，大将耶律大石率两千骑兵进驻燕京西南门户新店，与宋军只有二十五公里，中间隔着两国界河——白沟河。

雄州知州和诜献媚童贯，说燕京人民早就盼望王师归来，只要宋军旗帜到达城下，燕京必开城出降。其实燕京已归契丹近二百年，对中原视若陌路，但童贯竟信了和诜，派两拨使臣前去说降，一拨到燕京，一拨到对面前线的易州，结果全被砍了头。童贯自恃兵多，命令种师道主动出击。五月二十六日，种师道在蓝沟甸这个地方从南岸过河，渡河未半，辽将耶律大石掩杀过来。宋军毫无作战准备，士兵看到对岸的辽军掉头就跑，种师道挥剑杀死数人也阻止不了，只好退回南岸。二十九日，耶律大石派使者谴责种师道违约，种师道本就不同意伐辽，支支吾吾无法应对。辽军趁机杀过界河，宋军退向雄州，中途风雨大作，士卒互相践踏死伤无数。次日，东路辛兴宗也被击败。

战局失利，童贯向赵佶上奏称先前情报有误，辽军十分强大，并把失败责任推给种师道，赵佶不辨是非，竟勒令种师道退休，童贯依然故我。第一次收复燕京的战争像一场闹剧匆匆收场，消息传到金国，阿骨打因此非常看轻宋朝。

金国也面临着尴尬的局面：要不要攻击燕京？如果不攻击被宋军拿下，向宋朝索要的五十万钱帛显得蛮横无理，如果率先拿下燕京，又违反了宋、金约定，到时候账怎么算？为此阿骨打专门派遣一个使团到汴京询问赵佶，并且夸大其词，说燕京已经派人请降，金军只是碍于海上之盟才没有答应，希望宋朝给个明确答复，如果宋军不占，金军就要率先进入燕京。赵佶一听慌了，朝堂上也乱成一锅粥，因为都不知道军队能不能顺利拿下燕京。赵佶进退两难，只好派赵良嗣和马扩再次出使金国，一方面承诺继续履行合约，另一方面强调要把燕云十六州一并归还给宋朝，企图靠讨价还价拖延时间。

这时燕京政权又一次发生变化。宋军五月败退不久，耶律淳病死，辽国内部立即分成亲宋和亲金两派。宰相李处温想投靠宋朝，却被权臣萧干杀死。萧干立天祚帝儿子耶律定为帝，立耶律淳皇后萧氏为皇太后，继续与宋朝对抗。驻守涿州的辽军郭药师部和易州高凤部因与萧干不睦，九月份率军向宋朝投降。郭药师部是辽国精锐，称常胜军，数量达一万多人。宋朝不费一兵一卒得到两个州的地盘和精兵强将，自然十分高兴，同时激起赵佶再次出兵收复燕京的雄心。

赵佶在飘飘然之中下令二次伐辽，依然以童贯为统帅，河阳三城节度使刘延庆具体领兵。刘延庆也是机会主义者，并没有认真备战，仍然把希望寄托在辽军投降、不战而胜上。由于涿州、易州已经得手，这一次宋军直接开拔到燕京城下，辽军则倾城而出，由萧干率领在城外十里的地方与宋军对峙。郭药师是一位战斗经验丰富的将军，看到辽军大队人马出城迎战，判断城内空虚。他提议率五千精锐奇袭燕京城，由刘延庆儿子刘光世作为后继负责增援。刘延庆批准了这个方案。晚上郭药师偷渡卢沟河，第二天黎明绕道攻入燕京城，直逼萧太后“皇宫”。郭药师派人劝萧太后投降，萧太后不为所动，顽强抵抗，并派人通知萧干回兵增援。城内宋军以为胜利在望，军纪不整，酗酒闹事，抢夺财物，结果被萧干的援军杀得丢盔弃甲，而刘光世的后继部队却杳无音信。最终入城的宋军只逃出四百余人，郭药师本人从城墙上吊绳才逃得性命。

萧干在敌我悬殊的情况下，故意放回一些俘虏，谎称将有数倍辽军前来增援，以举火为号。夜里火光亮起，龟缩在宋军大本营的刘延庆惊恐万分，以为辽军前后夹击而来，烧毁营寨落荒而逃，自宋神宗以来在边境储存的军械物资被丢失殆尽。

二次伐辽失败之后，宋军再也无法组织起有效进攻，燕京看似唾手可得，实则咫尺天涯。本来燕京已经握在手里，因为主将昏聩，部队各自为政，到手的胜利果实得而复失，在中外战争史上绝无仅有。仁宗之后，宋朝的部队只有西北军能战，当年狄青邕州平叛，凭借的就是西北羌兵，神宗、哲宗也是凭西北军才收复河湟、压迫西夏。收复燕京是举国大事，赵佶、童贯以为辽军已是穷途末路，企图不战而胜或者侥幸而胜，以至于数十万军队不能胜万余残军，不但成为辽军笑柄，更被金国所不齿。

买来的胜利

宋、金联合灭辽，始终有军事和外交两条战线在同时交错进行，一刻也没有耽搁。

第二次攻打燕京前，赵良嗣和马扩到金营继续谈判，他们的谈判对手是阿骨打次子、号称“二太子”的完颜宗望。

完颜宗望首先谴责宋朝屡次三番拖延合约，比如没有按期夹攻辽国，还有山后等地战争中逃过宋朝边境的居民没有遣返等，最后威胁宋朝说金军将直接拿下燕京。赵良嗣据理力争，说明双方都有爽约，如果金国径取燕京将得不到岁币。谈判一度不欢而散。郭药师进入燕京后，金国探子以为大局已定，把这个消息带了回来，后来辽军反败为胜，金国却没有及时得到消息。完颜宗望以为燕京归属已成事实，便同意燕京地区归宋，但山后地区归金，岁币依旧。金国修了一封国书派使者和赵良嗣一起回汴京，而把马扩作为人质留在了金国。

军事战场上，童贯第二次失败后不敢向赵佶报告，只好依靠金国帮忙。童贯和蔡攸竟秘密派人经从太行山小道到金营请求阿骨打出兵。金国正有意染指燕京，这下顺水推舟，满口应承下来。

阿骨打出兵的时候，也正是赵良嗣带着金使到汴京的时候。十一月二十五日赵佶接见金使，然后让宰相王黼具体负责会谈。会谈内容包括四个部分：燕京地区，山后地区，东三州，岁币问题。

这一次宋朝改变了态度，同意暂时将山后地区搁置起来，但要求金国将东三州归还，岁币不减。对于宋朝国土安全来说，东三州比山后更为重要，因为那些地方都在关口即现在的山海关之南，如果不能拿回东三州，中原地区依然大门敞开。十二月初三赵佶回信给金国，并标榜宋朝坚守与金友好，声称燕京来降宋朝都没有答应。其实耶律淳曾向金国投降，阿骨打回话说我们已经决定燕京归宋，你们还是向宋朝投降吧。另外赵佶不知道的是，三天之后燕京即将易主金国。

十二月初五，金军应童贯之请跨过燕京北方要隘居庸关。阿骨打得意地对扣留的宋使马扩说："辽国土地我已经占领了十分之九，本想留一个燕京给宋朝。当下燕京四面受敌，只是一座孤城，宋军怎么就攻不下来呢？"马扩只好搪塞说胜负乃兵家常事。阿骨打感慨道："燕京是汉人故土，我本有意让你们拿去，分界完毕就回会宁府安享晚年，现在看就是个操劳的命啊。"会宁府是金国的都城，后来称上京。军队到了燕京城下，阿骨打又对马扩说："燕京是要给你们的，汉人归宋，其余的归金，我现在要派人前去招降，你敢不敢一起去？"马扩本是武官出身，曾出使辽、金，见过大场面，经历过大风险，当然不会退缩。然而就在这时传来消息，城内萧干已经护送萧太后逃走，群龙无首，辽人打算投降了。

第二天，辽国在燕京的官员列队出城，站在一处空地上向阿骨打朝拜，山呼万岁。由于没有遭遇任何抵抗，阿骨打赦免了所有官员，和平接收燕京。宋金联合军事战线上的斗争至此基本结束，而外交战线上的斗争日趋激烈。

赵良嗣到达金营是十二月十五日，照例一番唇枪舌剑，不过金人既然已经将燕京收入囊中，宋朝又没有强大军力作支撑，谈判桌上没有筹码，无论怎样努力，到头来还是难以避免任人宰割的命运。当赵良嗣提出金国应把东三州归还宋朝时，阿骨打怒道："如果宋朝再提这样的要求，连燕京也别想要了！"然后把赵良嗣晾在一边不予搭理。几天之后，金人把拟好的国书交给赵良嗣，告诉他带回去让宋帝签字就可以了，没有讨价还价的余地。赵良嗣打开国书，上面写着：山后地区、东三州归金，燕京还宋，但要把每年土地上产生的租税留给金国。换句话说，燕京是金国的，交给宋朝代管，每年缴纳租金。

赵良嗣已经无法与金国对话，只好拿着国书会同金使返回汴京。宋朝君臣看到国书颇为震惊，没有想到联金灭辽的结果跟海上之盟的初衷相差这么远！赵佶愤怒达到了极点，但有什么办法呢？从第一份国书起，金国就没有答应归还山后地区和东三州；关于燕京，自己的军队不争气，到嘴的肥肉吞不下，怪谁呢？愤怒之后面对现实，赵佶决定还是答应金国的条件，在“租金”的多少上进行讨价还价。最后宋朝君臣商定在先前五十万岁币的基础上再增加二十万，这七十万包含了岁币、租金等所有项目。金使李靖感觉宋朝君臣挺好说话的，于是额外又提要求，岁币从公元1122年开始计算，这样宋朝又多支出五十万。

宋、金两国使臣再次返回金营的时候已经是公元1123年正月。赵佶这样大方的承诺仍然没有得到金人的认同。金国接待大臣完颜希尹给赵良嗣算了笔账，参考往年收入水平，燕京每年租税总额竟算到六百万贯铜钱，等价于六百万两银子！这真是个天文数字！最后金国“格外开恩”，每年只要岁币五十万两银子和价值一百万贯的物资，至于什么物资由金人说了算。

金人要物资不要金钱是有原因的，宋每年给辽岁币五十万，辽人拿着这些钱到边境榷场购买宋朝生产的物品，宋人通过赚取利润、征收营业税又把这五十万收回了一部分，所以辽国所得有限。现在金人只要物资，宋朝损失就大了。

金国已经厌恶与宋朝使臣频繁来往、无休无止地商议讨论，于是下了个最后通牒，以半个月为期限，答应就移交燕京，否则就算了。由于时间紧迫，赵良嗣、马扩将金国拟好的国书用快马送到汴京，二人在雄州等候消息。

二月初六，朝廷下旨同意金国方案。协议即将达成，赵良嗣、马扩却没有一丝喜悦，反而有负罪的感觉。马扩说：“要不再争取一下山后地区？”赵良嗣怪马扩多事：“陛下都同意了，我们还有什么可说。如果贸然再提要求，惹怒了金国，撕毁了协议，我们可担当不起。”然而马扩被留作人质期间与完颜阿骨打相处得不错，他是武进士，骑马射箭样样精通，金人对他高看一眼。马扩壮着胆子向完颜希尹提出山后问题，完颜希尹什么话也没说，扬长而去。

宋使在焦虑不安中等待了三天，完颜希尹终于慢腾腾地踱着方步出现了。他对赵良嗣、马扩一脸堆笑：“恭喜二位使者！我把你们的意见向大金皇帝转达了，他同意把山后归还给你们。”赵良嗣、马扩互相对望一眼，确认自己没有听错，向完颜希尹道谢。完颜希尹制止道：“先别忙，还有下文，一是我朝只能给你们土地，百姓我们得迁走；二是贵朝需要付一些搬迁费。”赵良嗣和马扩又担心起来，询问具体数目，完颜希尹回答说：“三百二十万即可，一次付清，不用每年支付。”赵良嗣和马扩这才稍感欣慰。原来，金人觉得山后太远，统治不便，不如金钱实惠，就同意了宋朝的请求。

二月二十八日，金国派出以宁术割为正使的使团到汴京安排签署协议的事宜。宁术割在汴京花天酒地、好吃好喝还不满足，向朝廷索要赏赐，先是开口要二千栲栳（一种容器）绿矾，又要士兵攻取云州的劳军费。赵佶一出手就赏了二十万，暗地里却抱怨金使贪得无厌。在金使的催促下，赵佶写好协议，文本后面还要指天发誓，永不食言，因此称作誓书。誓书写好，两国使者返回燕京等金国签署。金人却百般挑剔，说字迹不工整、格式不规范等等，如此又返工三四次方才“过关”，就像老师批改学生的作业一样。

只剩下阿骨打签字的最后一关，金人却再生枝节，又出一个让宋朝十分尴尬的难题。金人指出，誓书规定双方不得收留对方人员，不得收纳对方叛民，既然如此，过去投降到宋朝的辽国官员也应该移交给金国。金人还列了一份名单，上面赫然写着张钤、赵温信、韩昉等人，他们都是辽国的名臣高官。赵良嗣推说这几个人不在宋境，金人劝他说：“为这三两个人坏了大事不好。”赵良嗣回到雄州向河北宣抚司要人，河北非常为难，辽臣既然选择投降宋而不是降金，就是希冀得到宋朝的保护。然而赵良嗣再三催促，宣抚使无奈只好将原辽国谏议大夫赵温信押解给赵良嗣。赵温信跪在赵良嗣面前乞求不要将他送到金国，赵良嗣说：“本朝也不想把你遣送，无奈金人点名要你，我们不能为一人兵戎相见。大丈夫生死有道，生是一介小民，死了还是一介小民，借你一条命消解两国兵祸，也算为社稷做出贡献了。”令宋使大跌眼镜的是，赵温信到金后并没有被处死，完颜宗翰还亲自为他解绑并授予官职。

金人又提出金辽战争时逃到宋境的人口也应遣返，但宋朝实在无法甄别，后来商议以燕京人口替代，金国由借此劫掠走三百多户，都是燕京富户和社会精英。

至此，宋朝终于可以拿到燕京这座“难民营”，完成“收复燕京”“一统天下”的梦想了。

大宋“全盛”时

雄才大略的宋神宗一生不甘，最望尘莫及的莫过于收复燕云，所以他留下“收复燕云者封王”的遗训。现在赵佶终于收复燕云，虽然得来并不光彩，但打碎牙齿往肚子里咽，对外还是要庆祝一番。

庆祝的首要仪式是加官晋爵，对收复燕云有关的人员几乎全部封赏。封赏最高的是宦官童贯，先封豫国公，又封广阳郡王。宋真宗以来，除外戚之外的异姓王只有童贯一人，连王安石这样的帝国砥柱也只是身后追封为王。童贯的搭档蔡攸封少师，负责与宋使谈判的王黼晋封太傅。宋使赵良嗣封延康殿学士。

在与金国谈判过程中，赵良嗣深感宋朝之弱、金国之强，已经心灰意冷。他预计燕京只有两三年的和平光景，因此上疏：“请许我辞官，买田归农，将来有人看见我在耕种，指着我说‘这是平燕的首谋，现在不图富贵，真乃天下美事。’”他连上三道奏章表达隐退的意愿，但赵佶不许。同赵良嗣一样不愿受封的还有反对联金灭辽的郑居中，他自陈无功，不愿蹚这蹚浑水。宋使马扩被晋升为和州防御使，他预感到金兵必有南下的那一天，多次上疏呼吁加强战备，完善燕京防务，还给燕京算了笔经济账，提出具体防备措施，可惜在一片喜气洋洋的嘈杂声中，没有人愿意听。

东汉大将窦宪大破北匈奴，登上大漠深处的燕然石，勒石记功，自此历代开边拓土都有勒石的习惯，好大喜功的赵佶也不例外，命尚书右丞王安中作《复燕云碑》，以纪念收复燕云的不世功勋，刻成石碑竖立在延寿寺内。

接着，赵佶将燕京改名为燕山府，任命王安中知燕山府，中山安抚使詹度和常胜军统领郭药师同知府事即任副知州。在王安中上任前，赵佶将拿出宫中大量珠宝古玩嘱咐道：“要把官署修整布置得奢侈豪华，足以震慑金人的嚣张气焰，让他们对大宋佩服得五体投地。”有以道义折服人的，有以精神折服人的，有以武力折服人的，有以才学折服人的，赵佶独以奢华让人折服，不知是黔驴技穷，还是独辟蹊径。

宋金约定公元1123年四月十一日进行交接，但宋朝官员到达卢沟就不敢前行了。此时宋军在雄州，不敢造次，不知道该怎样入城。十三日，赵良嗣、马扩从燕京回到雄州，宋军将赵良嗣放回汴京，留下马扩作为向导带他们进城交接。十四日军队和官员分期分批入城，第一批是宋军姚平仲部，马扩同行；第二批李嗣本率领的五万名河东军；第三批是种师中、杨可世率领的陕西军；同时郭药师的常胜军从新城方向入城，可以算是第四批；第五批是童贯、蔡攸的帅营，敲锣打鼓营造喜庆氛围；压后营的是马公直的河北军。宋军有条不紊彰显素质，但其中一个插曲又让人啼笑皆非：郭药师的常胜军无论长相还是打扮都还保留着北方人粗犷的风格，已经入城的河东军远远看到他们以为是金军，吓得掉头就跑，后来好生安抚才稳住阵脚，终于恢复了秩序。

燕京城已经被金军抢劫一空，又强迫百姓搬离，所以留下来的百姓非常期待宋军，他们走上街头列队欢迎，争相目睹富裕丰足中的宋人是如何温文尔雅，气质高贵。然而郭药师的常胜军还保留着辽国军队的习惯，进城就放纵士兵劫掠，让本来满目疮痍的燕京雪上加霜，百姓纷纷逃离，房屋十室九空，荒草没膝，狸鼠出没，全然没有了北方第一大城的往日风采。

十九日，交接工作再生波澜。已经撤走的金人送来燕京地区地图，同时带来完颜阿骨打的圣旨。宋朝官员该怎样接金国皇帝的圣旨，因为没有先例，众人茫然无措。金使要求跪拜，童贯、蔡攸等不愿受辱，自然不肯，局面有些僵持和尴尬。这时马扩出来打圆场，说按理应该跪拜，不过可以灵活处理，比如宋朝皇帝如果给完颜宗翰这样的将领写信，也不需要跪拜。金使觉得有道理，为了避免将来金人难堪，没有再坚持。

在燕京待了不到十天，童贯、蔡攸就急忙撤走了。他们知道燕京毕竟是是非之地，不可久留。大统帅走后，燕京守卫进入常态，由詹度负责城中守备，郭药师的常胜军和一部分河北军则负责燕京周边各关隘如居庸关、松亭关的防守。詹度送别童贯时，还即兴赋诗一首："长亭春色送英雄，满目江山映日红。"宋人的兴高采烈、得意忘形由此可见一斑。

过了一段时间，赵佶大约得知童贯邀请金军攻占燕京的内情，颇为不满，责令童贯告老辞职，任命另一名叫谭稹的宦官为河北河东燕山府路宣抚使。谭稹的主要任务是负责接收山后地区。山后地区包括云州和武、应、朔、蔚、奉圣、归化、儒、妫等八个州，云州在辽时称云中府，这样就是一府八州。金人虽然勉强答应了归还山后地区，但又以辽国天祚帝耶律延禧还未抓获为由，没有同燕京同时移交。现在金国朝廷都已返回东北，交接事宜沟通起来更加困难。

谭稹七月到达太原，派人到各州府招降。与宋境接壤的朔、蔚、应三州位于山后地区最南端，三州以为早晚要回归宋朝，便易帜投降。谭稹将这几个州组建宁朔军，派河东将领李嗣本驻守。此时金太祖完颜阿骨打在返回上京的途中驾崩，其弟完颜晟继位即金太宗，金人无暇西顾。由于有耶律延禧这个死敌在，金人也不愿过早与宋朝翻脸，因此默认了朔、蔚、应三州反叛，并将武州也移交给宋。这样宋朝占据了山后四个州，不足一半。

金国最初起兵只是因为与辽有仇，他们的终极目标是灭亡辽国，并没有打算长期居住在燕云及辽东，更没有南下的意图。阿骨打年事已高，有着浓厚的乡愁，身体又病得不轻，战事未了就急于回鸾。但金国的新生代马上适应了燕京的花花世界，不愿再回到白山黑水的苦寒之地。他们一得到燕京就在辽国官员的帮助下建立了一套完善的礼仪制度，迅速汉化，更愿意过宋人那样的生活。

所以回鸾途中，完颜宗翰等金军骨干与阿骨打及后来继位的完颜晟有着一番激烈的争论，完颜宗翰说："宋人多次爽约，况且山后地区战略价值巨大，西部地区还不安宁，如果失去对山后的控制，将来这里可能会重新崛起军事势力，威胁我国的统治。”主张不能放弃山后，伺机重新夺回燕京。但阿骨打略显苍凉地说：“既然签订了盟约就不能轻易背弃，我这一辈是不会再对燕云用兵了。至于我死之后怎么办，那是你们的事情，我就不管了。”完颜晟也不愿背弃阿骨打生前意愿，最后双方各自妥协一步，将山后部分地区移交给了宋朝。

对于金国新生代的想法，除了赵良嗣和马扩，宋人懵然无知，也没有人愿意去倾听、研究、防范。在君臣心日中，人宋达到了建国以来的极盛时期，至公元 1123 年底，向北拥有燕京地区、山后部分地区，向西部和西北占领了河湟地区，控制了西夏横山之地，将西夏压制到夏州以北。现在的领土之广，太祖太宗时没有达到，仁宗神宗时也没有达到，历代先祖的梦想在他们手中得以实现，人们无不陶醉在祖宗不及的盛世当中。

但开疆拓土之后便是无尽的麻烦。宋朝收复燕京和山后部分地区花费巨大，况且满目疮痍，又需要养大量士兵、官员，这些地区远远不能自给自足，只好从河北、河东、山东等地调取粮草，由于路远道阻，加上人工运费，粮草到达目的地损耗十之八九。河北等地本身就不富裕，仅仅一年时间这三个地区就被掏空了，再也无法供给燕云。赵佶只好下令从其他地方补充筹集，他给江南、湖广、福建、四川等地每人加收三十贯“免夫钱”。朝廷的解释是，燕山之役天下人都应该前去效命，后方既然没有上前线，就要用钱弥补。凡是不交“免夫钱”的，一律军法处置。尽管如此仍然杯水车薪，赵佶又把眼光投向官僚富绅，向宗室、皇亲、宰执进行摊派，之后延伸到道观、寺庙，让他们向国家捐献。所有能够攫取的钱财一个也不落下，最后募得二千万贯，但由此造成四海怨愤，民众生活更加困苦。

就像地基不牢，大厦盖得越高越容易坍塌。大宋“全盛”时期败象日趋明显，此时离它灭亡只剩两年而已。

反目成仇

有识之士大多能感觉到宋金关系岌岌可危，随时可能反目成仇，但谁也没有料到竟来得这样快。

东三州里平州地理位置更为重要，是辽国辽兴军驻地。金国进攻辽国时，当地民众趁乱杀死了节度使，节度副使张觉抚平叛乱，州人推举他主持军政。耶律淳称帝后，张觉预感到辽国必败，招募五万青壮年充实军队，开始不受燕京节制，做起了土皇帝。萧干曾派人充当节度使，被张觉拒之门外。

金人攻下燕京后，准备一举拿下东三州，这时有位叫康公弼的大臣向阿骨打进谏说，张觉虽然狂妄，但缺乏智谋，成不了大事，不如先稳住他，等与宋朝的账算清楚之后再慢慢图谋。阿骨打同意了他的建议，派他去招降，封张觉为临海军节度使、知平州事，依然保持了东三州半独立的形态。燕京归还宋朝后，金国还把平州升格为南京，加张觉同中书门下省平章事，与宰相平级，凸显平州的战略地位。

阿骨打在回会宁府途中去世，辽国主战势力占据上风，新皇帝完颜晟将康公弼等几个辽臣打发到平州，欲经营西南，加强陪都建设。这时，从燕京被金国强行迁到平州的一些大户担心继续向东北迁徙，撺掇张觉说："听说天祚帝在西边最近有所动静，不如杀掉康公弼他们，归顺宋朝。如果金军卷土重来，我们内有五万兵力，外有宋朝援军，还怕守不住平州？"张觉本来对金国就是虚与委蛇，一门心思联合耶律延禧残部恢复辽国，于是听从了这些大户的建议，将康公弼等四人抓起来，公布四人拥立耶律淳、不守燕京、取悦金人等十大罪状并斩首示众，公然脱离了金国统治。

张觉知道单凭自己力量对付不了金国，而耶律延禧对他来说也是远水不解近渴，于是张觉便派人游说燕京王安中试图投靠宋朝。兹事体大，王安中不敢擅自做主，便将张觉派来的使者李安弼等送到汴京面圣。

赵佶像拿到了一只烫手山芋进退两难：接纳张觉意味着背弃了宋金海上之盟；然而东三州太有诱惑力了，宋朝曾跟金国费尽口舌而不得，现在送上门来难道不是天赐良机吗？朝臣们对此事大多不置可否，当时极力要得到东三州的赵良嗣现在却明确表示反对，认为以宋朝现在的实力，承受不起背弃联盟的后果。赵佶思前想后，最终抱着侥幸的心态耍了个小聪明，想了个“折中”的办法：暗地里接纳张觉，表面上佯装不知情。

金国闻知张觉杀了四位大臣，派三千人马，于六月二十一日到平州兴师问罪，发现平州城防坚固，便在城门上写下“今冬复来”几个大字匆匆退去。张觉见金国退兵立刻谎称大捷，派他的弟弟到汴京请功。

赵佶大喜，当即授予张觉泰宁军节度使，赏赐银绢数万，让李安弼带着敕命诏书到平州宣布，另外用金花笺写了一封私信让张觉的弟弟转交。大约赵佶自诩字写得好吧，在外交内政上经常能看到他的亲书御笔，但往往弄巧成拙，或成为通敌证据，或被视为外交笑柄。

赵佶自以为聪明，然而人算不如天算。七月十日张觉率百官到城外迎接敕命诏书，正当李安弼展开诏书将要宣读之时，忽见黑压压大队人马飞驰而来。原来早有探子报知张觉今日出城，阿骨打次子完颜宗望亲率十万大军对平州发动了突然袭击。金军首先将张觉与平州城隔开，然后骑兵直奔张觉掩杀过来，张觉猝不及防，无力应战，拍马向燕京方向逃去。慌乱之中宋朝的敕命诏书悉数落入金人手中。完颜宗望没有追上张觉，便将平州围住，同时分兵将城防比较弱的营州攻下。张觉的母亲、妻子住在营州城中，张觉的弟弟担心母亲安危，从逃亡燕京的途中返回，自投罗网成为金军俘虏，金军从他的身上搜出了赵佶的亲笔信。

金军掌握了宋朝勾结张觉的铁证却没有声张，他们还要演一场大戏。

平州城防坚固，金军从七月围困到次年年初才攻下。围攻过程中，不断请求燕京宋军支援粮草。因为有宋金盟约，加上宋人做贼心虚，只好帮助金军解决后勤困难。被困的平州城已是宋朝地盘，却不敢声张，更不敢增援。

平定了东三州，金人才开始向燕京索要张觉。按盟约，双方不得收纳对方人员包括百姓、官员、军人等。王安中使了个计策想蒙混过关，找一个相貌接近的人砍掉头颅送给了金人，然而金国在燕京也安插了密探，直接指出张觉改名赵秀才，混在燕京储藏兵器的仓库之中，威胁燕京说如果不送来，将提兵自取。王安中知道隐瞒不下去了，请示朝廷该如何处理。赵佶恐金人问罪，密诏杀死张觉，把首级用水银泡起来，和张觉的两个儿子一起送给金人，这起风波终于告了一个段落。

张觉事件的副作用几乎是致命的，不但授金人以口实，而且在宋军中产生了严重的消极影响。

郭药师也是辽国叛逃过来的，看到张觉的命运不由得兔死狐悲，悲愤地说："要是金人要我的头，是不是也会给他们！"由是产生了动摇情绪。宋廷意识到郭药师和他的常胜军已不可靠，万一造反没有其他军队能够挟制。童贯问马扩怎样应付，马扩回答说："河北只有常胜军能够打仗，这支军队不能解散。考虑到常胜军只有三万人，可以挑选十万人分三个方向驻扎在他的周边，既可以与他互相呼应抗击金军，又可以反制常胜军。"童贯采纳了他的建议，将河北地区分为四大战区，燕京只占其一。同时在山西组建义胜军，装备待遇超过了常胜军，这样常胜军一些士兵又偷偷投靠义胜军，宋军系统内部未战先乱，一盘散沙。

另一起影响宋金关系的事件是民众迁徙。东三州、山后金人统治区域的百姓都知道大宋富裕，特别是从燕京迁出去的居民留恋故土，纷纷逃到宋朝领地。金国指责宋朝违背协议收纳金人，不过当时没有边界墙，也没有身份证，预防、鉴别、遣返都非常困难，责任不在宋朝，但客观上让两国关系开始剑拔弩张。

公元1124年七月，金国负责西部事务的大将完颜宗翰亲临山后，首先怂恿西夏进攻山后的武州和朔州。谭稹率李嗣本奋勇抵抗，两军一时胜负难分。完颜宗翰见西夏难有作为，八月间亲自上阵攻下蔚州，两国初涉战火，拉开了交战的序幕。

消息传到京师，赵佶认为是谭稹措施不力所致，于是罢免谭稹，重新起用童贯。童贯到太原后仍然把希望寄托在外交手段上，竭力寻找外部资源，最后把目光锁定在辽国被打残的天祚帝耶律延禧身上，试图利用耶律延禧的剩余价值牵制金国。

耶律延禧逃到大漠深处的夹山之中，周围有沙漠和一摊六十里长的泥淖，除了契丹个别高层外，其他人只听说过夹山的名字，却不知道具体位置，所以金兵也找不到他，宋朝君臣当然也不知道他在哪里。不过赵佶有自己的办法，他找来一名西域僧人，御笔一封招降的手书，让他帮忙转给耶律延禧。耶律延禧已如丧家之犬，有人接纳自然不胜欣喜，急忙回话愿意归附，赵佶又许以宅邸千间，女乐三百人。这时的耶律延禧也许是回光返照，突然运气大好起来，阴山一个少数民族室韦部落借给他五万兵，大将耶律大石从燕京败退后也重新回到他的麾下。

有了一定的兵力、战将，加上宋朝这个外援，耶律延禧便跃跃欲试。再看金国方面，虽然找不到耶律延禧，但并不代表没有他的任何消息，他和宋朝往来次数既多，自然引起了金军的注意。狡猾的完颜宗翰决定引蛇出洞，故意放风自己要回上京，留完颜希尹代理山后地区。

耶律延禧得到消息，大约于公元 1125 年初倾巢出动，直扑云州，试图一举收复山后。辽军刚刚越过大青山南支的渔阳岭，完颜希尹带兵从身后横切断绝了辽军归路，完颜宗翰则率铁骑迎头痛击。耶律延禧的室韦兵虽然彪悍，怎奈金兵准备充分，风头正劲，这一仗打得耶律延禧全军覆没，只带少数亲兵慌忙逃窜。耶律延禧本打算逃到北宋，但路途遥远，山高水长，只好暂时逃到西夏避难。西夏不敢收留，耶律延禧被迫继续向宋境出逃，而金兵早已层层设防，在应州境内将耶律延禧抓获。耶律延禧的下属耶律大石因反对出兵攻金，独自带二百骑向西挺进，在今新疆、中亚地区建立西辽，享国八十八年。

耶律延禧虽然最后没有逃到宋朝，但与宋勾结让金人非常恼火，金、宋战争已不可避免。马扩出使云州时发现金国正在边境训练军队，敏锐察觉到战争即将爆发，劝童贯厉兵秣马，抓紧备战，但宋朝在赎买燕京后财力枯竭，已经无力支撑起一场大规模战争。在外交手段用尽之后，只能听天由命，祈祷祖宗保佑，上苍垂怜了。

皇位成了烫手山芋

宋金战争的阴云密布，不过宋朝这样一个庞然大物，土地广博、人口众多、国民富裕，金国心怀忌惮，不敢轻易言战。

公元1125年十一月，宋朝政府因为财政紧张，降低了山西义胜军的待遇，这些被宠溺惯了的军人便群起闹事，三千多人逃到了金国。不久，燕京郭药师的常胜军也有五百人向金军投诚。这些军人向金国报告宋军人心涣散，士气低落，不堪一击。来自宋军一线的消息令金人陡然振奋起来，对宋朝繁华盛世的向往又让他们欲罢不能，促使他们下定了伐宋的决心。

公元1125年底，金太宗完颜晟正式下诏两路伐宋：东路以阿骨打次子完颜宗望为统帅，从平州发兵，先攻燕京，然后一路向南，目标汴京。西路以宗室名将完颜宗翰为统帅，从云州发兵进入山西境内，先攻太原，然后向南出太行山，过黄河，直取洛阳，目的是掐断中原与关中的联系，防范宋朝最有战斗力的西北军增援汴京，亦防止宋朝皇帝避难蜀中。

十一月二十六日，东路军率先起兵攻打檀州，战争正式爆发。为了保卫燕京，新任燕山知府蔡靖派郭药师率四万五千人屯兵白河阻击金军，但他又对郭药师不放心，另派两位将军张令徽和刘舜仁协同作战。

十二月初七，宋军渡过白河列队与金军对峙，郭药师居中，张令徽和刘舜仁分列左右。一声令下，郭药师主动出击，常胜军各自效命，逼退金军三十里地，一直打到金军营寨附近。正当宋军胜利在望的时候，张令徽和刘舜仁忽然败退，左右两翼士兵如流水般向后溃散。郭药师孤军难支，暗叫不好，急令撤退。金军左右两翼得手，士气大振，紧追不舍，宋军损失惨重。郭药师等败退燕京城中，蔡靖找郭药师商量对策，郭药师对宋朝失望透顶，竟挟持蔡靖投降了金军。

十二月十日，金军占领燕山府并俘获七万士兵，缴获一大批武器粮草辎重。宋朝在短暂拥有燕京后就永远失去了这个城市。

再看西路。十二月三日，金使来到太原向宋朝宣战，告诉童贯完颜宗翰已经兴兵。童贯惊慌失措地质问：兴兵乃大事，怎么不事先商量商量？金使讥笑道："兵马都行动了，还有啥可商量的！"童贯一筹莫展，干脆走为上策，以当面向皇帝禀报为由逃离太原。太原知府张孝纯请求他不要在节骨眼上离开，童贯竟大言不惭："我是宣抚使又不是地方官，守土不是我的责任。"十二月八日童贯逃离太原，致使西路战线群龙无首。西路防守的有生力量就是宋朝新成立的精锐部队义胜军，本来应该给金军以迎头痛击，不料金军每到一座城下，总是义胜军竞相开门投降。金军轻轻松松拿下太原以北各州，几乎未遇到有效抵抗。

金军要推进到太原，必须过一个叫石岭关的隘口，东靠小五台，西连官帽山，山势险峻，道路狭窄，易守难攻，是扼守太原的咽喉要道。太原知府张孝纯派冀景防守石岭关，冀景畏难怕死不愿去，张孝纯又派耿守忠带八千义胜军协助他。冀景信不过义胜军，让耿守忠到石岭关以外迎战金军，自己在后面扼守关口。义胜军一出石岭关便失去控制，不向前迎敌，反而向石岭关回窜。冀景一看乱套了，干脆一走了之，耿守忠得到石岭关后，便顺手将它献给了金人。

太原之北的朔、武、代、忻各州以及附属崞县、石岭关等，无不是义胜军献降。朝廷用最好的待遇养了一群内奸，殊为可笑。十二月十八日，金军围太原，完颜宗翰又分兵一半翻越太行山，会同东路军加快进度挺进汴京。这一天，东路军到达保州，二十一日又围困中山府，但宋军竭力守城，金军一时没有攻克。

边境前线危如累卵，开封城内却乱成一团糟。赵佶理不出一点头绪，问左右"当如何？当如何！"集英殿修撰宇文虚中说：应该下罪己诏，革除朝政弊端，才能让人心回转。赵佶同意了。

历史上遇到天灾人祸，责任无处推卸时，皇帝才会下诏向臣民检讨弊政。赵佶此时真心实意反思自己过去的许多荒唐行为，让宇文虚中代自己草拟诏书。宇文虚中是一位责任心强烈的官员，对朝政得失了然于胸，得到赵佶许可，他将罪己诏在朝堂和汴京大街小巷四处张贴，朝臣和百姓纷纷表示这份罪己诏写得委婉沉痛、实事求是。诏书形容皇帝言路闭塞，任用奸佞，天天听的都是歌功颂德之声，丝毫没有体恤民情民生之意。指出皇帝扰民害民，苛捐杂税敛取天下之财；穷兵黩武，戍役过重造成战力松懈。痛斥皇帝骄奢淫逸，大臣尸位素餐，国家财源已被挖尽，谋利者还诛求不已；戍边士兵衣寒食饥，冗官冗将还在坐享富贵。最后表示百姓怨声载道，皇帝却一无所知，悔之何及！罪己诏用皇帝之口骂皇帝自己，可谓酣畅淋漓，但仍然提不出当下的解决办法，只能留给后人作为反面教材了。

面对如洪水猛兽般的金军，赵佶想不出办法御敌守土，于是心生一计，那就是撇清责任，南逃避祸。十二月二十日，赵佶任命皇太子赵桓为开封牧，按惯例皇子任开封牧意味着接班掌权，赵佶的本意是让赵桓监国，自己“巡视”江南。这时太常少卿李纲挺身而出，力谏赵佶禅位。不过李纲职位低微，并没有面奏赵佶的权利，他找到给事中吴敏，向吴敏分析形势：“如果皇帝南下，汴京就有大麻烦了！太子监国权力有限，关键时刻怎么能负担起抵御外寇的责任？！皇帝要走谁也阻拦不了，当今之计唯有说服皇帝内禅太子。唐朝安史之乱，唐玄宗逃蜀，太子即位于灵武才重新唤起人心。现在当仿效之。”吴敏深以为然。

十二月二十三日，吴敏请见赵佶，不敢直谏，假托说梦：“臣昨天做了个梦，梦见两片辽阔的水域，一北一南。水域之北是一座螺髻金身的佛像；水域之南是一山坡，人称太上山；两水中间有一铁笼，罩着一玉像，是孟子。”赵佶不耐烦了：“什么时候了你还有工夫啰里啰嗦，到底想说什么？”吴敏：“臣醒后寻思，佛像是金国，在水域之北；太上指陛下，当在江南；两水中间是汴京，孟就是大，孟子就是嫡长子，就是太子呀。臣不避死，斗胆进言，既然打算让太子守卫京师，就应该给他足够的权力，这样陛下才能够放心出游啊。”赵佶已经明白吴敏心思，说道：“我早有禅位之心，不如就现在吧。”当即召宰执大臣商议禅位之事，并明确自己信奉道教，禅位后不称太上皇，只称道君。然后赵佶又对宰执们说：“朕寻思既要禅位，不能不称病，否则会出大乱子。”宰执们只能颔首赞同。

黄昏时分，赵佶正跟宰执们说话，忽然一阵昏厥，拉着蔡攸的手跌坠于御椅之下。宰执们赶紧把他搀扶到宣和殿东阁，喝了太医开的汤药才苏醒过来。赵佶仍不能说话，暗示内侍拿来纸笔，用左手艰难写道：“我半个身子不能动弹，如何能料理国事？”群臣无言以对。赵佶又写道：“皇太子可即皇帝位，予以教主道君退处龙德宫。”然后让人传吴敏起草禅位诏书。吴敏自然早有准备，立挥而就。赵佶看过诏书，将其中的“朕”改为“予”，即宣诏太子进宫。

赵桓刚到病榻前，童贯和宰相李邦彦就把龙袍往赵桓身上披。赵桓不受，赵佶又颤颤巍巍写道：“汝不受就是不孝。”赵桓哭道：“我受了才是不孝。”赵佶又召皇后劝说，赵桓仍是不肯。无奈，内侍簇拥着强行推他到福宁殿即位，赵桓拼死挣扎，竟昏了过去。宰执们也顾不上那么多了，趁昏迷将他抬到龙椅上，匆忙宣布即位大诏。等赵桓醒来，生米已经煮成熟饭，只好于第二天召见群臣，内禅大戏才算收官。这一年，赵佶四十四岁，正年富力强；赵桓二十六岁，毫无从政经验。

赵佶逊位、赵桓继位都是无奈之举，大军压境，皇位成了烫手山芋，谁愿意在这个时候把自己放在火上烤，谁又愿意承担这亡国的骂名呢？

公元 1126 年正月初二深夜二更，趁夜色正浓，赵佶买棹东下，过宋南京应天府向南优哉游哉而去，随行有蔡京、童贯、蔡攸以及皇太后、皇子、帝姬（徽宗朝将公主改称帝姬）等。这一年，赵桓改年号为靖康，取“日靖四方，永康兆民”之意。这一天，金军正在渡过黄河。

保卫汴京

赵桓初登大宝，是为钦宗。他面临着刻不容缓的三个棘手问题，一是如何收复人心，二是战还是逃，三是怎样战。

十二月二十七日，赵佶退位第四天，太学生陈东上疏请斩民愤极大的蔡京、童贯、王黼、朱勔、李彦、梁师成六人，并称六贼。蔡京是徽宗朝在相位时间最长的权臣，打击元祐党人，操弄权柄，结党营私，贪婪自用。但是蔡京任内进行一系列财政金融改革，为赵佶穷奢极欲的挥霍提供了资金保障，所以深得信任。宋金战争爆发时，蔡京因老眼昏花，事实上成了幕后顾问。童贯曾经在西北有战功，联金伐辽后昏招迭出，又不修战备，造成当下被动局势，自然应当问责。王黼是宰相，同样应该对联金灭辽负责。朱勔、李彦都以搜刮民财而闻名，朱勔主东南，李彦主西北。梁师成是宦官，因为得宠，蔡京、童贯、王黼等争相攀附。

赵桓正要拿人祭旗，刚好借题发挥，把过去的朝廷腐败归罪于这六人，李彦、梁师成被赐死。王黼、童贯、朱勔先贬黜，半路托言遇到强盗被秘密杀死。蔡京病死在贬黜岭南的途中。

诛杀六贼只是表明新皇帝与弊政划清界限的决心，振奋人心，但抵抗金军需要的是实力和勇气。汴京能不能守住是一个必须考虑的问题，而事实上一帮宰执没有一人支持困守汴京，赵桓已经做好了撤离的打算。正月初四，赵桓正在延和殿和宰执们商量撤退的细节，李纲直接闯宫，求见天子。赵桓破例允许他列席会议，于是一场以一抵众的论战开始了。

李纲向赵桓说道：“道君皇帝把江山托付给陛下，您却只想着舍之而去，合适吗？”赵桓默声不语。太宰白时中阴冷地质问：“都城守得住吗？”李纲愤然：“天下城池，哪一座比都城更坚固？宗庙社稷、百官万民都在京城，能不舍身效命？”内侍陈良弼提出质疑：“城墙四周的楼橹年久失修，已经不能使用。城东樊家岗一带护城河淤积堵塞，又窄又浅，恐难以御敌。”

赵桓命李纲和蔡懋、陈良弼等一起前去察看护城河。返回后蔡懋奏道：“依臣之见，护城河确实难以起到防守作用。”李纲则说：“能不能守住都城关键不在这里。汴京城墙高峻，把精兵强弩布置到地势不利的樊家岗一带，防守绝无问题。只要坚守一段时间，各地军队必来勤王，还怕金军不退吗？”赵桓又问：“那么谁可为将？”

宰执们都不敢抬头，生怕点到自己。李纲慷慨说道：“大臣们享受着朝廷的高官厚禄，现在不应该挺身而出吗？”又点明白时中、李邦彦：“你们虽是一介书生不能冲锋陷阵，但抚驭将士、抗击敌寇责无旁贷。”白时中急得跳了起来，指着李纲说：“你自己怎么不出战？”李纲便向赵桓请命：“臣怎敢不已死报答厚恩！只是官卑人微，恐无人听命。”赵桓当即任命李纲为尚书右丞，总领汴京防务。尚书右丞相当于改制前的参知政事，即副宰相。

第二天上朝的时候，李纲见皇帝的銮舆停在殿前，禁卫军整装待发，朝臣们纷纷议论皇上要离京了。李纲知道事情有变，不再走正常进谏程序，而是来到禁卫军前，大声问：“你们愿意离开汴京吗？”士兵们齐声回答：“愿死守京都！”李纲这才拉着禁卫军首领去见赵桓，质问他：“刚才听见士兵们的心声了吗？如果执意出走，中途士兵逃归，谁来守卫陛下？陛下难道不知道唐玄宗马嵬坡一事吗？”这一问，问得赵桓心惊胆战，问得赵桓大梦方醒。李纲借机对朝臣们说：“陛下之意已决，敢再有异议者斩！”李纲明显在胁迫君主，但非如此无以保全国家，已经顾不上那么多了。

接着，赵桓登上宣德门城楼，勉励将士坚守城池，保家卫国，杀敌退寇，立功建勋。将士们的斗志被激发起来，高呼万岁，显示出众志成城、同仇敌忾的高昂气势。

接下来是艰苦的备战期。北宋时黄河过今河南鹤壁、濮阳至渤海入海。正月初三金军虽已渡过黄河，但到汴京还需要几天时间。李纲动员全城力量运砖石修补城墙，筑楼橹观测敌情，准备火油烧敌人的云梯，放置檑木对付敌人攀爬城墙，还要架设弩床、安放炮石等。他给每面城墙调拨一万两千名正规军，同时配保甲、居民协助城防。给宗室、宦官、巡捕、从官也都安排了任务，做到各司其职、有条不紊。他又组织四万兵马分成前后左右中五军，每军八千人。让后军防守最为薄弱的樊家岗，前军负责把守粮仓，其余三军作为机动留补城内。

正月初八，金军来到城下，汴京保卫战正式开战。汴京城内有汴河、蔡河等，城门有陆门，还有水门。金军率先乘几十艘船只顺汴河而下进攻西水门。李纲招募二千人敢死队，用蔡京家的石块将门闸堵死，又在水下设置木桩延缓船只行进速度。等船只到了近前，用长钩将船钩到岸边砸碎。金军第一波进攻失败。

初九早晨，金军进攻北边四个城门，李纲急调一千名大内神射手增援。战斗持续了近十个小时，金兵伤亡数千人，只好撤退。

两次战斗下来金军没有占到半点便宜，一旦宋朝勤王部队赶到，金军可能有去无回，时间在宋朝一边。完颜宗望着急了，派使者在城下喊话，要求谈判。李纲带使者去见赵桓，金使呈上完颜宗望的一封信，大意是赵佶背弃盟约才招来兵祸，既然新皇登基，一切好商量。赵桓自然高兴，立刻选派同知枢密院卿李棁为正使，郑望之、高世则为副使到金营谈判。李纲担心李棁软弱，请求亲自任谈判使，赵桓说："守城还要仰仗爱卿，不可去。"私下又对他说："爱卿性子太刚烈，不适合谈判。"

谈判几乎是在一边倒的形势下进行的，金人提条件，宋使倾听，郑望之尚敢反驳几句，李棁则唯唯诺诺。十一日使者回朝，带回金军的和议要求：宋付金犒军费五百万金子、五千万银子，缎、绢各一百万匹，马牛骡各万头，骆驼一千头，五监书（一监大约万余卷）；岁币增加到九百万；割让太原、中山、河间三镇。鉴于宋朝多次违约，金军提出要一名亲王、一名宰执作为人质。金对宋的让步则是放回俘虏的宋军将领。

在惶恐不安中度日如年的赵桓像抓住了一根救命稻草，当即满口答应。宰执大臣大多得过且过，只要能躲过眼下的灾难，以后的日子怎样过没有人去认真考虑，除了李纲没有人反对。皇帝签署了誓书，但派哪位亲王前去？这可是风险极大的事。好在康王赵构自告奋勇，与少宰张邦昌十二日一起带着誓书出城前往金营。

皇帝和宰执们根本没有计算过五百万金子和五千两银子是什么概念，等筹集这些金银的时候他们才知道这是不可能完成的任务。

赵桓把宫内所有的金银全部拿了出来，将蔡京、童贯、高俅等贪官全部抄家，然而，这些金银还只是九牛一毛。无奈之下，赵桓命所有宗室、贵戚、官员捐赠，将妓院、金银铺财产充公，查近年皇室有赏赐的一律退还，获得的金钱总数仍然与目标相去甚远。最终朝廷只好打百姓主意，下诏家中金银全部上缴，鼓励举报。朝廷还恐吓百姓：收缴金银是为了让金人退兵，若金军打了进来，男子杀光，女子掳走！二十日，经过盘点得到黄金三十万两，白银一千二百万两。赵恒只好派李棁、郑望之再次出使金营，请求以珠宝代替金银。金人答应了宋使的请求，并且很大方地将岁币减免到过去的水平，还免去一万头牛，金银缎绢也有所减少。

二月初一，赵桓让李棁和郑望之把能搜刮来的所有金银珠宝押送到金营一一清点移交。正当金军有可能撤退的时候，一件意想不到的事情发生了。自正月十五日起，各地勤王部队渐渐来到汴京城外，至月底已聚集二十万兵马，远多于金军。这些宋军营寨与金营相隔不远形成对峙。其中武安军承宣使姚平仲立功心切，二月初一夜率七千人马去劫金营，然而由于走漏了消息反中埋伏，损失一千多人。

劫营失利让和谈再生波澜，不过金军也意识到自己已经进入宋军勤王部队的包围圈，并且金国西路军在太原久攻不下，迟迟无法与东路军会师，金军随时有全军倾覆的危险。

二月十日，金人得到赵桓割让三镇的诏书，在没有得到足额金银的情况下自行撤军。前来勤王的将军种师道请求追击掩杀，赵桓和宰相李邦彦不许，金军得以从容离去。

卷土重来

完颜宗望得到大笔赔偿金退兵而去，但双方间的协议却还没有执行完毕。宋朝的一次性赔偿金还有欠缺，割让太原、中山、河间三镇还未到位。事实上，宋朝已经不打算履行割让三镇的协议了，因为这三镇太重要了。

太原是整个山西的定盘星，太原一失，山西就成了金国嘴边肥肉，随时会被吞噬。河间离古黄河已经很近了，失去河间意味着在宋河北地插了一把钢刀。中山即今定州市，在山西与河北相连接的要道上。这三个镇还控制在宋军手中，守将也不愿将城池拱手相让。完颜宗望回师经过中山、河间时，同行的割地使手持赵桓的诏书向城上喊话，城上士兵以石块和箭弩回应，金军只好悻悻而回。

太原的情况更能说明问题，完颜宗望与宋朝达成的协议并没有惠及金国的西路军，太原对赵桓的割让诏书同样置之不理，这让完颜宗翰十分恼火，大部队虽然撤离，围攻太原的战斗却一刻也没有停下来。宋朝既然决定不执行割让协议，就要想办法解太原之围。

五月，赵桓任命姚古率山西兵、种师中率河北兵增援太原。然而姚古又得到消息，完颜宗翰已经再次南下，因此宋军把主要精力用于防务，不敢贸然进军。种师中孤军深入，粮草不济，士兵大多逃亡，最后被金军击溃，种师中战死。

七月，赵桓任命李纲为河东河北宣抚使，负责统筹协调解围太原。然而李纲没有军队资历，也缺乏威望，各部队不听指挥，各自为战，难以形成合力。七月底，刘韐率河北军遭遇金军，被击败；八月，张灏、张思正、折可求等轮番与金军作战，均遭败绩。赵桓把李纲当作替罪羊，将他解职贬黜，离开了政治中心。

在解围太原同时，赵桓还办了一件蠢事。他听到谣传说降金的辽国旧臣耶律余睹过得不太顺心，亲笔下了一封“招降书”让人带给耶律余睹。谁知耶律余睹并无反意，将这封蜡书上缴给了金国朝廷。赵桓拙劣的行为激怒了金人，加上北方三镇迟迟不愿交割，八月十四日，金国再次兵分两路对宋朝进行第二次讨伐。两路军统帅没变，只是在统帅之上设立元帅府协调两路，由阿骨打的五弟完颜杲任元帅。

西路军的要务是攻克太原。女真民族善于骑射，攻城不是他们的强项。不过，金军一直在进步，他们从辽、宋降将那里学会了使用攻城器械，这让太原的攻守不仅是实力的比拼，也是智力的竞赛。金军用抛石机向城墙、楼橹发射巨石，守军就挂上糠布袋减小石块的冲击力。金军用云梯爬墙，守军用滚木和石块砸坏云梯。为了填平护城河，金军改进了一种叫“洞子”的运输工具。他们在车上安装巨木，蒙上牛皮，外面再裹以铁叶，人在里面就不用怕城墙上射过来的箭矢了。金军先在护城河里填木柴，而后覆盖草席，最后填土。等金军快完工时，守军将一种火灯放入其中，木柴和草席遇火则燃，金军几天的努力化为乌有。

这样下去金军无论如何是攻不下太原的，但太原城内也有致命伤——粮草吃完了。太原守军先是杀牛宰骡，然后吃树皮、草根，最后发展到人吃人。九月初三，金军再次攻城，守卫士兵在城墙上饿得没有力气拿起武器，眼睁睁看着敌军爬上城墙，将刀枪插入自己的胸膛而无能为力。就这样，太原城在坚守了二百五十多天后沦陷。

太原城破，山西已是囊中之物。十月十八日金军攻克隆德府，十一月十二日出山西到达黄河北岸，对面就是洛阳了。黄河南岸驻有折彦质的军队十二万人和李回的军队一万骑兵，完颜宗翰担心过河遭受阻击，便想个策略恐吓宋兵。是夜金人擂响百面战鼓，通宵不息，折彦质、李回以为金军来袭，望风而逃。第二天金军从容渡河，未遭遇一兵一卒的抵抗。到了洛阳城下，城中竟也未见守军，金军就这样轻松占领了洛阳。

完颜宗望的东路军取得的重大胜利是攻下了真定府。真定府城墙高深，城中储存着大量粮草，是河北最坚固的据点。真定原本由刘韐防守，后来赵桓派刘韐增援太原，真定防务交由李邈负责，副手是刘翊，城中士兵只有不到两千人。这两千人且战且守，同金军对峙了四十多天。十月初五，金军白天集中兵力攻打东城墙，被刘翊击退，夜里偷偷把攻城器械移到北城墙。北城墙防守不足，城池陷落，刘翊自杀，李邈被俘。金人打算招降李邈，李邈不从，被杀。

东路军继续南下，庆源府、滑州和浚州等地防范严密，金人不愿在此耽搁时间，就绕道大名府渡过黄河，与西路军渡河几乎在同一时间。

在金军一路南下的同时，外交斡旋也同步进行。十一月十五日金人派使者到汴京要求划河而治，十六日赵桓派康王赵构前去金营谈判。赵构走到磁州，老将宗泽劝他不要去，去了就回不来了。这时百姓们爱国气焰高涨，围住赵构阻止他前行。赵构综合判断谈判的意义已经不大，就调头返回相州，写了封信向皇帝进行解释不能成行的原因。

二十一日，金国使者再次到达汴京，催促宋朝割让河北、山西。在军事节节败退的情况下，赵桓彻底放弃了国家的底线，被迫应允。接下来要派割地使到割让的地方宣谕圣旨，要求宋军放弃抵抗，将城池移交给金人。

这是一件危险且不讨好的事，出任割地使会留下卖国的骂名，所以朝廷中你推我让没有人愿意前往。最后赵桓强行任命耿南仲和聂昌随同金使前去交割。耿南仲负责河北的交割，走到卫州时，义愤的百姓将金使杀死，耿南仲跑得快，好歹捡了条性命，投奔赵构去了。聂昌负责山西的交割，他来到绛州城下自报家门，声称是同知枢密院，但守城将士置之不理。聂昌拿出圣旨要城里人看，守城将士吊下个箩筐把聂昌提了上去，及至看到要求交割土地，他们把所有的怨愤发泄到聂昌身上，钤辖赵子清指挥士兵将他杀死，挖去双目，一刀一刀地割成肉片。

和议执行不下去，金军加快了进攻步伐，见到城池能打则打，不能打就绕过去直扑汴京。十一月二十四日，完颜宗望的东路军首先到达汴京城下，闰十一月初二，完颜宗翰的西路军也赶到，次日两支军队完成了对汴京的合围。金军使用了全部攻城武器和机械，每日矢石如雨，城门被射成了刺猬，城墙上也是千疮百孔。汴京军民抵抗十分顽强，赵桓到城墙上巡查以鼓舞士气，下令赵构为天下兵马大元帅，负责召集勤王大军。但汴京只有数十万没有经历过战场的士兵，又缺乏指挥若定的战将，钱粮也不足，因此作战日疲，生资愈绌，抵御能力越来越弱。

十一日天降大雪，连下三天，守城士兵饥寒交迫，手连武器都握不住。另一方面，因为早先有议和的消息，各路勤王兵也迟迟不至，汴京形势更加急迫。穷途末路的赵桓只好信任一名叫郭京的道教徒，郭京自称能撒豆成兵，懂隐形六甲之法，可轻取完颜宗翰、完颜宗望的人头。二十五日，郭京让守兵全部撤离，他独自登上城楼作法，他手下 7777 个徒子徒孙打开城门出城作战。郭京在城头装神弄鬼，一会儿说已经缴获敌军数千马匹，一会儿说奇兵已经占领敌军营垒。但实际上，这些徒子徒孙在城外早被金兵杀得四处逃散。金兵爬上没有任何守备的城墙，用弓箭压制住城墙内的宋军，继而打开城门，汴京外城沦陷。惊慌失措的宋兵四处逃散，开始抢劫商店、百姓，并且相互混战，滥杀无辜，连汴京守卫的实际指挥人姚友仲也惨死于自己国家的乱军之中。

金军虽然占领了城墙和城门，但并没有继续进攻，汴京内城即皇城还有一万禁军和早期前来勤王的二万人马，加上全城已全民皆兵，还有相当的抵抗能力。对于赵桓来说，此时只有两种选择，一是靠这三万人马突围，二是与金人议和或者说乞求金人恩惠。最终赵桓选择了第二种。

二十五日当天晚上，赵桓派人到金营乞和，完颜宗翰回复并无久占汴京之意，所图的仅仅是割地而已，但需太上皇赵佶亲自过来和谈。金人第一次伐宋退兵三个月后，赵佶已从江南回京。金人恨极赵佶，所以指姓点名让他前来。赵桓自然不能将父亲交给金人，那么只有自己代父前往了。闰十一月三十日，赵桓走出皇城，在金兵的裹挟下来到完颜宗翰的营地——汴京外一个叫青城的地方。

赵桓在青城住了三天，实际上只做了一件事，就是写降表。完颜宗翰对他的降表严格把关，三番五次要求返工重写，比如要称“臣”不能再称“大宋皇帝”，“负罪”要改称“失德”等，并且指出要写出文采，写出感情。直到十二月初二才把赵桓放了回来，降表则需要送到金国都城等皇帝定夺。

公元 1127 年正月初九，金人再次要求赵桓到金营讨论战争赔偿及两国关系问题，也许潜意识中预感到了什么，赵桓这天特地把父亲请过来一起吃了顿饭，并慷慨表示只要能替老百姓减一些灾难，自己受再大的苦也值得。

次日清晨，他没有惊动更多人，只带少量随从悄悄出城，离开皇宫时深情地回望了片刻，想要寻找那种“风萧萧兮易水寒”的悲壮感觉，然而除了眼角流下一行清泪，脑中却一片茫然。

国破君辱

赵桓第二次离开皇宫后，就再也没有能回到汴京。

二月初六一大早就被召唤，刚走出自己的住处就有金国士兵强行撤去帝王专用的黄缯车盖，只能步行到元帅帐前。帐外已经设有一个香案，完颜宗翰全副戎装站立在香案一侧，要求赵桓跪拜恭听大金皇帝圣旨。赵桓已经猜出了八九分，果然这份诏书历数宋朝背弃盟约的罪状，决定废除赵桓为庶人，要求别立异姓为金国藩属。赵桓的随从抱住皇帝不让脱下龙袍，竟被金人活活打死。

初七金人又“请”走了赵佶，之后皇子、后妃、帝姬、宗室三千多人陆陆续续被要求出城，十一日轮到皇后和皇太子了，皇太子在车驾内向街头围观群众喊道：“百姓救我！”但此时又有几个宋人不是命悬一线？

宋朝大臣得到皇帝被废的消息是在初六当天，金人令大臣们在七天内商议好新的皇帝人选。大臣不断上疏乞求继续留任赵氏，但金国已经铁了心要找一位听话的人做儿皇帝。

谁去做这个皇帝呢？北宋虽灭，但赵氏威望犹在，没有人愿当个傀儡把自己放在火上烤。二月十一日已经接近最后期限，大臣们仍聚在一起缄口不言，过了半天不知谁先开口：“不提交名单金人怕要屠城，对赵氏也没有好处。既然不能两全，就选个金人喜欢的人吧。”

谁是金人喜欢的人？此时宰执中唯有张邦昌被扣留在金营不在现场，大家一合计就确定了张邦昌。所有大臣中只有孙傅和张叔夜拒绝签名。为了表示尊重民意，金人还破天荒地搞了个“民主选举”，十三日发动民众签署“推戴状”。在武力逼迫下朝臣百官、和尚道士、六十岁以上老人和数千名平民百姓在推戴状上签了名，这一次拒绝签字的是御史中丞秦桧。金人将不配合的孙傅、张叔夜和秦桧押解回金营，后来一同带回了北方。

为了防止退兵后赵氏复辟，金人带走了赵佶的所有子嗣。他们拿着记述皇室世系的谱牒一一点名对照，发现有遗漏便威逼汴京内交人，还包括皇家宗室的后妃宫嫔，帝姬、宗姬和他们的驸马，其中赵佶皇子除赵构外二十三人，近支七人，帝姬二十一人，皇孙十六人，皇孙女三十人，后妃嫔婢一百四十四人，赵桓后妃嫔婢三十九人，亲王郡王妃嫔五十二人，宗姬二十三人。

除了皇族和不听话的大臣，金人还带走了一定数量的小吏、内侍、司天官、裁缝、木匠、阴阳师、影戏表演者等，这些人都是金国缺乏的技术人员，他们的随行大大加快了金国的经济发展和汉化步伐。当然金人不会放过被征服国家的妇女，掠夺妇女达一万人以上。

物质财富也是少不了的，包括宫内所有值钱的宝贝，以及文物珠玉、绢帛绸缎、牛马驴骡、车辆器皿等，最直接的是金银。为了掠夺金银，金人可谓无所不用其极，先是令开封府帮助搜刮，后来任命户部尚书梅执礼等四人分管四个区域，还配备了副手，要求将这个区域中的金银全部收集起来交给他们。八个人向金人报告老百姓手中已经没有金银了，连首饰都已被强行撸走。为了验证民众到底还有没有私藏金银，金人在城内设置几个卖粮点，须用金银购买。当时粮食已经奇缺，出现了饿死人的状况，所以一些人禁不住诱惑把压箱底的金银拿出来换粮食。金人非常恼火，认为梅执礼等骗了他们，杀死了四位主管，对副手每人鞭责五十。

把汴京搜刮成了白地空屋后，金人终于满载而归，大部队四月初一拔寨启程。这之前他们分七批将宋朝皇帝、宗室等押回了北方。赵佶在第四批，同行的有王子、妻妾奴婢等一千九百多人，由完颜宗隽押解，三月二十七日夜动身。赵桓在第七批，同行的有太子，大臣孙傅、张叔夜、秦桧及其他一些人，由完颜宗翰、耶律余睹押解，四月初一动身。

赵佶一行当天行至封丘，离陈桥驿不远，正是赵匡胤龙兴的地方。赵佶有心去缅怀祖宗的丰功伟业，但金人寸步不离、严密监视，自然难以成行。到浚州时，有百姓得知金人押送的是废黜天子，竞相围观，护卫金兵将百姓驱散，只让卖小吃的近前。小贩们怜悯皇帝，纷纷施舍馈赠，让赵佶不知该感到安慰还是羞愧。

过了黄河，因为康王赵构在河北，河北的宋军聚集在其麾下，传言要来劫驾，金兵不敢走常规路线，另选新路前行，山道崎岖，水滩泥泞，一个多月见不到人烟，晚上将牛车挨个围起来，形成一个临时营寨，只留个出口由金兵把守。皇帝娇贵之躯，哪里受过这样的蹇困，叫苦不迭。一些女人身体更弱，走不动的被金兵一刀杀死，生了病的得不到医治被活活折磨死。四月初七一行抵达汤阴，曹才人因小解离队被押送官葛思美强奸，赵佶无可奈何，只好告诫后宫不要擅自离队。次日一些女人到金兵帐中避雨，大多受到奸污，有些甚至毙命。四月十六日，赵佶的十二弟燕王俣病饿致死，赵佶哭道：“我也快去泉台找你了！”五月十三日第四批终于到达燕京，金人安排赵佶住在延寿寺。

赵桓所在第七批走的是山西，道路比河北更加艰辛，相对来说完颜宗翰也更加不友善，所以遭受苦难更多。过山峦时金人将赵桓绑在马上防止跌落，夜晚睡觉把他手脚捆绑起来防止逃跑。第七批先到云州然后又转到燕京，安排赵桓住在愍忠祠。

大宋宗室另一个引人注目的群体是女人们，由于宋金对待婚姻、贞操的观念不同，她们受到的侮辱一点也不比皇帝们少。康王赵构的母亲韦氏和妻子邢妃在第二批，由于康王还没有抓到，这二人有人质的作用，受到的待遇也好于其他人。同行的其他女人就没有那么好运了。半路上她们与赵桓妻妾所在的第三批合并在了一起，押送官之一的国禄看上了赵桓的朱皇后，想要骚扰，因为朱皇后是皇帝正妻，身份特殊，因此被完颜宗翰次子、宝山大王斜保保护，没有得逞，国禄又开始骚扰柔福帝姬赵嬛嬛。为了抢夺女人，金酋内部也发生争斗，盖天大王完颜宗贤杀死国禄企图霸占赵嬛嬛，又被完颜宗翰长子、真珠大王设也马喝止，完颜宗贤便又去骚扰邢妃。设也马之所以保护赵嬛嬛，是因为嬛嬛还是未结婚的处女，设也马打算把她献给金太宗完颜晟。设也马看上的是洵德帝姬赵富金，一到燕京就把她带到府中强娶为妾，大摆宴席，还邀请北宋后妃参加。

在燕京短暂休息后，设也马押解她们去上京。五月二十三日到达上京，六月初七带着这些女人拜见皇帝，随即将她们分配给金国将领、朝臣，其中设也马得到八个女人。设也马对这些宋朝女子看起来还不错，虽然八位女子充当的都是妾室或侍婢，但他还是举行了盛大的婚礼，以能享受汉女为荣。帝姬赵嬛嬛不知是路上已经遭受侮辱还是相貌平平，完颜晟没有看中，把她和其他一些女人送进了浣衣院，平日干一些粗活，同时充当官伎的角色。随着押往上京的女子越来越多，很多女子被赏赐给下层军官，这些女子的命运最为悲惨，最后大多沦为娼妓。

九月间，赵佶、赵桓被转到上京，金人在这里举行了盛大的献俘仪式，宋朝皇帝和皇后在民服外面套上羊皮，其他人无论男女则赤裸上身披着羊皮，金人手执皮鞭，象征着奴役和被奴役的关系，被称为牵羊礼。值得一提的是，赵桓的朱皇后是性烈的女子，不堪受辱，当晚悬梁上吊被人救起，次日再次投水自尽。朱皇后途中受金人逼迫，曾作诗哀叹生不如死的境况：

昔居天上兮，珠宫玉阙；今居草莽兮，青衫泪湿。屈身辱志兮，恨难雪；归泉下兮，愁绝。

这不是她一个人的悲剧，而是所有亡国妇女的写照。

牵羊礼后金人对这些人进行了安置，皇帝虽然是俘虏但还是保留了一定的身份，赵佶被金国封为昏德公，赵桓则被封为重昏侯，发配到韩州居住。公元1130年七月金国皇帝再一次将二人迁徙到今松花江畔的五国城，这里成了两位废帝的最后归宿地。公元1135年四月二十一日，松花江春水才融冰，河岸柳未绿，赵佶结束了他骄淫奢靡、才华横溢而又昏庸无道、悲惨屈辱的一生。公元1156年六月赵桓追随父亲而去，他成了赵氏皇族最凄凉的男人，在帝国最无助的时候被强推上台，在帝国最悲惨的时候又首当其冲。

四十年来家国，三千里地山河。凤阁龙楼连霄汉，玉树琼枝作烟萝，几曾识干戈？

一旦归为臣虏，沈腰潘鬓消磨。最是仓皇辞庙日，教坊犹奏别离歌，垂泪对宫娥。

这是南唐李煜写亡国时的诗词，与北宋亡国情形颇为吻合。而赵佶赵桓的待遇还远不如李煜，李煜当年尚被允许到宫中自取衣物，与宫人作别，“垂泪对宫娥”，而北宋的宫娥也成了金人的战利品，末二帝只能在北国的寒窑里顾影自怜。去世前赵佶怀着无限怅恨吟道：

彻夜西风撼破扉，萧条孤馆一灯微。家山回首三千里，目断天南无雁飞。

故乡在远方，故乡在南方，故乡是一曲锦绣的华章和忧郁的离殇。

一看就停不下来的宋朝史 下

郭瑞祥 著

辽宁人民出版社

七

偏安江南

烽烟乱

靖康年间（1126—1127），金军第二次南下进攻汴京，北宋灭亡。当时人们关注的焦点，除了被困汴京的徽宗、钦宗二帝之外，另一个就是滞留河北的康王赵构——唯一没有落入敌手的皇室近脉。

公元 1126 年十一月，赵构奉命北上谈判割地赔款事宜。行至磁州，当地官员和百姓劝阻他：金人已经扣下了亲王做人质，并无真心议和，请你不要前去白白送死。赵构也不愿自投罗网，听说金军已经渡过了黄河的消息后，便掉头躲到相州（今河南安阳）。汴京被围后，钦宗赵桓任命赵构为天下兵马大元帅，负责召集各地兵马勤王。赵构虽然没有胆量驱兵汴京，却也举着兵马大元帅的旗帜，聚集溃军，在济州（今山东巨野）安顿下来。

公元 1127 年二月，金军在中原烧杀抢掠、将金银财物搜刮一空之后，挟持二帝、皇子、妃嫔、宗室、大臣等三千多人北归。

金军退出汴京之前，扶持张邦昌建立了大楚政权，以便维持金人对中原地区的统治。张邦昌知道自己既没有威望也没有资源，内心并不想当这个皇帝。因此他既不称朕，也不立年号，不御正殿，不接受群臣朝拜。哲宗皇帝的废皇后孟氏因为被宫中除名而没有被金人掳走，金军退去后，张邦昌尊孟氏为太后，自己退位，由孟太后摄行国政；同时派人将皇帝玉玺送给在济州的赵构。

赵构侥幸躲过北上蒙难的命运，似乎成为了皇位最合适的人选。在众望所归中，公元 1127 年五月初一，赵构到南京应天府正式即皇帝位，后又定都杭州

（改名临安）。史称宋高宗，这以后的宋朝便被称为南宋。

应天府是宋朝的龙兴之地，但地势平坦，无险可守，并不是理想的都城或者行在（皇帝暂时居住的地方），而汴京已成四战之地，赵构也不敢回去。要想有一处安全的避风港，唯有向南。八月，赵构以“巡幸江南”为由移驾扬州，这里远离金国，水道纵横，不利于骑兵作战，至少可以获得一时的安稳。

金国北归，宋廷南逃，中原一时间狼烟四起，各种势力竞相逐鹿，有的高举抗金义旗，有的入山聚众为盗，坑蒙拐骗、烧杀抢掠各显其能，曾经繁华盈玉的京畿之地乌烟瘴气，瓯缺瓦碎。

好在，汴京还在南宋手上。汴京守将宗泽，是位有胆识、有威望、有资历的忠贞之士。金军撤兵后，宗泽率部增固残破的城墙，修筑毁坏的楼橹，开浚淤埋的壑濠，试图恢复汴京的城防，以防备金兵再犯。此外，他还整顿治安、平抑物价，并广泛结交河北、山东等地的民间义军，作为牵制金军的力量。他企盼恢复汴京昔日的繁华，企盼着再建国瓯、重振国威。为此，他多次请求赵构重返汴京，但赵构在战乱中逃得性命，早被吓破了胆，只是望中原而却步。

公元 1128 年正月，金人不满张邦昌被废，再度挥兵南下，直扑汴京。不过宗泽的努力没有白费，迎接金军的是一座已经修缮完好的汴京，兵力充足、坚不可摧。

宗泽知道这是一场硬仗，皇帝躲得远远的，没有助攻，没有后援，唯有靠自己！他派部将刘衍和刘达分别驻守滑州和郑州，对汴京形成拱卫之势。等金军迫近汴京，宗泽立刻派自己的亲卫精兵千余人绕到敌军身后，在关键时刻给敌军以伏击。果然，金军与刘衍激战正酣、难分胜负之时，这支伏军突然出击，金军不明就里，以为有更强的南宋援军赶到，大败而归。

滑州无恙，郑州的战斗则更加激烈。宗泽派去的增援部队被打散，部将郭俊民投降金军，反而伙同金人前来说降宗泽。宗泽直接斩杀郭俊民和金使，以此展示抗战到底的决心。在之后的战斗中，各军将士不惜性命，个个争先，宁死不降，拼死守住了汴京。

值得一提的是，宗泽麾下的统制岳飞在滑州附近的胙城县、黑龙潭、官桥等地袭扰金军，大战大胜，小战小胜，打得金军闻风丧胆，自此不敢轻易进犯汴京。

金军在汴京没能讨到便宜，但在其他地方却节节胜利。向西占领了延安府，进而攻陷麟州、府州、丰州等河外三州；向南进攻到邓州，将前沿阵地推进至汉水一线；向东攻取了山东重镇济南府，直达黄海。济南府曾是赵构任兵马大元帅的行营，赵构撤退后由刘豫镇守，刘豫为利所趋，杀掉坚决主张抗战的骁将后率众投降，死心塌地为金国效命。

汴京虽未失守，却成了一座孤城。宗泽难平恢复之志，悲愤不已。公元1128年七月，宗泽病重，对前来探望的诸将叹息道："出师未捷身先死，长使英雄泪沾襟。"临终前大呼三声"过河"，气绝而亡。

继任的汴京留守杜充，与宗泽大为不同，他平日里自诩既能运筹帷幄，又能冒矢杀敌，实际上却对金人畏之如虎。而各地踊跃抗金的民间武装，竟被他视为"匪盗"。杜充上任后，就断绝了与民间武装的联系，致使河北等地的民间武装被金人逐个消灭。是年十一月，杜充为了防止金军南下危及自身，又下令在滑州掘开黄河，本想让河水北流淹没或阻止金军，却没想到河水竟浩浩荡荡向南倾泻而来，过泗水夺淮河入海，造成了历史上罕见的黄河人为大改道，淹死南宋居民无数。

公元1129年七月，杜充以勤王名义放弃汴京，准备躲避到淮扬一带。临行前，岳飞流泪劝谏："弃易取难，他日若要再夺回来，十万大军也不一定够用。"果不其然，次年二月，金军轻松攻破无军防守的汴京，这座宗泽苦心经营的抗金桥头堡终于失守。至此之后，金国和南宋的势力分界点向南转移到淮河一线。

仓皇时刻

公元1129年正月，金军乘着攻克大名府和济南府的余威，绕过汴京继续南下，一举攻陷徐州。当时韩世忠屯兵淮扬，亲自率领大军迎战，但寡不敌众，败退。金国统帅完颜宗翰遂入淮东、泗州，二月初三攻破楚州，离赵构临时驻跸地扬州只有一步之遥。

此时赵构正在行宫里淫乱行乐，听到金军逼近的报告吓得一下子瘫软在床上，据说他就是在不断的惊吓中失去了生育能力。赵构在太监的帮助下穿上甲胄，只带着御营都统制王渊、侍御史张浚、宦官康履等五六个人飞马出逃，一口气跑到江边。没想到这个时候连大船都找不到，众人只找到一只小舟便慌忙渡江窜至镇江。宰相黄潜善和汪伯彦正在吃饭，听见有人喊："皇帝圣驾已经走了！"二人将碗筷一扔，跳上马就跑。

皇帝大臣一逃，整个扬州城就乱了，大家争相跑向江边，互相拥挤踩踏，死伤无数。黄潜善、汪伯彦因为整日阿谀皇帝，玩弄权术，在军民中口碑甚差。军士们在江边误把司农黄锷认作黄潜善，骂道："误国误民，都是你的罪过。"说完手起刀落，可怜的黄锷已身首异处。

镇江不是久留之地，赵构匆忙安排了沿江防守事宜，令朱胜非、张浚节制平江、秀州兵马；吕颐浩守京口；张俊守吴江。十三日，赵构逃到杭州，心才稍安。

按皇权时代惯例，一旦出现天灾人祸就要大赦天下，赵构下诏死罪以下统统赦免，士大夫贬窜的一律放还，以此笼络人心。接着赵构又下了一份《罪己诏》，鼓励人们指陈弊政、建言献策。和州防御使马扩上奏提出建议：西幸巴蜀，调陕西军队到江南，着一重臣镇守江南与金军作战，这是上策；行都武昌，秘密发展河南地方武装抗金，承诺将来分封他们永久占有自己的地盘，这是中策；驻守金陵，训练水军，等待机会，这是下策。如果依仗长江天险，侥幸金军不来，因此犹豫拖延，不修武备，这是无策。

当时对于定都在何处的问题存在许多不同的声音，而马扩的建议都含有积极进取之意，可惜最终赵构还是选择了“无策”——坐以待毙。

幸好金人这次并没有做持久作战的准备，在扬州掳掠一番就北撤了，吕颐浩顺势又收复了扬州。朝中大臣认为扬州惊恐事件主要是黄潜善、汪伯彦信息不灵、应对不力造成的，总结了二人二十条罪状进行弹劾，赵构正需要找个替罪羊，就罢免了这二人，任命朱胜非为右相，王渊任同签书枢密院事兼御营军都统制。

更换宰辅本是希望振作朝纲，但这次人事调整却由于不公从而引发了众将不满。赵构在扬州匹马渡江时，御营军都统制王渊没有管理好江上船只，致使赵构渡江时连大船都找不到，按理应该受到处罚。但王渊现在不但没有受到追究，反而又加擢官职，地位仅次于宰相，让其他将领因不平而忌恨。另外，维扬惊变中一直跟随在赵构身边的是宦官，宦官们自恃有功，骄横跋扈，在杭州强占民居、强买民物，连大臣武将也要看他们脸色行事，更激起了军愤和民愤。负责守卫杭州的将领苗傅和刘正彦感觉受到冷落，加上朝廷腐败，待遇不公，心中充满怨气，竟密谋叛乱。

公元 1129 年三月初五，苗傅、刘正彦安排士兵埋伏在城北的一座小桥下面，这里是王渊散朝后的必经之路。等王渊一到，兵士涌出将他拉下马来将其斩首。接着苗、刘二人带兵到皇帝行宫前，将王渊首级悬挂于宫门之上，看见内侍宦官便杀。内侍省押班康履急忙禀报赵构，赵构惊得六神无主，不知如何是好。在知杭州府康允之的建议下，黄昏时分，赵构登上行宫门楼安抚乱军。

苗傅看见皇帝依然跪拜并高呼万岁，表示自己出于忠心。接着，苗傅却声色严厉地声讨赵构：“陛下赏罚不公，将士们在前线打仗得不到奖励，宦官们嬉戏荒淫却升任高官，黄潜善误国误民没有受到惩罚，王渊遇敌不战畏敌逃窜却加官枢密使。臣等自陛下即位以来功劳大赏赐薄，这公平吗？我们已经杀掉王渊和外面的宦官，现在请陛下把康履等交出来，给诸位将士一个交代。”赵构连忙安抚苗傅等人：“黄潜善、汪伯彦已经遭受贬谪，康履等也会受到责罚，你们先回营吧。”苗傅在原地没有动，固执地求一个处理结果：“不杀康履，臣不回营。”赵构见乱军毫无撤退迹象，迫于无奈，只得让步，命中军统制吴湛把康履交付给苗傅。苗傅当着赵构和众人的面将康履腰斩，并一刀一刀割成碎片，又胁迫将其他几名宦官贬谪边远地区。

苗傅、刘正彦政变成功，牢牢控制了杭州城局势。但二人感到赵构这个成年人不好驾驭，第二天继续带兵威逼：“陛下原是王爷，本来就不该做皇帝，将来渊圣皇帝（赵桓的尊号）回来你如何面对？”赵构将朱胜非从行宫门楼上用绳子坠下与苗、刘谈判。苗、刘要求赵构退位，将皇位交付给三岁的太子赵旉。赵构答应了，但声称退位须有太后懿旨，当即着人将孟太后请来。

太后从容走出宫门对苗、刘说：“蔡京、王黼乱政，童贯挑起战争，所以才招致了金人，与当今皇上没有关系。”苗傅态度坚定：“我们一定要太后主政天下，太子为帝。”孟太后反问他：“现在强敌在前，我一个妇道人家抱着三岁小孩，怎么能号令天下？敌国如果知道了这种状况难道不更加轻视我们？”苗傅辩不过太后，便沉默不语，但依然不撤兵、不让步。

朱胜非回到门楼上悄悄对赵构说：“刚才苗傅、刘正彦手下有人告诉我，这两人忠勇有余但才能不足，不如我们先答应下来再慢慢找机会制服他们。”于是赵构直接在楼上宣诏：传位太子，太后垂帘。当天晚上赵旉即位，改年号为明受，所以苗、刘政变又称明受之变。

新皇即位大赦天下。赦书传到平江，张浚感到其中必有蹊跷，便秘而不宣，召集部下准备应对不测。在吴江，张俊接到圣旨要求他赴秦风路，但是张俊抗旨不受，带着八千人至平江与张浚商量对策。

赦书到达江宁，吕颐浩当即判断朝廷发生了兵变，马上联络张浚、刘光世、韩世忠等共同起兵。十六日开始，几员大将的兵马陆续到平江会合。得到杭州兵变的确切消息后，大将们商量：战事一起恐怕会伤及圣上，最好能恐吓叛军逃出杭州，不战而胜。

张浚首先派韩世忠进兵秀州对叛军进行威慑。苗、刘果然心中大惧，想要扣押韩世忠的妻子儿女作为人质。朱胜非故意误导苗、刘："如果伤害韩世忠家属，一场恶战必定难以避免。不如把他的妻儿放回去，这样平江的那些将军们就安心了，他们还有什么理由造反呢。"有勇无谋的苗、刘果然中计，不仅将韩世忠的妻儿放回秀州，还加封其妻子梁氏为安国夫人。张浚见苗、刘胆怯了，又派人恐吓："废立皇帝属大逆不道，是要灭族的。"苗、刘更加不安，采取胡萝卜加大棒的政策，一方面加封韩世忠、张俊官职，孤立张浚，另一方面派部将苗翊、马柔吉率军驻扎城北的临平，加强防守。

二十五日，勤王军传檄声讨苗、刘，一场大战看来在所难免。军事力量上杭州守军兵少势弱，不是对手。但苗、刘政治上具有无可比拟的优势，皇帝在自己手上，挟天子以令诸将，勤王军肯定会投鼠忌器。然而苗、刘没有主心骨，身边又没有高参，只好听任朱胜非摆布。朱胜非继续给二人灌迷魂汤："勤王部队多次恐吓却迟迟没有行动，就是希望将军能自我纠正。不如请求皇帝重新执政，这样或许可以保全自己。"已经不知所措的苗、刘像抓住了一棵救命稻草，儿戏般地决定恢复赵构的皇位。当然，苗、刘还心存侥幸，向赵构讨要可以免死的丹书铁券。赵构自然要想办法稳住苗、刘，爽快地答应了他们的请求。就这样，一场政变在沿江将士和朝堂宰辅的联手运作下，像风一样来去匆匆。四月，赵构正式复位。

苗、刘的如意算盘是赵构复位后诸将就没有进兵的理由，但诸将却不这么想。他们琢磨："皇帝虽然复位，贼人还在京城握有兵权，一旦我们退兵，贼人必加害于我们。"几个人商量，必须让苗、刘死！

几路大军陈兵临平，对苗翊、马柔吉发起了进攻。苗翊、马柔吉在江中安置木柱木桩以阻挡勤王的战船，韩世忠舍船上岸，一马当先挺着戈矛走在前列，激励将士："今日当以死报国，不敢面对弓矢枪箭的斩！"苗翊虽为战将，却从来没有真刀真枪出生入死战斗在第一线，先自怯敌三分，不敢正面迎战，只好命令士兵以弓箭阻击。箭矢像雨点一样射向韩世忠，射到金盔银甲上叮咚作响。韩世忠毫无畏惧，凭借一把戈矛拨开箭矢阔步向前，身后的士兵迅速冲到前面以盾牌开道。苗翊见箭矢作用有限，亲自去操控威力极大的神臂弓。这神臂弓身长三尺三，弦长二尺五，号称能穿透船板，除了城墙，无往而不利。如果神臂弓发射出去，韩世忠必死无疑。在这紧要关头，韩世忠怒目圆睁，大喝一声："逆贼还不受死！"说完三步并作两步挥戈奔突，面前十多个敌兵仆地而死。苗翊看得目瞪口呆，一时忘了手上的操控，说时迟那时快，韩世忠已经到了不足十米的地方，一名亲卫拉了苗翊一把："将军保命要紧。"苗翊这才清醒过来，丢下弓箭掉头就跑。叛军本来就没有斗志，主将一跑马上作鸟兽散。就这样，勤王军顺利占领了临平，行进到杭州北关。

临平失守的消息传到杭州，苗傅、刘正彦知道单凭守军不足以抵抗勤王军，为今之计只有逃亡。临走前他们还念念不忘丹书铁券，各自揣着丹书铁券，带着两千士兵打开城西门辗转向福建逃去，后来被追捕腰斩于市。

勤王军进城，赵构终于可以挺直腰杆了。他做的第一件事当然是下令诛杀苗、刘同党，一个也不放过。朱胜非虽然不是苗、刘同党，但在明受政权中任宰相，这个角色非常尴尬，因此思前想后，为了避免授人以柄，朱胜非请求辞职："臣之所以苟且偷生，等的就是今天。请允许臣回家休息吧。"赵构知道朱胜非去意已坚，于是问谁能接任，朱胜非推荐吕颐浩和张浚，赵构进一步问："二人谁更优秀些？"朱胜非答："颐浩练事而暴，浚喜事而疏。"意思是吕颐浩办事干练但急躁，张浚行事积极但粗疏。赵构对张浚不以为然："他还太年轻。"于是任命吕颐浩为右相，韩世忠、张浚为御前左、右军都统制。

苗、刘之变至此完全平息，但它对南宋政治的影响却极其深远。赵构心里留下阴影，一生不再信任武将。不久，赵构唯一的儿子赵旉在颠簸中死去，皇位面临无人可传的尴尬局面。

海上漂泊

辛弃疾有句词："沙场秋点兵。"秋天庄稼收获，粮食充裕，马壮膘肥，是战争的最佳季节。同时秋冬季节南方气候不太炎热，河道变窄，水位变浅，有利于北方骑兵作战，金人便趁这个时机大举南侵。

公元 1129 年秋，金太宗完颜晟令完颜宗弼南下渡江，对南宋展开大规模绞杀，争取活捉赵构，彻底摧毁赵氏政权。消息传到杭州，赵构召集大臣商议对策，大臣们照例又是各执一词。韩世忠是坚定的主战派："国家已经失去了河北、山东，如果连江淮也要放弃，还剩有多少地盘？"张浚是主张逃跑避让，吕颐浩提出折中方案："陛下找个地方躲避一下，让臣在江边死守吧。"最后还是得赵构拿主意，决定由孟太后领着女眷，带着赵氏神位往江西方向躲避，赵构则向东到海边等候观望，建康长江防线全面委托给杜充，张浚自请到西北经营陕西、巩固川蜀，作为皇帝行在的备选地。

杜充变成了抗御金军的前线总指挥，但此人志大才疏，畏敌如虎，既没有退敌的良策，又没有杀敌的勇气，每天躲在府衙中闭门不出。在他手下任统制的岳飞素怀精忠报国之志，对杜充消极备战的做法非常不满，不顾士兵同僚的好意劝阻到府衙中进谏杜充，希望他振作士气，视察江防。杜充只是充耳不闻，令岳飞等各司其职，不要给自己增添麻烦。岳飞情急之下跪地不起，杜充竟冷冷地说："是你指挥我，还是我指挥你。"岳飞无奈只好退出，跑到江边泣泪号啕："将不用命，国何以在！"十一月二十日，金军渡江占领建康南面不足百里的乌江县，杜充听闻战报，竟丢下建康和部下士卒不管不顾，偷偷逃到江北的真州躲避。完颜宗弼听到杜充逃跑的消息，暗自窃喜，派人前去说降，许诺将中原分封给杜充，“如张邦昌故事”。杜充果然心动，于是重回建康，率守军投降了金军。岳飞义愤填膺，但又阻止不了，便收拾散军南下，跑到敌人后方打游击去了。

此时赵构已经移跸越州，听到消息后目瞪口呆，半晌才喃喃道：“朕待杜充甚厚，何至于此！”不过现在已经没有太多时间供赵构反思，现在急需解决的问题是下一步该躲到哪里。吕颐浩提议：“陆地逃亡太危险，容易被金兵轻骑追赶。为今之计只有驾舟海上，骑兵鞭长莫及。北人不习惯江南溽热的天气，在这里不会长时间停留，等金人退兵，我们再返回江浙。”

十二月初，赵构到达明州，想从这里乘舟入海。不料事先准备的船只不够，无法载行这样庞大的队伍，吕颐浩奏请解散随从的下级官员，让他们各逃生路，赵构不同意：“士大夫应当尽忠明义，哪有君主有难他们不随从的道理！那样的话朕与盗寇有什么区别！”不能削减大臣，只有削减皇帝贴身禁卫军诸班直的家眷，规定每位卫士携带家属不能超过两人。卫士们不满，拦截住吕颐浩质问：“我有父母，还有妻子，究竟应该让谁去谁留？”吕颐浩无法解决他们的问题，卫士险些将吕颐浩变成刀下之鬼。赵构听说卫士喧闹，先是进行抚慰，等卫士散去，对宰执们说：“这些人要坏我们的大事啊！”亲自安排将诸班直卫士捕杀。当天晚上，吕颐浩安排五百御营士兵埋伏在赵构行宫，次日外面的御营杀进宫中，埋伏的五百人负责接应和保卫赵构安全，赵构亲自披挂指挥战斗，将诸班直卫士一网打尽。自此，南宋再无诸班直的编制。

公元 1130 年大年初二，金军追赶赵构行踪到达明州，赵构已经在大海上漂泊了十数天，当天晚上泊舟在台州渡口。此时船上食物已经不多，赵构忍饥挨饿每顿都不能饱腹，第二天冒着危险到一家寺院乞食，竟一口气吃了三个半炊饼。

海上航行的另一个不如意是寂寞。上元节那天海风强劲，有两艘商船失去控制竟误闯入天子船队中。卫兵拦截后发现船上满载柑橘，赵构下令全部买下供卫士食用。入夜，风平浪静，卫士们在橘子皮中灌上油，点燃后放到海面上漂浮，万点灯火在浩渺的大海中闪烁摇曳，引得岸上居民纷纷登高遥望。这个地方叫章安镇，离敌军尚远，赵构一时来了兴致，令船只靠岸，也登上附近的金鳌峰观望这一奇丽的夜景。赵构在章安镇住了半个月，得知金军仍然在明州附近与宋军拉锯作战，才慌忙再次登船逃到温州。

金军占领明州后又攻陷东海县，掳掠商船。船行数十里风雨大作，又遇宋军战船，作战不利。完颜宗弼望见远处海面上凸出一山，问其名字，当地人答曰“阳山”。宗弼呵呵一笑：“当年唐朝的边境到达阴山，我现在见到了阳山，也该满足了。”于是回船撤兵。金军在江南掳掠了大量钱财，陆地行走不便，遂用船只从运河北撤。

完颜宗弼满以为可以像来时一样如入无人之境，船队大摇大摆地来到镇江，却被韩世忠部队挡住了去路。水军是江南军队的强项，金军又满载货物，不想恋战，便装模作样地向韩世忠下战书，实际上试探宋军的反应，同时想方设法到江边高地观察宋军军情。

镇江西北临江有一座兀岭名叫金山，玲珑秀丽，风景幽绝。金山最高峰有一座龙王庙颇负盛名，是香客祈愿、游客望江的好去处，在这里对江面可以一览无余。完颜宗弼打听到这个佳处，骑着高马骝驹，带着四名随从来这里窥视宋军的长江防线。五人在庙前下马系缰，只见庙门紧闭，里面悄无声息，宗弼心想：“都说这里香火旺盛，今日怎么这样冷清，恐怕有诈。”于是先派两人进庙查看，两人推开庙门，连呼几声，不见有人接应，又大着胆子往里走了二十余步，只听身后一声断喝：“狄酋受死！”四周呼啦啦涌出百余名宋军，顷刻间刀剑已经架到了脖子上。完颜宗弼听见动静，想要接应，庙门已经关闭，叫了一声“撤”，三人提枪上马，振策而逃。不料刚到山下，又有一队伏兵在下面拦住去路，为首的喊道：“穿红袍、系玉带的是完颜宗弼，活捉他！”果然宋军认得不差，宗弼心中一惊，勒马不稳，竟坠了下来。好在他长年征战，身手敏捷，武艺高强，一个跳跃又翻身上马，挺枪向前，左冲右突，最后冲出重围，其他四人都成了宋军帐下俘虏。

原来，韩世忠料敌先机，才有这一场龙王庙伏击斩首行动，可惜完颜宗弼成了漏网之鱼，不然历史将会被改写。

完颜宗弼差点丢了性命，恼羞成怒，下令冲击韩世忠船队，与宋军短兵相接，决一胜负。韩世忠亲自驾船冲在前面，他的妻子梁氏也是女中豪杰，在阵后擂鼓助威，宋军个个争先恐后、拼死向前。宋军船大，金军船小，宋军用带有铁锁的大挠钩将金军小船钩住掀翻到江中，金兵便只有在水中扑腾求救的份儿了。完颜宗弼想不出破敌之策，只好下令收兵，后退撤出长江，派人向韩世忠示好，愿意丢下掳掠来的财物，只求借道北还。韩世忠是忠义爱国的汉子，自然不许，一定要将金军悉数埋葬，让北人从此不敢觊觎江南。完颜宗弼见金钱不能收买，又无法与战，只好沿长江南岸溯流而上，目的是绕过韩世忠防区。韩世忠靠北岸紧跟不舍，边追边战，击柝之声日夜不止，一直追到黄天荡。

黄天荡是一处死水港，水域宽阔，有利于水军作战。韩世忠将金军堵截在黄天荡中，这里眼看将成为完颜宗弼的刑场！完颜宗弼不愿坐以待毙，亲率水军突围，韩世忠凭借大船优势，用两只船夹击金军一只小船，从上面缒下挠钩，便钩沉一只敌船，小半晌二百多金军便成为水面浮尸。金军大窘，把全部船队聚拢在一起不敢有稍许行动。无奈，完颜宗弼亲自走上船头向韩世忠喊话，请求放行，语气极其悲哀，仿佛一只等待受死的麋鹿。韩世忠不为所动："还我两宫，复我疆土，咱们可以相安无事。"

完颜宗弼见无法得逞，只好再想脱身之策。这时有人献计：曾有一条老鹳河曾从这里通向建康的秦淮河，后来被淹没，如果能挖通老鹳河故道，可以摆脱韩世忠。金军用一个晚上挖了五十里河渠，终于离开镇江到达建康。不料，下一站依然噩梦连连。

驻守在建康牛头山的岳飞派百余人趁黑夜混入金营，趁金兵熟睡之时发动袭扰，金兵不明就里，开始乱砍乱杀，等到天明一看，死伤的都是自己人。金军到了龙湾，岳飞以三百骑兵、三千步兵冲击金军，金军如惊弓之鸟，一击即溃，完颜宗弼狼狈鼠窜，又乘船沿原路返回到了黄天荡。

这一下，完颜宗弼貌似真的走投无路了，但背水一战往往会有奇功！完颜宗弼愿出重金征求对付大船的办法，重赏之下，必有奇计。有一位王姓的福建人真的给宗弼献上一策：在船上装些黄土，土上铺木板，这样行驶起来既平稳又迅捷，关键是防火！趁江面无风的时候悉数驰出，宋军的大船没有风就行驶不快，这时候用火箭射击大船的竹棚，宋军则不攻自破。也许是宗弼命不该绝，也许是大宋的厄运未消，第二天，天色晴好，难得的冬日暖阳。完颜宗弼哈哈大笑："真是天助我也！"下令依计而行。金军小船百舸竞流，一齐冲向宋军大船，将一支支火箭射向来不及启动的大船桅杆，矢如雨下，火从天降，宋军一下子由主动作战变成了被动挨打，死伤不少，完颜宗弼和金军这才渡江而去。

这一战最终以韩世忠失败告终，但韩世忠军队只有八千人，而金军号称十万，以八千抵十万，阻挡金军四十八天，败犹胜也。自此，金人再也不敢轻言渡江。

金军退去，局势渐渐平稳，赵构得以平安返回越州。下一步面临的问题是到底定都何处？吕颐浩建议："从长远来看川蜀比较安全，但眼下还是不能离开浙东地区。"参知政事范宗尹更进一步分析："要是现在入蜀，恐怕江淮、陕西都要易手金人。驻守在江南，稳定陕西，大局可定。"赵构也不愿离开富庶之乡，遂暂且行辕越州，改名为绍兴府，并于次年改元"绍兴"。绍兴者，绍祚中兴也，有继往开来的意思，意味着赵构会像汉光武帝刘秀一样中兴皇朝。南宋自绍兴起开始稳定下来，赵构便很喜欢这个年号，总共用了三十二年。

公元 1132 年初，吕颐浩进言："绍兴虽然安全，但终究不如杭州河流交错，贯通八方，恳请将行宫设在杭州。"在汴州生活过的官员无不留恋水路交通之便利，不愿待在偏远荒僻之地，赵构便在正月上元节前移驾杭州，改杭州为临安，表示只是临时安置的地方，名义上的都城还是汴京。这一临时都城，便一直沿用了一百四十多年。

西部的半壁江山

南宋初期的将领中，张浚是不折不扣的文人出身。金军南下，由韩世忠、吕颐浩、张俊等扼守南宋江防，张浚不愿与他们争功，自请到西北经营关中：“陕西自古为王朝兴盛之地，秦、汉、唐诸朝皆发迹于此。今陛下虽在江南，但中兴当从关中、陕西开始。金人一旦攻入陕西，窥视川蜀，江南也难以稳固。请陛下将臣派往关陕。”应当说，张浚经营关陕颇有战略眼光，赵构准许了他的建议，任命他为川陕宣抚处置使，总管四川、陕西兵马。

正如张浚所料，金军在江淮没有占到便宜，便把眼光投向了西北。完颜宗弼向金太宗完颜晟建议：“江南卑湿，我们连年征战，兵马困顿，粮草也不充沛，现在绝不是南下伐宋的时机。”按照完颜宗弼的规划，暂且放弃江南，将金军进攻的重心转向陕西。

公元 1130 年四月，金军进入潼关，长驱直入逼近彭原，彭原守将吴玠智勇皆备，打退了金军的第一波进攻，然而最终寡不敌众，只得后撤。好在金军并没有继续行动，在占领陕西东部几个要害地区后主力又退回河东。饶是如此，张浚到任不久也连吃败仗，心下懊恼，暗暗发誓要找机会洗雪前耻。

机会终于来了。金国为了巩固国防，将一部分兵力抽调到淮河沿岸，赵构担心其再次南下，命令张浚在陕西牵制金军，张浚刚好以此为借口对金军主动出击，发动一场新的战役。当年七月，张浚发布一道檄文公开对金宣战，同时对留守陕西的金军展开反攻，很快收复了长安、鄜州等地。金主原没有南下的打算，听到陕西战报，下令驻扎在中原的重兵向陕西进发，一路由完颜宗弼率领，一路由完颜娄室指挥。

九月，南宋陕西四路加上吴玠大军共四十万、战马七万匹集结在耀州富平地区，打算以逸待劳迎战金军。张浚把指挥部设在三百里外的大后方邠州，前线五路军马由熙河路经略使刘锡协调指挥。陕西几乎所有军马都赌在了这场战役上，不知张浚这个总指挥为什么竟临阵缺席。吴玠等几位将领提出不同意见："我军五路人马缺乏磨合，像这样决一死战，万一失败陕西不保。不如各自守城，等敌人来攻再实施援救，即使作战不利也没有太大的损失。"而张浚面向东南，双手交拱，做出勇赴国难的气概："你以为我愿意这样做吗？只是陛下在江南承受着巨大的压力，我们这是在纾解江南之困呀。"

富平位于关中平原和渭北高原交接处，境内未见峻峰险隘，不是理想的扼守之所。五路会集后，吴玠忧心忡忡："兵以利动，但富平这个地方不占地利，我军防守艰难。"这话张浚当然听不进，只能由五路军马自行解决。吴玠建议另选地方驻军，但诸将不愿意来回奔波，满不在乎地说："我众敌寡，难道还怕他们不成！"刘锡也缺乏协调诸军的权威，最后把营地择在一片芦苇丛生的沼泽地后面，金军骑兵强大，沼泽地对抑制骑兵有一定作用。

金军方面，先到达富平前线的是完颜宗弼，与宋军相隔八十里安营扎寨。吴玠飞马报于张浚，并请战："兵法云：先下手为强。趁宗弼立足未稳，娄室大军未到，应杀他个措手不及。"张浚自恃稳重："我军以十抵一，足以稳操胜券，按常规作战即可赢得光明磊落。"就这样，在自负轻敌中，宋军错过了最佳战机。

完颜娄室大军到后，张浚认为可以作战了，指示前线向敌军下战书。按宋军规划，硬碰硬杀个你死我活，可金人并不这样想。兵者，诡道也，对于兵少势弱的一方总是在谋划最佳策略、捕捉最佳战机。娄室的策略是先示之以弱，避开兵锋，磨其锐气，再于运动中打击敌人，挫其勇气。开始时，宋军天天到金军喊话挑战，娄室置之不理。宋军果然开始心浮气躁、按捺不住，派千余士兵跨过沼泽地试探着向金军进攻，金军早有埋伏，将这支小股部队悉数歼灭。

等到宋军气焰消耗得差不多了，金军开始整治芦苇丛的沼泽地，他们铺上木柴、覆盖黄土，沼泽地变成普通的黄土地，再也无法阻挡骑兵的铁蹄了。接着金军攻击骚扰周围的乡民小寨，这些都是汉人群众，受到惊扰纷纷逃往宋军军营乞求保护，宋军疲于应付“难民”，五路大军又搅扰在一起变成了一堆乱麻。形势急转直下，兵多势众、本土作战、以逸待劳的宋军失去先机，变得被动起来。

决战终于打响。二十四日，金军趁百姓涌入宋营、宋军应付不暇之际发动进攻，骑兵如山呼海啸般杀向宋营。宋军各路军马仓促应战，各自迎敌，统一指挥失灵。泾源路经略使刘锜是一员骁将，率先上马挥刀突入敌阵，径直杀向红袍玉带的完颜宗弼。一名金将见刘锜来势凶猛，赶紧拍马挺枪飞身护主，谁知脚下不实，马蹄踏入泥淖之中，刘锜手起刀落，这名金将身首异处。宗弼见势不妙，想要回马逃跑，副手韩常从侧面挡身向前，与刘锜战到一处。刚过了三五招，一支冷箭射向韩常，正中左目，钻心的疼痛让韩常“嗷嗷”大叫。刘锜眼看又要取韩常首级，不料此时又杀过来一名金将，韩常也临变不惊，三人战到一块儿。

胜负未分之时，完颜娄室敏锐地判断出宋军五路人马强弱不一，环庆路赵哲部行动缓慢，军容不整，是宋军最薄弱的一处。柿子要拣软的捏，娄室马上分出精兵主攻赵哲。赵哲果然不堪一击，与娄室交战三五个回合就心生胆怯，拍马便走，他的手下见主帅不敌，也四逃而散。吴玠此刻正在激战，发觉环庆军异动，急忙靠拢增援，奈何一旦溃退，一发不可收拾。金军趁势大喊：“宋军逃了，追呀。”喊得人心惶惶，其他各路无心再战，宋军大败，金军乘胜攻占了陕西大部。

陕西丢失，金军气焰正炽，四川也危如累卵，难道西南半壁江山也要拱手让人，南宋成为又一个南唐？陕西到四川有多条险道，最便捷的是秦岭西段的一条道路，连接汉中和陈仓，即陈仓道。楚汉争霸时项羽将刘邦封在汉中，张良向刘邦建议，明修栈道，暗度陈仓，就是由这条道路出川到陕。金军在陕西休整之后，便乘胜南下，意欲一并吞下四川，他们选择了这条道路，而吴玠也正好退守在此，屯兵在陈仓道上的一处叫做和尚原的关隘。

公元 1131 年十一月，攻守战打响，敌军来势汹汹，有人劝吴玠退守汉中，吴玠向将士解释："只要坚守住此地，敌人绝不敢贸然深入，所以保卫和尚原就是保卫川蜀。"吴玠做好了打长久战的准备，除了加紧操练部队，也竭尽全力做好后勤保障。他向附近百姓购买生活用品，不低于市场价现钱买卖，老百姓积极性都很高，黑夜里还争相向军中运送米面布帛。金军到后，为了阻断和尚原的后勤补给，下令老百姓不得向宋军售卖粮草，并在周围设伏捕杀违反禁令的老百姓，但老百姓依然冒着生命危险支援宋军。

金军从两路而来，想要对和尚原形成合围。然而一路先到，另一路行动比较迟缓。吴玠认为这是各个击破的良机，率先对第一路发起进攻。由于备战充分，以逸待劳，首战取得胜利，迫使第一路敌兵溃退。等第二路敌兵到达，吴玠半路将其拦截，使两路金军始终无法会合。金军不能取胜，完颜宗弼大怒，亲率十万大军从宝鸡开始步步设营，到和尚原附近又建造石头城，谋求长期作战。十月，金军对和尚原发动新一轮大规模进攻，吴玠命诸将选用强弓劲弩，对金营进行不间断轮番射击，号称"驻队矢"。驻队矢像雨滴一样射向敌阵，连绵不断，让金军狼狈不堪，从而进攻势头也变弱。吴玠开始进行反攻，他利用对地形比较熟悉的优势，出奇兵掐断了敌人的粮道，然后据险固守，使敌军得不到补给。十万金军物资供应不足，支撑了几天只好望洋兴叹，完颜宗弼下令撤退。吴玠早已料敌先机，在崇山峻岭中布设埋伏，等金军撤退过半时，两旁山上石块滚滚而下，金军被冲击得七零八落，然后宋军从山道两旁杀出，金军死伤大半。这一战刚好将完颜宗弼截击在山坳之中，他身中两箭，担心被活捉，只好脱去红袍，剃发割须，伪装成士兵才侥幸躲过一劫，勉强活命。

整个和尚原之战，吴玠没有给金军任何取胜的机会，这是金国自建立以来遭遇的最大一次败绩，成为他们一段时间内不愿提及的心头痛。

当然金人不甘心就这样放弃川蜀，突破秦岭天堑关键要选择好线路，找到宋军防守最薄弱的关隘。经过仔细侦查、谋划，他们选择了距离和尚原三百多里的饶凤关。饶凤关在汉中以东，与和尚原好似汉中的两翼，是避开吴玠的理想地点。

公元 1133 年二月金军叩关，饶凤关守将刘子羽自知不敌，一方面积极备战，另一方面向吴玠求援。吴玠毫不含糊，日夜兼程快马赶到饶凤关，立即派人给金军送去黄柑：“大军远来，这些水果供你们解渴。”这一举动就是希望吓退金军。金将完颜撒离喝果然大吃一惊，不断地用手杖击打地面，念叨着：“吴玠怎么来得这么快！”但他又不甘心半途而废，命令使用人海战术进行强攻，一人在前，二人掩护，前面人倒下，后面人立即补充上去。吴玠下令乱箭齐发，加上抛掷滚石，金军在关前像被镰刀收割的小麦一样一排排地伏倒地上。如此攻守了六天六夜，漫山遍野堆积着千疮百孔的尸体，冬日裸露的山石浸染出大片大片的殷红。

后来，金军招募死士从山谷险要处绕到饶凤关背后，登上山峰向下发动进攻，宋军失去地理优势，腹背受敌，渐渐不支，吴玠引军退至西县，刘子羽焚烧了兴元府，退守三泉县。当时刘子羽手下士兵不到三百人，且没有粮草，只能以野菜充饥，吴玠鼓励刘子羽：“关外是川蜀的门户，不能轻易丢掉。金军虽然强大，但粮草不济，只要我们坚持下去他们必定退兵。”他分给刘子羽兵马千余人继续坚守，自己回到河池县调集军队，准备断绝金军归路。刘子羽在潭毒山上筑营御敌，营寨刚刚修好敌人就赶到了，刘子羽抱着必死的决心亲临营口指挥战斗，诸将泣劝：“这里不是您坐的地方。”刘子羽一点也不给自己留退路：“我死也要死在这里。”在他的坚守下，敌人不敢长时间孤军深入，只好放弃兴元府退回秦岭以北。

仙人关是汉中正西的一处隘口，汉中西部山地相对平缓，防守难度更大。公元 1134 年二月，完颜宗弼率十万大军攻打仙人关。防守仙人关的仍然是吴玠，守军只有万余人。金军动用各种攻城手段，士兵像蝼蚁一样前赴后继爬云梯、登城墙，宋军防守非常吃力。有将领建议后撤，吴玠拔刀在地上画了一道线：“死也要战死在这里，敢有言后退者斩！”完颜宗弼攻击关隘的东面，副将韩常攻击关隘西面，吴玠的弟弟吴璘在城墙上东奔西跑，哪面吃紧增援哪边。敌人源源不断往关隘上爬，宋军只有凭借驻队矢进行防守。这时金将撒离喝似乎看出了门道：“我知道该怎样进攻了。”第二天，金军专攻西北，宋将姚仲登上谯楼激战，金军用枪箭石块摧断谯楼，宋军就用绳子重新捆绑好勉强使用。金军火攻谯楼，姚仲则用陶罐将火扑灭。战争的转折点是晚上，吴玠令精锐之师分头袭击金营，金军万万没有想到疲于防守的宋军竟然有胆量前来劫营，阵脚大乱，士兵纷纷溃逃，如洪水一泻千里。吴玠又派大将在横山、河池截击，金军更是溃不成军，死伤无数。

通过和尚原之战、饶凤关之战、仙人关之战，吴玠为南宋保住了川蜀半壁江山，此后数年，金军不敢进犯川蜀门户，宋金西部边界基本稳定下来。

扶不起的伪齐

金人占领了淮河以北却无法对其进行有效的统治，只好重新寻找代理人，扶持伪政权。前济南知府刘豫投降后对金国最为忠顺，完颜宗翰便向皇帝推荐了刘豫。公元 1130 年九月，金国使者拿着玺授宝册，宣布立刘豫为“大齐皇帝”，奉金国为正朔，向金国既称臣又称子。伪齐虽然只是金国的代理政权，但宰相百官一应俱全，最初建都大名府，后来迁移到开封府。

在汉人传统观念之中，对汉奸比对侵略者更为痛恨。南宋稍微有些振作，就打算进攻伪齐，试图收复河山。伪齐毕竟只是金国羽翼下的一帮乌合之众，兵力与南宋相比有很大差距。公元 1132 年十二月，南宋襄阳镇抚使李横出兵收复汝州；次年一月攻占颍昌、长葛等地，整个郑州以南尽归南宋。刘豫不能阻挡，只好向金国求助。完颜宗弼再次披挂上阵，不仅帮助刘豫收复了失地，还向南进一步占领了襄阳府。襄阳是南方的重要咽喉，向东可以济舟直达江南，向西可以溯流进攻川陕，丢失襄阳相当于掐断了江淮和四川两块主要领地的联系，对南宋构成了致命威胁，襄阳无论如何要掌控在手中！等金军退兵，南宋派最强将领岳飞收复失地。岳飞所向披靡，不但重新占领了襄阳，而且连带邓州等襄汉六郡尽归宋土。

在江汉的拉锯战中，伪齐独立作战没有半点功绩，这不仅让刘豫没有面子，而且在金国主子面前没有办法交代。公元 1134 年，刘豫请求金国派兵协助攻宋，试图在江淮一带取得突破。由于完颜宗翰、完颜宗弼两员大将反对，金太宗完颜晟便派完颜宗辅和完颜昌率五万金兵前来助阵，而把完颜宗弼任命为先锋。金国出兵虽然不多，但荟萃了当时的主要战将，阵容不可谓不强大。其时完颜晟年事已高，知道这大约是生平最后一次伐宋，因此抱有厚望，企图一举渡过长江，消除掉江南隐患。这是继建炎年间完颜宗弼搜山检海后又一次大规模南征，金、齐联军分两路进击，骑兵从泗州攻滁州，步兵从楚州攻承州。

消息传到临安，朝廷上照例是一顿争吵，有人劝赵构像建炎年间一样避敌锋芒，逃亡海上，张俊跺着脚反对："逃到哪里安全呢？为今之计向前一步才是可靠的方案。"宰相赵鼎则以退为进："如果打不赢再跑也不迟。"赵构毕竟不像他的父亲赵佶那样糊涂，表态说："敌人欺凌太甚，朕将率领大军与他们临江对决！"于是把后宫送到泉州大后方，赵构御驾亲征到平江。赵构本有意继续过江到达北岸，赵鼎还是顾忌皇帝安危："敌军远道而来，利于速战，我们不能上敌人的当，必须稳扎稳打。况且刘豫没有前来，陛下在江南遥控战场即可，不必渡江。"赵构打消了亲临的一些念头，任命张浚知枢密院，刘世光守建康，张俊为浙西、江东宣抚使，其他将领也各领其事。

南宋扬州一带守将是韩世忠，他亲率大军到大仪镇迎敌。部队刚部署妥当，宋工部侍郎魏良臣奉旨出使金营路过韩世忠驻地。魏良臣是有名的老实人，他一向主和，并且不擅撒谎。韩世忠决定利用魏良臣向金国传递假情报，引蛇出洞。他命令部队假装后撤，哄骗魏良臣说朝廷有旨要求部队退守江口。等魏良臣走远，韩世忠调转马头，命令士兵："唯我马首是瞻。"于是重新回到大仪，将部队分为五个阵营，设下二十多处埋伏。魏良臣到金营后，金军果然向他打听韩家军动向，不明就里的魏良臣如实相告。金将得知宋军已经退守江口，急于立功，决定对宋军打个措手不及，遂率轻骑奔袭正在撤退中的宋军。韩世忠早已在大仪布下天罗地网，单等金军入彀中。金军一进入埋伏圈，韩世忠亲擂战鼓，伏兵从四面八方冲向敌阵，金军勒马不及，后马踏着前马踩踏坠地，整个军队乱作一团。宋军发明了一种专门对付金军骑兵的战术，士兵手执长斧，上砍人胸，下砍马足，骑兵遂一排排倒在拥塞狭窄的道路之上。接着宋军骑兵踏马而过，将敌军兵骑踩成肉泥。这一战追击的金军全军覆没，将领也成为俘虏。获胜后韩世忠又派骑兵支援承州，金军大败而退，韩世忠一直追到淮河边，金军踩踏、溺水而死者不计其数。靖康以来，宋军还没有在江淮战场上取得过如此酣畅淋漓的胜利，朝野上下扬眉吐气，臣子们纷纷向赵构祝贺，称赞这一仗是大宋中兴的第一战功，赵构也情不自禁地称赞“世忠忠勇，朕知道他一定能够成功”。

大仪镇一役让联军首战不利，不敢再向淮南挑衅，只好转攻淮西。十二月联军包围庐州，守臣向驻扎鄂州的岳飞求救，岳飞派部将牛皋、徐庆前来增援，并且交代说：“一定要追击敌人，把他们打怕。要不然他们以后还会重来，我们也不能一直驻守在庐州。”牛皋到后向金军喊话：“你家牛爷爷在此，你们这些鼠辈竟敢前来进犯！”此前岳家军收复襄汉六郡已经威名远播，联军忌惮牛皋，竟不战而溃。牛皋在后面紧追三十多里，杀掉敌军副统帅，从此金军不敢再犯庐州。

联军虽然连吃败仗，但还没有伤筋动骨。此时完颜昌驻扎在泗州，完颜宗弼驻守在竹塾镇，被韩世忠阻挡不能前进。时节已是严冬，雪深路滑，联军粮草不能顺利到达，只好杀马为食，士兵多有怨言。这时从北方传来消息，金太宗完颜晟病危。宗辅是金太祖阿骨打第三子，宗弼是第四子，完颜昌是阿骨打和完颜晟的堂兄弟，都是金国皇室的核心成员。他们自然不会放弃对皇位的争夺，于是趁黑夜撤军北归。没有了金军这个“主心骨”，伪齐大军也作鸟兽散。伪齐第一次南征就这样以失败匆匆收场。

刘豫深知伪齐对于金国存在的价值在于对抗南宋，如果一直无所作为早晚会被金国弃如敝履，只有不断向南宋挑衅、战斗，才能获得金国的支持。公元1136年刘豫再次请求金国出兵协助南征。这时形势已经发生了变化，金国新登基的皇帝是金熙宗完颜亶。完颜亶自幼学习汉文，汉化程度很深，力主灭宋的完颜宗翰失势，主和派开始主持政局。刘豫为完颜宗翰所立，宗翰一倒，在金国朝廷寻找不到第二个支持者。伪齐的报告呈送到金国后，太师完颜宗磐不屑一顾地对皇帝建议：“先帝之所以扶持刘豫政权，目的是让他开疆保境，使我国能够息兵安民。现在刘豫进不能攻，退不能守，连年战争，无休无止，大大小小事情都要麻烦我国，要这个伪政权有什么用！如果答应他的请求，胜利了刘豫受益，失败了我国损失人员和财物。这样的事情不划算，不能做。”完颜亶接受了这个建议，断然拒绝了刘豫的请求，只派完颜宗弼屯兵黎阳观望。

金国越是冷淡，刘豫越是担心被抛弃，讨好立功的积极性越高。十月，刘豫孤注一掷，起全国三十万大军伐宋：儿子刘麟出中路攻合肥，侄子刘猊率东路军出涡口攻定远，大将孔彦舟由西路攻六安。南宋的兵力分布是：韩世忠驻楚州，张俊驻盱眙，刘光世屯庐州，岳飞屯鄂州。这四大将领中，赵构认为张俊、刘光世稍弱，不足以固守江淮防线，下令二人放弃驻地退守长江，让岳飞提兵东进进行增援。知枢密院事张浚不认同这样的安排，一方面写信警告张俊、刘光世：“如果连刘豫都怕，还怎么立国？平日里养兵有什么用！眼下的情况只有进战，不能退保。”另一方面他上疏皇帝：“将军们退守长江就意味着放弃淮南，以后只能与刘豫划江而治了。况且岳飞东进，假若襄汉有事又能依靠谁呢？”赵构感慨地说：“如果不是你见识高思虑远，几乎酿成大错。”得到皇帝的支持，张浚便命杨沂中带兵至濠州作为张俊和刘光世之间的策应。

伪齐刘猊向定远进军必过濠州，杨沂中派两千精兵阻击，击退了刘猊的先锋部队。刘猊担心孤军深入有去无回，于是大军向西进发企图与进军合肥的刘麟会合，而杨沂中紧追不舍，两军在藕塘关再次遭遇。刘猊依山据险排好阵势，靠强弓劲弩阻止宋军。杨沂中安排士兵佯攻以吸引敌人的箭矢，掩护五十名敢死队冲入敌阵扰乱敌人。趁敌军弓箭势头稍缓，杨沂中亲率大军从侧翼进攻，短兵相接时后面的士兵高呼“贼破矣”，不明情况的伪齐士兵惊得目瞪口呆。这时另一支宋军在张宗颜的带领下赶来增援，从敌人后方突然杀出，惊慌失措的齐军大败，尸横遍野。刘猊惊慌失措地对谋士说：“刚才看见一位大胡子将军，锐不可当，果然是杨沂中。”说完上马带着数骑亲随仓皇而逃。杨沂中见状，也不追赶，而是向敌军士兵大喝一声：“主将已经逃了，你们这些叛贼还不受死！”负隅顽抗的敌兵吓得胆战心惊，纷纷放下武器束手就擒。

伪齐藕塘关一战损失人马万余，舟船数百，车辆数千。刘麟、孔彦舟听到刘猊败讯，心怀恐惧，不敢向前，只好拔寨还兵。伪齐第二次南征再次告负。

金国见刘豫如此无用，于公元 1137 年闰十月兵发汴州，废除刘豫皇帝之位，存在仅七年的伪齐政权寿终正寝。

距收复一步之遥

临安的皇宫位于城南，由过去的府衙改造而成，房屋简陋，空间狭小。即便如此，宋高宗赵构也很少走出这座院落，他像祖父辈一样，喜欢附庸风雅却并不热衷于游山玩水。虽然他知道二三里之外便是著名的西湖，知道江南春早，即使在这样的寒冬腊月，也不乏梅丹茶红，但他对这些都提不起一点兴趣。说到梅花，院里就有一棵，在微冷的冬天里确实像火一样彰显出希望。前几年，他对此毫不在意，因为战乱和国事压得他喘不过气来，脑子里都是“金兵”“逃亡”“苟安”等乱七八糟的影像，哪里还有雪里赏梅的闲情逸致。不过到了公元 1137 年，形势已经大为好转，金国新皇帝伸出橄榄枝向他微笑，伪齐政权已经日薄西山，和平的曙光日益清晰，他这几年来一直悬浮的心终于可以落到地上，也可以抽出片刻空闲来享受中原不曾有的温润冬色了。

当然，赵构不会完全万念俱寂地陶醉在江南的景致里，他在梅树下小立一会儿，又开始心神不定，绕着院子踱了大半圈，还是回到临时的办公场所——三间屋的所谓宫殿中。他坐下来提笔在澄心（宋朝一种高品质纸）小笺上反复书写着几个名字，岳飞、韩世忠、张俊、刘光世。这四个被后世称为“中兴四大名将”的人，是赵构所能倚重的军事力量，是与金国作战、和谈的根本筹码，但也是他的一块心病。他的脑海中反复出现四人横刀立马的形象，那形象时而清晰，时而模糊，时而又与苗傅、刘正彦重叠起来，搅得他心乱如麻。

作为皇帝，赵构对他手下的这几员大将了如指掌。刘光世用一个字概括：

“贪”！谎报士兵数量，贪占军饷，是此人一贯套路，不过如今正是用人之际，赵构只能装聋作哑。张俊用一个字概括：“奸”！刘光世的毛病他几乎都有，同时他还是个不择手段的人。这样的人对皇家来说并非一无是处，用得好也可以是一把利器。韩世忠用一个字概括：“勇”！所以江淮防线，只有韩世忠稍微让人放心些。最难评价的是岳飞，这是一个几乎找不到毛病的将军，惟其如此，才让赵构惴惴不安！帝王不怕用有毛病的人，最怕手下人没有缺点、只有野心，而岳飞正是这样的人！

按说岳飞的宿愿与赵构不谋而合，都是荡平中原，迎回二圣，光复社稷，但这样的想法于皇帝叫雄心壮志、雄才大略，于臣子特别是武将，叫不安分。

然而，赵构必须倚重岳飞，普天之下，放眼望去，当下只有岳飞能够帮助他实现中兴复国、安邦太和的愿望。他决定召见岳飞，诱之以利，惕之以威，至少保证在宋金和议前能够有效地驾驭好这只猛虎。

公元1137年二三月间，赵构多次召见岳飞，他送给岳飞一件“大礼”：换掉贪婪而无能的刘光世，将其麾下的左行营护军五万兵马交由岳飞统帅。

那一天，梅花已经凋谢，而海棠却开得正炽，赵构把岳飞召至内殿，破天荒地走到他跟前，用手拍了拍他坚实的胳膊，亲切地说：“国家中兴的大事，就全托付于爱卿了。”岳飞从杜充部下的小校到如今镇守一方的大将，从来没有受到过这样的厚爱，当即感动得热泪盈眶，拜伏在地，语气坚定地向皇帝表态：“精忠报国，臣定不会辜负陛下，不复中原誓不休。”赵构被岳飞的豪情感染，进一步表示：“除张俊、韩世忠不受节制外，其余并受卿节制。”

赵构已经做好了战略反攻，而岳飞是不二人选。

可是，赵构与岳飞这一段谈话很快便传到了宰相张浚的耳中。其实二人的谈话本不是秘密，军队部署做出这么大的调整，根本绕不开宰相和枢密使，事实上张浚也是各大军事集团的最高指挥。张浚反对扩大诸将权力，特地进谏赵构：“陛下可知道岳飞部队人称岳家军，韩世忠部队人称韩家军？”赵构连连点头：“知道，这是百姓对他们的爱称。”张浚忧心忡忡：“世人把这些军队看作私人武装，只知有将领而不知有陛下。”赵构远远望着院子里的梅树默默不语。那棵梅树早已繁华落尽，而虬枝依然直刺苍穹。许久才缓缓地问：“依卿之见呢？”张浚早已胸有成竹：“收兵权尽归中央。”“还不是时候啊。”赵构何尝不想收兵权，但金国依然势大，他可不能自毁长城。“即使不收，也不能再把刘光世部队赋予藩镇，应该由中央直接统帅。”赵构点了点头：“可是朕已经许诺给岳飞了。”“这件事交给臣处理吧。”张浚主动请缨。

几天后，张浚把岳飞请进相府，装作征求意见：“刘光世如今被罢免，他属下有两员大将，王德和郦琼，其中王德颇有威望，我打算升他作都统，将军以为如何？”岳飞是个直性子，没有去揣摩张浚的花花肠子，有一说一：“王德与郦琼素来平起平坐，一旦分出高低，恐怕军队不稳。”张浚进一步试探：“张俊、杨沂中如何？”张俊、杨沂中都是跟岳飞平级的将领，张浚这样问的用意就是暗示这部分部队不打算归于岳飞麾下，可岳飞一点也不“识相”，只是就事论事：“张俊过去是我顶头上司，他为人暴躁无智谋，杨沂中跟王德不相上下，我看二人都难以服众。”见岳飞怎么都“不开化”，张浚愤愤地丢下一句：“你的意思不就是非你不可吗！”说完让仆人看茶，下了逐客令。岳飞这时才觉察出张浚的用意，慌忙之中辩解了一句：“我只是发表个人意见，并不是非要这支军队。”

离开了相府，岳飞心里忐忑不安。人们都说本朝皇帝容不下武将，前几天被赵构召见时，自己还庆幸当今圣上励志中兴，改变了重文轻武的祖宗规矩，今日宰相的语气已经表明对武将的猜忌，与其坐以待毙，不如交出兵权，让朝廷放心。况且眼下边疆无事，到江湖上散散心也正当其时。

这岳飞少年即入行伍，作战打仗是一等一好手，若论起勾心斗角、尔虞我诈，却像没毕业的学生，天真地以为离开军队就能表明心迹。于是他向赵构写了封“辞职信”，以母亲去世还不到三年为由回家服丧，未等批复下来，他把军队交给副手张宪就擅自归隐庐山了。

岳飞的率性在朝廷看来就是使性子，是不听话的一种表现，犯了赵构的大忌。但赵构不是轻妄之人，作为皇帝他懂得权衡利弊，于是他在澄心小笺上写下

“忍气吞声、秋后算账”几个字，看了又看，仿佛要印在心底，才慢慢揉碎撕掉，然后赵构下旨让岳飞部将王贵和幕僚李若虚去庐山请岳飞。岳飞的最大心愿是收复故土，当然不甘心就此告别军营，在初心的召唤和各种压力之下，于当年六月重新回到鄂州军营。只是祸根就由此种下，而他却懵懂不知。

恰好这时，不愿交付给岳飞的刘光世左行营护军发生了变故，军中大将郦琼不服张浚安排，率全军四万多人渡过淮河投奔了伪齐。淮西兵变划走了南宋一个军区，对于朝廷来说无疑晴天霹雳，北伐计划搁浅，只得转攻为守。接着金国也发生政变，主和派完颜昌、完颜宗磐被杀，主战的完颜宗弼得势，拜为都元帅。宗弼一改秋冬出兵的惯例，公元 1140 年五月就迫不及待地出兵南侵。

这一次金军东、西、中路同时开战。但西路受阻于吴玠的弟弟吴璘，东部受阻于韩世忠，都毫无建树。最惨的还是中路，虽由完颜宗弼亲自率领，但他碰到的主将正是岳飞，不但未能推进，反而迎来了岳飞的战略大反攻。

金军建国后倚仗着骑兵所向披靡，而骑兵又分为“铁浮屠”和“拐子马”两种作战风格。所谓“铁浮屠”，就是连人带马披上铁甲，远看像铁塔，让敌军武器无处下手，可谓“刀枪不入”；“拐子马”是轻骑兵，一般部署在侧翼，速度快、冲击猛，配合“铁浮屠”作战。过去宋军屡战屡败，就是没有找到对付金军骑兵的办法。

在这一次战役中，岳家军琢磨出了克制“铁浮屠”的妙招：派敢死队拿着又长又轻的麻杆刀突入敌阵，专砍马腿。“铁浮屠”全身铠甲，但马腿裸露，这才是他们的命门所在。威武但笨重的“铁浮屠”一旦倒地，如同一堆废铜烂铁，瞬间失去了战斗力。一把小小的长柄麻杆刀显示了巨大的威力，让金军大吃苦头，成为宋军克敌制胜的法宝。

双方第一场遭遇战在顺昌府，宋军凭借麻杆刀砍死金军战马三千多匹，杀死敌兵五千多人，大败金军。面对宋军的麻杆刀，金军毫无办法，只能节节败退。顺昌大捷极大地鼓舞了宋军士气，闰六月，岳飞遣部将张宪攻取颍昌府、淮宁府，王贵攻取郑州、洛阳，对完颜宗弼的帅府汴京形成半包围之势。南宋有很深的汴京情结，这里才是他们法律意义上的都城。岳飞兵临故都，朝野振奋，许多人期待已久的复国梦即将变为现实，连赵构都按捺不住，提笔在澄心小笺上为岳飞亲书手诏："设施之方，一以委卿，朕不遥度。"赋予岳飞前线处置的权力，决不干涉前线事宜。岳飞自然明白朝廷的担心，上了份密奏以表忠心，密奏写道："先正国本以安人心，然后不常厥居，以示无忘复仇之意。"所谓"国本"指的是确立太子。这份密奏大有讲究，很多人认为这是岳飞招祸的又一由头，其实不然。岳飞攻取汴京，击败金军，就是为了复国并迎回徽宗、钦宗"二圣"，以雪靖康之耻。当时朝中有人担心，若钦宗赵桓归朝，赵构将置于何地？二人谁做皇帝呢？岳飞劝赵构早立太子，隐含之意是承认赵构皇位的合法性，以免赵构不安，阻挠北伐。果然，赵构"大褒其忠"。

君臣一心，京西地区不断告捷，完颜宗弼颇有困守孤城的失落感。这天，完颜宗弼召集手下诸将商量对策，昭武大将军韩常刚刚丢了颍昌府，心有余悸地说："自末将带兵至今，从没有遇到如此劲旅，撼山易，撼岳家军难。"同岳家军交过手的将领都纷纷附和，一时间军事谋划会变成了诉苦会。完颜宗弼意识到急需一场胜利让众将克服"畏岳"情绪，最后总结说："看来宋军将领中其他人都好对付，唯有岳飞不可一世，咱们就集中优势兵力与岳飞拼力一战。只要打掉岳飞，赵构早晚会拜于我主脚下。"于是亲自披挂上阵，率领最精锐的龙虎大王完颜突合速、盖天大王完颜宗贤、昭武大将军韩常等一万五千骑兵直趋岳飞的临时指挥部郾城。

郾城在汴京正南三百里处，无深山无大河无关隘，在这里作战意味着得硬碰硬地死磕。金军马快，距郾城二十里岳飞才得到消息，岳家军旗下主力部队都征战在外，郾城兵微将少，众人皆惊慌失措，不知如何应对。岳飞心中虽有隐隐地担忧，但作为主帅，此时不能显露出半点胆怯，只能给部下以勇气和希望。他哈哈大笑，爽直地说："金人黔驴技穷了，这是最后挣扎！"表面上故作轻松，心里面不敢有丝毫侥幸，他知道这是一场硬仗，只有最亲近的人上阵才能鼓舞士气，只有最勇猛的人出战才能坚守到底。他把眼前的将领全部打量一番，别无选择，最后目光落在了长子岳云身上，他缓缓走近，取出一支令箭交付到岳云手上，狠下心来说了一句：“如果不胜，先杀你祭旗！”说完转过身去，不忍再看岳云接令离去的背影。

这一战恐怕是岳家军成立以来最艰苦的一场恶战，金军是岳家军的数倍，但岳云背水一战，早将生死置之度外。他告诫士兵，突入金军骑兵阵后只管用麻杆刀砍敌人的马蹄，不要仰视，不要躲避，不要管敌人的刀枪在哪里，即使与敌人同归于尽也不允许后退。宋军勇往直前，个个效命，不管敌人多么来势汹汹，只是一心一意砍马蹄。这一仗天昏地暗，金军尸横遍野。但金军毕竟人多，后援部队源源不断，宋军也伤亡惨重，许多士兵力竭而毙。战争越是到最后关头越是残酷，此刻谁能坚持下来谁就是胜者！而宋军迫切需要新的力量进行补充！此刻已经无兵可派，岳飞看了看身边的将领和亲兵，大声喊道：“好男儿当战死沙场，不能作壁上观，无论文职武将，全部提枪上阵杀敌！”说完率先拍马冲向地阵。

宋军全军出动，无一人退缩，无一人逃亡，阵中的士兵像重新输入了新的血液一样又迸发出新的战斗力，像一群野狼不计后果地扑向敌人。金军南征北战却从没有见过这种阵势，不知谁喊了一声：“不得了了，跑吧。”金军便像一堆随风倒向的大火，呼啦啦践踏着向汴京逃去。

此后岳飞率大军全线进击，在汴京四十五里的朱仙镇再败金军，至此基本完成对汴京的合围。宋军距都城只有一步之遥，岳飞高兴地对诸将说：“直抵黄龙府，与诸君痛饮尔。”

岳飞之死

南宋的收复梦、中兴梦眼看就要实现了，从朝廷大臣到平民百姓，许多人都备好美酒，单等着宋军拿下开封，便开怀痛饮。当然也有人不愿意看到这种局面。

临时的皇宫由于房屋紧张，赵构办公、上朝、听筵都在同一座宫殿中，此时他召集几个近臣在议事，主要议题当然是汴京正在发生的战事。

“近日捷报频传，岳飞已经兵临汴京城下，看来收复有望，朕终于要等到还銮故都的时候了。”赵构的脸上已掩饰不住喜悦，一双本来不大的眼睛眯成了一条线。当然说这话时他注意到，身边这些近臣脸上却大多忧虑之色。他知道这些人的心事，却并不说破，多年的驾驭之术告诉他，不要率先表态，让臣下充分发表意见，他能够从他们的发言中选择最佳时机，顺水推舟或者沉默不语，宰辅如果心有灵犀，就会见风使舵，这正是他需要并愿意看到的局面。

首先沉不住气的是殿中侍御史罗汝楫。罗汝楫是位做学问的好手，一般情况下，为学之人往往固执，这也是赵构让他任职侍御史监察百官礼仪的原因。然而赵构很快发现此人并不学究，反而深谙为政之道，很多时候为人做事颇合圣意。罗汝楫上前一步，拱手而曰：“陛下，此非福事。兵微将少，民困国乏，岳飞若深入，岂不危哉！”赵构皱了皱眉毛，装作思考的样子，把头转向宰相秦桧。宰相是百官之首，宰相的表态最为重要。秦桧果然不负所望：“张俊、杨沂中已经退兵，岳飞孤军冒进入危险境地，不可久留，建议下诏命令他班师回朝。”这秦桧原是钦宗朝的御史中丞，靖康之难中被掳去金国，受到金将完颜昌赏识，归于帐下。公元1130年秦桧南归，此后职务节节高升，主张宋金和好，各不相侵。关键时刻秦桧总能洞悉和顺从皇帝心意，赵构觉得这样的宰相配合起来得心应手。

宰相给出了堂而皇之的退兵理由，其实赵构想得更为复杂。赵构从驻跸扬州起就一直试图与金人和议，只是金人没有兴趣。岳飞在战场上取得的胜利，足以成为谈判桌上的筹码，没有必要真的赶尽杀绝。再打下去，如果前线获胜，功劳是武将的，如果不幸失败，半壁江山也不一定能够保全。权衡之后，赵构决定诏令岳飞退兵。

七月十八日，中原盛夏的天气瞬息万变，方才还是骄阳似火，转眼便大雨倾盆。这几天岳家军将士个个胸中燃着一把火，随时准备扑向故都汴京。火焰正旺之时，朝廷使臣十万火急送来诏书，要求即刻班师！战事当前，皇帝圣旨也分轻重缓急，最快的需用金字牌送达，下令撤兵用的正是这种金牌！岳飞心头一紧，他不明白朝廷的心思为何像这不可捉摸的天气一样说变就变。从小，父母就教导他精忠报国；后来学习武艺，师傅的教诲是保家卫国；靖康国难，他二十四五岁，愤而投戎，为的就是雪国耻、复国境、振国威。平生志向眼看就要成为现实，却被一纸诏书彻底粉碎！岳飞不甘，满怀义愤写下奏章："金人锐气丧失殆尽，粮草辎重遍地丢弃，我军豪情满怀，士卒效命。收复故土就在此时，时不再来，机不可失！"

岳飞的奏章刚刚上路，不想朝廷第二道班师金牌又紧锣密鼓地到了。原来秦桧知道岳飞收复志坚，锐不可回，就怕申辩，于是金牌连发。这一天从临安来的班师金牌多达十二道，岳飞知道朝廷执意放弃故土了，手捧诏书，发疯似的冒雨奔出大营，跑到附近一座高坡之上，对着汴京跪倒在地："十年之力，废于一旦！"话未尽，已泣不成声。岳云等追着跑来，勉强将他扶起，岳飞颤颤巍巍地下令："班……师……"

第二天岳家军掉头后撤。军队将行之时，惊动了百姓，百姓自发前来送行，沿途无不恸哭流涕。一些老人拦着岳飞的马挽留:“我们焚香祷告迎接王师，金人都一清二楚。你们走了，我们没有活路了。”岳飞把诏书拿出让百姓看:“飞也心如刀绞但无可奈何。”然而岳飞毕竟体恤百姓，下令逗留五天，将百姓迁徙到江汉安全地带之后再撤退。

岳飞不战而退，让金军瞅准了南宋急于求和、不敢为战的心理，于是得寸进尺，公元 1141 年二月再次兴兵。这次完颜宗弼避开岳飞，选择了宋军较为薄弱的淮西。赵构对张俊、杨沂中不放心，下令岳飞从鄂州发兵援助。岳飞向赵构献两策：上策是趁金军倾巢出动，岳家军从襄汉直捣汴洛，围魏救赵，迫使金军回兵；中策是由蕲州、黄州渡江，拦截敌军归路，使敌军腹背受敌。赵构批准了中策。但当岳飞军快到庐州时，张俊怕岳飞争功，以粮草不足为由拒绝了岳飞的增援，岳家军只好驻军舒州待命。不久传来消息，宋军在濠州中敌埋伏，损失惨重，岳飞悲愤交加，脱口而出:“国家了不得也，官家又不修德。”官家即指皇帝，这句话成了日后岳飞的罪状之一。

濠州虽败，但金军也未能向前推进，完颜宗弼意识到和议是大势所趋，只好选择息兵。他写信给秦桧:“你们每天都请求和议，但岳飞还在图谋河北，并且杀了我的女婿，这仇不能不报。想要和议也行，先把岳飞杀了。”有岳飞在，金国始终不能放心。

和议将开，赵构、秦桧大喜。和议不仅意味着从此可以过上偏安江南的苟且生活，而且武将作用降低，再也不用看着武将的脸色行事了，改组屯驻大军，收缴武将兵权正当其时！秦桧以论功行赏为借口召集重兵在手的大将，任命张俊和韩世忠为枢密使，岳飞只被任命为枢密副使，把他们扣留在临安不让再回到军队中。

收回兵权后还面临着一个问题，就是军队里仍然都是统帅的旧人，譬如岳飞离职，曾经的岳家军由原来的部属王贵、张宪统领，岳飞人不在军队，号召力犹在。要想让军队彻底摆脱原统帅的阴影，只有两个办法，一个是分化，另一个就是……赵构又拿起毛笔，在面前的澄心小笺上写下一个大大的“死”字！

三大统帅事实上是先从韩世忠下手的，因为韩世忠曾上疏大骂秦桧是投降派，二人不睦已是朝野皆知。五月初，朝廷诏令张俊、岳飞到楚州视察边防。楚州是韩世忠的地盘，朝廷此举很明显是想掀起三大帅的内斗，然后各个击破。张俊本来就是个墙头草，马上对朝廷的用意心领神会，出于自保和忌恨同僚的心理，立即投身于秦桧，与之沆瀣一气。

在楚州，张俊打算加固城池，撤回淮北的宋军，岳飞尝试着做最后的努力："应当齐心合力为北伐复国做准备，怎么能立足于防守呢？"二人意见不能统一，张俊便按照秦桧的授意提出肢解韩世忠军队，以相互辖制，岳飞大惊："合则力强，分则势弱，这是兵家最浅显的道理，枢密使怎么会有这样的想法？"两次提议都不被认同，张俊非常气恼，但秦桧交代的任务必须落实，遂决定一意孤行。

枢密院有意肢解韩家军的消息传到军营，将士忐忑不安，有一位叫景著的将领性格耿直，直接闯进张俊、岳飞的议事厅，冲着二人叫嚷："若想拆分韩家军，将士们决不答应！"张俊胆怯了，急忙安抚说："只是有人这样提议，断不会实施，请将士们放心！"等打发走了景著，张俊恶狠狠地敲着桌子："这是要造反啊，一定是韩世忠在背后指使！我当禀报圣上与宰相，弹劾韩世忠谋逆！"岳飞心中暗吃一惊：这罪名足以致韩世忠于死地矣。岳飞与韩世忠虽然并无深交，但同为抗金名将，惺惺相惜，不免有兔死狐悲的忧虑，趁着张俊埋头写奏章，悄悄派人回京密报韩世忠。

先下手为强，后下手遭殃，韩世忠得到消息后再也沉不住气了，急忙进宫面见赵构，号泣投地，做检讨，表忠心，终于取得了赵构宽宥。韩世忠自此闭门谢客，绝口不谈兵事。赵构之所以放过韩世忠，一来苗、刘政变中韩世忠有救驾之功，二来韩世忠贪财好色，霸占别人妻女，广置土地钱财，这样的将军一般胸无大志，皇帝比较放心，贪点、占点、奢靡点也许是武将最好的护身符。

放过了韩世忠，不可能再放过岳飞，朝廷总要拿一个大将立威。赵构虽然对岳飞最不放心，但岳飞并无过失，怎样对岳飞定罪呢？秦桧及其爪牙绞尽脑汁，只想了岳飞三条"罪状"：一是没有把刘光世军队让岳飞带领，岳飞颇有微词，甚至以辞职要挟君主；二是把淮西战役时张俊拒绝岳飞援助的责任强行安放到岳飞头上，污蔑岳飞不肯救援导致濠州之战失败；三是把在楚州时张俊企图撤销江北守备的罪责强加到岳飞身上。有了这三条，秦桧指使大臣上疏弹劾岳飞。这三条即使全部成立，岳飞最多不过罢官而已，这远不是赵构的目标，秦桧必须找出更多的罪名方能置岳飞于死地。

什么样的大罪才十恶不赦？无非叛逆、通敌！张俊军旅出身，最清楚军队里的勾心斗角，调查军中案件也是枢密使的分内事。秦桧找张俊商议，把岳飞手下将领一个一个过筛子，看哪一个有可能出卖岳飞：同岳飞最为亲近的莫过于长子岳云，以及左膀右臂张宪和王贵，如果能拉拢其中任何一个人就足以让岳飞身败名裂。但三人与岳飞并肩战斗，同甘苦共患难，怎么肯出卖岳飞？不过张俊有办法，他早已在岳飞军中埋下一颗棋子，那就是副统制王俊！只要了解到其中任一人人品上的瑕疵，直击其痛处，不怕其不反水！

六月，张俊以枢密院召开军事会议为由将王贵召至镇江，与王贵展开了一场唇舌交锋。因王俊掌握了王贵一些不为人知的隐私，张俊以此要挟，王贵不情愿地成了张俊的帮凶。为了方便王贵、王俊行事，张俊在放回王贵的同时又通知张宪到镇江听命。

王贵回到军中，立即接到王俊的揭发材料，诬陷说张宪欲裹挟岳家军自立，以逼迫朝廷交出岳飞重新回到军中掌权。王贵痛苦地将状词呈交给镇江的枢密府，张俊如获至宝，马上下令逮捕张宪。张俊的如意算盘是大刑之下必有所获，只要张宪招供，岳飞的罪名也就坐实了。谁料张宪是铁骨铮铮的硬汉子，宁死不招，令张俊气急败坏。

没有张宪的口供，如何为岳飞定罪？秦桧、张俊顾不上那么多了，先把岳飞抓起来再说！十月十三日，赵构亲自下诏将岳飞和岳云投入大理寺狱。宋代审理案件，只有谋反等重大案件才有皇帝诏书，称“诏狱”。岳飞下诏狱意味着不可能全身而出，最终的结果只在于死还是不死。而赵构的意图十分明显，那就是他澄心小笺上写的“死”字！

既是诏狱，审理规格也高，由御史中丞何铸、大理寺卿周三畏联合审理。何铸对武将颇有偏见，曾弹劾过岳飞，不过其人良心未泯，还是个主战派。审理岳飞时，岳飞慷慨激昂，从自己小时候接受爱国教育到从戎杀敌，陈述自己忠君报国之志，说到激动处，拉开自己的上衣，背上有早年刺下的四个大字“精忠报国”已经深入肌肤。最后岳飞正气凛然地说：“皇天后土，可表此心。”何铸随着岳飞的陈述时而悲愤，时而激越，仿佛亲历了岳飞的成长，看见了一个忠心耿耿、报国杀敌的英雄形象。何铸大为感动，意识到这是一起冤假错案，立马向秦桧汇报并为岳飞辩诬。秦桧理屈词穷，只得说了实话：“这是皇上的旨意。”何铸不无义愤地回答：“我岂是为了一个区区的岳飞。强敌未灭，无故杀一大将，不利于社稷长治久安。”何铸不肯再审，秦桧便改任万俟卨为御史中丞，重新审理此案。

万俟卨是秦桧的忠实爪牙，他的审讯办法只有一个：刑讯逼供。岳飞何其伟岸的汉子，怎么会在大刑下屈服！每天虽然遍体鳞伤，仍坚贞不屈。但他深知，申辩无用，有人千方百计就是要他死！想起自己一片赤诚竟落得个叛国自立的罪名，内心不平，愤然在狱案上写下“天日昭昭！天日昭昭！”八个大字。

万俟卨将岳飞、岳云打得遍体鳞伤仍一无所获，只好伪称岳飞、岳云和张宪在通信中有密谋，却拿不出实物，找不到证据。

岳飞入狱震动朝野，许多正直的大臣为其申冤叫屈，他们一针见血地指出：“辅臣为了与金国议和，何至于如此心急！”“中原未靖，祸及忠义，是忘二圣不欲复中原也。”“胡虏未灭，岳飞难道没有用武之地了吗？”有些人甚至愿以全家性命为岳飞作保，但这些都打动不了赵构、秦桧的杀岳飞之心。已经决定明哲保身的韩世忠也看不下去了，找到秦桧当面诘问，秦桧神秘地说：“他们之间的书信虽然没有查明，但此事莫须有。”莫须有，有人解释为“可能有”“也许有”，最贴切的解释可能就是字面意思：不需要有。言外之意，圣上想要岳飞死，还需要理由吗？韩世忠只能悲愤地斥责：“莫须有三字，何以服天下！”

岳飞必须死，因为他是赵构的一块心病。赵构亲自提笔写下圣旨：“岳飞特赐死，张宪、岳云并依军法施行。”这一年十二月二十九日，按公历纪年已经进入公元 1142 年，按传统纪年仍是旧年，即绍兴十一年，据说，岳飞在狱中被赐喝毒酒而死，岳云、张宪则在刑场被斩首。

这一天，正是农历除夕的前一天，临安的民众喜气洋洋置办好年货，只等第二天享受阖家团圆的天伦之乐。这一天，临安刑场附近人头攒动，平民百姓不懂政治，也不清楚要杀头的是谁，反而有人欢呼雀跃。这一天，五九将尽，岁月犹寒，皇宫里的梅花又傲然绽放，临安的街头却北风凛冽。

岳飞死后，无人收尸，一个名叫隗顺的狱卒偷偷将遗体背出钱塘门，埋在九曲丛祠的北山之麓。公元 1162 年宋孝宗赵昚即位，为岳飞平反昭雪，将其改葬于栖霞岭南麓。公元 1513 年已经是大明王朝，官方在岳飞墓前铸了四个铜人，双手反剪、赤身裸体跪在墓前，他们是秦桧夫妇、万俟卨和张俊。

在岳飞被杀前一个月，宋金达成“绍兴和议”：宋向金称臣；两国边界东以淮水、西以大散关为界；中部割让唐、邓二州全部及商、秦二州的一半给金；宋向金每年纳贡银二十五万两，绢二十五万匹。绍兴和议结束了双方十六年的战争状态，南宋至此进入了碌碌无为而偏安苟和的时代。

完颜亮的孤注一掷

金国自太祖完颜阿骨打去世后，政权一直不稳定，金太宗完颜晟以弟弟的身份继位，并想要把皇位传给自己的儿子，但宗室大臣都不同意，最后确立阿骨打的嫡孙完颜亶为皇储，是为金熙宗。完颜亶晚年嗜酒如命，滥杀无辜，致使众叛亲离。阿骨打庶孙完颜亮趁机笼络大臣，结交机枢，觊觎大位，公元 1149 年底杀完颜亶，自立为帝。完颜亮曾在完颜宗弼帐下任职，有帅师伐远、一统天下的壮志，又受汉文化熏陶甚深，一心追求中华正统，于公元 1153 年迁都燕京，改名中都，并于公元 1157 年经营开封，作为南征灭宋的基地。

这一天，完颜亮与秘书少监张仲轲等闲聊，问他们："出师必有名，伐宋有什么借口？"张仲轲回答："我听说宋人买马修器械，招纳山东贼寇流民，这就是罪过。"完颜亮大喜："过去有人跟我说宋朝有刘贵妃资质艳丽，现在可以一举两得了。江南听到我起兵，必定抱头鼠窜。"他雄心勃勃地憧憬道："天下一家才能称得上正统。"

金国在开封大肆营造宫殿，引起宋朝使者的疑虑，国子司业黄中出使回来报告："金人经营汴京，一定对我有所图谋，不可不早寻对策。"其时，南宋君臣"暖风熏得游人醉，直把杭州作汴州"，哪里还有居安思危的意识，宰相汤思退不愿听到负面消息，将黄中贬官封嘴。

公元 1159 年，金国开始大规模征兵、造船，完颜亮对宋使孙道夫说："告诉你们的皇帝，他对我国心不诚，实在令人气愤。举两个例子：第一，宋逃到我国的叛民都遣返了，我国逃宋的却托辞不还；第二，你们沿边盗买鞍马，这是准备开战吗？”孙道夫如实报奏赵构，赵构不信：“我们诚心诚意对待他们，他们以什么名义发兵？”孙道夫反问：“连皇帝都可以杀的人，兴兵需要理由吗？”赵构不语，汤思退不以为然。次年使者又报，朝廷还是不信。尽管如此，金人战备的消息仍然不断传来，金使施宜生是福建人，宋朝接伴使探听口风，施宜生暗示说：“今天北风好猛啊。”接着又拿起一杆笔敲着桌子说：“笔来，笔来。”

公元 1161 年二月，完颜亮入驻开封府，开战的气息越来越浓，而汤思退尸位素餐，毫不为意，谏官汪澈、陈俊卿等上奏弹劾，赵构对汤思退也多有不满，将其罢免，任命陈伯康、朱倬为相，并下诏：“不要再议论和还是守，直接商量怎样备战吧。”五月，金使见赵构，在大殿上公然提出要求割让江淮地区，并告知钦宗赵桓已死，语言中极尽挑衅侮辱，试图激怒赵构以作为发兵的借口，赵构假意悲恸号哭，不敢回应。

九月，完颜亮不顾金国内部矛盾重重和宗室大臣的反对，发兵南侵，出兵六十万号称百万，分四路南下，一路攻川陕，一路攻荆襄，一路水军从海上直取临安，而主战场依然在江淮，完颜亮亲自统帅。完颜亮戎装骑马，军容整肃，一路上浩浩荡荡，如入无人之境，仅仅一个月就越淮抵江，占领了江北全部地区。

金军所到之处，宋军不攻自破，望风而逃，让赵构在朝中坐立不安。绍兴初年的大将统帅早已病的病，亡的亡，满朝文武竟找不出一个带兵之人！谁可当大事？去年刚拜的枢密使是文官叶义问，前不久还进言金国有南侵之意，应早做战备，不如就叶义问吧。当时一起进言的还有中书舍人虞允文，那就也算一份吧！虽然二人从来没有带过兵，但朝中无将，用人如抓阄，有时候就是想起谁就是谁。

十月，赵构任命叶义问都督江淮军事，协调诸将；任命虞允文为都督府参谋军事，罢免负责淮西防务的王权职务，由池州都统制李显忠接任。彼时王权大军败退后驻扎在西南的采石矶，王权已离职而李显忠还未到岗，正值临阵换帅的空档，大军群龙无首，士兵三五成堆散坐在路边江畔，毫无战斗状态。要命的是完颜亮大军已经到达长江对岸，完颜亮披金甲，撑黄盖，登高台，坐在胡床之上观望着东岸，大战一触即发。

宋军如此混乱的用人，如此严重的失误，简直就是把地盘拱手相送。而金军一旦渡江，临安将危在旦夕。一个看似不经意的失误，将宋朝推到了悬崖的边缘。

在这危急时刻，都督府参谋军事虞允文前来犒军。虞允文是个书生，此前从未涉足过战场。不过，虞允文一直关注边防，同时习练武艺，他出使金国时曾与馆伴射箭，一发中的。他看见金国频繁调动军队、转运粮草，知道大战不可避免，因此越发勤于留意军事。虞允文来到采石矶，看见宋军军容不整、军纪松懈，大感不安。领军作战虽不是他的分内之事，但保家卫国却是他义不容辞的使命。他决定临时肩负起统军御敌的职责，整肃纪律，激励将士。

虞允文召集诸将："我这里有金帛，也有任命书，就等你们立功了。"众将都有杀敌立功的愿望，苦于没有统帅，见虞允文登高而呼，纷纷响应："既然有了主将，一定誓死守江。"当然也有人将信将疑："你奉命来犒师，现在贸然领兵，不怕被追责吗？"虞允文厉声呵斥："在这危急时刻，我难道要选择逃避吗？"将士同心后，他把队伍和战船分做若干战队，主力部署在中流防御敌军渡江，两边各置一队负责侧应，岸上还留守精兵防止敌军登陆。在他的精心部署下，一支散乱的部队顿时激发出昂扬的斗志。

这边刚刚部署完毕，对岸完颜亮挥动红旗指挥金军杀来，百舸竞发，激流绝江，不多时，先头部队已经登陆。宋军看到这种架势又心生怯意，有些人蠢蠢欲动打算后逃。虞允文大步走入军阵，拍着统制时俊的臂膀："将军胆略过人，威震四方，现在却站在队伍后面像个小女子一样。"军人大都宁死不辱，时俊大吼一声挥动双刀杀入敌阵。士兵受到激励各自效命，殊死奋战，终于遏制住了金军的攻势。

陆上杀声震天，江中也打得难分难解。宋军有一种叫海鳅船的快速战船，犹如陆地上的轻骑兵。宋军以海鳅船攻击金军战船，金军不善水战，船体笨拙，大多被击沉，不多时已经死伤过半。不过既然先头部队已经渡江，金军不愿轻易撤退，恰好这时一队从别处败退的宋军路过此地，虞允文把他们组织起来，挥动着旗帜从山后杀出，金军以为宋援兵赶到，这才溃退。这一战宋军杀敌四千多，俘虏五百多。

金军退至西岸，完颜亮大怒，把带头退却者一律斩杀。完颜亮正要组织第二次进攻，后方传来紧急军报，一个晴天霹雳的消息让金军瞬时目瞪口呆：完颜亮的从弟完颜雍在金东京辽阳即位，废完颜亮为庶人。原来完颜亮淫逸嗜杀，早已引发金国上下不满，大臣们趁其带兵外出，拥立完颜雍为帝，改元大定。消息一出，八方归顺，完颜亮除了带出的军队，事实上已经成为孤家寡人。完颜亮把战前写的一幅书法作品拿出来让群臣观览，上面写着“一戎衣天下大定”的字样，然后长叹一声：“朕本来打算平定江南后改元大定，没想到他也立年号大定，难道这是天意吗？”叹息之余，他打算退兵回汴，礼部尚书李通劝谏：“陛下深入敌境，无功而返，如果敌人追击于后，我军涣散于前，那时就非常危险了。如果留诸将渡江作战，陛下偷偷返回，军队必然解体，不妥。不如发兵渡江，把宋军的战船都烧了，我军再北回，这样就无后顾之忧了。”完颜亮称善。

第二天早上，金军战船再起，不料虞允文夜间派一支部队埋伏在江上芦苇荡中，在途中突然杀出，放火烧船，金军措手不及，损失战船三百多艘。失去战船，一时渡江无望，完颜亮只好移兵瓜州，暂时休整。这时士兵已经得知后方政变的消息，人心思归，纷纷逃亡。完颜亮更加急躁，几近失去理智，下令：“有军士逃亡者斩杀其统领。”这样一来，所有将士都惶恐不安，于是有人暗地里商议：“听说辽阳已经拥立了新天子，不如共举大事，引师北还。”次日凌晨，兵马都统领耶律元宜率军冲入完颜亮寝帐将其缢杀。一场轰轰烈烈的倾国之战就这样匆匆收场。

就在虞允文采石矶完胜完颜亮之际，宋军在其他战场也纷纷告捷。其中南宋浙西副总管李宝率舰队千里奔袭，在胶西县东面的南海湾用火箭焚烧金国战船百余艘，全歼准备从海路进攻临安的金国水军。

完颜亮南侵还引发了河北、山东地区如火如荼的抗金斗争。山东豪杰耿京拉起二十五万人的队伍攻占东平府，在掌书记辛弃疾的劝导下愿意率军投奔南宋。辛弃疾到建康进诣赵构，赵构封耿京知天平府，封辛弃疾为右承务郎。可惜辛弃疾回到东平府时，义军出了叛徒，张安国向金人邀功请赏，谋害耿京，叛变投敌。辛弃疾义愤之下，以五十骑硬闯五万大军，生擒张安国，克服重重险阻将叛徒押解到建康。南宋虽然没有迎来二十五万义军，却得到一名以毫笔为刀剑的词人，为南宋词坛涂上浓墨重彩的一笔。

壮岁旌旗拥万夫，锦襜突骑渡江初。燕兵夜娖银胡䩮，汉箭朝飞金仆姑。

——辛弃疾《有客慨然谈功名因追念少年时事戏作》

那是一段峥嵘岁月，是一段英雄传奇，对于虞允文如此，对于辛弃疾如此，对于所有勇于抗金的仁人志士都是如此。

南宋的反击

从宋太宗赵光义即位的那一天起，社会上就悄然流传着一则谶语：太祖后代当再有天下。民间普遍认为靖康之难是对赵光义篡夺江山的报复，“太祖后代当再有天下”又一次甚嚣尘上。赵构和孟太后对这种传言深信不疑，加上赵构独子去世，自己又失去了生育能力，于是在公元 1162 年六月，赵构传位于赵德芳六世孙赵昚，是为宋孝宗，赵构自称太上皇帝。

赵昚是南宋最有进取心的皇帝，立志洗耻雪辱、收复中原，即位伊始就为岳飞平反昭雪，起用张浚为枢密使，积极筹备北伐。

公元 1163 年四月，张浚入觐赵昚，商议边事，令李显忠、邵宏渊各自率军六万，号称二十万，渡淮北上，打响反击金国的新战役。李显忠按照战前规划顺利攻取灵璧县，邵宏渊却迟迟未能打下虹县。李显忠前来助攻，虹县金国守将投降，邵宏渊由是对李显忠产生忌恨之心。

五月，二人攻占宿州，朝廷任命李显忠为淮南、京畿、京东、河北四路招讨使，邵宏渊为副，这让邵宏渊心情更加沮丧。金军不甘心放弃宿州，副元帅纥石烈志宁亲提十万大军前来收复。李显忠驻守在城外与金军展开恶战，邵宏渊不但不帮忙，反而在一旁说风凉话：“天气炎热，摇扇也感受不到清凉，在烈日下苦战真是受不了。”到了夜间，邵宏渊的儿子、部将鼓噪敌人势大，率领各部先行逃遁，李显忠的部属见状也擅自离去。李显忠只好移军城内，据城死守，杀敌二千多人，遗憾地说：“如果诸将合力从城外掩杀过来，则可全歼敌军，俘获敌将。”邵宏渊则趁机泄气：“如果金军再增援二十万大军，我军恐怕连退路都会被掐断。”李显忠知道邵宏渊不可依靠，叹道：“难道是上天不让平定中原吗？”于是连夜引兵撤退。金军探知消息，紧追不舍，次日在符离县大败宋军。

符离之战中宋军虽然败北，但李显忠杀死了金国河南副统，彰显了战斗力。金国自知已经没有实力南下攻宋，致书表示愿意重新缔结协议，改金宋君臣关系为叔侄关系。太上皇赵构听到这个消息欣喜若狂，逼迫赵昚与金国和谈。北伐失败、太上皇干政都使得主和派重新得势。

公元 1164 年十二月，金宋达成新的协议：金宋叔侄相称；岁贡改称岁币，数量减至银、绢各二十万；地界仍如绍兴和议。北伐、和议这两年恰好在赵昚隆兴年间，因此这两件大事被称为“隆兴北伐”和“隆兴和议”。比起“绍兴和议”，“隆兴和议”让南宋的处境略有好转。

战争还是和平，不仅取决于交战两国的实力，还与帝王、权臣的政治需要息息相关。如果说“隆兴北伐”是出于赵昚的觉悟，宋宁宗“开禧北伐”则是权力争夺的一场闹剧。

赵昚仿效赵构故事，于公元 1189 年二月传位于皇太子赵惇，是为宋光宗。赵惇惧内，即位后受到惊吓得了精神病，常有不合情理之举。公元 1194 年六月赵昚去世，按规矩赵惇应主持丧礼，但赵惇竟以有病为由予以拒绝。这可是亘古未有的新情况，群臣一下子不知所措。知枢密院事赵汝愚便动了心思，有意策划政变废立皇帝。废立事大，须得到两方面的支持，一是军队，这是稳定朝政的保证；二是太皇太后，这样才名正言顺。赵汝愚让赵彦逾去劝说殿前司长官，让韩侂胄去劝说太皇太后吴氏。在两方面的支持下，政变成功，七月，太子赵扩即位，是为宋宁宗。这场政变以赵惇年号命名，为“绍熙内禅”。

“绍熙内禅”的有功之臣赵汝愚、韩侂胄随即展开权力之争。起初，赵汝愚援引理学人士朱熹、彭龟年等，在朝政上取得一定优势，不过也留下了结党的嫌疑。后来韩侂胄反戈一击，借助台谏攻击赵汝愚一党，成功翻盘。韩侂胄掌权之后，把追随赵汝愚的朱熹一派的学术观点定为“伪学”，禁止讲习传播，开启了

"庆元党禁"。朱熹理学追随者甚众，韩侂胄此举不得人心，为了巩固权势，韩侂胄一方面打击政敌，一方面积极推动北伐，以捞取政治资本，转移国内矛盾，为自己争取更多的话语权和影响力。

韩侂胄有意北伐的消息一出，立即得到国内主战派的呼应。当时蒙古已在北方崛起，蒙金连年战争，金国疲于应付，出使回来的邓金龙报来喜讯："我出使时有金人偷偷来告：金国困弱，王师若来，势如拉朽。"安丰军守臣厉仲方鼓动："淮北流民都愿意归附。"谏议大夫易祓上疏大谈："敌国如外强中干之人，仅剩苟延残喘。"诗人词人大多怀有一颗爱国忠诚之心，对收复之议恰如久旱逢甘霖，纷纷为北伐摇旗呐喊、推波助澜。辛弃疾既是词宗，又是官员，他专程入见韩侂胄："金国必亡，请求积极备战，时刻准备北伐。"大诗人陆游颂扬韩侂胄："身际风云手扶日，异姓真王功第一。"勉励辛弃疾："深仇积愤在逆胡，不用追思灞陵夜。"劝告他放弃旧恩怨，积极投身到北伐事业中。布衣诗人刘过沉浸在胜利的憧憬中："今日楼台鼎鼐，明日带砺河山。大家齐唱大风歌，不日四方来贺。"文人的愿望是美好的，但他们很少能认识到现实的残酷。

舆论被营造得沸沸扬扬，民意被鼓动得蒸蒸跃跃，反对的意见便低曲微声。然而，韩侂胄任命丘崈为江淮宣抚使，丘崈却拒不接受："兵凶战危，胜负难料，由此带来的祸端，谁去承担？一定有夸夸其谈、心怀侥幸、贪图功利之人热心做这样的事，应当远离排斥他们，不然要危害国家。"又有武学生上书论及边祸，请斩韩侂胄，都被韩侂胄压了下去。

公元1206年（开禧二年）五月，南宋不宣而战。镇江都统制郭倪派部属陈孝庆、毕再遇自盱眙出师，跨过淮水攻泗州。泗州有东西两城，毕再遇佯攻西城，却亲率麾下精兵直扑东城。东城得手，毕再遇散披头发，戴着铁皮鬼面的头盔，挥动着大字将旗，高喊："毕将军在此，汝等中原遗民，还不快迎王师！"西城守将见状便开门投降，宋军出师大捷。不久，陈孝庆又攻下虹县。与此同时，襄汉宋军也起兵克复了新息、内乡、褒信等地。消息传到临安，宋廷君臣群情振奋，以为收复中原指日可待。韩侂胄这才请求赵扩正式下诏宣战。诏书写道：

天道好还，盖中国有必伸之理；人心助顺，虽匹夫无不报之仇。

诏书充溢着煽动鼓舞之词，读起来令人热血沸腾。然而没有实力的檄文无异于歇斯底里，南宋很快就尝到了自不量力和仓促起事的苦头。

宋金和好四十多年，民不知兵，互相之间都摸不清对方的战斗力。金国一开始以为宋军非常强大，极力息事宁人，反复派使者与南宋交涉。不料韩侂胄一意孤行，金国被迫做出反应，诏令在南京开封恢复河南行省，由平章事仆散揆全权负责对宋战争，针对南宋的进攻强化了防御措施。

之后，宋金战争形势逆转，襄汉军皇甫斌攻打唐州失败，又派兵攻打蔡州，路遇溱水暴涨，等待渡河时，金将完颜赛不率军前后夹击，歼灭宋军两万余人。江淮军郭倪派兵攻打宿州，时值雨季，城外宋军营帐内积水数尺，无暇自顾，金军趁机偷袭烧毁了宋军粮草。十数天后宋军不战自溃，退至蕲县又遇金军追击，死伤被俘达三四万人众。

随着江淮军、襄汉军连连受挫，十月，金军展开全面大反攻。东路先后占领淮阴、定远、滁州、真州、扬州，饮马长江；中路连克枣阳、光化、随州、孝感、荆门，一度攻入襄阳外城。最惨的是西路，四川守臣吴曦竟献地投敌，被金国任命为蜀王。南宋至此面临着完颜宗弼搜山检海以来最为严峻的形势。

金军进攻虽然凌厉，但投入南宋战场二十七万人，投入北部防御蒙古十余万人，对于实力下降、民生疲敝的迟暮之国是一个巨大的负担，同时国内矛盾重重、乱象丛生，因此并不愿在战争的道路上愈行愈远。至此，金、宋两国都有息兵意向，于是重启谈判，公元 1208 年（嘉定元年）九月达成“嘉定和议”：双方由叔侄国改为伯侄国；岁币增至银、绢各三十万；另有一次性战争赔款三百万贯钱。

“开禧北伐”深刻地影响了南宋国内国际形势。北伐失败后，韩侂胄倒台，南宋进入新的权臣时代，主和派重新把据朝堂，无人敢再言收复之事。吴曦不久被部将诛杀，四川还是南宋疆土，但其人心离散、城防脆弱，非吴玠时代可比。当时的中国，宋金矛盾退居其次，蒙古崛起带来的是更加严峻的生死考验。当然南宋君臣浑浑噩噩，只等蒙古大军压境，国势已是日薄西山。

八

吕氏集团

孤城襄阳

公元1269年农历春，正月，北风寒冽，山川萧瑟，汉水在惨淡的阳光下反射出刺眼的白光，冰冷而凄厉。

知襄阳府兼京西安抚副使吕文焕站在襄阳城墙的角楼上，遥望汉水对面、咫尺相隔的樊城。这里刚刚发生了一场激战，蒙古数万大军在激昂的锣鼓和呐喊声中对樊城展开疯狂的围攻。蒙军用笨重但威猛无比的攻城槌撞击城门，以移动的攻城塔试图将蒙古铁血战士送到城头，以威力巨大的抛石机向城墙上抛掷石块。战斗整整持续一天，虽然守城宋军在襄阳的增援下打退了蒙军气势磅礴的进攻，但城内也损失惨重，战士的肉体和血液在半空飞舞，舞成风中无数凋零的花瓣，又像夕阳余晖的碎片；城墙在巨石不断的砸击下千疮百孔，城头的女墙已经成了破壁残垣，仿佛一棵被雷电击打的老树，在滨河的岸边摇摇欲坠。

还有连接襄阳和樊城的浮桥早已残破不堪。这是襄阳与樊城的唯一通道，如果是休战时期，宋军一定会投入人员、物资将其整修坚固，不过现在承受着城外蒙古军队长年累月的狂轰滥炸，早已自顾不暇，根本没有精力也没有办法将其重新修整。

而这，已经是一年多来的日常。

樊城与襄阳犹如双子星座，牢牢地镶嵌在汉水之上，又如一对患难与共的兄弟，共同忍受磨砺与煎熬。不！其实樊城与襄阳就是一座城，一个命运共同体，一荣俱荣，一损俱损，共同见证南宋的凄风苦雨。

汉水自西而来，在襄阳冲开大山的缺口，转身向南奔腾而去，而后东折，注入长江。下游便是郢州、鄂州，然后直达江南。这里既是扼守南北的陆地要冲，又是襟江带湖的水路咽喉。清人顾祖禹比喻襄阳的战略形势为天下之腰膂，可谓恰如其分。

吕文焕没有听到过这个比喻，但军人的敏锐嗅觉让他知道襄阳的分量。三十多年前，一代名将孟珙任京湖安抚制置使，管辖现今湖北、湖南西部的军事和政务。他在襄樊囤积粮草，训练精兵，加固城池，要把襄樊打造成一座坚固的水上长城。自那时起，襄阳作为南宋最重要的战略门户，逐渐被宋、蒙两国认同并重视。

如今，这座水上长城已被元军团团围住，并且长达一年有余，其日益风雨飘摇，让吕文焕在冬日的寒风中更感受到阵阵凄苦。

浮桥上来往穿梭着衣衫褴褛的将士，自北向南的刚刚得胜归来，却看不到半点欢呼雀跃，只有满身伤痕和一脸倦容，自南向北的是新补充的力量，个个步履沉重没有半点生气。两城的士兵早已习惯将生死置之度外，然而日复一日的血腥消磨了他们的血性，周而复始的困顿麻木了他们的激情。

吕文焕还未来得及展开遐思，“嘭嘭嘭”，一阵急促的脚步声从角楼楼梯处传来，原来是樊城主将范天顺、副将牛富来向他汇报战斗情况。

“大帅，樊城被砸坏的城墙急需修缮！”范天顺一脸焦虑。

“修呀。这么常规的事就不要禀报了，我只关心弟兄们伤亡情况。”只要有人在，修缮城墙只不过是小事一桩，至少吕文焕目前是这样认为的。

“但城中已无砖瓦。”对吕文焕的话，范天顺仿佛充耳不闻，继续沿着自己的思路汇报。

吕文焕沉默无语。这本是早该料到的情况，但吕文焕一直心存侥幸地回避着，因为他知道，这才是最糟糕的境况，比战斗更可怕的是物资的匮乏！襄樊被围一年有余，尽管孟珙将军在城中多有储存，但怎经得住这样无休无止地日消月耗。

许多时候，将军可以激励士气，可以指挥缜密，然而却无法为自己获得补给。纵使天纵将才，对战场之外的事情也无能为力。人尚在、粮已绝，恐怕是将军最悲哀的结局。

“把城中无人居住的房屋拆了吧。”思索良久，吕文焕像是下了很大决心，交代范天顺，然后又补充道：“如果还不够，就拆民房。无论如何，城墙一定要修！”

“大帅，那样会不会激起民变？”牛富不放心地问。

“你有更好的办法吗？”吕文焕对下属质疑自己的意见颇为不满。他一向认为，主帅就应该独断专行，否则战斗力就会变成一盘散沙。

牛富只有诺诺：“是。”

“是”，范天顺也应道。然而二人站立原地，却并不走。

“还有事吗？”

“大帅。”范天顺压低声音，但一字一句都刺痛着吕文焕的心：“襄、樊两城食盐已经用尽，这样下去，士兵战斗力会丧失殆尽。”

食盐，平时最不显眼的食盐！这是比砖瓦木材更重要的物资，最不显眼的才是最致命的。如果没有食盐，饭食难以下咽，纵然铁打的将士也会变成不堪一击的稻草人。

许久的沉默之后，两人几乎同时说道：“需要增援。”

接着，吕文焕向二人部署，选择两名水性好、不怕死的士兵，潜水出城，紧急向南宋最近的城市郢州请求援助。

望着二人下楼的背影，吕文焕隐隐有一种不安的预感：襄阳、樊城这个战略要地恐怕迟早要丢！

襄樊西面是横贯东西的秦岭山脉的尽头。西南十里有万山和柳子山两座山头比肩而立，山峰奇峻挺拔，绝壁临江，山水相依，相映成趣。这里原是浪漫仙境，前朝孟浩然曾坐在磐石之上，怡然垂钓，水清心闲，不愧盛世逍遥。可如今，万山早已在蒙古大军的铁蹄之下。蒙古人在这里修筑一座坚固的城堡，将这座名山占为己有。

不仅万山，还有城东的岘山，那里是杜预沉碑处，如今蒙古人也修筑了城堡，成了牧羊跑马之地。杜预是西晋名将，曾镇守襄阳，在灭吴战争中立下功勋。晚年，他刻了两块同样的碑记述自己的功劳，一块沉于万山之下，一块立于岘山之上。吕文焕曾认真寻觅过这两块碑，石碑早已无迹可寻，但杜预的功绩却史籍永存。让吕文焕感到悲哀的是，昔日杜预灭吴而统一天下，今日自己保的是残破江山。各为其主，纵然徒劳也当勉力而为。

还有西南的虎头山，南面的百丈山，都是蒙古军队进攻襄阳的据点。襄阳素有“十里青山半入城”之说，这十里青山，如今反倒成为蒙古大军围困襄阳的屏障。

国破山河在，城春草木深。草木依然秀茂，而山河正在破碎。

吕家军

想起玉碎山河，吕文焕又心生一丝愧疚，因为蒙古人能够占据襄阳周边名山，说起来，自己的兄长吕文德罪莫大焉。

吕文焕的哥哥原本是个地地道道的樵夫，砍柴、挑担是他的生活日常，间或还要在山中打猎捕兽。好在宋朝是个阶层流动的社会，平民百姓只要吃得了苦、豁出去命，也能换来荣华富贵。最常见的是参加科举考试，一旦金榜题名，就踏上了跻身上流社会的通天梯，许多有志青年就是通过科举改变了自己的命运，“朝为田舍郎，暮登天子堂”，一直是士大夫津津乐道的佳话。北宋文坛领袖范仲淹、欧阳修都年幼而孤，生活极为清贫，但他们在母亲的鼓励下勤奋学习，穷且益坚，不坠青云之志，最终出人头地，成名成家。

吕文德没有这样一位见识卓远的母亲，封死了科举晋身这条路。如果不是生于战争年代，吕文德和他的兄弟们恐怕永无出头之日。

建功沙场是改变命运的又一条途径，虽然宋代武将一直被朝廷和文臣压制，但提着脑袋做事，到什么时候都应该得到回报。

宋蒙战争打响之前，宋军将领赵葵担任淮西安抚参议官，吕文德是安丰（今安徽寿县西南）人，正好在赵葵管辖的地盘上。赵葵在一次巡防的时候，发现一双因破旧而被遗弃路边的草鞋。这双草鞋能引起统帅的注意，完全是因为它异乎寻常，据说足有一尺多长。如果不是史籍夸张，这样大的脚确实闻所未闻。总之赵葵十分惊讶，军人的敏感性在于，他马上意识到长着这样大脚的人一定是当兵的好坯子。根据草鞋顺藤摸瓜，赵葵在一间简陋的茅草屋里见到了吕文德，吕文德刚刚从山上回来，肩上挑着一只鹿和一只虎。原来吕文德不但砍柴，也打猎，能赚钱的事情他都干。

吕文德时来运转，被赵葵留在身边听用。赵葵欣赏吕文德，有意擢拔，吕文德也屡建奇功，因此很快得到升迁。到公元 1243 年，短短二十年，吕文德已经总统两淮兵马，成为一方要员。从此转战各地，哪里形势危急就到哪里，终于凭战功成为首屈一指的名将。

打仗亲兄弟，上阵父子兵。久在战场的吕文德知道依靠自己人的重要性，他把自己的弟弟吕文信、吕文福、吕文焕，族侄吕师夔、吕师龙、吕师道、吕师孟、吕师望，女婿范文虎，同乡夏贵等都安排到军中，水涨船高，随着他的升迁，这些亲戚族人也在各大战区任职，形成庞大的“吕家军”。这些族将生于田间，以打柴烧炭为生，长得又黑又壮，时人称他们“黑炭团”。吕文德因此得以在军队中形成自己的势力，利用兄弟族人人数众多的优势，成为宋蒙战争时控制国土面积最大、领兵最多的家族集团。以后的战争中，吕家军影响着战局的发展，决定着南宋朝廷的命运。

京湖是南宋京西南路、荆湖北路和荆湖南路的并称，人事变迁，孟珙死后，这副重任就辗转落在吕文焕哥哥吕文德身上。这一天，一位蒙古使者求见吕文德，蒙宋之间虽然打打杀杀，但正常的交流渠道一直畅通，所以吕文德还是客气地接待了使者。使者给吕文德带来玉带、珠宝和西域名贵特产，让吕文德惊讶不已。世上没有无缘无故的馈赠，珍宝的背后很可能是刺刀，这道理吕文德懂。当使者提出要求时，吕文德松了一口气。原来，蒙古希望在襄阳城周边建立榷场，同襄阳民众进行贸易往来。榷场就是官方建立的集贸市场，宋朝贸易发达，全民皆商，边界榷场几乎遍地开花。虽然宋朝与辽、夏、金世代冤仇，但除了战时状态，从没有停止过正常贸易。所以蒙古这个要求合情合理，让吕文德没有理由拒绝。吕文德还有一些私心，朝廷财赋紧张，前线消耗又大，如果开办榷场，军队就可以从商贸中获得一笔不小的进项。南宋一直允许并鼓励军队经商，作为屯驻大军统帅，吕文德不但要算政治账、军事账，还要算经济账。

就这样，蒙古人在樊城东面的白河口建起了一座榷场。白河口是发源于南阳的白河与汉水交汇的地方，扼守着樊城汉水下游河道。想当年蒙军统帅阿术进攻襄阳时，驻马虎头山，指着白河口说：“如果在这里修筑一座城堡，就能掐断襄阳和樊城的粮道。”当然这话吕文德没有听见，否则打死他也不会同意蒙古人把榷场建立在白河口。

榷场建立后，襄阳驻军从边境贸易中获得实惠，吕文德颇有些洋洋自得。不过不久蒙古人又提出了新的要求：你们南人狡诈，社会治安也不好，盗匪出没，我们需要在榷场附近建立一座小小的土墙城堡，再派一些武装力量维护榷场秩序，保护商人安全。就像市场需要城市管理人员和治安警察，这样的要求乍听起来并不过分。等吕文德同意了他们的要求，蒙古人在襄阳东南三十里外的鹿门山修筑了城堡，外表看起来确实是土墙，不过蒙古人悄悄地在内层垒上了石块砖瓦，住进去的也不是警察城管，而是不折不扣的蒙古正规军。

吕文焕凭借敏锐的嗅觉，感觉蒙古人别有用心，他善意地提醒哥哥，不可过于纵容蒙古人，当心他们背后的阴谋。然而金钱珠宝和巨大的商业利益蒙蔽了吕文德的眼睛，这位有三十年战争经验、战绩骄人的一代名将，竟鬼使神差地一次次满足蒙古人的野心，不久之后，襄阳周围各大山头蒙古城堡遍地开花。

蒙古城堡像钉子一样钉在襄阳和樊城四周，将这一对双子城团团围住。吕文德在这时意识到大事不好，却为时已晚。吕文焕曾经几次带兵试图捣毁这些城堡，无奈气候已成，蒙古人凭借山高堡固，成功地将宋军拒之门外。三年前，吕文德在怨愤交加中死去，临死大呼：“误国者，我也。”他的一世英名毁于几座小小的城堡之上，眼在流泪，心在滴血，死不瞑目。

吕文德也算抗蒙名将，英武勇敢，胆色过人，三十多年活跃于抗蒙前线，鲜有败绩。随着过去在抗蒙战争中历练出来的将领逐渐年老去世，吕文德毫无疑问成了南宋军队的中流砥柱。然而允许蒙古人建榷场、修城堡成为他一生最大的污点，史评者多指责其贪婪、短视，误国害民，为襄阳沦陷埋下祸根。但是，平心而论，蒙古军队多次出入京湖地区，如入无人之境，南宋军队只能龟缩于城墙之内消极固守。即便吕文德拒绝蒙古人请求，蒙古既然做好了长期围困襄阳的打算，自然可以在铁骑的掩护下临时修筑城堡，作为驻兵的营房和攻击的据点。

把襄阳沦陷的主要责任强加到吕文德身上，并不公允。

襄阳保卫战注定会是凄惨的结局，只不过以开办榷场、修筑城堡的形式拉开了帷幕。

救援

襄阳保卫战的关键在于能不能及时得到补给。纵然襄阳城高墙坚，守城将士也总有疲惫不堪的那一天；纵然物资充沛，可军队每日都在消耗，也终有弹尽粮绝的那一天。

襄阳保卫战，事实上是一场襄阳援助战。

救援襄阳的关键在于水军！

蒙古靠骑兵起家，平原作战能力世界无敌。南宋之所以能苦撑数十年而不亡，在于四川的崇山峻岭和江淮的江河纵横，这些天然的地理屏障，让蒙古骑兵望洋兴叹，寸步难行。南宋对自己的水师十分自信，想当年蒙古西征南下，需要渡河涉水，用的是木筏、皮囊，这样的工具在南宋巨大的战舰面前相当于儿童玩具，既不中看，也不中用。南宋军队正是利用水上优势，每年趁夏季汉水涨潮水盛之际，从襄阳下游的郢州溯流向襄阳输送战略物资，支撑襄阳打持久战。如果水路不破，蒙古或许永无破城之日！

然而怎样掐断水路，阻拦南宋的水军，蒙军对此一筹莫展。

蒙军攻城的副帅刘整，原是南宋的一员骁将，驻守四川，对南宋军队的优劣强弱了如指掌。他向统帅阿术说："我蒙古精兵突骑，所向披靡，只不过水战不如宋罢了。如果能夺其所长，制造战船，训练水军，大事可成。"这么大的事情阿术不敢擅自做主，允许他专程向皇帝报告。

于是，刘整快马加鞭来到大都，面见忽必烈，把自己的想法向忽必烈进行禀报。忽必烈召集大臣商议此事，蒙古将领纷纷反对。他们世代居于草原，骑马围猎，现在要放下马鞭拿起船桨，就像大男人穿针绣花，憋屈窝囊，宁死也不愿为。

蒙古许多人对刘整没有好印象，趁机向忽必烈进谗言说：刘整先事金，后事宋，再后与吕文德不合才投降到蒙古，此人可谓“三姓家奴”，毫无忠贞可言。如果实施他的计策，我大蒙古彪悍骑兵都变成不堪一击的水上船工，到时候未得天下，反而会失去中原！

总之一句话，骑射是蒙古立族的根本，不能弃长就短。

忽必烈哈哈大笑：刘整北人，到宋后遭南人嫉妒，不能立足，所以叛宋，难道刘整还有可能重新归宋吗？况且归顺之后，屡立奇功，当时放弃四川，主攻襄阳不正是刘整的建议吗？刘整于我，犹如张松之于刘备，这一点诸位无需疑惑。

至于建立水师，这些不需要你们来做，不妨以汉制汉，中原有许多汉人，江南也多有投降者，以他们为主力，组建水军。只要能打胜仗，何必分蒙人汉人！

忽必烈一锤定音，授权刘整督建水军。

得到圣旨，急于为新朝立功的刘整大为兴奋，马不停蹄地投入到新的工作中。前线战场本就在汉水之畔，造船技术不是问题，所以刘整仅用数月就建造战船五千多艘。同时招募黄河、两淮、襄宛水域附近的汉人组建了蒙古水师。刘整平日严加训练，就算是刮风下雨也不停止。等五千艘船只全部造好，水军也招募训练了七万之众。这七万水兵，作战经验和作战水平虽不能与宋军相比，但作为蒙古的新兴力量，胜在士气和行动能力，因此足以与宋军抗衡。

建立一支正规化的水军，是刘整对蒙古的又一重要贡献。刘整与其说是阿术的副手，不如说是蒙古的水军统帅。至此，宋军在蒙古军面前优势尽失，只有被动挨打的份了。

力量对比的天平已经倾斜，而坐镇京湖的南宋统帅尚不自知。

接到吕文焕的救援请求，荆湖安抚制置大使、知鄂州、湖广总领夏贵虽内心着急但并未引起足够重视，通过谍报他知道蒙古军正在训练水师，但他颇不以为然："刘整那小子当年就是咱大哥手下的小喽啰，能成什么气候。"他对自己的水军十分自信，在他心中，蒙军还是那些只善骑射不谙水战的北方游牧民族，只需等到汉水潮涨，便可扬帆出船，将物资悉数送至襄阳。

公元1269年夏七月，冬春窄浅的河道变得浩渺无垠，夏贵奏请朝廷批准后，亲自率兵援助襄阳。他带着三千艘战船、五万水军，满载粮草盐布，浩浩荡荡驰向襄阳。

这一年汉水水量格外大，离襄阳三十里开外，到达百丈山附近，夏贵就能看到河岸两旁蒙军修筑的堡垒，有的被水淹了一半，已经没入河道之中，有的虽建在半山腰，但也时时经受着水浪侵袭。蒙兵在堡垒间行走，需要临时搭上浮桥，他们正通过浮桥把堡垒中被水浸泡的衣服粮食往山上运，以减少储备损失。还有的匆忙在半山腰修筑工事，大约是为了防止宋军突袭。

看到宋军浩浩荡荡的船队，两岸蒙军急忙整顿队伍拦截应战。但由于水面宽阔，蒙军用抛石机打出的炮弹，用弓弩发射的箭矢都到不了水中央，只有零星的弹矢星星点点落在战船四周，对宋军构不成稍许威胁，只引起宋军士兵无情的嘲讽和讥笑。

"哈哈哈，刘整小儿，你的水军在哪里？来同爷爷大战三百回合。"夏贵迎风长笑，洋洋自得。然后他命令船上士兵向两岸高喊："你夏爷爷在此，你们有种过来一战。"

虽然过足了嘴瘾，但夏贵水军也不敢靠岸，生怕蒙军把自己的战船劈成柴火烧掉。

援救要紧。夏贵一边挑衅岸边，一边命船工开足船力，直奔襄阳。

一路基本没有遇到阻力，物资安全顺利地到达襄阳城下。

夏贵毕竟是沙场老将，表面上装着满不在乎，心中却在琢磨蒙军新训练的水军，到襄阳城下不敢进城，生怕蒙古水军偷袭。他站在船头，吕文焕站在城头，二人草草交流了几句，夏贵说兄弟要坚持住，有我夏贵在，绝对能够保证襄阳、樊城的衣食物资，明年夏天我再来为兄弟送吃穿。都是自家兄弟，也不外气，吕文焕省略了感谢之情，只是请求夏贵转告朝廷，有吕氏在，就有襄阳在，同时希望朝廷和夏将军想方设法解除襄阳之围。

双方都是套话，无非是表达一下赤诚之心。至于吕文焕所希望的解围，不过是画饼充饥、望梅止渴，双方开战以来，宋朝一直被动防守，靠坚守城池苦挨日子，哪里还敢奢求与蒙军展开大型野战。

大约两个时辰，物资交割完毕，船上的粮草箭帛全部运到城中，夏贵长长舒了口气，任务终于顺利完成。

水军锋芒

物资交割完毕，夏贵并没有立即回程，他对自己的水师怀有强烈的自信，既然已经来了，打算顺带捎点战利品，给襄阳减轻一些防守压力。

襄阳东北有一条小清河，流过鱼梁洲向南注入汉水。鱼梁洲三面环水，一面依山，蒙军在此建一城堡，借山势以控制水面。夏贵认为自己从东南而来，东北蒙军一定毫无防备，正好偷袭，并且鱼梁洲离汉水较远，不容易得到蒙军援助。于是夏贵将大部队停在襄阳城下水域，率领三百战船、一万多人，打算捣毁鱼梁洲的蒙军城堡，给吕文焕鼓舞士气。宋军借水势几乎将船划到堡边，然后依仗人数众多，跳到岸上进行挑衅。一座城堡驻扎蒙军不过千余人，蒙军守将名叫何玮，见宋军势大，不敢出战，宋军于是将城堡团团围住进行攻击。在敌军势力范围内作战，贵在速战速决，但城堡坚固，大门一闭，任是外面挑衅叫骂，里面无动于衷，宋军一时无可奈何。夏贵到底作战经验丰富，见城堡墙体用夯土垒成，灵机一动，命人从江中取水浇灌墙体，然后用铁锹、手镐挖洞。宋军用了九牛二虎之力挖开土层，却发现里面还有一层，皆是砖石。原来，蒙军修建城堡时为了迷惑吕文德，外层用土，内层用石，不想今天果然发挥了作用。

宋军士兵劳累了大半天，疲倦困乏，现在发现徒劳无功，一下子失去了斗志，纷纷坐在地上休息。

宋军精神刚一懈怠，只听堡内战鼓擂响，女墙上立起一排弩兵，向下密密麻麻一阵齐射。宋军防备松懈，猝不及防，面对炮火连天，一片哀号，纷纷起身溃逃。夏贵举起钢刀，刚想组织队伍，堡内又是一声号角，堡门打开，冲出一队蒙军骑兵，虽然都是汉人，但个个精神抖擞、杀气腾腾，与南宋军中汉人的精神面貌截然不同。他们冲入宋军队伍中一阵乱砍。宋军本正溃逃，见此情形哪里还敢应战，个个争先恐后挤着上船，夏贵阻拦不住，秩序大乱，有些士兵跑得稍慢，成为蒙军刀下厉鬼，有些士兵被挤落水中，成为江上冤魂。

宋军攻打鱼梁洲的消息早已被报知阿术和刘整。刘整大喜，对阿术说："是时候检验一下我们的水军训练效果了。"得到批准后，他立即率领全部水军下水，与阿术带来的骑兵配合，在小清河与汉水即将汇流的地方拦截南宋水军。这个地方河道相对狭窄，蒙水军战船体积不如宋水军战船庞大，在狭窄水域有利于发挥机动灵活的优势。

当夏贵带着残兵败将，士气低落地往回走，即将驶出小清河时，看见前方密密麻麻布满战船，船上悬挂着蒙军旗帜，心中大骇。可以想象，两三千艘战船平铺江面，场面何其壮观！而此时宋军战船不到三百艘。这是一场没有悬念的较量，宋军只有一个目标，冲破蒙军的战船防线，赶紧到达襄阳城下，与大部队会合，然后逃命到郢州！

等到宋战船驶到近前，蒙水军拿出早已准备好的软梯，搭载到宋战船的船沿，蒙军士兵争先恐后地往宋战船上跳，意图夺取战船，消灭宋军。这种架势犹如攻城，宋军一面拼死抵抗，用长枪挑刺攀梯的蒙军，一面用大刀奋力砍断软梯，极力摆脱蒙军纠缠，另外，船手拼命划船，这才是逃命的根本所在！

这是你死我活的较量，蒙军新锐之师，奋不顾身；宋军百战之军，不遗余力。一场血雨腥风在水面上弥漫，夕阳如残血，与嫣红的江面浑然一体，就像每一代王朝的弥留岁月。

宋军船只既少，又无心恋战，只有被动挨打的份儿。眼看天色渐晚，宋军虽左冲右突，仍无法撕破蒙军的战船防线，老将夏贵不禁悲从心中起，仰天长啸："我戎马一生，以水师为傲，不想今日竟死于江面之上。"正暗自垂泪，忽见不远处刘整正站在船头对着这个方向指指点点，夏贵大叫一声："刘整匹夫，拿命来！”便命人驾驶船只加速向刘整船冲去，做出同归于尽的架势。离刘整战船十多米时，两艘蒙军船只不知从哪里斜插过来，从左前、右前两个方向拦截住夏贵船只，同时飕飕几支箭矢射来，夏贵赶忙下蹲躲过。蒙军一边强行登船，一边用斧头、钻具毁坏夏贵船只。夏贵大惧，急忙下令调转船头，拼命向外突围。

蒙军扼守小清河入江口，立志要瓮中捉鳖。眼看夏贵难以生还，忽听前方一阵喧哗，蒙军阵脚大乱，数千艘悬挂着宋军大旗的船只冲入阵中。原来是襄阳城下待命的水师前来救援。尽管宋军仍未能占取上风，好歹将夏贵等将士救了出来。

突破重围，夏贵不敢停留，一口气跑回到郢州才惊魂稍安。清点船只人员，这一战损失战船五十多艘，伤亡士兵两千多人。

鱼梁洲之败，让夏贵领略了蒙古新建水军的威力，从此不敢言战。他急忙向朝廷请求换防，乞求回乡养老。朝廷正值用人之际，自然不会同意他就这样致仕，但批准了他调离的请求。

夏贵败退，蒙古水军已成气候，宋室该如何应对？朝臣吵成一锅粥，核心问题是：夏贵既然不行，那么，谁才是援助、解围襄阳的合适人选？

朝廷苦于无人。

当今圣上宋度宗赵禥是南宋第六任皇帝，第五任皇帝宋理宗赵昀颇有识人之明，一时人才辈出，战将如云，如孟珙、余玠、吕文德等。但这些人现在已经作古，朝廷此刻急于用人，却无人能挺身而出。

朝中大臣将武将数来数去，一个一个过筛子，终于把目光落到了高达身上。

孟珙去世后，高达曾为襄阳守将长达八年。公元 1257 年，蒙军统帅塔察儿率军围攻樊城，高达率领的南宋军民顽强抵抗，坚守数月。到了秋季，阴雨绵绵，来自大漠的蒙古人和中原汉人不习惯这样潮湿的天气，被迫退兵。因此，高达曾有功于襄樊，对这里的情况也熟悉，是此时救援襄阳的最佳人选。

御史李旺官阶虽然不高，但也为襄阳前线忧心忡忡。他举荐高达，同身边同僚商量，大家一致同意。于是他汇总大家意见，郑重地禀报给朝中当政者贾似道。贾似道沉吟许久，说：“高达确实是良将，但他与吕文焕有隙，吾用高达，如吕氏何？”宋朝文官大多耿直，李旺不卑不亢地说：“吕氏安，则赵氏危矣。”这就是质问贾似道，在朝廷和吕氏之间哪个重要？

然而贾似道担心的是，以高达的资历，一旦带兵进入襄樊，势必喧宾夺主，吕文焕将被边缘化。临阵易帅，不是兵家常道，何况高达与贾似道和吕氏在鄂州结下梁子，一城难容二主，若二人心怀龃龉，则襄阳处境更难。

无论为国还是为私，贾似道都不愿委任高达，当然，吕文焕也不愿把自己的命运交给高达。

作为地方大员，吕文焕在朝中安插有自己的眼线。很快获知朝臣向贾似道施加压力一致要求高达救援襄阳的消息。吕文焕内心惶恐不安，问身边的幕僚：如何才能阻止朝廷起用高达？幕僚给他出主意说：“因为襄樊危急，朝廷才有意派人援助。如果我们打了胜仗，朝廷就没有再派援军的道理了。”吕文焕犹豫了一会儿，说：“只好如此。”他命人到城外捉了几个蒙军的哨探，向朝廷谎称大捷。于是，朝中短时间内没有人再提援助的事。

一方要员置国家安危于不顾，玩弄这样的小聪明，确非大丈夫气量。襄阳之守，败亦有因。

常败将军

夏贵虽然经历失败，但他带领三千艘战船大摇大摆地将战略物资送到襄阳城下，如入无人之境，对蒙军也是不小的震动。蒙军现在最关注的是，怎么防范宋军在汛期依靠水军优势援助襄樊？

阿术召集副将刘整及同为平章大臣的史天泽商议对策，最后他们采取了极笨但极有效的办法，防范战船在江面上行驶。

这年冬天，趁汉水水浅，蒙军在河水要道处选取一个截面，打入粗壮的木桩，木桩本已密密麻麻，相互之间又钉上铁索，这样南宋战船除非能飞，否则将被拦截在包围圈之外。为了防止宋军破坏木桩、铁索，刘整要指导蒙军在河道中修建堡垒，堡垒中蒙军严密监控江面水底，并配备各种武器，有效保护拦截设施。

这样一来，几乎完全掐断了襄樊与外界的联系，一片孤城，被困在水域中央。

城内日子一天比一天难过，吕文焕再也不能谎报胜利以欺骗朝廷，援助是必须而且紧迫的！

谁能担当重任，依然是宋朝朝臣争吵的焦点。最后，双方各让一步，找个“中间派”最合适！

李庭芝，随州人，据说出生时屋顶长了棵灵芝，因此得名。这个名字还有一层深意。东晋谢安问子侄们：“你们为什么要尽心尽力培养子弟成为优秀人才？”他的侄子谢玄回答说：“譬如芝兰玉树，欲使生于庭阶耳。”意思是芝兰玉树都想种在自己家里。父母取“李庭芝”这个名字，无疑是寄托理想，希望孩子出类拔萃光耀门楣。

李庭芝没有辜负父母，少时聪慧，曾预言随州必乱，恳请父母族人迁徙他地。迁后十日，预言果然应验。李庭芝二十三岁考中进士，在名将孟珙帐下担任幕僚。孟珙十分器重他，说：“我认识的人很多，但没有一个能比得上李庭芝。他的名位将来一定超过我。”孟珙死时，将他推荐给贾似道，之后，李庭芝便在贾似道手下效力。

扬州是长江防线的重要节点，有一次受到侵袭，朝廷在讨论选择谁作为扬州守将时，宋理宗脱口而出：“没有谁能比得上李庭芝。”李庭芝果然不负圣望，击退了敌军。

李庭芝不仅是位良将，还是个好官。由于扬州刚经历战争，一片凋敝。李庭芝不仅免除百姓税赋，还借钱让百姓重建家园，迅速安定了扬州秩序，恢复了生活生产。盐场盐税是扬州的主要经济产业，李庭芝把运河开凿到盐场，方便船运，节省人力和物力成本，因此扬州的盐业得以兴盛。

李庭芝还是个重情重义的人。孟珙死时，李庭芝亲自扶送他的棺柩安葬，还辞官为他服丧三年。

这样一位有情有义、有能力、有口碑的将领，又出自当权宰相贾似道的门下，是各方都能接受的人选。公元 1269 年冬，朝廷将李庭芝调离两淮，任命他为京湖安抚制置大使、知江陵，总领援助襄樊事务。京湖战事压力正大，李庭芝接到任命，便马不停蹄赶到江陵上任。夏贵自觉无趣，早已离开郢州前线，暂时在黄州赋闲。

尽管是各方势力妥协的结果，但李庭芝的任命，仍然让一个人心里不服，这人就是吕文德的女婿、吕家军最年轻的成员范文虎。

范文虎此时任殿前副都指挥使，属禁军首领，没有什么战功，却有不自量力、好大喜功的性情。听说一个吕家军之外的将领统领京湖，就像丢失了自家地盘一样难受。他立马找到贾似道，请求说：“给我一万兵力救援襄阳，一战可平，但不要让我听从李庭芝的节制，到时候胜利的功劳都是恩相您的。”李庭芝为人正直，虽曾是贾似道部属，但不属于“基本盘”，而吕家军是贾似道的势力“联盟”，更为贾似道所倚重。贾似道当即同意，派范文虎到京湖前线牵制李庭芝。

到了江陵，李庭芝同范文虎商讨怎样进兵援助襄樊，范文虎竟说：“我已经向朝廷讨旨了，等圣旨到了再商议不迟。”李庭芝问范文虎向朝廷讨要怎样的旨意，范文虎避重就轻，只说旨意来了自然明白。李庭芝讨了个没趣，想要有所作为，多次请求却得不到朝廷批准，范文虎又不买他的账，李庭芝便处于有职权无兵权的尴尬地位。

公元1270年夏六月，又到了汉水暴涨的汛期，也是一年一度水师作战的最佳时机，不容错过。姗姗来迟的朝廷圣旨也终于送达京湖前线，要求范文虎直接领兵援助襄樊。身为京湖安抚制置大使、作战经验丰富的李庭芝却只能作壁上观。

范文虎率领京湖以及从两淮支援的精锐部队十万人、战船一千余艘向襄樊挺进。范文虎的如意算盘是进入襄阳，协防吕文焕。因此他还随身携带一百五十万两银子和大量衣服粮草，打算到襄樊城中犒赏三军，激励士气。

范文虎本是草包将军，也不讲究策略计谋，趁着水大船多硬往前闯。蒙军以逸待劳，早已布下天罗地网，单等宋军入彀中。

是夜，宋军战船行到鹿门山下，忽然汉水两岸灯火齐明，山上传来蒙军声势浩大的呐喊声、鼓鸣声，宋军心中畏惧，想要应战，但只听鼓噪却并不见人影。范文虎见手下胆怯，人心惶惶，下令船只加速前行，尽快脱离危险地带。

两岸蒙军见宋军战船加速，知道其已惊慌失措，一声炮响，展开了暴风骤雨般的进攻。无数火箭和霹雳炮从山上射来，霹雳炮不但能发射石块，还能发射烟火。炮起火发，其声如雷，可以点燃方圆半亩之内的物品，连甲铁都能熔化。蒙军作战极有方略，炮弹不射人，不射粮草，专门射向甲板上的桅帆。战船桅帆是硬木油漆做成，霹雳炮火焰炽热，陆陆续续有些船帆被点燃起火。如果失去桅帆，战船势必要变成死船，这是绝对不能承受的结果。范文虎赶紧改令扯下桅帆，投入战斗。不过，宋军在明处，蒙军在暗处，两岸山上只看见火光看不见人影，宋军想要来一场痛快淋漓的搏击却也无力可施，一时间迷茫不知所措。相持了一会儿，宋军在惊惧不安中精神几近崩溃。这时，山上攻击武器和攻击方向又有变化，蒙军开始用箭矢、飞石进行攻击，宋军在箭风石雨中死伤无数。

进攻足足持续了一个时辰方才停止，两岸骤然安静，宋军船只已是一片狼藉。

继续前行，还是撤退逃窜？范文虎判断蒙军炮矢已经用尽，既然来了，为何不赌一次呢？于是不顾宋军已是残兵剩勇，下令继续前行。

又走了两里水路，水道更加狭窄，隐约看见前方江面上有什么东西矗立着。等船行近前，却是一座座堡垒在江面上一字形排开，挡住去路。原来，蒙军在水道中夯入木桩，木桩上搭建堡垒，用于控制河道。宋军船只已到近前，堡垒中石块、弓箭飞射而出，宋军又是一阵伤亡。

堡垒攻击刚刚放缓，只见从后面驶过大队战船，原来蒙军水师抄了后路，前后合围宋军。

这本是一次水师对水师的作战，宋军凭借长期习战水军的优势或许能够扳回一局，无奈人心已散，士兵个个如惊弓之鸟，哪里还有心作战，只想着如何能突出重围，捡回一条性命，于是调转船头，飞速向来时方向逃窜。

蒙军的水师，与其说是来作战，不如说是来摘取胜利果实。

这一战，范文虎损失战船百余艘，大量粮草、辎重也落入蒙军之手。

在历史有限的记载中，范文虎从来没有打过一次胜仗。就是这样一位屡战屡败的常败将军，宋室并没有给予严厉的惩处。给事中陈宜中请诛范文虎，但这事细究起来贾似道也难逃滥予兵权之罪，因此竭力为之庇护开脱，最后仅仅官降一级，改知安庆府。

范文虎这次救援失败，标志着南宋正规军再也无力援救襄樊。蒙军从容地收缩对襄樊的包围圈，继续加强汉水河道控制，在江中夯入密密麻麻的木桩，构筑星罗棋布的工事，号称鱼鳖不得渡。又在二城周围建造更多城堡，利用霹雳炮、抛石机等昼夜攻击。不久，樊城外城失陷，只能固守内城。

敢死队

宋军虽然无力救援襄樊，也不愿看着两城等死。李庭芝不愧老将，左思右想，终于想出一条另类策略。

李庭芝的出发点是，既然打不过蒙军，无法实施军事援助，那么能往城里送些粮食也好；明着送不行，就偷偷送；正规军不行，就用民间的能人异士。他下令在郢州附近招募死士，组织了三千人的民兵“敢死队”。这三千人个个水性好、身体壮，更难能可贵的是，抱着必死的决心，义无反顾。

民兵敢死队有两个首领，一个叫张顺，个子不高，外号“矮张”，另一个叫张贵，身体瘦削，外号“竹园张”。不过《宋史》对他们外号的记载颇有矛盾之处，另一处又称张贵为“矮张”。因为二人来自民间，史料难免有不准确的地方，却丝毫没有损害他们英勇忠义的光辉形象。

李庭芝任命二人为都统，统领三千死士，任务是将一批粮草运到襄阳城中。

敢死队跟正规军的区别在于人数少，机动灵活，所以不能跟蒙军硬拼，行动要快速迅捷，才能发挥特长，完成任务。为此，他们使用的是体积小、速度快、隐蔽性强的小型轻舟，共一百艘，三艘一组，其中一艘装载物资，另外两艘伪装掩护。他们配备的武器是火枪、火炮、烧炭、巨斧、劲弩。

火枪是南宋才发明的新式武器，在竹筒中装上火药，交战时能够喷出火焰烧伤敌人。火炮是火枪的加强版。烧炭是引火的必要材料。巨斧是突破水下封锁的利器，它的作用即将显现出来。

是时，汉水正盛，水波浩大，橘色的夕阳平铺水面，映射出梦幻般的意境。敢死队整装江上，蓄势待发。张顺鼓舞士气说：“这次行动横竖都是一死，如果为了立功或者富贵还是尽早离开，不要误了国家大事。”民兵们高呼响应，群情振奋。

一声令下，百舸争流。将要接近蒙军时，敢死队进行短暂的休息整顿，结成便于战斗的方阵。日落黄昏，江上看不见船形人影时，张贵打先锋，张顺押后阵，起石出江，乘风破浪驶向元军封锁线。到了一块叫磨洪滩的水域，蒙军水师布满江面，水下暗桩密密麻麻，又用铁索相连，真的是毫无缝隙可入。敢死队早有准备，乘敌人没有防备，一方面用火枪火炮袭击蒙军战船，用劲弩射杀蒙军士兵，一方面用斧头砍断铁索和木桩。宋军人少，不敢恋战，讲究的是一个“快”字。只要撕破缺口，马上向前行进。就这样边战边行，好在夜黑风高，船小灵活反应快，整整战斗一夜，砍断木桩几百根，转战一百二十里，终于在黎明时分抵达襄阳城下。

城中见到援军赶到，如见亲人，连忙打开城门，放他们进去。等卸掉物资，重新集合部队，发现伤亡不少弟兄。最让人遗憾的是，三千民兵敢死队的总头目张顺也不见踪影。过了几天，有军民在附近水域找到他的尸体，身上中四枪六箭，但依然穿着铠甲，手持弓箭，怒目圆睁，保持着战斗的姿态！

军民感念张顺援救恩德，敬仰他献身为民的忠义，为他收殓尸体，结冢安葬，还建立祠堂以享祭祀。

吕文焕得到这样一支骁勇善战、不怕牺牲的队伍，甚是振奋，挽留他们一起驻守襄樊。但张贵有自己的想法，他们若留在襄樊，城中粮尽薪绝，谁还能救援？所以一定要回去，等以后有机会再来一次夜航送粮！然而城外蒙军已有提防，回去比来时更难！张贵修书一封，装在密封的蜡丸里，先安排两个人潜回郢州，通风报信，让郢州部队在中途接应。

又是一个伸手不见五指的夜晚，两名勇士悄悄从水下潜出襄阳城。这两名勇士水性极好，能够在水下连续生活几天不吃东西，中途遇到密集的木桩就锯断通行。他们竟然悄无声息地躲过江面上成千上万双蒙军的眼睛，神不知鬼不觉地把书信送到郢州宋军驻地，然后又潜回襄阳，告知张贵等人，郢州方面约好在一个叫龙尾洲的地方接应。

敢死队准备突围返回郢州，清点人数时发现少了一人，这人前几天因在襄阳城中抢掠平民物资受过责罚。张贵暗吃一惊，叫声不好："一定是偷跑向敌军通风报信去了。我们赶紧行动，或许能赶在敌军集结之前。"事不宜迟，匆匆告别吕文焕，马上出发！

刘整早两天从叛徒口中得到张贵准备返程的消息，他命人将芦荻捆扎成牛的模样运送到汉水两岸，每隔数十步放一只，像士兵守望着江面。手下人不明白用意何在，刘整说："过几天自有用处。"

张贵行动计划既然已经暴露，也不像来时偷偷摸摸，这一天夜色降临，在城中火炮掩护下，敢死队船只顺利出城，然后同来时一样，砍铁索，锯木桩，拼死前进。这时，刘整命人点燃江岸的草牛，把江面映照得如同白昼，然后乘坐战船追杀宋军敢死队。敢死队死伤惨重，但凭借船只灵活便利，包括张贵在内的一部分勇士突出重围，越过了最危险的区域。

龙尾洲愈来愈近，敢死队终于可以松一口气了。远远望去，前方战船林立，军旗飘扬。勇士们欢呼雀跃，举起手中的流星火向战船示意。战船看到火光向前迎来，快要会合时勇士们才发现，这不是宋军的战船，而是蒙军的！众人先前已然懈怠，既困又乏，现在仓皇应战，自然不敌蒙军大部队。敢死队民兵全军覆没，或死或降。张贵身中数十枪，终因体力不支被蒙军擒获。敌人劝降，他宁死不屈，惨遭杀害。

原来，郢州宋军五千人先前已在龙尾洲接应，蒙军得到叛徒的报告后也随即赶来。双方战船相接，宋军畏惧，不战而退，只剩下蒙军在此以逸待劳，志在全部剿灭敢死队民兵。

张贵死后，蒙军命四个降卒将张贵尸体送到襄阳城下，对内高喊："还认识你们的大英雄吗？现在成这个样子了！"吕文焕令士兵出城尽斩四名降卒，抢回张贵尸体，葬于张顺墓旁，立双庙祭祀他们。

张顺、张贵及三千名民兵这次航行，是襄阳城被封锁以来最成功的一次物资援助，也是最后一次。此后，襄樊两城再也没有能够从外面运进一粟一帛。

城破

公元1271年，忽必烈建立元朝，蒙军变成了元军。公元1272年，元军围困襄樊已经五年，却一直未能越城池一步，这样下去，何时才能江山一统？元朝皇帝忽必烈为此心急如焚。他和前线统帅绞尽脑汁，思考如何打开缺口。

襄樊依赖的是城高墙坚，只要摧毁城墙，襄樊自然唾手可得。摧毁城墙的关键是武器！无奈当时的武器不足以对襄樊这样坚固的城墙构成威胁，成功没有捷径，只有升级武器。忽必烈向同属蒙古的伊尔汗国求助，国王阿八哈推荐了两名能工巧匠，年长的叫阿老瓦丁，年轻的叫亦思马因。他们不远万里从现在的伊拉克来到元大都，就是要为忽必烈制造惊世骇俗的重型武器。忽必烈对二人格外器重，专门给他们建造官舍，派重兵守护，不准外界干扰，只要他们一心一意研究新炮。公元1273年初，二人不负圣望，新式武器问世，因二人都是回族人，因此被命名为“回回炮”。为了检验效果，忽必烈下令先行试射，果然威力巨大，发射的炮弹声震天地，所击之处无不摧陷，弹落之处入地达七尺之深。忽必烈大喜，当即令亦思马因携带回回炮投入到襄樊战场，协助攻城。

亦思马因仔细观察了樊城地形后，将炮置放于樊城东南角。

此时，元军的攻城武器除了回回炮，还有抛石机、重弩、火炮等。

抛石机顾名思义，是抛掷石块的武器，因为利用了杠杆原理，抛出的石块既重又远。唐朝时抛石机已被广泛应用，到了宋代成为攻守城池的主要武器，射程更远，威力更大，可以直接将石块投掷到城内和城墙上。

重弩是一种排发的弓箭，与一般弓箭不同的是可以同时发射多支箭弩，并且箭弩粗壮、锋利，发射力道猛、射程达一千米以上。重弩不仅可以用来杀敌，在攻城中还有一项特殊的用途，那就是将箭弩射入城墙，攻城士兵把它当做梯子，借此攀援而上。

火炮在当时属于先进的热兵器，所以称“炮”而不是“砲”。它通过点燃火药形成动力，在竹筒内填装火药、铁、石、铅，一经点燃，推动铁铅石发射出去，威力凶猛，杀伤力巨大。火器是蒙古西征时对付东亚、欧洲骑兵的利器，帮助蒙古军队所向披靡。火药是中国四大发明之一，至宋代技术成熟，开始应用于军事。现在蒙古人反而用火药对南宋攻城略地，真是莫大的讽刺。

蒙古在当时的社会形态远远落后于中原，更不能与南宋相提并论。他们在西征南讨的过程中，融合东西方文化，此时在武器装备上已经不输于南宋。回回炮的研制更让他们占据优势。从研制回回炮也可以看出，南宋与西域科技上各有所长，并没有后人想象的那样差距巨大。

手工时代的科技门槛很低，学起来很快，先进和落后总是此消彼长。

科技是第一生产力，也是第一战斗力。元军有了先进武器助威，对襄樊的总攻即将打响，前线的元军将领摩拳擦掌，推演着各种攻城方案。

张弘范是金国降元的汉人，他向主帅阿术建议：“襄樊之所以久攻不下，在于两城互为犄角。襄阳在汉水南岸，樊城在汉水北岸，二城以浮桥相连，我军从陆地上进攻樊城，襄阳守军就会前来救援。如果摧毁浮桥，先攻下樊城，襄阳也独木难支。”摧毁浮桥，必须依赖水军。阿术征求水军总管张禧的意见，张禧表示，以元军水军现在的实力，摧毁浮桥已经可行。

为了防止元军从水上进攻，宋军在樊城南面水中夯入粗大的木桩，木桩之间以铁索相连，形成保护城墙、防止敌军船只靠近的栅栏。元军为了摧毁浮桥，需要将这一道栅栏也一并摧毁。

公元 1273 年初，元军开始对樊城发起总攻。

元军水军女真部将领刘国杰部一马当先，驾着轻便的战船砍断铁索，拔出木桩，并用火烧断浮桥。常年被动挨打的宋军只敢龟缩于城中，不敢开城驱敌，除了用密集的箭矢给元军的行动增添一些麻烦外束手无策。这样，襄、樊二城唇齿分离，各为孤城，已经无法相互援助。

第二天，回回炮首发，一炮下去，一颗一百五十斤重的巨石从天而降，落在樊城西南角的城墙上，城墙顷刻间被砸开一个豁口。宋军从来没有见过这样强大的武器，一时惊慌失措。元军副帅阿里海牙指挥陆军趁机在东北方向展开进攻，另一副帅刘整则指挥水军在西南方进行攻击。

城墙在巨型大炮持续轰炸下残缺不全，守军只好以肉身为墙，竭尽全力把元军拒之城外。战斗进行得异常激烈，被围困了五年多的樊城军民不屈不挠，鏖战十四个昼夜，终于无法抵挡强大的元军，西南、东北几乎同时被攻破。守城将领牛富率领五百勇士继续巷战，直杀到饮血水止渴，食生肉充饥，但终因寡不敌众，身负重伤，投身火海以身殉国。副将王福高声叹道："将军死国事，吾岂宜独生。"亦投火自焚。

正月十二日，樊城沦陷。蒙古人按照他们的一贯作风，对顽强抵抗的城市实行屠城。樊城军民血染汉水，堆尸如山。

樊城传过来的爆炸声、厮杀声、哀号声不绝于耳，元军战船密布汉水之上，密切监视着襄阳的一举一动。吕文焕像手脚被缚的囚徒，眼睁睁地看着兄弟姊妹遭凌辱、受酷刑而无可奈何。一阵刺骨的寒风吹来，风中夹杂着浓烈的血腥。吕文焕悲不自胜，像板上羔羊，静静地等待着屠刀挥砍过来……

二月，元军稍作休整，就开始围攻襄阳。

此时襄阳已经到了最困难的时候。襄阳城虽然储备着足够的粮食，但衣服、薪柴、盐已经断绝。城中军民只好拆屋为柴，缉麻为衣。襄阳沦陷已成定局，只是时间问题。

忽必烈非常看重吕文焕以及吕家在南宋朝廷中的影响，旨令对吕文焕务必先礼后兵。阿术曾多次给吕文焕送来劝降书，先分析天下形势，对比双方的兵力，指出"用天下堂堂之众，击汉阴蕞尔之城，似不难矣！"然后诱劝："若能翻然改图，军门送款，飞闻天阙，必有殊恩，岂止转福为祸，实千载一时之机会也。”吕文焕都不为所动。刘整立功心切，独自骑马来到襄阳城下，以自己的切身经历劝说吕文焕，吕文焕恨透刘整，搭弓射箭，一箭射中刘整肩膀，刘整才急忙退去。

刘整恼羞成怒，要力碎襄阳，亲手活捉吕文焕以泄其愤。另一副将阿里海牙不赞成，他决定以战促降。元军启动回回炮，一发炮弹击中襄阳城的角楼，声响震天，角楼立马坍塌崩毁。宋军大惧，不少将领偷偷出城投降元军。

见到火候已到，阿里海牙拍马来到襄阳南门，向吕文焕喊话：“君以孤军城守者数年，今飞鸟路绝，主上深嘉汝忠。若降，则尊官厚禄可必得，决不杀汝也。”说完，折矢为誓。

吕文焕见大势已去，只好投降。公元1273年农历二月二十四日，吕文焕与儿子打开襄阳城门，着素衣立道旁迎接元军。

襄阳之战持续近六年，最后以宋军失守告终。究其失败原因，一是元军实行步步为营的策略，在襄阳、樊城周围建设堡垒，坚持不懈持续围攻；二是元军建设了一支能够与宋军抗衡的水师，有效切断了南宋朝廷援助襄阳的水路通道；三是南宋内部党同伐异，互为掣肘，致使李庭芝、高达这样的老将不为所用，而夏贵、范文虎又是无能之辈，不能制定有效的援救策略，亦不能激发军队的作战能力，将不能尽其能，兵不能竭其力；四是回回炮的研制使用发挥了一锤定音的作用，让南宋数十年辛苦经营的高城坚墙不再牢不可破。在以后的灭宋战争中，回回炮还将继续显示神威。

角色转换

如何评价吕文焕，是个复杂的问题。

儒家忠义气节的标准是“杀身成仁”“文死谏，武死战”。吕文焕手下的范天顺，据说是范文虎的族侄，在襄阳城破之时，不屈而死，后人多有赞颂。六年后，全国一统于大元，只有钓鱼城一座孤城未下，守城将领王立在得到元军“不杀城中一人”的允诺后，举城而降，得到了人们的谅解，原因是王立等三十名守将在弃城的同时，皆自刎而死。虽未战斗到底，却也算以身殉国。

按照这样的标准，吕文焕未能不屈而死，所以时人和后世大多将其划入没有气节的“贰臣”行列。吕文焕投降后到大都觐见忽必烈，元朝有人写长诗讽刺他：“圣王锡深恩，高爵还故里。一饭尚有报，尽忠从此始。余谓我国家，万方同一轨。得之与不得，东南一隅耳。向使君不来，宋历能有几？人生苟富贵，直笔一张纸。见说李陵生，不若张巡死！”李陵是西汉人，率军出征匈奴时兵败而降；张巡是唐朝人，安史之乱中死守睢阳，最终因粮草耗尽城破而死。其实诗中以张巡之死去对比和要求李陵、吕文焕并不妥帖，安史之乱中，唐朝仍然是人心所向，所以张巡以死遏制叛军进攻的步伐，保护唐朝东南的安全，是有价值的。而李陵无论投降还是死战对汉匈形势不会产生任何影响；吕文焕如果不降，襄阳同样会被攻破，只能增加无辜伤亡而已。

文天祥被俘后，当面痛骂吕文焕：“国家不幸至今日，汝为罪魁，汝非乱贼而谁？”把吕文焕看作南宋沦陷的罪魁祸首，实在冤枉，而且可以说颠倒黑白了。

同样是宋末忠臣的谢枋得为吕文焕说过一句公道话：“文焕守襄六年，古无有也，势穷援绝，遂失臣节。议者遽加以叛逆之名，今沿江诸郡有能守六日者乎？”然而这样的声音毕竟是少数，大多数人“遽加以叛逆之名”。

如果单论襄阳降元一事，吕文焕在内无所恃、外无援军、大势已去的情况下，献城以保全一城军民之性命，无关忠义。公元1275年吕文焕曾给南宋朝廷写一封信，为自己辩解：

伏念某少服戎行，壮临边徼，干戈满眼，轻性命于鸿毛；弓箭在腰，系死生于马足。不但驰驱于西北，誓将屏蔽于东南。幸以微劳，屡收薄效，至若襄城之计，最为淮甸之危。蠢兹无厌之戎，指为必攻之地，迅裂如水火之冲击，飘荡如风雨之去来。坐一日以犹难，居九年而可奈！南向高筑，盖欲拒吾喉襟；樊城尽屠，又已去我羽翼。虽刘整首先于犯顺，而焦然中苦于党奸。孤城其如弹丸，谓靴尖之踢倒；长江虽曰天堑，欲投鞭而断流。凶焰如斯，先声屡至。臣能死尔，仰天而哭，伏地而哀；敌既深乎，析骸而爨，易子而食。尚冀庙堂之念我，急令邻郡之聚兵，委病痛于九年之间，投肌肉于群虎之口。因念张巡之死守，不如李陵之诈降，犹期后图，可作内应。国手败局留着，岂异寻常之机；俗眼据图观形，宁识骊黄之马？盖使忠臣偶陷于敌国，乌能绝意不念于乡闾？固知死也何补于生，安有食焉不任其事？因衔北命，乃拥南兵，视以犬马，报以仇雠。非曰子弟，攻其父母，不得已也，尚何言哉！

大意是：想我年轻时就从军，来到边疆，与弓箭干戈为伍，决不是贪生怕死之徒，发誓要保卫国家的安全。好在有些功劳，取得一些功绩。至于襄阳之战，比两淮更过凶险。蒙古大军贪得无厌，他们所到之处，像水火般摧枯拉朽，像风雨般迅疾猛烈。面对这样强大的攻势，承受一天都困难，长时间又会怎样！他们向南封锁要津，使襄阳失去援助，樊城被屠城，又去掉羽翼。虽然是刘整背叛在先，但焦虑中备受煎熬的是朝廷中的奸佞。孤城如弹丸，脚尖就能够踢倒；长江虽然称为天堑，无奈敌人强大，投鞭能够断流。敌人的气焰这样嚣张，我惟有仰天长哭，悲哀等死。等到敌人围困日久，襄阳城中缺衣少食，以人骨为柴做饭，以孩子交换充饥。这时候只希望朝廷能够想起我，聚集援军，从虎狼之口中将我解救出来。唐朝张巡死守孤城，不如李陵伪装投降敌国，还有希望等待机会能够作为内应。棋手在败局之中只有捕捉不寻常的机会，平庸的人怎么能识破其中玄机？纵使忠臣被困于敌国，怎能不顾念家乡的情义？既然死亡于事无补，哪有不尽力而为的道理？所以接受北朝命令，拥兵向南，效犬马之劳，以报仇恨。不是子弟攻击父母，实在是不得已而为之，还有什么可说的！

这封回信揭示了当时襄阳的困境，“孤城其如弹丸，谓靴尖之踢倒；长江虽曰天堑，欲投鞭而断流。”“析骸而爨，易子而食。”在这种情况下，还有什么其他选择吗？

然而，吕文焕投降之后的表现，确实让人大跌眼镜，似乎验证和坐实了人们对他“贰臣”的批判。

吕文焕背后是整个吕氏集团，而吕氏集团又掌握着南宋军事的半壁江山，元室朝廷深刻意识到吕文焕的巨大价值，吕文焕二月投降，忽必烈四月就迫不及待地亲自在大都召见他，可谓恩隆有加。吕文焕也投桃报李，主动献策攻打南宋重镇鄂州，甘为急先锋。忽必烈大喜，封吕文焕为昭勇大将军、侍卫亲军都指挥使、襄汉大都督。这个职务，相当于三衙统帅，比他在南宋时知襄阳的职务要高许多。吕文焕由是更为感恩，为大元更加竭力效忠。

“固知死也何补于生，安有食焉不任其事？”这一句揭示了吕文焕的心路历程，既然死无补于事，总要做点事情，现在食元之禄，怎能做不忠元之事？

自从军的那一天起，建功立业似乎就是吕氏的最大使命，无论是对宋，还是对元。至于忠诚，尽心而已。尽心守城，是对宋的忠诚；拥兵向南，是对元的忠诚。吕文焕认为自己的品质几近完美，但后世对他多有同情，却从不原谅。

似乎一夜之间，吕文焕完成了角色转换，由苦守襄阳六年的南宋忠臣，变成了攻城略地的反宋急先锋。

势如破竹

攻占襄阳之后，忽必烈并未乘势南下，而是选择了休养生息。

五年襄阳之战，宋军伤亡惨重，元军也疲惫不堪。长时间的战争需要持续不断的后勤补给，这对处于持续战乱之中的北方来说，是不小的压力。并且攻打南宋主要靠水军，元水军如果深入江南作战，仍然力不从心。所以襄阳之战后，元军又造船二千多艘。

公元 1274 年九月，秋粮成熟，战船下水，忽必烈正式诏令三路攻宋。

元军攻宋的总统帅是左相伯颜，自率中路二十万大军由襄阳沿汉水向东南推进；东路由唆都率领，向东入淮；西路由翟文彬率领，向南进攻荆南。中路是元军主力，其余两路牵制宋军，防止救援中路。

降将吕文焕和刘整在南宋时就不合，现在又争相立功，所以伯颜将二人调开，吕文焕拜荆湖行省参知政事，随中路，刘整随东路。从这个调配来看，元室现在无疑更看重吕文焕。

按照吕文焕的建议，中路的第一个目标是重镇郢州。郢州同襄阳的地理位置有相似之处，两山相夹，中间汉水冲击流过，下游至鄂州汇入长江。只不过襄阳位于大山北端入口处，郢州位于大山南端出口处。然而这细微差异，又使两地有云泥之别。元军无法绕过襄阳，却能绕过郢州直捣鄂州，只不过现在南宋守军尚不自知。

郢州目前由张世杰防守。襄阳陷落后，张世杰预料到元军必取郢州，所以借鉴襄阳、樊城经验，在汉水西侧又筑一新城，与郢州形成犄角之势。郢州背靠大山，城墙全部由石头垒成，易守难攻。汉水河道上又夯满木桩，锁上铁链，防止战船强行通过。张世杰立志把郢州打造成另一个襄阳，确保南宋门户不失。

元军将领张弘范与张世杰是同宗兄弟，伯颜企图让张弘范招降张世杰。但张世杰不是吕文焕，伯颜的如意算盘落空，看来郢州必有一场恶战，也许相持五六年也未可知。

然而郢州比襄阳的地理劣势这时显现出来。原来，郢州南有一湖叫藤湖，元军只需将战船拖上岸，然后在黄家湾入水，即可通过藤湖重新进入汉水，这样便成功绕过郢州。张世杰在黄家湾修有堡垒，但只有少量驻军。伯颜得知这一消息，大喜，令元军一边围攻郢州，一边攻取黄家湾堡，然后伐竹为轮，将船从陆地上辗转拖入黄家湾水道。这样，郢州空有坚城，却无法阻挡元军。

郢州之后是沙洋小县。十月二十三日，伯颜派吕文焕前去劝降，守将王虎臣坚壁不从。元军借着风势，用金汁炮助攻。金汁炮利用机械发射，以高温熔化的液态金属为炮弹，杀伤力巨大。当天元军攻破城池，王虎臣等被俘，不肯投降的守城将领全部惨遭杀害。

十月二十四日，元军到达距沙洋五里的新城。新城的守将是李庭芝一手培养的边居谊，身居京湖制置都统。伯颜先将王虎臣缚押城下，向守将喊话："赶快投降，否则像沙洋城一样大祸将至。"然后派人将皇榜和檄文射入城中。皇榜是元帝忽必烈招降的通告，檄文是战争威胁的宣言，一软一硬，用意仍在劝降。

边居谊看过皇榜和檄文，登上城头，向元军说："我要与吕参政说话。"吕文焕以为边居谊要向自己投降，感到终于可以为新国立功，心中窃喜，连忙打马来到城下。谁知马还没有勒稳，城上箭如雨下。吕文焕猝不及防，右肩中箭，战马被射死，所幸没有伤及自己性命，后被元军拼死救回。

接下来几天，元军对这座小城水陆两用展开疯狂进攻，边居谊率军拼命抵抗，但新城毕竟没有襄阳的地理优势，也没有襄阳的城防工事，几天之后，城被攻破，除总制黄顺等极少数投降外，三千守卒全部战死，边居谊拔剑自刎，不死，遂跳入火中自焚。

十一月，元军进逼复州（今湖北仙桃），守将翟贵降。按惯例，投降者应向受降者递交降表，并奉献上所辖居民人口、土地钱粮等基本情况，移交军队武装。伯颜一概省略，让翟贵依旧守复州，复州兵卒仍是原班人马，不调换、裁撤一人，也未受降表，未进行人口钱粮交接，一切如故。元军将领担心翟贵复叛，伯颜说："我们的目标是攻取鄂州，复州只不过路过而已，只要能够通行就达到目的了。"伯颜的战略目标明确而坚定，绕过郢州、安抚复州都是机动而便宜的举措，为早日到达鄂州争取了时间，也节省了大量的精力、物力、兵力。仅就这两件事便可断定，伯颜的用兵智慧不输于历史上任何一位军事将领。

碰到伯颜这样的军事奇才，确是南宋之大不幸。其人事、天意皆不眷顾。

复州是汉水最后一道关卡，过了复州就来到汉水入江口。然而鄂州在长江南对岸，元军要取鄂州，必先渡江。宋军在长江上设立强大的水军防守，战船达万艘，长江北岸建有多处城堡，护卫着鄂州重镇。宋军江防总指挥是夏贵，遣得力干将防守着几个重要渡口，自己乘坐战船作为机动，随时支援。伯颜按照其一贯作风，先派吕文焕招降夏贵，夏贵此时是宋朝倚重的大将，岂肯轻易投降？因此伯颜只好强行渡江。元军的难点在于水军依然不敌宋军，而骑兵在渡江中又派不上用场，因此只能智取。

十二月十三日，元军佯攻长江北岸阳逻堡（今武汉新洲区），夏贵急忙率战船增援。而此时元军大部队迅速沿江上溯四十里到达另一渡口青山矶（今武汉青山区），在这里抢滩登陆。元军遇到强烈阻击，双方战斗激烈，伤亡惨重。无奈宋军孤立无援，最后元军强行渡江成功。

这是鄂州保卫战的关键一役，夏贵听说元军渡江，无心恋战，率三百艘亲兵战船仓皇逃走。宋军失去主帅，水军也无法组织有效反击，全线崩溃。鄂州长江天堑已失，大门洞开，成为元军板上鱼肉。

十七日，吕文焕来到鄂州城下，宣扬大元国威，向城内劝降，说："宋国所依赖的是长江淮河。今大元军队飞渡长江，如履平地，你们现在不投降还在等什么！如果负隅顽抗，大兵一举，枕尸流血。老百姓无辜，难道也要为你们殉葬吗？”于是，鄂州举城投降。

这一次，吕文焕终于立下一功。

鄂州投降像多米诺骨牌一样带来连锁效应，接着，德安府（今河北安陆）降。而吕氏集团成员在其首脑吕文焕“感召”下，竞相主动投降，有些宋军将领在元军尚未到达时，就事先送来降表。他们是：

吕文德之子、兵部尚书、知九江府吕师夔；吕文德之婿、知安庆府范文虎；吕文德之弟、知沅州吕文福。这些成员，都手握重兵，驻守坚城，而未发一兵一卒，未动一枪一矢，将守卒、城池拱手相让于元廷。

吕文德另一子吕师孟后来随宋室一起投降；吕氏重要成员夏贵得知宋室投降而后在淮西投降。只有吕文德另一弟吕文信战死殉国。

吕文焕降元，犹如洪承畴降清，其示范作用非同小可，南宋军心人心已成一盘散沙，稍击即溃。

吕氏集团，曾经的帝国军事砥柱，而今成为见风倒的旗幡。

九

师相贾似道

定海神针

元军突破襄阳，势如破竹，南宋朝野惶恐。不过，人们还未彻底绝望，因为有贾似道在，他似乎才是人们心目中的定海神针。

如果说一个团队需要一个灵魂，贾似道就是南宋此时的灵魂。

至少在皇帝和许多大臣心目中，贾似道就是一个传奇，无往而不利，无所而不能。

贾似道是个地地道道的文人，不过古代文人带兵并不罕见，尤其在宋朝。仁宗年间宋夏战争，北宋最著名的将领不是狄青，也不是种世衡，而是北宋文坛领袖范仲淹，以及弱冠之年进士第二名的韩琦。贾似道也是以文官建立军功的典范。

贾似道是个官二代，他凭借父亲的功绩恩荫了个小官，而且他的姐姐是宋理宗的贵妃，专宠一时。像这样明明可以靠裙带吃饭，他却偏偏还要自己努力，二十六岁考中进士，从此官运亨通，先后任知州、京湖制置使、两淮制置大使、右丞相兼枢密使、太师。

贾似道在历史上名声不好，所以很多人把他的快速晋升归结于有一个专宠后宫的姐姐，其实不然，天妒红颜，贾贵人去世得早，上天没有给她留下帮助弟弟飞黄腾达的时间。贾似道的贵人恰恰是一位功勋卓著的大臣，他就是一代名将孟珙。孟珙坐镇京湖，修城筑垒，大兴屯田，巩固国防。公元 1245 年，孟珙去世前向朝廷上表推荐贾似道接替自己担任京湖制置使，自此贾似道踏上重臣之路。

孟珙之所以推荐贾似道，并非出于私交，而是二人做事理念相投，彼此欣赏。之前贾似道任沿江制置副使、知江州（今江西九江）、江西安抚使，在淮西筑城屯田，颇有建树，孟珙认为是后起之秀，毅然委以重任，并把李庭芝推荐和托付给贾似道。贾似道果然不负所望，主政期间荆襄耕地大增，向朝廷所交粮食从孟珙的每年二十余万石猛增为三十万石。

公元1250年，贾似道改迁两淮制置大使兼两淮安抚使、知扬州。他奉诏在扬州西北筑建一座宝祐城，动用人力三万，前后耗时半年，所用资金，全部由贾似道自筹。更难能可贵的是，他动用将士亲自轮流作业修城，而不是像当时大多数将军那样把这些劳役都安排给民众百姓。将士们虽然参加了劳动，但由于贾似道赏罚分明，大家也毫无怨言。

公元1258年，蒙军都元帅也柳干率军进攻扬州和周边地区，贾似道沉着应战，历时三个月，大败敌军，将也柳干击毙于扬州城下，蒙军被迫退出两淮。

两淮由于长期战争频繁，经常贻误农时造成粮食歉收，百姓饥馑。过去一般仰望浙西粮食接济，但两淮和浙西不隶属于同一行政区，中间环节难免繁琐梗阻。贾似道未雨绸缪，在扬州创建维扬平籴仓，丰收时收购粮食，一旦遭受饥荒，将粮食平价卖给百姓，受到朝臣和百姓称颂。继任京湖制置使李曾伯钦佩有加，写诗曰："要酬棠笏中原志，坐释枫宸北顾忧。"棠笏代指大臣，枫宸代指皇帝，君臣收复中原、抗御元军的使命集于一身，对贾似道这样的评价不可谓不高。是时，贾似道三十多岁，风华正茂，李曾伯在诗中描述贾似道风采："白羽一挥新玉帐，朱帘半卷旧红楼。此行乾坤整顿了，公衮莱衣正黑头。"民间更称贾似道为"诗书元帅"，赞曰："三十正当方面，此事世间无。""早早归廊庙，天下尽欢娱。"强烈要求贾似道回到朝廷，这样就可以造福天下。

贾似道声誉的顶点是鄂州之战。

公元1258年，当时的大蒙古国大汗蒙哥带领主力部队从西路进入四川，企图从长江上游打开突破口，结果受阻于重庆钓鱼城。钓鱼城是余玠在四川时苦心孤诣打造的坚城，建造在合川县城东十里的钓鱼山上。山上悬崖陡峭，奇石突兀，山下嘉陵江、涪江、渠江三水环绕，既有山水之险，又有交通之便，是扼守长江口的要塞。蒙哥围困钓鱼城七个月，凭借无往不利的蒙军勇士和无坚不摧的强弩利炮，居然屡战屡败，十万大军无法撼动小小的钓鱼城。公元1259年七月二十一日，蒙哥在钓鱼城下被守军抛石机击中，不久病亡。

在蒙哥久攻不下钓鱼城的时候，蒙哥胞弟忽必烈率东路军奔袭鄂州。不过忽必烈姗姗来迟，九月四日才到达鄂州城下。由于古代交通不便，这个时候，忽必烈才刚刚得到蒙哥去世的消息。蒙哥的儿子们没有战功，无法继位，汗位将在三个胞弟即旭烈兀、忽必烈、阿里不哥间产生。按常理，忽必烈应立即撤兵回蒙古争夺汗位，但他空手而还，恐被人轻视，于是不退反进，加快了攻打鄂州的步伐。

当时四川战场刚刚结束，鄂州守备单薄，各路将领立即驰援鄂州，高达从江陵率先到达，然后是从四川赶来的吕文德、向士璧，还有吕文德的手下张世杰等。彼时贾似道任两淮宣抚大使，朝廷又临时在前线拜其为右丞相，全面负责鄂州战事。

在进入鄂州之前，有一段有趣的插曲。贾似道到达与鄂州一江之隔的汉阳后，朝廷又莫名其妙地命令他移防黄州。当时他手下只有部将孙虎臣和七百士卒，移防路上遭遇蒙军，宋军兵少，贾似道叹息道:“这一次大概要死了，可惜不能死得光明俊伟。”不过双方都不知虚实，蒙军为抢掠而来，也无心恋战，因此贾似道逃过一劫。

十月，贾似道还是奉命驻守鄂州。此时鄂州已被蒙军包围得如铁桶一般，好在彼时蒙军水军尚且不成气候，所以贾似道硬拼硬闯，得以进入鄂州，成为鄂州之战的实际指挥者。

宋朝文官武将相互轻视，武将大多骄横，不容易节制。像高达、向士璧这些久经沙场的骁将，对贾似道这个文人统帅颇为轻慢。向士璧一向自作主张，大小军务不肯向贾似道汇报。高达则经常戏耍贾似道。贾似道巡视城防，高达指着贾似道对身边人说:“巍巾者何能为哉！”古代文官帽冠很高，称为巍巾。高达这句话的意思是说：戴着高高帽子的那个人有什么能耐！他每次出战前都要求先犒赏士兵，否则让士兵到贾似道的门口喧哗。只有吕文德尊重贾似道，经常制止高达和他的士兵，斥责道："宣抚大人在此，你们怎敢放肆！"后来贾似道大权在握，对吕家多有庇护，其渊源可以追溯到这里。

手下尽是骄兵悍将，贾似道指挥鄂州之战可谓艰辛。不过贾似道确有军事才能，并非如高达所言"何能为哉！"有一次，蒙军从城外挖地道进城，好在宋军增援及时，才没有被攻打进来。为了防止蒙军再次掘洞而入，贾似道命人在城墙内围建造一圈木栅栏，形成夹层，一旦敌人从洞中钻出，在夹层中难以施展，只有被动挨打。宋军一夜之间环城木栅栏全部建好，后来果真发挥了作用。

蒙军围鄂州三个多月不能攻下，士兵筋疲力尽。这时忽必烈兄弟阿里不哥意图自立，忽必烈妻子急忙通知忽必烈回军争夺汗位。于是十二月初，忽必烈撤走鄂州之围。

据《宋史》和其他一些资料记载，贾似道曾派人秘密与蒙军议和，和议内容为宋向蒙古称臣，两国以长江为界，岁奉银、绢各二十万。忽必烈一开始没有答应，后来急于撤军所以口头答应了协议，只不过没有形成文本。贾似道回朝后，一味渲染功绩，树立威望，只字不提和议事件。

是否存在"鄂州和议"，如果存在具体内容是什么，历来众说纷纭，争议不断。"鄂州大捷"时，时人没有关于和议的说法，后来元军以南宋不遵守和议为由重启干戈，和议事件才走上前台。贾似道势败后，隐瞒鄂州和议是他的一条罪状。质疑者认为和议一说子虚乌有，是忽必烈为自己无功而返找一个体面的台阶。不管怎么说，两国交往，没有文本，难以为证。再者，要达成"称臣、划界、纳贡"这样事关举国体制的大事，岂能由前线将帅和谈而成？如果当时真有这样的协议，忽必烈岂不是傻子？

其实忽必烈非常欣赏贾似道的军事才能，曾向身边人感叹："我怎么得不到贾似道这样的人才呢！"鄂州之后，贾似道成为南宋王朝定海神针一样的存在，绝非无缘无凭。

军队反腐

战争是武将成长和壮大的温床，古往今来，莫不如是。朝代初期或者有能力的君主，可以为我所用，造福于国，如汉武帝之于卫青，魏武帝之于司马懿。朝代末期或朝政懈怠的君主，可能造成武将骄慢甚至军阀割据，如汉末在镇压黄巾起义中州郡势力崛起，从而引起三国争霸；三国纷争，又成就了司马懿；唐朝安史之乱之后便是藩镇割据，中央政府形同虚设。五代时期，武将更是拥兵自重，朝代频繁更迭。

宋朝立国后，宋太祖、宋太宗吸取教训，开始有意压制武将，限制兵权成为一项基本国策。调兵权、统兵权、练兵权三权分立，多数情况下，由文臣统帅军队，武将只能担任低级军官，这就是宋朝所谓的重文轻武。

靖康之乱中，金国占领了北宋都城汴京，宋高宗赵构在应天府（今河南商丘）即位，而后逃窜到江南，一度行辕海上，十分狼狈。这时候，朝廷无法有效掌控全国军事力量。战争的废墟孵化了更强悍的武力，正因为武将拥有更多的自主权，才诞生了岳飞、韩世忠等抗金名将。这时候宋朝的武装力量达到澶渊之盟后的峰值，最有可能收复失地。但恰恰是武将的彪悍引起皇室的忧虑，唯有与金国议和，才有可能腾出手来收回兵权、辖制武将，这也是岳飞悲剧形成的逻辑起点。

回到宋蒙战争。至鄂州之战结束，宋蒙战争已经持续了二十五年，为了有利于作战，将领可以在驻防地征兵、调兵、用兵，已经近似于私人武装，所以才有鄂州之战中高达、向士璧等轻慢贾似道、不服管理的情况出现。

军队控制在地方军阀手中，粮饷却由中央供应，将领们为了自身的利益，都会虚报人头以获得更多的粮饷。比如在征兵时，征到一千新兵却谎报两千。中央政府心知肚明，所以在拨付粮饷的时候也会打折扣，该拨一万钱只付给五千钱。被打折扣的部队下次变本加厉，将一千新兵报成两千五、三千，如此恶性循环，军队财务成了一本糊涂账。

除此之外，军队内腐败问题日甚一日。将军们热衷于搞关系、拉山头、结派系，心思根本没有用到提高队伍素质上。那些作战勇敢、有功者得不到奖赏，贪生怕死、临阵弃逃者稍加疏通即能免责；军官不体恤士兵，下级不服从上级；军队钱粮不够，就向老百姓抢掠。国家正规军跟山头草寇别无二致。以这样的军队迎战蒙古新锐之师，焉有不败之理！

鄂州之战后忽必烈忙着争夺汗位，无暇南顾，趁此偃兵息甲之机，宋理宗任命贾似道为太傅、右丞相，要加强对地方军队的控制，节省财政开支，规范军队管理，遏制军队腐败。

战争频仍时期，帝国最需要两类人才，理财和打仗，这两样正是贾似道的强项，从京湖制置使到两淮制置大使再到鄂州之战，都证明了这一点，所以在众多文臣武将中贾似道脱颖而出，一点都不奇怪。

宋朝经常设多个宰相，虽然有高下主辅之分，但一般多照顾年龄和资历，究竟哪个更有权势，还要看皇帝如何使用、如何赋予职权。比如北宋“庆历新政”时，范仲淹仅仅是参知政事，即副宰相，上面还有两个平章事，即宰相，但他得到仁宗皇帝器重，就可以主导实施新政。王安石推行变法之初，也是参知政事。南宋官制虽然左丞相高于右丞相，但贾似道是做事之人，深得理宗皇帝信任，自然大权在握，不久，贾似道又成为独相，这是贾似道得以整顿军队的权力基础。

公元 1260 年，贾似道开始在军队中实行“打算法”。打算即计算、核算，打算法类似于对军队账目进行审核审计，切入点虽是经济，背后却是剧烈的权力争斗和人事倾轧。

打算法覆盖之下，军队中高级将领纷纷倒台。向士璧也是鄂州之战功臣，打算中受到波及，先是被发配到漳州居住，后将其羁押，要求偿还贪污的款项，最后获罪而死。在实行打算法中获罪至死的还有杜庶，杜庶是老将杜杲之子，亦有战功。

赵葵是理宗朝老将，在宋蒙联合灭金时是宋军统帅，因军功被授予光禄大夫、右丞相兼枢密使。打算中核查到赵葵曾于上元节（元宵节）布置灯宴时花费官府三万缗钱，浪费国家钱财，定罪为“放散官物”。后兵部架阁（管理档案的官员）谢枋得为其力辩，并自行出钱替他偿还，这件事才没有进一步追究。在实行打算法中被放逐、降职的还有徐敏子、史岩之、李曾伯等，他们都是威重一时的军中翘楚。

后世对贾似道打算法多有异议，认为是借军中反腐以清除异己，证据是吕文德集团无一人受株连。但是，如果说打算法中获罪之人全部是贾似道的“异己”则似乎缺乏证据。查阅史料，能够确定的是，蒙古入侵四川时，贾似道以枢密使身份协调各军，贾似道曾要求向士璧将所领军队移交吕文德，向士璧抗命不从，二人因此龃龉。其他各人并未见有得罪贾似道之处，而鄂州之战中对贾似道大不敬的高达、曹世雄也并没有受到报复，可见贾似道并不是选择性反腐，也并未借打算法玩弄权术、清除异己。

后人归结打算法之“恶”，最主要的还是逼反了刘整。

彼时刘整知泸州兼潼川路安抚副使，他的直接上司是四川制置使俞兴。俞兴借打算法查出刘整存在经济问题，这让刘整惊恐不安。他试图到朝廷中解释上诉、活动疏通，无奈这是贾似道的天下，没有人敢为他网开一面。为了自保，刘整暗中联络驻守四川的蒙古成都军马经略使刘黑马，表示愿以泸州及所属十五郡三十万户投降。公元 1261 年六月，刘黑马派儿子刘元振到泸州城中受降，刘整杀死反对投降的官员，迎接刘元振进城，泸州正式易帜。

俞兴在泸州城也有探马，所以在第一时间里得到了消息，立即率大队人马包围泸州，将刘整和刘元振困在城中。刘整死守泸州数十天，成都的蒙古兵赶来救援，内外夹攻，反而把俞兴打败。

泸州虽然位于四川南部，看似偏僻，但在长江通道上，是重庆上游最重要的城市，如果泸州失守，不但川南尽失，而且从水路直达重庆，重庆防务将受到重大考验。因此，南宋朝廷势必趁刘整新叛，内部不稳，不遗余力夺回泸州。十月，贾似道任命京湖安抚制置使吕文德兼四川宣抚使，帮助俞兴再攻泸州。

吕文德的军事才能自然非俞兴可比，他凭借军力上的优势，步步为营，层层推进，用了三个月时间，终于夺回泸州，改名江安军，以图吉利。尽管如此，泸州周边还是有一些地区沦为蒙古之手。当然这并不是最重要的损失，最重要的是刘整这个人，他是个有才能、有谋略的人，投降后积极为忽必烈献策，使宋蒙战争形势发生重大转变。

过去蒙古将主力部队投放到四川，企图攻破重庆，沿江东上，直抵江南，受到挫折后，又试图绕道大理（今云南地区）、借道安南（今越南北部地区）斡腹进攻，迂回作战。刘整认为与其把目光死盯在南宋的西、西南地区，不如径直攻取京湖，拦腰斩断南宋的长江防线，便可长驱直入，轻舟下扬州。忽必烈采纳了刘整的建议，才有实际作战五年，跨越六个年头的襄樊之战。刘整还是蒙古水军的创始人、缔造者，从此南宋水陆对蒙古均无优势可言。说南宋的灭亡从刘整投降开始，也不为过。

贬低贾似道的人，把逼反刘整作为贾似道的主要罪状之一，要求他对南宋亡国负责。公平而论，贾似道军队反腐，意在帮助朝廷重新掌控军队，初衷是好的。但在当时军阀已经坐大的情况下，造成反叛，在推行打算法之初就应有所提防，做好预案。刘整叛变及其巨大的负面影响，说明打算法是不成功的，结果证明过大于功。在宋蒙战争远未结束的情况下开展反腐清理运动，确实不合时宜，并且操作手法上也值得商榷。那么有没有更好的办法？应该没有。要么亡于外族，要么亡于军阀，前朝后代都为此做出了生动的注脚，事实就是这样残酷。

宁亡于外族，毋亡于军阀，自宋太祖、宋太宗以来已经形成共识，是两宋皇族一以贯之的选择，也怪不得贾似道。

改革者

贾似道从经济问题入手开展军队反腐，除了加强对军队的管理控制外，也是为了减少军费滥支，因为这时南宋经济已经接近崩溃。

宋朝商业发达，是当时世界上最富裕的国家，也是中国古代社会经济发展高峰。但是养兵、养官都要大笔的支出，所以北宋仁宗之后，宋朝一直面临着一个财政窘境：冗兵、冗官从而造成冗费的“三冗”问题。换句话说，虽然收入多，但开销也大，最后入不敷出，所以财政没钱。

财政问题一直困扰着两宋皇帝，宋神宗重用王安石进行变法，其目的就是解决“三冗”问题，为国家节流开源。

南宋一直兵祸不断，尤其是宋蒙战争之后，兵不卸甲，船不收帆，战火几乎没有熄灭过。战争打的是人，更是钱！所以南宋财政更加拮据。宋蒙开战前，南宋有些地区仓禀空虚，于是政府巧立名目，向百姓加税。南宋农业赋税一般有夏税和秋税，合称二税，后来又增加经制钱、总制钱、月桩钱、田契钱、折估钱、纳醋钱、卖纸钱、面引钱等，名目繁多，不一而足，可谓一举一动都要被征税。尽管如此，仍然入不敷出，只好寅吃卯粮，向老百姓预借赋税，一直预借到六七年后。说是预借，其实是强迫缴纳，榨取百姓血汗。

除了财政税收，此时的金融更是一塌糊涂。

北宋仁宗年间已经出现了历史上最早的纸币，叫“交子”。南宋的纸币叫“会子”。纸币最初是一种凭证，因为银币、铜币沉重，携带不方便，便发行纸币，与铜币等价，凭纸币可以兑换铜币。后来纸币逐渐脱离铜币而独立存在，是银币、铜币的补充。由于政府和官宦巨贾对银、铜的垄断，纸币成为民间主要货币。

纸币的印制权在政府，这样就带来一个问题，每当政府财政拮据时，便无法约束自己，通过过量印制货币让自己变得“有钱”。市场上纸币增加了，实物由于消耗却在减少，结果便是纸币购买力下降，假使过去一百文会子购买一斤小麦，而现在需要付出五百文，这就是通货膨胀。

为了适应战争需要，为前线将士筹集粮饷，政府需要大量收购粮食。政府没钱，于是以低价向农民摊派卖粮，称为“和籴”。即使低价收购，也只能支付纸币，纸币又不断贬值，农民辛辛苦苦一季收入几乎等同于白送给政府，苦不堪言。

物价飞涨，通货膨胀，金融体系面临崩溃，是政府必须解决的经济问题。

财政和金融问题，本质上是同一个问题，那就是政府需要想办法增加收入，而不是无休无止地印钱。

那么，除了战争消耗，南宋发达的商品经济创造的价值究竟哪里去了？换句话说，土地上没少产出，那么产出的商品到哪里去了？答案是越来越集中于少数大地主、大商贾、豪强贵族手中。

由于附着在土地上的赋税、杂役太多，有百亩土地的小户人家负担不起，不得已将土地卖给大户，而大户人家总有各种办法规避赋税杂役，这样就造成宋朝土地兼并严重，贫富差距加大。如此恶性循环，小户越来越穷，而国家财政也日益窘迫。

要改善财政状况，只有向大户要钱。

公元1262年，贾似道开始实施土地改革，开展土地国有化运动，称为“买公田”。公田即归属于国家的田地。所谓“买公田”，就是按官阶品级规定最高田地限额，超出部分国家按三分之一数额进行购买，充当公田，然后租给农民，以增加财政收入。对于买公田的好处，侍御史陈尧道、右正官曹孝庆等联名上疏中算得很明白：“回买官田，可得一千万亩，则每岁六七百万之入，其于军饷沛然有余，可免和籴，可以饷军，可以住造楮币，可平物价，可安富室，一事行而五利兴，实为无穷之利。”楮币即纸币。由这篇疏文可知买公田的本心就是解决战争带来的严重经济问题。

为了顺利推进“买公田”，贾似道自做表率，捐献出自己在两浙西路的一万亩田地。接着拿朝廷中最有权势的人物开刀。所谓最有权势者，莫过于皇亲国戚，贾似道盯上了理宗的亲弟弟、荣王赵与芮，软硬兼施，终于让荣王就范，愿意出卖公田。赵孟奎是朝廷宗室，虽然是远支，但还算比较有觉悟，主动申请出售自家田地，这样，买公田一下子打开了局面，仅浙西六郡就收买公田三百五十万亩；镇江丹徒、丹阳、金坛三个县买公田近十七万亩，每年出租得米十三万多石。

为了推行便利，朝廷规定了买卖标准，二百亩田地为限额，超过二百亩都要按比例征买。并且将指标摊派到各路、各郡，必须限期完成任务。所以，所谓买卖，绝不是愿打愿挨，而是强制征购。这样就带来了比较恶劣的后果。官方公布一亩田购买价依据田地质量为一百六十贯至二百贯，因为朝廷没钱，实际操作时每亩地最多只能给到四十贯。即使这样廉价，卖田数量在千亩以上尚能得到一部分铜钱和一部分纸币，卖田数量千亩以下只能得到纸币，除了会子外，甚至用官告、度牒等替代。官告即官员的委任状，一份空头支票形同卖官，比如官告登仕郎的抵三千贯，官告承信郎的抵一万五千贯；度牒即僧人的身份证，凭度牒可以免除赋税、免除劳役。买公田实施之初，地方官员尚能按照朝廷要求规范操作，时间一长，为了完成任务，擅自扩大购买范围，甚至对于只有一百亩田地的小户人家也强制购买，许多农民因此破产。还有些官员为了立功，为了自己的前途，不惜肉刑逼人投买公田，甚至逼死人命，全国上下因此怨声载道。正如秘书郎文及翁所言：“公田法之行，本意是足军储，免和籴，但现在奉行太过，限田之名一变而为并户，再变而为换田，耕夫失业而流离，田主无辜而遭拘系。”

买卖公田使用大量纸币，又导致新一轮更加剧烈的通货膨胀，有人形容当时“使到十八九，纸钱飞上天”。会子三年发行一次，谓之一界，到十八界时，会子已经实在使用不下去了，贾似道便改十九界“会子”为“关子”，三贯会子兑换一贯关子，尽管如此，也没有能遏制住纸币贬值的趋势。

“打算法”和“买公田”虽然让朝廷得到一定实惠，改善了日益窘迫的财政，但历史学家黄仁宇认为“而这田土收入使南宋朝廷又撑持了约十二年”，而失去土地的农民生计更加艰辛，有诗说出当时的情形：“自从田归官，百姓糟糠难，况复连年苦饥馑，草根木实为珍餐。嵯峨殍骨横千里，待得今年能者几。只道伸眉得一笑，酒肉淋漓浑舍喜。谁知一粒不入肠，总是公家主家米……自从买公田，丰年亦凶年。此何人哉，悠悠苍天。”买公田时需丈量土地，时人又讥讽道“三分天下二分亡，犹把山川寸寸量”。

宋朝灭亡已经无可救药，只是时间长短而已。

贾似道因打算法得罪了不少军人，因买公田得罪了官僚地主，在实际操作中又波及小农户小业主，所以成为众矢之的。他在位时有皇帝庇护，尚无人敢公开诘责。势败之后，被人群起而攻之，加以奸臣之名，就是因为在改革中贾似道触碰了太多既得利益。

考量古代历次改革，很少能达到预期效果，并且大多造成朋党对立、政治分裂、社会矛盾激化。北宋王安石改革如此，南宋贾似道改革亦如是。

宋度宗

贾似道被讥为“权相”“奸相”，号称一手遮天，得益于宋理宗、宋度宗两代皇帝的信任。推行买公田时，朝中一直存在反对声音，理宗一度犹豫，打算暂缓实行。贾似道知道如果失去皇帝的支持，改革定然半途而废，于是奏请归田。宰辅施政遇到阻力而请辞，在宋朝属于常态，当年范仲淹推行“庆历新政”，王安石推行“熙宁变法”，都有过请辞的经历。这一次理宗没有批准贾似道的辞呈，而是下诏慰勉，以示信任。度宗在位时，更是视贾似道若父。每一位权臣的背后都有皇帝的默许和倚重，宋朝尤其如此，因为宋朝的制度设计，权臣根本不可能僭越皇权。

宋朝皇帝大多生育不蕃，成活率也相当低。北宋仁宗、哲宗，南宋高宗都无子或者早夭。宋宁宗有九个儿子，全都没有成活，只好在宗室之间选择继承人。他先是过继一位皇子，叫赵竑，但赵竑与权臣史弥远不和，史弥远勾结杨皇后又在远房宗室中为宁宗物色了两个皇子候选人，一个叫赵与莒，一个叫赵与芮，是一对亲兄弟。后来，在宁宗重病弥留之际，立赵与莒为皇子，改名赵昀。宁宗驾崩，杨皇后和史弥远做主，将本应为帝的赵竑封为齐王，拥立赵昀为帝，这就是宋理宗。宋理宗的亲弟弟赵与芮被封为荣王。

不幸的是，当了四十年皇帝的宋理宗依然无子，只有继续过继。赵与芮是亲兄弟，他的儿子当然是首选。奈何赵与芮膝下也只有一子，还是个弱智儿。原来赵与芮正室不育，却又是一位妒妇，赵与芮一名小妾怀孕，王妃派人逼她服用打胎药，然而婴儿命大，居然没死，还是生了下来，却落下严重的后遗症，身体和智力两亏。这个孩子就是宋度宗赵禥。

宋理宗将赵禥封为忠王，选为接班人，理所当然受到大臣的反对。当时的左丞相吴潜进谏说："臣无史弥远之才，忠王无陛下之福。"言外之意拒绝辅佐赵禥。这下惹恼了宋理宗，而贾似道察言观色，一面积极支持赵禥，一面暗进谗言，把吴潜贬谪循州（今广东省惠阳县）。从此再无人敢于非议立储之事。

南宋的台谏制度几近瘫痪，如果在北宋，大臣断不至于在江河日下之时任凭一个弱智当家做主。

宋理宗对养子赵禥教育极其严格，专门为其建造"资善堂"作为学习场所。聘请的老师都是全国一流的大儒。宋理宗亲自过问他的学习，并为其制定了日程安排：每日鸡叫第一遍入宫向理宗问安，鸡叫第二遍回宫，鸡叫第三遍就要到办公地点参与处理政事。接下来的时间就是学习读书，晚上到理宗处问安，理宗会提问一些问题，借机考试当天所学。赵禥学习不过关、提问回答不上来时，理宗会亲自耐心辅导、解答。

公元 1260 年，宋理宗景元元年六月初六，赵禥被立为皇太子。彼时贾似道开始在军队中实施"打算法"。

公元 1264 年十月二十六日，宋理宗驾崩，赵禥即皇帝位，尊理宗皇后谢道清为太后，改年号为咸淳。这一年，贾似道改革正酣，九月，朝廷开始逐户核对田亩税役，称"经界推排法"。这一年，据襄阳之战仅有三年。

尽管受到良好的教育，但宋度宗资质太差，政治上难以担当大任，却在登基后生活奢靡腐化之极。宫中旧例，皇帝临幸妃子，妃子应于次日清晨到合门谢恩，并在太监处进行登记，记录在案。有一天太监登记人数竟达三十人之多。

唐高宗身体孱弱，奏章请武媚娘代阅，宋真宗身体不豫，朝政由皇后刘娥定夺。宋度宗不愿把自己陷在繁琐的公务中，但他是泛爱主义者，决不会把宠爱和雨露播洒在一两位妃子身上，因此请几个妃嫔轮流批答公文，并以时节称呼她们，曰春夏秋冬。

当然春夏秋冬只是象征性地代劳，宫中女流之辈能够治国理政的毕竟凤毛麟角，国家大事只能另托他人。此时贾似道圣眷正隆，又是扶持度宗上位之人，度宗便拜贾似道为太师，执之以师礼，称呼其为“师相”，朝政悉数委托于他，无论大事小事，几乎取决于一人，并且须臾不能离开。

宋度宗即位三个月前，南宋还发生一件大事，不是人事，是天事。七月初二，彗星来临。彗星运动时后面拖着个“尾巴”，形状不同于其他星体，被古人视为不祥之兆，属于灾星。大凡遇到怪异的天象或自然灾害如彗星、日食、地震、洪水等，皇帝都要检讨自己的过失，下诏鼓励朝臣提出谏议。皇帝为上天之子，畏天命，朝臣抓住这种心理，把平日不敢说的话说出来，对不敢抨击的权臣进行弹劾。

大臣高斯得作《彗星应诏封事》，曰：“彼悍然不顾也，白夺民田，流毒数郡。告牒弃物，不售一钱，遂使大家破碎，小家无依，米价大翔，饥死相望。”“又出虎狼之吏，使之磨牙张吻，啖咋良民。”他先揭示公田法的两大危害，一是几乎毫无报酬地夺取民田，致使民众家庭破碎，饥寒交迫。二是官吏借机敛财，荼毒百姓。接着，高斯得将矛头直指贾似道，曰：“本朝唯知有权门而不知有君父，或称其再造王室，或称其元勲不世，或直以为功不在禹、周公下，虚美溢誉，日至上前，荧惑圣明，掩蔽罪恶，遂使陛下深居九重，专倚一相，高枕而卧，谓如泰山四维之真可倚，不知其下失人心，上招天谴，乃至于此。”指出贾似道已经下失人心，上招天谴。除了高斯得，台谏、士人上疏言事，对贾似道交相指责。

皇权时代一项决策出了问题，总要由朝臣担当，决不会加罪于皇上。当时的宋理宗身处高位，是各种矛盾的汇集处，对贾似道的处境感同身受。他批复曰：“言事易，任事难，自古然也。”站着说话不腰疼，说风凉话的哪里知道做事人的苦。于是对各种诘难置之不理，对贾似道信任有加。

不过从雪片似的奏章中，贾似道真切感受到人心冷暖，于是奏请辞去左相位，理宗不允。其后理宗去世，度宗即位，新旧交接完毕，一切安顿之后，公元 1265 年三月，贾似道再次请辞，度宗亦不准。不仅如此，度宗对贾似道的依赖程度与日俱增，他在位十年，贾似道职务虽然多次变动，但度宗一直以“师相”“师臣”称之，以师礼待之。

同年，贾似道为山陵使，负责承办宋理宗的丧事。南宋的皇陵在绍兴，贾似道需护送梓宫渡江前去，绍兴亦有贾似道私第，贾似道趁机继续请辞。度宗就派使者携带圣旨前往，督促贾似道赶紧回来。圣谕说：“予夜不安枕，未明求衣，专俟师相归，处分万几之事。今兹三日矣。”三日不见，晚上睡不着觉，天不明就披衣起床，即使周公一沐三捉发、一饭三吐哺也不过如此。但贾似道并没有立刻回京，办完丧事又到绍兴的私第歇息几日。度宗便又派人再次催促，说：“今师相舍机政而归锦里，谁与予膺镇安抚绥之任？此岂泛泛悠悠，越日与时，从臣犹未有的回之报。”意思是师相您在家里悠闲自处，那么谁与朕担当安邦定国的重任？但贾似道这一次似乎铁了心归隐，固辞不就，还把丞相大印让使者带回。度宗无奈，只好同意其辞去相位，改封镇东军节度使、魏国公、醴泉观使兼侍读，这些都是虚职，不过后又加一句“仍奉朝请”，就是还要上朝，不算退休。贾似道又辞太师职，度宗不许，再辞，终于得到批准。

这一轮请辞、请朝，最后贾似道职务虽变，但皇帝的信任和权势一点没变，反而恩宠愈甚。度宗专门安慰贾似道说：“予唯成王初政，方有赖于经邦；周公为师，曾何嫌于作辅。”把自己比作周成王，把贾似道比作周公。周公是儒家最为推崇的辅臣，后世臣子比作周公无疑是最高褒奖。

贾似道终于又回到朝廷，度宗激动之余，竟令百官到城外列队迎接。等到了朝堂，又将贾似道加右丞相、平章军国重事。平章军国重事始于北宋哲宗，用于安排德高望重、功勋卓著的老臣，职务在宰相之上。

度宗在位十年，贾似道时不时来一次请辞，度宗照例不准，有时候情急之下，竟哭着请求贾似道留下。一次，朝廷举行祭祀大礼，贾似道为大礼使，宋度宗宠妃胡贵嫔的父亲胡显祖为御前带刀护卫。这天早上本打算前往太庙，谁知忽然下起了大雨，胡显祖建议度宗改乘轿子前往，度宗让他征求贾似道意见，贾似道的意见是等雨停了再去。但胡显祖欺骗度宗说：“贾平章同意了。”于是度宗冒雨乘轿，而其他人莫衷一是，不知道该听大礼使的，还是该跟随皇帝。事后，贾似道以此为由再次请辞，说：“我是大礼使，陛下的行动举止我竟然不知道，还是罢免了我吧。”度宗恐惧，将胡显祖免职，责令胡贵嫔出家为尼，这才把事情摆平。

还有一次，在朝堂之上，贾似道又提辞职的事，度宗一紧张，竟从龙椅上跳将起来，向前迈了两步，脚下一软，两腿“扑通”朝着贾似道跪了下去……

蟋蟀宰相

贾似道三番五次上演辞职大戏，看得人已经厌倦，他自己还乐此不疲，于是朝臣议论，认为他这是要君固宠，就是要挟君主，以巩固自己的地位。《宋史》记载，贾似道为山陵使滞留绍兴私第不归，请求致仕，暗地里却指使吕文德向朝廷谎报军情，骗说北军来犯，迫使宋度宗对其作出种种让步。这项隐情不见于其他史籍，难辨真假。细究贾似道累辞风波，应有以退为进的考量，只有这样才能堵住政敌的非议，然而更多的是，贾似道确实感到累了，想要歇息。

打算法逼反了刘整，给朝廷带来极大的隐患，公田法阻力重重，只在江浙少数地区得以推行，经界推排成为文人诗词揶揄讥讽的题材。所有这些都让贾似道心灰意冷，政治上再无进取之意。度宗在位十年，贾似道除了累辞，朝政上选择不作为，生活上则寄情山水，骄逸奢靡。

贾似道年轻时就好山水，好奢侈。一天夜里，宋理宗登高远眺，看见西湖上灯火通明，有游船载笙歌缓行，理宗对身边人说："此必贾似道。"次日一问，果然如此。理宗派京尹史岩之对贾似道进行教育，后来史岩之向理宗述职时说："似道虽有少年气习，然其材可大用也。"

西湖北岸有一座小丘，树木葱郁，泉水清澈，蜿蜒数里，风光怡人，晋朝道学家葛洪曾隐居于此，得名葛岭。度宗将葛岭赐予贾似道，贾似道素喜西湖，对这一块毗邻西湖、住过"仙翁"的风水宝地十分满意，在此大兴土木，建造集芳园，其中楼台屋宇、花林池桥，富丽堂皇，华邃精妙。诗人胡仲弓有诗赞集芳园之景："园丁严锁钥，不许俗人看。梅落黄金弹，荷开碧玉盘。小舟维柳外，青磬出林端。猿鹤不相识，行吟独倚栏。"

贾似道加平章军国重事后，度宗特许一月两经筵、十日一入朝。这样贾似道不用为朝政付出更多精力，生活更加优裕，葛岭别墅中建一座亭子，取名"半闲亭"，有文人献上一阙《唐多令》，单赞"半闲亭"曰："天上谪星班。青牛初度关。幻出蓬莱新院宇，花外竹，竹边山。轩冕傥来闲。人生闲最难。算真闲、不到人间。一半神仙先占取，留一半、与公闲。"他又把一座厅堂命名为"悦生堂"，取悦生恶死之意；把一处花园取名"养乐园"，取乐享天年之意。这时的贾似道，逃避世事，沉溺于虚无散淡的生活，自号云水道人。

贾似道喜爱西湖美景，经常携美妾歌伎，泛舟湖上，笙歌酒乐，艳舞淫戏，欣赏湖光山色，享受闲暇升平，忘记朝政烦恼，过着自在恣肆的生活。某日，贾似道和众姬妾倚楼望湖，看见两位长相俊朗的青年男子乘坐小船由湖登岸，其鲜衣羽扇，丰致翩翩。一位美妾禁不住赞叹一声："美哉，二少年！"贾似道淡月清风地问一句："你若愿意跟他，我让他下聘礼娶你。"美妾害羞地低下了头，不敢再有言语。过了一段时间，贾似道把众姬妾召集起来，拿出一个锦盒说是少年的聘礼。众姬妾打开锦盒，顿时魂飞天外，花容失色。原来，盒中装的是美妾的人头。爱美之心，人皆有之，何况美妾赞叹的只是陌生人！贾似道可谓拿美人当玩物，视生命如草芥，这个故事的真实程度已不可考，但至少从侧面验证贾似道沉溺湖上游乐的史实，以至于当时谚语"朝中无宰相，湖上有平章"。

贾似道以文人建功，是诗词里手，吟诗作赋、玩弄风雅是他的另一爱好。当时许多文人谒于门下，客流如织。一次贾似道在湖边山丘游赏，一位僧人在其周边徘徊，不敢近前，也不愿离去。贾似道就主动问他："你是什么样的和尚？"僧人答道："我是诗僧。"贾似道说："既是诗僧，我考你一题。"见湖中有渔翁，令僧人以此为题作诗一首。僧人请韵，贾似道以天字为韵。僧人应口对曰："篮里无鱼欠酒钱，酒家门外系渔船。几回欲脱蓑衣当，又恐明朝是雨天。”含蓄地道出了自己贫困的窘境，毫不掩饰自己奔钱财而来。贾似道非常高兴诗僧的直率和才情，给予他很多赏赐。

贾似道善待谒客，出手也格外大方。一次送别谒客翁孟寅，为他置酒饯行，席间翁孟寅赋词一曲，贾似道大喜，把席间价值数十万的珍贵酒器悉数相赠。一位叫刘荆山的谒客由于婚姻债务问题生活拮据，他冒雪前来拜访贾似道，本来并不乐观，谁知贾似道出手大方，所得财帛足够晚年生活。真是“造物与君强健在，归囊知有暮年欢。”还有一位谒客宋自逊，一次从贾似道处得到二十万缗用于盖房子，这个数量与北宋每年给辽国的岁币相当。

贾似道与著名词人吴文英、刘克庄均有不错的交情，也有频繁的诗词唱和。吴文英回忆他和贾似道悠游西湖的情形：“朝回胜赏，墨池香润，吟船系雨。”又记述他们把酒论诗：“临酒论深意”“秋水生时，赋情还在”“醉兴渺，银河赋就”。刘克庄则多次把贾似道比作诸葛亮、谢安，赞颂其鄂州之功，贾似道入相后，更多有祝贺阿谀之辞。贾似道也非常器重刘克庄，荐举他为侍读、龙图阁学士。二人都爱鉴赏字画古玩，各有一份摹写的兰亭禊帖，贾似道反复叮嘱，要好好珍藏，不要让宝物遗失。

贾似道最喜欢的游戏是斗蟋蟀。蟋蟀又名促织，俗称蛐蛐、秋虫，因其善于跳跃、鸣叫，强于咬斗，虽是微物，却有善解人意的灵性，因此受到古代士大夫和市井百姓的宠爱。南宋杭州城养、斗蟋蟀十分盛行，有专门的蟋蟀市场，每天大早蟋蟀市场即已开张，买卖蟋蟀、斗玩蟋蟀、借此赌博的络绎不绝，所谓“促织盛出，都民好养”，一到秋天，温馨富丽的临安城各个角落都能听到蟋蟀唧唧复唧唧的脆鸣声。玩家还经常聚集在一起聊蟋蟀、斗蟋蟀，俨然形成独具一格的蟋蟀文化。而贾似道则是蟋蟀文化的集大成者。他经常与姬妾一起趴在地上观察、逗玩蟋蟀，有时甚至一玩就是一整天，废寝忘食，乐此不疲，有客人戏谑地问：“这也是军国大事吗？”贾似道毫无愧色，反而与客大谈斗蟋蟀的学问。后来，贾似道干脆写了一部《促织经》，这是世界上第一部研究蟋蟀的专著，对蟋蟀的各个方面都有详尽的论述，如蟋蟀的形体、颜色、品种、饲养、疾病以及斗玩等，后世所有蟋蟀著作，无不以贾似道《促织经》为蓝本，鲜有出其右者。

贾似道对蟋蟀如此痴迷，甚至荒废朝政，以致时人称之为“蟋蟀宰相”。

丁家洲之战

前期建功沙场，锐意改革，后期求闲耽游，无所作为，如果贾似道能够就此一直下去，倒也不失为惬意人生。然而蒙军围困襄阳，如“渔阳鼙鼓动地来，惊破霓裳羽衣曲”，贾似道得过且过的末日情怀再也难以继续。

襄阳被封锁愈来愈严，南宋军队束手无策，朝野所能期盼的，就是贾似道这个曾经的“战神”。

公元1274年七月初九，元军全面攻宋的前夕，度宗驾崩。这位皇帝在位十年，正值宋元战争的空档期和襄阳之战的相持期。南宋将败，他即撒手人寰，把亡国之辱留给继任，也算福大之人。

宋度宗虽然智力不高，但生育能力却好于祖先，膝下有三个儿子：长子赵昰，六岁；次子赵㬎，四岁；三子赵昺，三岁。因赵㬎为正宫全皇后所生，因此被立为帝，后世称为宋恭宗。按宋朝制度，因皇帝年幼，由其祖母、理宗皇后谢氏垂帘听政。谢太后也是没有主见的妇人，因此朝政依然高度依赖贾似道。

这年底，元军攻下鄂州，伯颜留阿里海牙守鄂，自己与阿术统领水陆两军东下，直抵黄州。黄州知州陈奕，阵前与元军讨价还价，在得到一个体面的名分之后，献城投降。彼时陈奕的儿子陈岩知涟水军（今江苏涟水县），陈奕写信让陈岩也投降了元军。

下一个重要军事重镇是江州（今江西九江），镇守江州的是吕文德的儿子吕师夔，在叔父吕文焕的劝说下，吕师夔降元，并在城中大摆筵席，为元军接风洗尘。同时，向伯颜进献两名宋宗室女子，伯颜正色拒绝：“我奉圣天子之命，兴仁义之师问罪于宋，怎么能用女色动摇我的志向！”

江州一降，知安庆府范文虎赶忙送来降表，恭请伯颜早日入驻安庆。接着，池州亦降，宋军长江沿线彻底崩塌，元军势如破竹。

建康府之上，只有芜湖而已。

是贾似道出手的时候了。

公元1275年正月十五日，宋朝最隆重的上元佳节，往年的此时，杭州宝马雕车，花灯如昼，而今年，人心惶惶，六神无主，全城一片末日的焦灼不安。贾似道走进皇宫，向谢太后和恭宗提交一份《出师表》，请求提兵芜湖，阻挡元军。

《出师表》写道：

臣以老病之身，遭时多艰，岂复能以驱驰自勉。每念身虽危，可以奋励振；事虽急，可以激烈图。逆整世受国恩，一旦反噬而仇视我，役役贪生畏死，视使则趋，夫亦何有于彼哉！自襄有患，五六年间，行边之请，不知几疏，先帝一不之许。襄陷郢单，臣忧心孔疚。请行又不知其几疏，先帝复不之许。顷罹孔棘，诏既夺情，臣辞亦不知几，迨不获命。窃自附于金革，无避之义。陛下践祚以来，边剧日骇，臣请悉力政。以江流数千里、江面数十屯，而脉络不贯。非臣督视，随机上下，是必有不能遏其渡江者。今不幸臣言中矣。向使先帝以及两宫，下至公卿大夫士，早以臣言为信，听臣之出，当不使如此。往者不可谏及，今汲汲图之恨其晚，尚可强臣之留耶！臣留，不过使都民苟安旦暮，而非所以为宗社大计也。陛下惟命臣以王导故事，都督中外诸军。然兵入吾境，亦既兼旬，臣苦心处置，忘寝废食，未能少强人意。诚以注的之矢难留，在目之机易见。与其坐待其来，于事无补，孰若使臣决于一行，以求必胜事理，较著有不难知者。恭惟祖宗三百余年德泽，其来未艾，两宫仁慈孝爱，动无缺失，臣恃此咸发信顺之心，断可凭藉以办此事。臣羸弱之躯，非不知自爱云云，孤忠自誓，终始以之。臣有三子三孙，留之京师，日依帝所，以示臣无复以家为意，否则苟免而已。宁不愧死于斯言哉！深切迫急，拜表即行。

大意是：臣年老多病，遭逢时势危难，不知还能不能为国家效劳。经常勉励自己虽然身体不好，依然可以振作；事情虽然紧急，不妨奋力以赴。逆贼刘整世受国恩，一旦背叛便视国家为仇敌，此贪生怕死、见利忘义之辈，不值一提！自从襄阳有难，五六年间，臣数次上疏请求巡边，奈何先帝不许。等到襄阳沦陷，郢州被困，臣忧心痛苦，又上几道奏疏，先帝还是没有答应。边事紧急，臣行边的愿望始终未能实现。这不是臣的初衷，臣自投身军旅，从未想过逃避。陛下登基以来，边疆一天比一天危急，应当全力抵御。数千里长江防线、沿线数十城堡，但缺乏统一指挥。如果臣不亲临督察，临机应变，协调诸军，必然不能遏制元军渡江。现在不幸被臣言中。假如先帝以及太后陛下、公卿大夫早日采纳臣的建议，听从臣的计策，应当不至于到这种地步。过去的事情无法挽回，现在着急遗憾也无济于事，就不要把臣留在朝中了！臣留在朝廷，不过能够让都城的百姓苟且偷安，但不是保全国家社稷的策略。陛下只有命令臣仿照王导故事，都督中外军队。然而元军入侵国境，已经二十多天，臣苦心应对，废寝忘食，仍不能达到满意的效果。瞄准目标的箭难以停下，看在眼里的机会容易把握。与其在这里坐以待毙，不如让臣去捕捉胜机，结果也未可知。祈求祖宗三百年德泽保佑太后皇帝做出正确抉择，臣凭借忠贞顺达之心，一定能够办好此事。臣老弱之躯，不是不知爱惜，但定当忠贞自持，始终如一。臣有三个儿子三个孙子，把他们留在京师，依偎在皇帝身边，以彰示臣不再把家庭放在心上，否则只是苟且偷生而已。宁愿为此而死！切实急迫，上完这道奏章就出发。

贾似道先是撇清责任，如果当初先帝允许臣行边督军，断不至于边剧日骇，发展到这种程度。然后分析形势，与其坐待其来，不如决于一行，或许还有胜机。最后表示忠心和决心，孤忠自誓，终始以之，无复以家为意，不愧死于斯。如果忽略掉作者被世人诟病的身份，单就这章表来讲，读之泪目。

第二天，贾似道出师，抽集诸路精兵十三万，载金帛、器械、粮草的船只绵延百里，二月九日，行军至芜湖。贾似道命心腹爱将孙虎臣为先锋，进驻丁家洲（今安徽铜陵东北）；又命老将夏贵从庐州带兵前来会合，以两千五百艘战船封锁江面，自己屯兵芜湖的鲁港（今安徽芜湖西南）。

尽管阵容强大，但贾似道心中有数，宋军如苍茫暮色，怎能同朝气蓬勃的元军对决！所以一边进行军事部署，一边派遣特使宋京赴敌营谈判议和。贾似道开出的条件是称臣纳贡，伯颜扣留了宋京，另派人回报贾似道说：“如果我军还没有渡江，还有议和的必要，现在沿江诸郡争相投降，怎么可能让我们重新退回去。要是真心议和，请您过来当面商谈。”贾似道是主帅，怎么可能亲赴敌营，议和这条路就这样被堵塞了。

伯颜见宋军人多势众，认为应智取。他令军中做数十个大木筏，在上面放上柴草，扬言要火烧宋军船只。宋军得到消息，惊恐不安，日夜警备。人长时间绷紧神经，到了关键时刻反而容易懈怠，元军正是运用这种心理战术瓦解宋军斗志。

二十一日，元军发起进攻。伯颜指挥水陆并进，彪悍的骑兵沿长江两岸推进，水军战船则从中间突破。当然，尽管骑兵对江面上的南宋水军会造成一定的压力和干扰，但元军水军毕竟技不如人，要想一战而胜不是容易的事。但元军今非昔比的是，他们拥有当时世界上最为威猛的超级武器——回回炮，回回炮一声巨响，江面上的南宋战船犹如遇到惊涛骇浪，颠簸摇晃着想要沉没。宋军哪里见过这样的神器，个个魂飞魄散。宋军先锋孙虎臣行军作战，尚且不忘带着歌姬美妾。回回炮一响，孙虎臣担心美妾安危，连忙跳上美妾乘坐的小船。周围士兵已经阵脚大乱，主将一动，更是无心应战，叫喊着“主将逃了”，纷纷溃散。

溃败如瘟疫，能够传染。前军一败，后军随之一泻千里。孙虎臣和夏贵像比赛似的往后跑，夏贵逃到鲁港也不敢停止，只是顺便通知一下主帅贾似道说：“敌人势大，赶紧逃吧。”贾似道一看这阵势也没了主意，赶忙令鸣金收兵。宋军掉头向后，元军紧追不舍，副帅阿术亲自登船高喊：“宋人败矣！”一直追杀二百余里，俘获宋军士兵、辎重无数。

是夜，孙虎臣、夏贵惊魂未定，与贾似道会合一处，孙虎臣说：“我的士兵没有一个人肯卖命。”夏贵说：“我军已经闻风丧胆，这仗肯定没办法打了。师相您还是到扬州躲一躲吧，我先回我的庐州了。”夏贵在回庐州的路上再次遭遇元军，又被痛打。贾似道和孙虎臣顾不上其他将士，单舟逃向扬州。天亮时看见仍在溃逃的宋军士兵，想要重新组织起来，并以钱帛军饷相承诺，士兵们说：“说什么军饷，过去拖欠的军饷在哪里呢？！”十三万大军被俘的被俘，逃亡的逃亡，宋军有生力量消失殆尽。

丁家洲之战，南宋已是强弩之末，不管统帅是贾似道，还是甄似道贾似路，都没有扭转乾坤、回天再造之力，然而当时朝野对贾似道期望甚高，这一场如同儿戏的败局，撕破了民众心中贾似道能征善战的“皇帝新衣”，不但成为南宋的亡国之战，也成为贾似道本人命运的转折点。

十

独特的政治力量

公论代言人

贾似道丁家洲战败，国内风向瞬间转换，就像沉积已久的火山突然爆发，那些对贾似道平时敢怒不敢言、阳奉阴违的人摘下面具，露出狰狞的面目，而过去跟随贾似道的门生、谒客、部属，也有许多倒戈，落井下石，成为攻击贾似道的主力军。

其中表现最为激烈的，是“四学”的学生们。

四学，指太学、武学、宗学、京学。太学是古代最高学府，是士大夫的摇篮。武学是专门教授行军打仗的军事学校，是宋代的独创。宋朝太学和武学都创建于宋仁宗庆历年间，由于朝廷重文轻武，因此太学兴盛，武学则招生困难，往往只有几十名学生。宗学是专门为赵氏皇室宗亲开设的学校，只要与皇室有血缘关系，无论支属远近，均可入学，南宋宗学建于高宗绍兴年间，规模在百余人左右。京学指杭州府地方政府开设的学校，因地点在南宋都城临安，因此得以与太学、武学、宗学并论。

中国的学生运动可以追溯到西汉。汉哀帝年间司隶鲍宣依法逮捕了宰相府属官，宰相孔光反诬鲍宣失礼，轻谩丞相，因此被打入大牢。消息传出，太学生认为鲍宣秉性耿直，是位好官，于是展开营救行动，响应的学生达到一千多名。东汉桓帝、灵帝之际，朝臣、士人与宦官屡次发生激烈冲突，史称党锢之祸，期间太学生始终站在士人一边。名士范滂有清廉的名节，太学生三万余人都是他的追随者，他们与大臣李膺、陈蕃等彼此推重，引导了天下舆论。陈蕃与大将军窦武谋诛宦官，事泄，宦官先下手为强，发动政变。陈蕃率八十多名太学生冲进皇宫，准备与宦官进行武力搏斗，可见太学生参与政治之深。

北宋徽宗年间，蔡京、童贯、何执中等奸佞把持朝政，荒废国事，太学生李彪蒿目时艰，欲上书弹劾，被蔡京察之，将之下狱。太学生陈朝老上书谏用何执中为相，却没了下文。这两起事件虽不显著，却是宋代太学生参与政事的开端。

北宋末年更为著名的太学生政治活动是陈东上书事件。宋徽宗宣和七年，太学生陈东上书请诛蔡京、童贯、王黼、梁师成、朱勔、李邦彦等“六贼”，这六人正炙手可热，陈东无异于太岁头上动土，吓得周围人都不敢跟他接触，酒宴上他坐哪个桌子，同桌的人纷纷起座离席，大家都不愿跟他一张桌子吃饭，生怕受到连累。陈东也不以为意，在家焚香祷告：“如果上书受到重视，朝廷对我加官晋爵，我坚决不会接受；如果因为上书遭受祸端，即使赴死也无怨无悔。”他的忠诚和无私感染了一部分太学生，愿意跟从他以扩大影响。

靖康元年，金兵第一次围汴京，双方战争胶着之际，勤王部队姚平仲单独行动，深夜劫营却遭惨败。宋钦宗赵桓为了向金军示好求和，竟将责任推到守城主将李纲和城外统帅种师道身上，罢免了二人职务。当然，皇帝也许是受到主和派首领、宰相李邦彦的蛊惑，因为赵桓在政治上本来就比较幼稚，没有自己的主见。这项人事变动意外地引起了群体事件，群体事件的主导者就是学生运动领袖陈东。

罢免李纲、种师道是二月初二夜里，二月初五，陈东联合京城的数百名学生到宣德门伏阙上书。学生们在奏章中赞扬李纲奋不顾身，关键时刻担当重任，是社稷之臣；鞭挞李邦彦等庸碌荒谬，忌妒贤能，只考虑自身利益而枉顾国家，是社稷之贼。奏章为李纲辩屈，希望皇帝继续重用李纲、种师道等人，由李纲内守京城，种师道外却强敌。奏章认为现在是社稷存亡的关键时刻，千万不能用错人、办错事。

一百多人长时间跪在宣德门外不肯离去，很快就惊动了汴京百姓。李纲因为守城有功，并曾劝阻皇帝向民间搜刮金银，所以在百姓中具有很高的威望。百姓听说学生在为李纲请命，自发来到宣德门外声援学生，当天聚集超过万人。恰逢百官退朝，李邦彦也在其中，百姓群情激奋，围着他痛斥其罪行，继而对他谩骂不止，有人推推搡搡想要动手，李邦彦见势不妙，吓得赶紧逃走了。

宣德门骚乱惊动了皇帝，赵桓先是派大臣宣旨，要求学生和百姓散去。但群怨既成，皇帝圣旨的威力大打折扣，没人听从。继而开封府知府亲自率数十名士兵出面维持治安，劝说太学生不要胁迫天子，陈东等义正辞严：以忠义胁迫天子，是为社稷考虑，免得别人以奸佞误导天子。开封府无功而返，百姓更加无所顾忌，索性将鸣冤上诉的登闻鼓搬来，边敲边喊，声势震天。

群体事件已经不仅仅是上书请愿，事态持续恶化，赵桓恍然不知所措，只好反复地派一名叫朱拱之的宦官前来宣旨劝谕。众人见皇帝仍然不肯起复李纲，便拿宦官出气，不知谁喊了一声："这些阉人整日蒙蔽皇上，不是好东西。"众人一哄而上，顷刻之间将朱拱之按倒在地，一阵拳打脚踢，竟活生生将朱拱之捶成了肉泥。杀戒一开，便再无禁忌，他们不知从哪里又拽来数十位宦官，将他们杀死，脑袋割下，内脏取出挂在竹竿上高高举起，耀武扬威。

至此学生上书演化为暴力事件，酿成民变。赵桓已经没有退路，只好亲自宣召李纲，立即为其复职，并由李纲出面安抚民众，这一场民变才逐渐平息。民众散后，仍然有一些学生情绪失控，闯到宦官家里闹事，又有十余名宦官家被毁、人被杀。后朝廷追责，学生复以逃跑、罢课进行对抗。

如果说上书尚属爱国行为，打砸抢毁、杀人取心则惨无人道。暴力事件绝非陈东本意。靖康年间民族战争、主战与主和、搜刮民财与反抗压迫等各种矛盾集中爆发，学生运动贯穿始终，呈现出激烈对抗的态势，深度参与到政治斗争中，显示了公论代言人独特的力量。

堕落与蜕变

二帝北狩、高宗南渡后，太学、武学、宗学一度遭到破坏，绍兴七年（1143），太学生只有人数七百人。然而局势逐渐稳定后，三学迅速恢复，至宋宁宗开禧年间（1205—1207），规模已逾万人，超过了北宋兴盛时期的人数。

北宋的宿儒如范仲淹、欧阳修等，年轻时在学校学习，清贫自守，历尽艰辛。范仲淹自带米粮、自己做饭，每天吃的米都有定量，晚上熬一锅粥放在那里，第二天粥凉后坨成一块，他拿出小刀，在粥块上划个十字，将粥一分为四，早晨两块，晚上两块。佐餐的菜肴就是山上的野韭菜、野芹菜、野葱野蒜等，自己从山上采来，用臼捣碎，拌上粗盐，就着粥块就是每日食谱。范仲淹这种清贫生活叫做“划粥断齑”，既节俭又清淡，省钱、省力、省时。太学一直流传着一句话：“有发头陀寺，无官御史台。”前句言其清苦，后句言其鲠亮。

南宋前期，四学学风尚可，“饮器止陶瓦，栋宇无设饰”，越往后，学风日趋奢靡颓废。每逢节庆，学生间互赠礼物，百千钱还只是拿不出手的小意思。学生们经常聚集宴请，不仅珍馐美馔，还需有妓女陪酒助兴。有一位叫卜庆的小混混从中嗅出商机，专门替学生送帖召妓。譬如太学生张三请客，但自恃身份，不愿亲自前往妓院招呼妓女，便修好一份帖子，写上某日某时到某处赴宴，剩下的事情即由卜庆打理。学生流连花街柳巷蔚然成风，并且不以为耻，反以为风雅。太学生许左之酒醉后召妓，不巧这名妓女已有相好在等着，许左之也不强求，作词自嘲道：“谁知花有主，误入花深处。放直下，酒杯干，便归去。”许左之虽然好风月，但还顾忌着学生的形象，有些学生碰到这种情况却争风吃醋，以致拳脚相加。一次，宗学时芹斋与太学褆身斋为争夺妓女魏华大打出手，府学生林乔率领仆从参与其中，一时间闹得沸沸扬扬。一名叫刘机的太学生则到酒肆闹事，殴打妓女，造成极坏的影响。

与浮靡之风相伴的是空虚无聊，同学之间以戏谑为乐，恶作剧盛行。宋度宗咸淳年间，临安有一位和尚善于治病，各种疑难杂症药到病除。一时间其诊所门庭若市，来看病的百姓络绎不绝。太学生们仗着有一些学识，对这位和尚颇为不服，想到一出恶作剧让和尚难堪。他们挑选一位体格最为健壮、平日绝少害病的王同学，诈称他有病，把和尚请到学校治病，看和尚如何丢人现眼。医僧到校时，王同学刚刚饱餐一顿，赶忙跑到床上装病，由于心虚，加上过于仓促，不小心摔了一跤，当时也无大碍。和尚为王同学诊过脉，说："过不了片刻就要死了，已经无可救药。"围观的同学一阵哄笑，纷纷指责和尚乃庸医，骗人钱财。和尚百口难辩，落荒而逃。过了半日，王同学真的一命呜呼。原来，王同学体胖，加上吃得太饱，摔断了肠子，所以不治而亡。

南宋是偏安之国，临安却是旖旎之都，这里市列珠玑，户盈罗绮，到处华屋美宅、楼船箫鼓、珍宝奇玩。学生们以读书为名，对京城的花花世界流连忘返，置家中父母娇妻于不顾，经常数载不归。

太学服膺斋的郑文是秀州（今浙江嘉兴）人，离家不足二百里，却累年不回。他的妻子也是才女，写了一首《忆秦娥》托人给他，词曰："花深深，一钩罗袜行花阴。行花阴，闲将柳带，细结同心。日边消息空沉沉，画眉楼上愁登临。愁登临，海棠开后，望到如今。"上阕表现对丈夫真挚的感情，下阕表现盼归的相思哀愁。这首词写出了太学生的"后顾之忧"，一经问世，便在太学生中传播，后来流传到酒楼妓馆，被误认为是欧阳修的作品，传唱一时。孝宗淳熙十二年状元易祓也曾在太学读书，他的妻子肖氏作词《一剪梅》指责他久游不回："染泪修书寄彦章，贪做前廊，忘却回廊。功名成遂不还乡，石做心肠，铁做心肠。红日三竿懒画妆，虚度韶光，瘦损容光。不知何日得成双，羞对鸳鸯，懒对鸳鸯。”

南宋太学生都是从各府学中选拔，科举也由各州府乡试后才有资格进入朝廷组织的省试，然而当时考试移民现象严重，学生大多愿意通过杭州府报名考试，不愿回乡。加上“四学”人数众多，学生来自全国各地，行为又不知检点，久而久之酿成社会问题，朝廷深以为虑。宋理宗淳祐十一年（1251），丞相郑清之试图解决这个问题，责令学生回各州府考试，然后根据成绩由各州府保送入太学。然而学生不愿回乡，甘愿在杭州府考试。教官林经德负责做学生工作，一言不合，学生起哄谩骂。无奈，只好由杭州府最高行政长官京尹出面调停，京尹为了息事宁人，私自允诺前三百名一半录取杭州本地学生，一半录取外地游学之生，学生闹事才得到缓解。不过事情并没有结束，京尹的允诺并未得到朝廷批准，过了几天，理宗过问此事，京尹不敢担责，又推翻前日的允诺，下令游学学生限期离京。学生离京前，作檄文声讨这项政策，其中有句子曰：“苟为温饱，可胜周粟之羞；相与提携，莫蹈秦坑之祸。”把驱逐游士比作秦始皇的“焚书坑儒”，表示只要能填饱肚子，誓不进朝廷为官。后来大臣们为学生讲情，而理宗皇帝因为这一句始终不肯原谅学生。

旖旎繁华让人爱不释手，名利权势更让人趋之若鹜。四学的堕落和蜕变更表现在对权贵的谄谀和苟且。陈自强本出身贫寒，年轻时在太学服膺斋学习，同时接受聘请作韩侂胄的启蒙老师。后来，韩侂胄权倾一时，陈自强攀附韩侂胄，也扶摇直上。服膺斋的后学者以陈自强学长为荣，在斋中为他立碑，刻上“魁辅”两个大字。有位叫雷孝友的学子更是写了一篇颂文，刻在“魁辅”二字下面。后来韩侂胄倒台，陈自强受到连累，贬死。雷孝友便趁大家不在的时候，命人私下将颂文磨去。雷孝友当官后，为了与韩党划清界限，竟然污蔑颂文为他人所写。

董宋臣是宋理宗的贴身内侍，极有权势。他给驸马营建宅第时，需要拆迁一大片民居，其中太学生方大猷家恰好在拆迁区域的边缘。董宋臣琢磨太学生不好惹，不敢轻易开口，选了一个日子，带着厚重的礼物登门拜访，想探探方大猷的口气。董宋臣刚一落座，还未开口，方大猷主动问：“内辖（对大太监的尊称）

今日来访，是不是想要我的家宅？”董宋臣没想到方大猷这样直接，一时不知如何开口，方大猷接着表态说：“内辖一定觉得我是太学生，怕当钉子户，我现在就带头献出家宅，做个表率。”当即把地契交与董宋臣。后来方大猷凭借董宋臣和驸马的关系擢第登朝。

学风、生活作风和个人品行的堕落，使南宋的学生运动呈现出更为复杂的动机和作用，正义与邪恶交织，鲠亮与谄谀并存。

与权势共舞

宋代学生与权贵的媾和，可以追溯到王安石时代。

王安石改革太学学制，将学生划分等级，最优的为上舍生，其次内舍生，再次外舍生，定期举行升舍考试，并参考平时成绩和操行评定。同时规定，表现优异的上舍生无需通过科举即可被直接授予同进士出身。此举对太学教育影响极大，学生为了获得上舍生资格，投机钻营、攀附权贵逐渐增多。蔡京时代，又对三舍生的饭菜加以区分，譬如每餐肉禽多寡不同。有时，学习后期工作人员送错伙食，将下舍生的饭菜送给了上舍生，会受到责骂和抗议。这些措施进一步加剧了学生们的功利思想。

王安石、蔡京不仅通过差别式、等级式教育加强对学生的控制，而且对学生言论进行打压，以“统一思想”，操控舆论。宋神宗熙宁四年（1071），国子监讲师颜复给学生出一道题：如何评价王莽变法？一位叫苏嘉的太学生借机抨击新法，被颜复评为优等。另一位叫苏液的太学生偷偷告密，王安石大怒，将国子监负责人张璪及讲师颜复等罢职，对国子监和太学进行改组，安排自己的亲信和门生到太学任职，并为太学指定教材，太学变成了“一言堂”。

打击“四学”最为严厉的权臣当数南宋韩侂胄。韩侂胄排挤宰相赵汝愚，理由是赵汝愚是帝王宗室，不宜居相位。这种说法不是完全没有道理，因为宗室有取代皇帝的可能，异姓想篡位要困难得多。但是，韩侂胄显然不是出于公心，而是欲加之罪，何患无辞。当时太学生杨宏中、周端朝等六人上书挽留赵汝愚，认为赵汝愚的去留不仅涉及他个人，而是君子和小人此消彼长的问题，并且很不客气地说：这种情况在靖康年间已经应验过了，怎么忍心让它再次出现？奏章把当世与靖康亡国之时相提并论，这是宁宗皇帝所不高兴的，当即下旨将六人流放到五百里之外，由地方官吏加以管束，称为“编管”。后经大臣力谏，改为听读，相当于开除学籍。直到韩侂胄被诛杀，六人才得以重新回到京师，恢复学籍。

宋宁宗开禧元年（1205），韩侂胄积极筹划北伐，武学生华岳上书，指出空国之师，竭国之才，与远方之国血刃相涂，是不明智的，建议攘外必先安内。韩侂胄一意孤行，竟将华岳打入大理寺牢狱。

同学生冲突最为严重的宰执是理宗年间丞相史嵩之。史嵩之曾任襄阳通判、京湖制置使等职，在前线经营十多年，作为一员战将，入主相位后却一意求和。主战有利于情绪宣泄，更容易蛊惑人心，主和一般为公论所难容。学生们作为公论代言人，尤其激进，因此在国力不振的状态下，史嵩之成了学生运动最好的靶子。

宋理宗淳祐四年（1244），史嵩之的父亲去世。按古代伦理，作为人子当丁忧三年（实际为二十七个月），丁忧期间应卸任一切官职，回到原籍，专心守护父母陵墓梓棺。宋理宗以国家正处于战时状态为由，下诏起复使用史嵩之。诏命一下，舆论不容，先是将作监徐元杰、左司谏刘汉弼等上疏阻谏，理宗不听，于是太学生黄恺伯、金九万、孙翼凤、何举子等一百四十四人，武学生翁日善等六十七人，京学生刘时举、王元野、黄道等九十四人，宗学生赵与寰等三十四人纷纷上书，攻击起复史嵩之，理宗皇帝依然置之不理。学生们表现出不屈不挠的斗争精神，做出不达目的不罢休的姿态，除了不厌其烦地上书外，一些学生还罢课出走。在强大的舆论压力下，理宗皇帝被迫做出让步，决定不再起复史嵩之，这一场斗争以学生胜利告终。

丁忧期满，按理当恢复史嵩之职务，仍然遇到强烈反对，只好作罢。一直到史嵩之去世，十多年间，理宗多次想要起用史嵩之，始终为公论所不允。

史嵩之任宰辅期间，专权独断，打击异己，遭遇舆论攻击在情理之中。然而，史嵩之又是才具秀拔、果断有为之人，面对内忧外患，能加强边防、稳定局势，对宋室后期政治格局起有重要的正面作用。孟珙经略襄樊，余玠巩固四川山城防御都发生在史嵩之执政期间。他延揽人才，推荐贤能，董槐、吴潜在其身后成为贤相。他还采取措施安顿百姓、增加财富，为后期抗蒙奠定了基础。但学生们逢史必反，将婴儿连同脏水一同倒掉，反映了当时学生的简单粗暴和目光短浅。

董宋臣是宋理宗的贴身内侍，最会讨理宗欢心。七月盛夏，骄阳似火，然而皇室禁苑的荷花亭亭净植，叶翠色欲流，花粉嫩如面。理宗难耐美景诱惑，又不愿承受炎热之苦，随口抱怨了两句。说者无意，听者有心，董宋臣竟于一天之内在禁苑修建了一座凉亭，令理宗十分称心。冬天正是踏雪寻梅的好季节，董宋臣就在梅园事先建好亭子，供理宗赏梅休憩，理宗大赞他办事得体。董宋臣还将妓女引入宫中，供理宗淫乐。在理宗的宠信下，董宋臣恃宠弄权，秽乱朝纲，为正义之士所不容。监察御史洪天赐上疏弹劾道："古往今来朝廷最大的忧患出自三种人：内侍、外戚和小人。董宋臣是内侍中最为贪黠者。"然后历数董宋臣罪状：并缘造寺，豪夺民田；密召倡优，入亵清禁；搂揽番商，大开贿赂。同疏弹劾的还有将作监谢堂、知庆元府厉文翁。不久，洪天赐再次上疏，弹劾都知卢日升与董宋臣，然而理宗留中不报，反而将洪天赐贬出朝廷。

洪天赐的遭遇引起学生同情，太学生池元坚上书声援洪天赐，说："陛下难道喜欢群臣面对奸佞邪恶沉默无语，而讨厌洪天赐这样是非分明的人吗？贬谪洪天赐，难道不是朝廷的损失吗？"接着太学、武学、宗学都有学生跟着上书，乞留洪天赐，群臣也纷纷应和。在学生和群臣的压力下，宋理宗只好收回成命，重新任命洪天赐为太常少卿，然而洪天赐已经对朝政深感失望，固辞不就。

事情看起来到此结束，然而历朝历代，朝臣与宦官的斗争都十分复杂，一方是皇帝命令的执行者，另一方是皇帝生活的服侍者，皇帝倚重朝臣，但骨子里可能更信任和喜欢宦官。仗着皇帝的宠信，在洪天赐去国，朝臣一方失去主力干将之时，宦官开始了反扑。继任监察御史朱应元与董宋臣勾结，弹劾极力支持洪天赐的同僚，同时散布流言，说洪天赐受制于丞相谢方叔，是谢方叔的一颗棋子，意欲打击异己，削弱皇权，独霸朝政。谢方叔本就能力一般，遇事惊慌失措，毫无对策，只能上疏自解，朱应元趁机再点一把火，把弹劾的对象对准谢方叔，终于将支持洪天赐的丞相谢方叔拉下了马。

学生中有一种败类，专门见风使舵，落井下石，太学率履斋的林自养就是这样的人。见谢方叔势力已倒，林自养赶忙补上一刀，上书攻击谢方叔，诋讦洪天赐，说："洪天赐是圣上亲自擢拔的，却不思为国效力，反而帮助丞相剪除圣上左手右臂。他们游攻内侍，其实是为了扰乱圣心。请求将谢方叔依法严惩，明正典刑，让天下人知道对宰执台谏的处理，是圣上的决断，与内侍无关。"

林自养无疑是学生中的叛徒，一章奏疏激起民愤，同学们发布布告进行声讨、谴责和讨伐，并上诉到有关部门，请求开除其学籍，追究其责任。面对汹汹民意，太学只好顺从学生，对林自养进行了严肃处理。

在与内侍的斗争中，揪出了内奸，却对董宋臣等毫发无伤，没有收到应有效果，这与运动的"引火人"洪天赐半途而废有关，亦与丞相谢方叔应对无力有关。

从笼络邀誉到分道扬镳

权贵与学生运动的爱恨恩怨错综复杂，徜徉其间而游刃有余的，莫过于贾似道。

贾似道深知，控制舆论就控制了大半政权，控制了士人就控制了大半舆论！在他未进入政权核心时，就深谙笼络士人的重要性，重视教育、结交文人，让他与其他官僚显得明显不同。

淳祐初年，贾似道以太府少卿总领湖广财赋，斥资十万买田作为鄂州的贡士田，也称贡士庄，即用田亩收入自助家境困难的贡生。又斥资十万、官田一百三十亩赠予南洋书院。在国家连年边患，地方财政捉襟见肘的情况下，贾似道立足长远，拿出钱财惠及教育和士子，这是强国固基的根本，为人称道。著名文人刘克庄作《鄂州贡士田》以记其事，对贾似道大加赞誉。此外，贾似道在京湖制置使、两淮制置大使任上都有捐资助学的经历。

其他官员未尝不懂笼络士人的道理，只是心有余而力不足，贾似道是理财高手，所以才能襄理盛德之事。

除了资助教育，贾似道对学生也格外呵护。淳祐十一年（1251）遣散杭州游学者事件发生后，时任两淮制置大使的贾似道立刻发声为学生申辩，向朝廷上疏说，如果对学生采取强硬措施，恐怕游学之士要渡过淮河效力敌国了。尽管他的申辩没有起到任何作用，但他借此获得学生支持，在学生中留下良好的口碑。

贾似道入阁拜相后，对学生更是格外开恩，如“三学”免于地方考试，可直接参加礼部的省试；给学生加伙食费等。在襄阳、郢州陷落后，还以校尉告身、钱帛等补贴京学考试，考试倒数的学生也能获得千百钱的赏赐。在利益诱惑下，学生们自钳其口，丧失了清议公论的勇气，只剩下走谒朝贵，挺身献颂，学校内外对贾似道一片阿谀之辞。公元 1274 年贾似道同样丁忧起复，四学学生竟无一人提出异议，与史嵩之丁忧起复相比，真是云泥之别。

贾似道一方面笼络学生，一方面派密探深入学校监视学生，以防止学生生出是非。一次太学校舍的一座小浴室墙壁坏了，重新粉刷，有人在上面题写两句诗，学生雷宜中见贾似道，贾似道随口吟出墙壁上的两句诗，而雷宜中竟浑然不知，无以应答。后来雷宜中在学校浴室洗澡，偶尔看见这两句诗，才知道贾似道对学校的角角落落了如指掌，比自己更清楚。

学生与贾似道分道扬镳，源自于“景定彗星”事件。景定五年（1264）七月，朝臣借彗星出没攻击贾似道，目标对准“买公田”，由于这次事件形成了舆论潮流，作为公论代言人的学生无法独善其身，自然被卷入其中。先是太学生吴绮、许求之等上书，说：“现在天上出现彗星，陛下恐惧修省，但天怒仍然未消，说明这不是陛下的责任，而是蒙蔽陛下的人还没有产生畏惧之心。”虽然没有点名贾似道，但锋芒所指，必贾似道无疑。又有陈梦斗、陈绍中上书，沈震孙、范钥、李极等上书，京学也有胡标等上书，武学有杜士贤等上书，这些上书大多陈述公田和楮币之害，虽然对事不对人，但责任当然得由始作俑者贾似道承担。京学唐隶、杨坦的上书更为率直，说：“大臣德不足以居功名之高，量不足以展经纶之大，率意纷更，殊骇观听。”把天怒人怨发泄到变革身上，最后诘问：“上干天怒，彗星埽之未几，天火又从而灾之，其尚可扬扬入政事堂耶？”

学生上书闹得沸沸扬扬，贾似道赶忙向理宗申辩，一方面表示公田无错，一方面以退为进，表示：“臣当虚心听取意见，愿意去职反思，请求处分，以惩戒臣给国家带来的损失。”理宗皇帝于是下诏曰：“近来诸学士人，不守规矩，凭一己私心妄想动摇大臣。大宋三百年间，哪有士人上书逼迫宰相卸任的！”有皇帝撑腰，贾似道对上书学生“秋后算账”。八月，彗星消失，大臣、民间言论逐渐平息，贾似道以谤讪生事的罪名下令追捕京学唐隶、萧规、叶李等人，自是中外结舌。其中叶李其人，宋亡后投降元朝，官至中枢右丞。

到了贾似道遭遇丁家洲之败，逃至扬州，对贾似道敢怒不敢言的学生终于可以扬眉吐气地再次发声。贾似道在扬州，与朝廷一时消息阻隔，朝廷竟以为贾似道战死，仓促之间进行了新一轮人事安排：升贾似道的门生、亲信陈宜中为参知政事，谢太后的兄弟谢堂出任两浙镇抚使，福王赵与芮判绍兴府。国难之际，任用一批皇亲国戚，忠诚基本上没有问题，然而能力上却是捉襟见肘。

贾似道出征前已经预见到失败，制定了一个预案，到了扬州，贾似道马上上奏章请求迁都以避元军锋芒。如果还把控朝政，贾似道说一不二，预案当然能够实施，南宋或许还能按照他的计划苟延残喘。然而现在人事已经变动，新人得势并不买他的账。他的死党陈宜中，年轻时是一名血气方刚的太学生，以弹劾权相丁大全而声名鹊起。贾似道为了笼络学生，有意擢拔，使陈宜中一路青云。可贾似道万万没想到会搬起石头砸自己的脚，陈宜中并不是光明磊落、知恩图报之人，学生运动中积攒了名声，混入官场后便左右逢源、尔虞我诈，完全堕落成了一名政客。见贾似道兵败势倒，对自己的仕途再无帮助，于是反戈一击，偏偏与贾似道唱对台戏，硬是不同意迁都，反而狠毒地请斩贾似道。

贾似道积怨已深，陈宜中的建议一经抛出，立刻得到曾被贾似道打压的朝臣和学生附和。宗学生上书说：“即便迁都，无非就是庆元、平江，皇帝能去，元军就能追去，跟在临安有什么区别呢？只不过是瞎折腾罢了！”贾似道所谓的“迁都”，指的是暂时移驾海上，因为宋朝的造船业发达，有足够的大船储藏、供应皇帝及大臣的日常所需，并支撑一段时间。学生将迁都偷换概念，只不过为倒戈贾似道渲染氛围。

果然，丁家洲战败七个月后，公元1275年七月，朝臣和学生们掀起一场清算运动，以台谏和京学生为首，上书请求严惩误国害民的贾似道。此时执掌政权的谢道清谢太后深感不妥，宋朝优待士大夫，绝少轻易诛杀大臣，何况贾似道确实曾有功于国家，岂能因一次战败而如此绝情！在谢太后的极力袒护下，将贾似道贬为高州团练副使，漳州（今属福建省）居住。

季世末代，礼乐崩坏，道德沦丧，政治斗争已经毫无廉耻可言。贾似道大力笼络的学生转眼间成为政敌，又进而落井掘墓，其中的逻辑不在于理，而在于利。当然，学生们的目的不过是为了扳倒贾似道，而有些人却视之为眼中钉肉中刺，必欲死之而后快，权臣末路，也是一曲悲歌。

权臣之死

不管贾似道是奸臣还是忠臣，是挟私报复还是力图挽救江山日暮，毫无疑问，贾似道都属于权臣。他历经理宗、度宗两朝，深得信任，权倾朝野，当政时没人敢说个不字。不过树倒猢狲散，一朝失势，命运乃至生命都身不由己。

作为戴罪之身，迁漳州途中要有衙役看管、押送。押送犯人本是苦差事，正常情况下没人愿意蹚这浑水，何况大军压境人心惶惶！这时会稽县尉郑虎臣主动请缨，愿意办这趟苦差，朝廷求之不得，即刻批准。

历史在这里留下疑问，一个小小的县尉不过九品，如何能上达天庭，向朝廷毛遂自荐？一定有人从中举荐！举荐者何人？史书没有记载，但后人依然可以寻到蛛丝马迹。会稽县隶属绍兴府，此时绍兴府主政的是福王赵与芮！赵与芮何许人？就是宋理宗的那位亲弟弟，宋度宗的亲生父亲。贾似道实行公田改革时，自己捐出一万亩田产，然后软硬兼施，让赵与芮也做了表率。那时赵与芮还是荣王，度宗还未登基，他手中也没有多少实权，因此只能被迫就范。自此他对贾似道怀恨在心。贾似道兵败避难，谢太后最初令他离开扬州，回绍兴府为母亲守丧。谢太后本想借此让他避避风头，以避免朝臣落井下石，不料福王把持绍兴府，竟闭门不许贾似道进入。亲王公然违抗皇命，一来可以看出赵与芮对贾似道恨之入骨，二来可知朝廷权威丧失殆尽，敌人将至，而内乱不已。

郑虎臣是赵与芮的下属，他“有幸”押送贾似道，按推理，应与这位福王大人脱不了干系。

种种迹象表明，郑虎臣就是福王赵与芮雇用的杀手。

郑虎臣押送贾似道上路时，贾似道身边有十几位侍妾，本想一起带走。郑虎臣挖苦道："你现在只是个团练，还以为自己是平章吗？"他强行将这十几位侍妾遣散，并将贾似道家中珍玩珠宝抢掠一空。郑虎臣后来居住苏州，广置田产宅院，号称"郑半州"，其钱财来源绝非凭空天降，恐应得益于这一次不同寻常的押送。

虽为押送，但贾似道毕竟大小还是个官员，所以还有轿子可供代步。走到半路，郑虎臣命人将轿子顶盖掀去，这样贾似道就曝晒于烈日之下，在身体上对贾似道进行折磨。郑虎臣还让轿夫唱杭州当地一些淫词秽曲在精神上对贾似道进行羞辱。这年贾似道已是六十三岁老人，命运操纵在一个官职卑微的小吏手中，其不堪和痛苦可想而知。

这一天，他们憩息于一座古庙。说来也巧，这座古庙墙壁上有故丞相吴潜的手书。吴潜是贾似道的前任，因反对立赵禥为太子而被宋理宗流放，其中也多有贾似道的谗言。墙壁手书正是吴潜被流放途中所写。郑虎臣挖苦贾似道说："贾团练，吴潜丞相为什么来到这里呀？"贾似道无言以对。

买公田运动中，京学生叶李上书抨击时政，矛头直指贾似道，被流放漳州。贾似道流放途中，恰遇叶李放还，二人在途中不期而遇，叶李感慨世事变迁，人生无常，作词《放还遇贾似道》，曰：

君来路，吾归路，来来去去何时住。公田关子竟何如，国事当时谁汝误。
雷州户，崖州户，人生会有相逢处。客中颇恨乏蒸羊，聊赠一篇长短句。

上阕颇有讽刺痛恨之意，下阕又充满同情感伤。同是天涯沦落人，恐怕彼此都希望从对方身上找到一些慰藉吧！

郑虎臣的目的是要贾似道死，仅仅实施肉体和精神上的折磨是不够的。路上，他多次暗示贾似道自杀。南剑州（今福建南平）境内有一条河叫黯淡滩，地势险要，水流湍急，当地有民谣说："千古传名黯淡滩，十船过此九船翻。"郑虎臣对贾似道说："这里水质清澈，何不死于此处？"贾似道回答说："太后许我不死。如果有诏书我就自尽。"

贾似道强烈预感到这一去凶多吉少，难逃厄运。八月是贾似道的生日，贾似道为自己写下《建醮青词》，建醮有祈福、超度的意思，青词是祈祷时的奏章祝文，从这篇文章的题目可以看出，贾似道在为自己做最后的祈告。

文章起句即曰："老臣无罪，何众议之不容？上帝好生，奈死期之已迫？"他一直坚持自己无罪，为自己鸣冤叫屈："为国任怨，但知存大体以杜私门；遭时多艰，安敢顾微躯而思末路？""四十年劳悴，悔不效留侯之保身；三千里流离，犹恐置霍光之赤族。"贾似道认为，自己的错误就是太执着，该退未退，以至于落下个三千里流离的下场。

也许，度宗朝贾似道三番五次请辞，那时已经料定今日的结局。不过人一旦踏入朝堂，已然身不由己，盛世尚有多少冤魂屈鬼，何况乱世末朝！

郑虎臣诱导贾似道自杀不成，只好亲自动手。在距离漳州只有五里路的时候，他们在一木绵庵住下。这是杀死贾似道最后的机会，因为到了漳州城，郑虎臣将不得不把贾似道移交给地方。郑虎臣露出凶残面目，赤裸裸地要求贾似道自杀。贾似道自知必死，于是吞食了大量冰片。冰片又名片脑、龙脑香，由艾纳香茎叶或樟科植物龙脑樟枝叶蒸馏结晶制成，有阴寒散火的功效。古人缺乏科学知识，以为能致命，不料只是让人下泻拉肚而已。贾似道吃了冰片，反复往厕所跑，就是无毙命迹象。郑虎臣失去耐心，竟拿个铁锤，趁贾似道蹲厕，捶打其胸部致其毙命。可惜曾经叱咤风云的一代权相，竟死于厕所这样的龌龊之地。

末代权相死于非命，如同南宋的命运，覆水难收。

元明以后，贾似道被打入奸臣榜，郑虎臣反而成了锄奸杀贼的英雄义士。明代抗倭名将俞大遒在木绵庵立一石碑纪念郑虎臣，上书"宋郑虎臣诛贾似道于此"。李东阳、王紫衡等都有诗纪念郑虎臣，冯梦龙还将郑虎臣事迹演义成话本，名为《木绵庵郑虎臣报冤》，收录在《喻世明言》中。

历史如惊涛裂岸，泥沙俱下，孰是孰非，各人凭主观好恶、现实需要树碑立传，至于真相和真理，早已不在人们的考量范围。“死后是非谁管得？满村听说蔡中郎”，连东汉蔡邕都有人编排成贪图富贵的负心汉，何况贾似道、郑虎臣这样本来就云遮雾罩的历史人物！

十一 道学下的士大夫

儒学沉浮

公元 1044 年秋冬相交，北宋进奏院长官苏舜钦利用祠神的机会，请馆阁官员王洙、王益柔等十余人在衙内吃饭，还特意从青楼招来歌伎以助豪兴。大家都是青年才俊，意气相投，不免推杯换盏，觥筹交错，忘乎所以。酒至酣处，赋诗唱曲，其中王益柔现场作歌，拍节而唱，结尾两句为："欹倒太极遣帝扶，周公孔子驱为奴。"那意思是大家尽情喝，喝醉了让帝王来给咱当拐杖，让周公孔子给咱当奴仆。歌落乐歇，大家齐声叫好，赞扬其有太白之风。

当夜，这场酒宴就被告发，罪责有两点，一是酒宴用单位小金库买单，属监守自盗；二是辱没圣贤。在座的青年才俊全部受到处罚，其中苏舜钦被开除公职，王益柔降级外放。虽然苏舜钦被处罚最重，但事件的核心不是监守自盗，而是蔑视儒学、诽谤圣人。如朝堂讨论给案件定性时，御史张方平就认为，周公、孔子是儒学圣人，辱没圣人就是鄙视儒学，罪行不亚于不忠不孝，论刑当斩。枢密副使韩琦为王益柔辩护，也承认蔑视儒学是大罪，只是说："王益柔说了不该说的话，这是年少轻狂所致，并不代表他排斥儒学、不忠不孝，没有必要上纲上线。"

可见，北宋的士大夫心目中，儒学神圣不可侵犯。

在许多人印象中，自汉武帝"罢黜百家，独尊儒术"之后，儒家学说成为规范社会行为的准则，已经具有至高无上的地位，直至辛亥革命。其实这是误解，儒学的发展道路也是一波三折，有高潮有低谷。

孔子创立儒学，只是诸子百家中的影响比较大的一个流派，但也仅限于民间。孔子周游列国，就是想得到诸侯的支持，把儒学变成官学，但最终没有成功。当时大行其道的是法家，法家兜售的是帝王之术，大受君王欢迎，还帮助秦国统一了天下。

汉朝初年，休养生息，无为而治，用的是道家理论。汉武帝后，儒家才有尊崇的地位，但也仅限于官方提倡，民间依然百花齐放，民众信仰庞杂。无论如何，儒学迎来了它的第一次高潮，研究、注释儒家经典成为学术主流，儒家的经典著作成为官方和民间流行的教科书，许多学者传授、编辑、注释，形成不同流派和版本，如《诗》有《毛诗》《鲁诗》《齐诗》《韩诗》等。儒学还成为当官入仕的敲门砖，如齐人即墨成、广川人孟旦、鲁人周霸、莒人衡胡、临淄人主父偃都是因为精通《易》而成为大官。由此可见汉代易学的盛况。

然而，随着东汉末年战乱频仍、道德沦丧，儒学在社会巨变面前变得卑微和无奈。那些经学家们开始崇尚空谈，脱离社会，虚无幽远，进入祖述老庄的道家轨道。

真正对儒家形成挑战的是佛教的传入。佛教自东汉传入，教人超脱生死、断尽烦恼、忍受苦难，给人以心灵慰藉，非常符合乱世世俗百姓的精神需求，因此在南北朝大行其道，“南朝四百八十寺，多少楼台烟雨中”，道尽佛教的繁盛。那个时候，从帝王到平民，都潜心事佛，以出家为荣。南梁武帝在位期间曾四次舍身出家，并要求朝廷出巨资将其赎回。北魏有僧二百多万，占人口总数的五分之一，至今发现的北魏佛教遗存不可胜数。

隋唐是世界性的大帝国，文化上兼容并蓄，像一片丰茂的原野，各种绿植鲜花和睦相处，尽情绽放。其中得天独厚的是佛教和道教。道教奉老子（名李耳）为教祖，李唐皇族奉老子为始祖，有这层渊源，整个李唐道教盛行。中国名山大川到处都有道观仙洞，如中原的王屋山洞，西蜀的青城山洞，山东的东岳山洞，江南的括苍山洞等，号称十大洞天。著名诗人贺知章、李白、孟浩然、李商隐等都有过修道的经历。

唐代也是佛教的顶峰时代。玄奘大师就是《西游记》唐僧的原型，禅宗南北二宗的诞生、发展和昌盛都出现在盛唐时期。特别是中唐几位皇帝更是对佛教笃信不疑，唐德宗专门造访章敬寺，让僧人道澄为其受菩萨戒，以示皈依佛法。更为甚者，他还邀请道澄到皇宫为嫔妃和内侍们受戒。

唐朝有“道一、佛二、儒三”之说，其实前期道教盛行，中唐之后佛教更为风靡，但无论如何，儒家的小三地位基本确定无疑。唐德宗时，京兆尹宇文炫打算拆除废弃的寺院，用寺院的木料修建学馆，德宗大怒，说：“拆佛宫建儒馆，罪不可宥！”可见当时儒家的地位远不如佛。

在盛世依然能找到它的契合点，佛教的生命力为什么如此强大？慧能法师一语道破天机：“即心即佛！”“直指人心，见性成佛！”中国传统儒学讲的是齐家治国之道，重的是社会经用之才，对人的内心关照很少，过于理性，缺少感性，很难让人产生共鸣。

到了宋代，太祖赵匡胤立下“与士大夫共治天下”的基本国策，士大夫粉墨登场，成为主要的政治力量。士大夫之所以为士大夫，在于读书继承道统，而这个道统，自然是传统的儒学经典。让儒学重回社会主流价值观，在士大夫中逐渐形成自觉性共识。

振兴儒学，他们有着责无旁贷的使命感。

天理、人欲和气节

景祐年间，范仲淹在仁宗面前弹劾权相吕夷简，结果导致自己被贬饶州，这是他第三次因直谏被贬。他的好友梅尧臣写信，希望他闭上嘴巴，少说避祸。范仲淹回复八个字：“宁鸣而死，不默而生。”这八个字，体现了儒者的风骨。

范仲淹守边期间，好友尹洙向他引荐武将狄青，范仲淹非常赏识，推荐他读《春秋》。《春秋》是孔子所编，其中多品评人物，蕴含着做人的道理，体现了儒家的正义。范仲淹推荐狄青读《春秋》，就是希望狄青能够成为忠义之将。据说张载年轻时也谒见范仲淹处，想要从军建功，范仲淹送给他一本《中庸》，说：“年轻人应该学习名教，老想着打仗算怎么一回事呢。”后来张载果然成为儒学大师。

从范仲淹身上我们能够看到，北宋中期，士大夫已经具有振兴儒学的自觉性。

范仲淹这些人，官居高位，有振兴儒学之心，却无埋头典籍之时。振兴儒学的重任，最终落在几位中下层官吏身上，他们是周敦颐、程颢、程颐、张载，以及南宋的朱熹、陆九渊。其中周敦颐、二程、朱熹一脉相承，他们建立的学说在北宋叫“道学”，南宋后叫“理学”。陆九渊一脉在明代被王阳明传承，称为“心学”。从广义上讲，心学也可以认为是理学的一个分支。

程朱理学几经波折，在南宋中后期已经深刻地影响了政治和社会，塑造了宋人的人格与气质。

孔、孟提出的儒学，主要集中在社会学范畴，告诉人们什么是对的，什么是错的，什么是君子，什么是小人，什么是礼仪，什么是尊卑，建立的是世俗的道德体系。宋代新儒学试图用哲学的思维去诠释儒学，告诉人们为什么孔、孟思想是对的，即为孔孟之道提供理论依据，建立一套儒家的哲学体系。

这明显借鉴了佛教的构建方式，把思考的维度追溯到世界本源这一终极问题。

周敦颐的重要贡献是激活了“太极”的概念。“太极”一词出自《易传》：“易有太极，是生两仪。两仪生四象，四象生八卦。”几乎同一时期，《庄子》亦有“大道，在太极之上而不为高；在六极之下而不为深；先天地而不为久；长于上古而不为老”的论述。太，就是大；极，指顶点、尽头。从字面来讲，太极指事物的起源、运动的极点、变化的临界点。

太极一词诞生后，很长时间里没有引起人们的重视，以至于几乎被人们所遗忘。直到宋初，据说道家学者陈抟始作太极图，太极才重新回到人们视野。陈抟是位传奇人物，《宋史》有传，记载其卒于公元989年，即宋太宗端拱二年。其生年各有说法，大致推到唐末，有说其活一百一十八岁，有说其活二百多岁，在古代普遍短寿的情况下，是难以想象的。陈抟有关太极的著作均不传世，因此这位神仙级人物只是活在人们的传说中，宋初关于太极的论述，现在能够见到的就是周敦颐的《太极图说》。

《太极图说》第一句是：“无极而太极”，无极是道家概念，是无形、虚无的意思。周敦颐把太极与无极并举，借指宇宙形成之初的状态，这里是生长、变化的源头。这样，儒家的思考一下子前溯到天地起源，其哲学体系终于找到了原点。

二程的贡献是提出了“天理”的概念。天理的字面意思是上天赋予的道理，是自然规律。儒家哲学话语中的天理，指的是人们应当遵循的道理。“天理”是新儒学一个重要概念，也是理学名字的由头。天理概念的提出，就是要证明儒家生活方式的合理性，也就是回答“孔孟之道为什么是对的，社会生活为什么要遵循孔孟之道”的问题。

从社会学到哲学，再从哲学回到社会学，天理二字是桥梁。

南宋朱熹是理学的集大成者。所谓集大成，是把周敦颐、二程、张载等前辈的理论进行整合、梳理，使之更系统、更清晰。关于太极，朱熹说："极是道理之极至，总天地万物之理便是太极。""太极者，其理也。"这样就把太极跟理关联起来。什么是太极？太极就是天理，就是道，事物存在和运动的依据。所以朱熹又说："人人有一太极，物物有一太极。"比如说河水向东流，其原理是太极；树木能生长，是太极，每棵树生长快慢不一样，也是太极；阳光、大地、桌椅、鸟兽、矿藏，无一不是太极；即使什么也没有，但太极仍然在那里。太极之理融合在每一个事物中，所谓阴阳、五行、万物，其中都蕴含着太极，即天理。

那么什么又是天理？理就是合理，北方旱南方热，合乎道理；树木向阳的一面茂盛，合乎道理；桌凳放在某个地方，一定有它的道理；有些人聪明有些人愚笨，也一定有它的道理。

想起黑格尔的一句经典语录："存在即合理。"是的，这个理，就是天理。

那么怎么才能参悟事物的"理"呢？比如桌凳放在某个地方的理，比如树木生长的理。朱熹给出的方法是"格物"，格是探究的意思。要参悟桌凳的理，需要研究桌凳移动或静止的规律，要参悟树木的理，需要研究树木生长的规律，这就是格物。格物致知，只有研究这个事物了，才能明白其中的理。

相传，明代王阳明年轻时学习朱熹的格物致知，站在竹子面前"格竹"，三天三夜无所得，于是怀疑朱熹的理论，开始继承陆九渊的心学，得出结论：格物的重点不在物，而在于心，心中的意念反映到事物上，才能明白事物的道理。可以看出，朱熹强调"理"的客观性，王阳明强调"理"的主观性。所以从西方哲学观来看，朱熹的理学是客观唯心主义，王阳明的心学是主观唯心主义。

无论是朱熹的客观唯心主义，还是王阳明的主观唯心主义，明显借鉴了佛教的思维方式，佛教叫"悟"，理学叫"格"，最终的目的是让人心融于天理之中。新儒学本来是反对佛教争取社会话语权的，却不得不借鉴佛教的成功经验，所以本质上讲，理学以儒为皮，以道为骨，以佛为血，贯通了儒、道、释三家精华，是一次传统文化的大融合。

那么如何让"太极""天理"回归到孔孟之道呢？理学认为，人的生活方式也要遵循天理，这个天理就是孔孟倡导的仁、义、礼、智、信。

看，这样一来，理学将哲学回归到社会学层面上，为传统儒学提供了哲学支撑。

万物皆有天理，天理代表着正义，代表着善良，那么世间为什么还有恶的存在？理学说了，那是因为天理之外，还有人欲。

所谓人欲，指人类超出天理的欲望，即不正常的欲望。比如吃饭是为了维系生命，是天理，但如果过度追求美味，整日珍馐佳肴，就是人欲了。

人欲是天理的反面，是天理的大敌。如果要维护天理，只有一个办法：

"存天理，灭人欲。"

至此，理学的真面目终于显露出来，就是要灭人欲。

错了吗？没有。

帝王酒色无度导致失国的例子不少吧？官员权欲熏心不是什么好事吧？个人贪得无厌也应该反对吧？

问题的关键是，怎样划定天理和人欲之间的界限。还拿吃饭作比，什么算维系生命，什么算追求美味？难不成都把饭做得难以下咽？

这是无法界定的事情，但如果不去界定，"存天理，灭人欲"就没了意义。所以道学家就很容易走向极端，比如他们说："性如果为生儿育女，是天理；如果为欢爱享乐，是人欲。"

按照这种解释，妇女死了丈夫，就失去了性生活的自由，因为她没有给别人生孩子的义务，既然不能为别人生孩子，当然不应该有性生活。

有人问程颐，寡妇贫苦无依，可以再嫁吗？按理学的理论，再嫁无论是为了欢爱，还是为了过上好的生活，都超出了天理的范畴。因此程颐回答说："饿死事小，失节事大。"

失节，失去气节，那是违背天理的事情，千万不能做。

所以，理学十分注重气节。气节即坚守正义的操守，也就是追求天理的决心，于儒家而言，依然是仁义礼智信，以及由此派生出的忠孝友悌。

宋理宗登基后，南宋积弊难返，急需一种思想凝聚人心，经过筛选和比较，他选中了朱熹的理学。此时朱熹已去世二十四年，理宗下令追赠朱熹为太师，册封国公，配享孔庙。这是极其尊崇的地位，朱熹在世的时候不知道有没有预料到这一天。

理宗之“理”，即理学之“理”。

从此以后，中国进入理学社会，元明清三代进一步拔高，程朱理学成为中国社会唯一的意识形态和价值观，禁锢中国人思想达七百年之久，中国社会从此活力全失。

当然，平心而论，理学有糟粕，也有合理成分，不应该全盘否定。问题是，当它成为官方钦定的学说一统江湖时，思想固化在所难免。百家争鸣才能百花齐放，任何一种作物都不可能只吸收一种营养而成长。理学之错，不是学术之错，是专制之错。

从此以后，气节经常成为衡量志士仁人的标准，也成为士大夫对自己及他人的道德要求。

然而人们真的能做到吗？

金华人唐仲友是位廉洁的官员，也是位开山立派的儒学大师，因学术见解、为人处世风格不同，遭受朱熹嫉恨。朱熹弹劾唐仲友，必欲置之死地而后快，然而宋孝宗认为二人不过是“秀才争闲气”，不予处置。朱熹仍不死心，抓住唐仲友与妓女严蕊有来往这根“小辫子”，在男女作风上做文章，把严蕊抓进大牢，施以鞭笞，逼其招供，几乎将这位多才多艺的女词人折磨致死，直到朱熹调离才由后任释放。

挟私报复，打击异己，这难道是圣人风范吗？

也许世上确有因果循环吧。后来，政敌打击朱熹，罗列他“十大罪状”，其中有“诱引尼姑二人以为宠妾，每之官则与之偕行”，“家妇不夫而孕”等。这些罪状虽然没有经过审查，不知真假，但做官把尼姑带在身边，儿媳寡居怀孕，这些都是显而易见的行为，政敌大约断不至于无中生有。

理学定于一尊之前，社会风尚还比较自由，宋代官员、儒生风流韵事颇多，并不为人诟病。理学一出，“存天理，灭人欲”，但倡导理学的人尚且难以做到，何况常人？

既然人欲难灭，礼教又要求遵循天理，那么只有一个办法：说一套做一套，当面一套背后一套。所以两宋理学，培养了一批有气节的忠臣义士，也培养了一批假道学的投机分子。

陈宜中其人

上有所好，下必甚焉。官方倡导理学，一时间以“气节”博取功名成为一条终南捷径。

陈宜中就是这类人的典型。

陈宜中年轻时入太学，好高谈阔论、针砭时弊，不久就成为学生运动的领袖。公元1256年，九江制置副使袁玠在对蒙战争中措置失当，激起民怨。袁玠是宰相丁大全的党徒，陈宜中便抓住这一事件，向丁大全发难。他联络太学生黄镛、曾唯等共六人，伏阙上书，请求治罪丁大全。当时丁大全勾结董宋臣，专擅朝廷，一手遮天，陈宜中等自然占不了便宜。丁大全大怒之下，将陈宜中等六人开除学籍，驱逐出都城。

陈宜中虽然受到处分，却因此声名鹊起，六人被称为“六君子”。他们被押送出京那天，前去送行的学生有二十斋，可见拥戴之众。

自己受一点小小的委屈，换来崇尚气节、刚正不阿的名声，为日后仕途埋下伏笔，是理学家惯常做法。这种伎俩在明朝被发扬光大，朝臣有事无事都要跟皇上顶嘴，美其名曰“犯颜极谏”，如果能惹得皇上愤怒，被打了屁股，那就又进了一个境界，或许能因此得到青史留名的机会。万历年间有位大臣赵用贤，体胖肉厚，屁股特别耐打。他屡次三番挨打，却“屡教不改”。一次，被打得皮开肉绽，下地的第一件事就是让他老婆将屁股上打烂的肉割下来，腌制成腊肉，以便向同僚炫耀。

任何事情，过犹不及。唐代魏徵敢于直谏为人称颂，而明代的廷争面折，只能被后世当作笑料。

理学的弊端，其中就包括爱虚名和走极端，由进谏之事可见一斑。

陈宜中求仁得仁，拘管他州，直到丁大全垮台才回到临安。彼时，贾似道刚刚入相，正在权力的山路上奋力攀爬，急需网罗人才，对陈宜中的名声格外看重。而已经捞取过声誉资本、又经历过命运坎坷的陈宜中，也学得八面玲珑，不再是学生时代血气方刚的愣头儿青了，二人于是一拍即合。景定三年科举，贾似道奏请陈宜中等六人不经礼部省试直接进入廷对，等于送给陈宜中一个进士身份。陈宜中也争气，在廷对中被钦定为第二名榜眼，由是进入仕途，被任命为绍兴府推官。

贾似道是棵大树，陈宜中是株藤蔓，藤蔓只有攀附上大树才能长得更快。贾似道在绍兴府第建了一座望海楼，陈宜中不放过这个攀附的机会，专门写两首诗祝贺，其中一首写道：

名与山高千古重，恩如海阔一身轻。
门下少年初幕府，梦随诸吏上峥嵘。

第一句为贾似道歌功颂德，赞美贾似道名重位高。第二句写贾似道对自己的恩情，表达感谢之意。第三句自称“门下”“幕府”，认可了自己投靠贾似道的事实。第四句申明自己的政治抱负，毫不隐瞒希望继续得到提携的心愿。

自此，陈宜中成为贾似道的党徒，由于他办事通达，深得贾似道欢心和器重，一路攀升，先后任户部架阁、秘书省正字、校书郎、监察御史，升迁之快，朝野侧目。

宋代的监察系统，属言官，管风闻奏事，专为制衡相权而设。陈宜中为贾似道党徒，当然起不到监督作用，反而与贾似道沆瀣一气，成为贾似道擅权独断的帮手。

程元凤是理宗朝老臣，曾官拜右丞相兼枢密使，向皇帝提出许多中肯的建议，并推荐十几位贤能。后来，厌倦了与丁大全的勾心斗角，主动请求外放。度宗即位后，贾似道为左丞相，再拜程元凤为右丞相兼枢密使。身边多了一位分权者，并且有贤德有口碑，这让贾似道如坐针毡。他把陈宜中叫来商议对策，但程元凤并没有什么过失，想要扳倒他一时无从下手。后来，陈宜中灵光一现，对贾似道说："恩相，想当年丁大全攻击程元凤，程元凤不是针锋相对，而是主动退却。不敢坚守自己的原则，不敢坚持自己的立场，面对奸佞，妥协退让，明哲保身，这是对恶的纵容，是对朝廷的不忠。"上升到不忠的层面上，属于严重的失节，二人感到这样的罪名很有说服力，于是发挥陈宜中监察御史的职业优势，向皇帝上疏，请求罢免程元凤。

在理学范畴，失节是最难以容忍的严重问题。程元凤多年前一次善举，竟踏入了理学的"雷区"，可见理学的"天理""气节"，最大的流弊在于没有标准，美与丑、善与恶、正与邪，全在当权者的一念之间。经过陈宜中添油加醋的渲染，加上贾似道在度宗面前鼓唇摇舌，程元凤刚刚拜相半个月就被罢免。

程元凤事件是典型的"颠倒是非、混淆黑白""欲加之罪、何患无辞"，朝中大臣对此颇有微词，陈宜中在学生运动中积累的良好口碑也蒙上尘垢。为了减少积怨，陈宜中另辟蹊径，主动请求外放，重新积累政治资本。

天高任鸟飞，地方官依然可以大有作为。陈宜中在现实政治面前选择了妥协，与权势媾和，但儒家致君尧舜上的理想并未破灭，他在地方上倒是做了不少好事。比如他任江东提举盐茶平公事期间，发现地方上盐业经营混乱，坑民害民的事情十分普遍。南宋实行盐业国家许可、商户专营制度，官府发放经营许可证，盐商持证方可到盐场买盐。买货后还需到官府验证，官府根据收购数量办理批准文书，才可到市场上销售。在发放许可证过程中，官吏强行摊派，并且勾结盐场，以次充好，借以谋取私利。陈宜中上疏《请禁盐法抑配之害扎子》，请求朝廷派官员纠察强买强卖行为，体现了道学家忧国忧民的情怀。

陈宜中在地方上政绩突出，先后转任浙西提刑、崇政殿说书、福州知府，公元 1274 年农历十月，升任同知枢密院事兼权参知政事，地位仅次于丞相。这一年，度宗驾崩，鄂州陷落。此时据贾似道丁家洲战败仅三个月时间。

贾似道出师前，召集陈宜中和心腹韩震、曾渊子密议，一旦兵败，就移圣驾到海上避难，等待机会重整旗鼓。为了防止权力旁落，他特意把陈宜中、韩震留在朝中，作为接应。丁家洲战败后，贾似道避难扬州，派部属翁应龙先回朝探听情况。陈宜中向翁应龙打听贾似道所在，朝中局势未明，翁应龙不敢透露贾似道行踪，只好推说不知道。翁应龙这句暧昧的话让陈宜中犯起琢磨：军队战败，主将失踪，大约只有一个结果，那就是死于乱军之中。彼时朝中对贾似道已经怨声四起，其人已亡，没有必要在一棵树上吊死，同贾似道割裂开来才是正确选择！

政治斗争的关键在于领先一步，这样才能化被动为主动！陈宜中立即上疏，请求治贾似道误国之罪。

昔日的盟主、仕途恩公顷刻之间成为向上爬的垫脚石！理学的“义”“信”在权欲利益面前一钱不值！

陈宜中带头清算贾似道，政治正确，立场鲜明，顷刻间又成为朝中意见领袖，就像二十年前上书请求治罪丁大全一样。不久，陈宜中被任命为右丞相，成为宋末最后一个实权宰相。

和平曙光稍纵即逝

末代宰相不好当，当务之急是怎样应对已经近在咫尺的元军。

从宏观上来说，有两种选择，一种是坚守，一种是逃跑。贾似道建议行辕海上，说白了就是逃跑，陈宜中当时是同意的。不过，既然要与贾似道划清界限，就要彻底割裂，包括推行的政策。

陈宜中别无选择，只能向幼主和谢太后建议坚守。

曾经同为贾似道心腹的韩震质问陈宜中："贾相和我们对丁家洲兵败早有预案，你怎么能出尔反尔！"

韩震是禁军统领，兵权在握，陈宜中不敢公开得罪，只是辩解说："我国大好河山，不忍拱手相让。"

韩震说："海上暂避一时，等到元军退去，圣驾还是要回来的。当年高宗皇帝已有先例，怎么能说拱手相让。"

对于宋室来说，行辕海上是有先例的。靖康之后，高宗称帝，金国顺势杀到江南，高宗被追得无处安身，只好在大海中漂泊。幸好金人忍受不了溽热的气候，被迫退出江南，高宗才得以建都临安。

陈宜中答道："现在情况有所不同。"韩震咄咄逼人："有什么不同？"

陈宜中快速开动脑子，想出一二三条来："这其一，临安一旦沦陷，江南势必全部落入蒙古之手，圣驾在临安、在绍兴、在温州，并无不同。其二，当时金人只是掠夺财富，并没有准备要江南河山，因此得到钱帛后，自然退去。其三，金人没有船只，无法追到海上，如今蒙古战船如云，行辕海上也未必安全。”

韩震道：“蒙古船小，经不住海上风浪。圣驾行辕海上，诏令各地将领勒兵勤王，江南或可一战。如今敌人已经打到了家门口，我等难道要坐以待毙吗？”

两人唇枪舌剑，一时谁也说服不了谁。最后陈宜中退让一步，说：“容我今晚回家再仔细斟酌。”

走出朝堂，陈宜中又向韩震发出邀请：“不如晚上到我家一叙，看能不能有更好的对策。”事情紧急，韩震没有多想，满口答应。

入夜，韩震满怀忧愤一人来到陈府，让下人向里通报。下人知道是韩大人，忙招呼说：“我家相公早有交代，他在后院密室等候，请韩大人且随我来。”韩震是熟客，也不客气，跟着下人来到后院。下人说：“韩大人自行进去吧，小的不太方便跟随。”下人不能随便出入密室，这是规矩。韩震也不疑心，便一个人进了密室。

陈宜中坐在密室的书桌后面，看见韩震进来，冷冷地说：“韩大人终于来了。”韩震答道：“陈相邀请，怎敢不来。”陈宜中厉声道：“听说韩统领要兵谏迁都？”所谓兵谏，指靠武力威胁，迫使皇帝听命于自己。如唐玄宗行辕蜀中时，在马嵬坡三军不前，要求处死杨国忠和杨贵妃兄妹，就属于兵谏。兵谏是谋逆的大罪，绝非儿戏。韩震听了大惊失色：“丞相何出此言？”陈宜中喝道：“还敢狡辩，刀斧手何在！”原来，陈宜中早在室内安排了两名壮汉，躲在帷幕后面。听到召唤，两人手持铁锤，一个箭步冲到韩震面前，手起椎落，韩震还没有看清楚壮汉模样，已经一命呜呼。

私杀朝廷高级命官，是重罪，何况还是手握兵权的禁军统领！不过陈宜中早已将善后考虑周全，当夜进宫，向太后奏明，诬陷韩震到自己府上，试图密谋兵劫圣驾，已被当场击杀。

朝廷上下已经人心惶惶，乱成一锅粥，没有人在意别人的生死。谢太后无人可用，正要依仗陈宜中，因此也不便追究。不过，韩震毕竟是禁军统领，不明不白死去造成军队混乱，忠于韩震的部属李大明发动叛乱，乱军进攻临安城南嘉会门，并从这里向皇宫发射火箭。好在叛乱人数不多，朝廷及时派部队进行镇压，李大明带着韩震家眷投奔了已经占领建康的元军。

韩震被杀，没有人敢再提迁都或移驾。陈宜中得以专心致志应对时局。但这样的烂局确实没有什么良策，无非是战与和。

能议和息战，自然是上策。

陈宜中和谢太后想起了吕文焕。吕文焕现在是元朝倚重的将领，或许能牵线搭桥，促成和议。于是，朝廷追封已经死去多年的吕文德为“和义郡王”，派使者秘密求见吕文焕，除带去吕文德封号这项“大礼”外，还送去无数珍宝古玩，请求吕文焕斡旋元廷。

陈宜中和谢太后确实是病急乱投医。吕文焕作为一员归顺不久的降将，对元廷来说还是“外人”，本身战战兢兢，争取立功，小心处事，哪里还敢插手和议这样的大事。吕文焕婉言谢绝，宋室主动求和的通道被堵死。

正在绝望之时，曙光乍现，忽必烈竟主动递来橄榄枝，派使团持国书出使临安。这个使团是礼部尚书廉希贤领队，成员有工部侍郎、秘书丞等，级别不可谓不高，阵容不可谓不强大。忽必烈的目标是要一统天下，派代表团自然不是前来求和，而是招降！另外，恩威并施，也有利于分化敌国阵营，为接受南宋政权做准备。尽管忽必烈无意求和，但对于南宋朝廷来说，毕竟是个机会。也许会谈融洽，仿宋初大理模式，留南宋朝廷代为管理江南，也未可知。

然而，这个机会竟被宋朝将领生生搅黄了。

使团走到建康，伯颜劝廉希贤说：“现在兵荒马乱，刀箭不长眼睛，你们还是留在建康，派士兵把国书送过去好了。”廉希贤是位极敬业的官员，回答说：“圣上亲派我来，一定有面见宋帝的道理，我怎能半途而废。”伯颜还是不放心，于是派五百兵卒，保护使团前行。

使团进入宋军控制地盘，第一站是广德军独松关。这里是建康通往临安的咽喉之地，守将名叫张濡。这天，张濡正在关内喝闷酒，忽然兵士来报，有五六百元军前来叩关。张濡说：“不会吧，敌人若要攻打此关，断不至于只来五六百人。”兵士回道：“确信无疑。”张濡急忙来到关前查视，果然有小队元军正在关前喊话，说有要事与守将面谈。

张濡说：“这是敌人的计策，不如不理。”转念又想，只有这么一点元军，若能剿灭，必定立功。这样的立功机会千载难逢呀。

立功心切的张濡不愿放过大好机会，也不愿仔细揣摩元军的用意，当即亲点两千人马杀出关来。元朝使者根本没有想到南宋的正规军会袭杀使团，毫无防备，并且宋军不等他们解释清楚，使团成员人头全部落地，只有少数士兵侥幸逃脱。

可怜廉希贤死时只有二十九岁。

事后，张濡割下元军耳朵，向宋室请功。宋室好久没有听到胜利的消息了，也不详察，还将张濡官升两级，提拔他知广德军。

逃回的士兵很快把消息报告给了伯颜，伯颜大怒，当即修书一封，强烈谴责宋军袭杀使团的行为。

俗话说“两军交战，不斩来使”，何况元军正大军压境！宋室一方面感到理亏，另一方面为失去这样一个机会懊悔不已。连忙写一封“道歉信”，解释说：“袭杀使团的事情，太皇太后和幼主真的不知情，请你们务必相信。这都是边将的罪过，我们一定严肃处理，按律诛杀他。请允许我们向你们奉送岁币，停止战争，和平共处。”

收到回信，伯颜从大局出发，决定相信宋室一次，派自己手下的官员跟随宋室的送信使者去临安，当面问个明白。孰料，使官走到平江，竟再次被杀。

有宋使跟随，依然被杀，这一次很难用失误去搪塞。只能说，宋朝军队中的主战派确实不想看到两国和解。

和平的曙光尚未升腾，就被战火绞杀。

被烧焦的焦山

和已无可能，就要做好打仗的准备。然而朝廷当前的突出问题是无兵可战。丁家洲一役朝廷直接掌控的军队被消灭殆尽，现今唯有依靠各地驻军前来勤王。南宋常规驻军一般分布在三个地区：荆湖、两淮和四川，荆湖吕家军改换了门庭，两淮和四川变成了飞地且自顾不暇，到哪里找兵？朝廷已经管不了这么多了，公元 1275 年二月下旬，再次发诏召集天下兵马卫京勤王，至于兵在哪里，怎样到达临安，朝廷也不知道。

果然，能够赶来京师的军队寥寥无几，最重要的一支是郢州守卫张世杰带领万余人绕道江西入卫临安。另外还有两支临时招募的民兵：江西安抚副使文天祥招募了两万余人，湖南提刑李芾招募了三千人。朝廷对民兵的作战能力和组织纪律都不太放心，将他们派到周边州郡，诏令不得进京。能够倚重的只有张世杰这支唯一的“正规军”，任命张世杰为保康军承宣使、总都督府军，节制禁军之外的其他各军，担负起正面御敌的重任。

张世杰原本把守郢州，他下大力气将郢州打造成第二个襄阳，不料元军绕道南下，驻守郢州已经失去意义。在这种情况下，张世杰放弃郢州，带兵辗转千里前来勤王。张世杰是金国境内的河北范阳人，出身草莽，录入军籍，后来犯罪逃亡到宋境，在吕文德手下做一名校尉，因作战勇敢屡立战功不断获得擢升，是宋军将领中的后起之秀。当时江西、两浙大部已经被元军占领，张世杰驻地又远，能够快速回援确实难能可贵，令朝廷大为感动，自此以后，张世杰成为宋廷军事方面的主要依靠力量。

张世杰首先派兵扫清临安外围，趁元军立足未稳收复了广德军、平江府、常州，夺回了部分失地。元军已经封锁长江，而南宋两淮精锐尽在江北，如果能打通江上通道，让驻守扬州的李庭芝部队回援，或可纾解临安之困。张世杰便与李庭芝联络，约定同时从南北两岸进攻，夹击元军，贯通长江。经过考量，他们把作战地点选在了镇江。张世杰孤注一掷，把能够调动的兵力全部压上，他知道这或许是朝廷苟延残喘的最后一线希望了。

李庭芝按照约定，派部将蒋才、张林率步骑两万夜攻扬子桥，扬子桥守军告急，元军副帅阿术当夜派张弘范增援。次日凌晨，宋、元两军在邗河对峙，张弘范率十三骑敢死队率先过河袭击，宋军阵势不乱。张弘范佯装退军，引蒋才追击，在运动中元军弓箭手协调作战，打了个漂亮的反击。宋军不敌元军骑兵，两万人进退失据，相互踩踏，死伤过半，副将张林被俘，只有蒋才等数人杀了一条血路才逃回扬州。江南江北同时夹击元军的计划就这样归于失败。不过张世杰没有气馁，仍决定与元军背水一战。

六月底，张世杰率水军到达镇江北的江面，背靠焦山，面向瓜洲。焦山是长江中四面环水的岛屿，有“万川东注，一岛中立”之称；瓜洲在长江北岸，是运河和长江的交汇口，属水路航运要津，王安石“京口瓜洲一水间，钟山只隔数重山”写的即是这里的风貌。瓜洲是建康长江防线中除采石矶外又一处战略要地，元军不可能不重视，副帅阿术的指挥部就建立在瓜洲。

张世杰列船南岸，号称万艘，蔚为壮观。作为北方人，张世杰不习水战，难以适应舟船在水面上颠簸不稳。为了克服这个问题，张世杰想了个“好办法”：以十条船为一个单位，叫一舫，用铁索连接起来，再用铁碇沉入江底，没有号令，不准起碇。这样船上平稳多了，走路、操练、作战与陆地无异。这种船舰相连的方法其实不是张世杰的独创，三国时曹操追击刘备，在赤壁与孙权、刘备联军对峙江面，用的也是这种方法。赤壁之战的结局是东吴大将周瑜一把大火烧了曹军战船，曹操从此无法染指江东。当时还没有普及性读物《三国演义》，张世杰读书不多，不知道这一段历史，否则肯定不会把自己及朝廷的命运交给几根粗壮的铁链。

七月初一，阿术行船到下游，登上南岸的象山观察南宋军情，看到战船虽然浩浩荡荡，但一排排连在一起，先是一惊，继而大笑。阿术惊的是这种历史的错误怎能重演，宋军玩什么把戏？随即猜测到这是宋将不谙水战、不读史书所致，这意味着胜利将唾手可得，因此开怀大笑。阿术指着宋军战船对身边将领说："可烧而走也。"接着进行了精密部署：两队人马防守北岸，防止宋军不退反进，强行登陆；一队由弓箭手组成，从两翼向南宋战船射击火箭；阿术从正面攻击，张弘范、董文炳、刘国杰等从侧翼、后方围攻；刘琛则绕到焦山东北截断宋军陆上归路。这样大火一起，宋军犹如瓮中之鳖，只能坐而待毙。

初二元军率先发动进攻，他们的战舰体积小、机动性强，往来如飞、攻击灵便，号称"水哨马"。宋军舟大船坚，攻击能力强，但笨拙呆板，移动困难。一个像迅捷的战狼，一个如雄壮的大象，双方激战一个上午，未分胜负。中午时分，元军"火箭队"出动，乘着东风一支支凌厉的火球射向宋军战船，引燃蓬樯变成巨大的火龙。宋军大船相连，解索不及，一燃十，十燃百，江面上火光冲天，烟雾弥漫，"赤壁之战"历史再现，焦山变成了一座烧焦的石山。张世杰见势不妙，跳上小船向东北逃去。元军前有伏兵，后有追兵，宋军狼狈不堪，又有七百多艘小船被俘，仅有张世杰等少量将领逃了出去。经此一战，宋军在江南水军主力被剿灭殆尽。

焦山之战后，元帝忽必烈本打算让元军在建康进行休整，等到秋冬再战。伯颜专门派人回京向忽必烈汇报，言明南宋已不堪一击，请求乘胜追击，一举攻破临安，忽必烈同意了他的建议。夏秋之际，伯颜部队主要围剿江淮，巩固占领地区。十一月，兵分三路展开最后围剿：西路和中路的目标都是临安，东路率水师沿江入海，截断宋廷海上逃亡之路。公元 1276 年正月十八日，元军次第到达，完成了对临安的合围。

树未倒猢狲已散

南宋都城临安是个国际化大都市，一点也不输北宋都城汴京。这里长年生活着皇族、朝臣、官僚和下层胥吏，还有太学、武学等高等学府两千多名学生以及几十万军队，当然少不了平民、商人、艺人、奴婢，人口规模超过百万。这里是大运河的起点，水路纵横，交通便利，是南宋的物流中心和最大的消费城市，达官显贵和富豪商贾在这里花天酒地、醉死梦生，造就了无可比拟的经济繁荣和文化发达。据传，赵构退位后与儿子赵昚同游西湖，见断桥边一座小酒馆雅致清净，便落座沽酒，闲品风月。这座酒店殿堂内装饰着素绢屏风，上面题有一首词：

一春长费买花钱，日日醉湖边。玉骢惯识西湖路，骄嘶过、沽酒楼前。红杏香中歌舞，绿杨影里秋千。

暖风十里丽人天，花压鬓云偏。画船载取春归去，余情付、湖水湖烟。明日再携残酒，来寻陌上花钿。

父子二人对这首词产生了兴趣，因为词描绘了临安的繁华奢靡，有富贵之风，这正是皇家所追求的生活。问了店主人，才知道这是太学生俞国宝醉后所作。赵昚笑道："这首词写得不错，只是结尾寒酸了些，不如改成'明日重扶残醉'。"太学生能够写出如此纵情声色的诗词，皇帝还嫌不够，难怪林升痛心疾首：“暖风熏得游人醉，直把杭州作汴州。”

日月奄忽，繁华都市即将沦陷，临安城内一片凄惶，朝野上下乱成了一团麻。事实上，焦山战败的消息传来，临安就进入了无政府状态。朝堂上宰执们不是想方设法救国救亡，而是极尽所能推卸责任。平章军国重事王爚上疏指责陈宜中乱指挥：“张世杰步军出身却让他统领水军，刘师勇水军出身却让他统领步军，用人失策是造成焦山战败的主要原因。”王爚的儿子又唆使一部分太学生弹劾陈宜中，把他与贾似道相提并论，旨在让他背负战局失败的责任。陈宜中一怒之下，竟挂职而去。彼时王爚已经七十六岁，来日无多，朝廷倚重的是陈宜中，因此罢免了王爚，处罚上奏弹劾的太学生，重新请回陈宜中。

陈宜中虽然使性子撂挑子，不过在朝臣中已经算尽职尽责了。大多数朝臣首鼠两端，早已做好了远逃避祸的准备。左丞相留梦炎是理宗朝状元，读圣贤书，知节义事，朝廷正用人之际却怎么也找不到他的身影了，原来他见大难当头便一逃了之，连宰辅尊位也不要了。枢密院有位官员想逃，终觉脸上过意不去，便指使他人弹劾自己，还没有等朝廷下发处理意见就溜之大吉。还有两位大臣演双簧戏，互相弹劾，做出势不两立的样子，也是未等朝廷表态便“拂袖而去”。至于不声不响无踪无影的就不计其数了。公元1276年正月初五，太后谢道清上朝宣布任吴坚为左丞相，上朝听班的大臣只有六位。谢太后怎么也想不通，这些浸淫理学，满口仁义道德，动辄忠孝气节的士大夫怎么突然变成了这个样子？恼怒之下，令人写了一篇布告贴在朝堂，指责那些临危而逃、不知廉耻的家伙：

我国家三百年，待士大夫不薄。吾与嗣君遭家多难，尔小大臣不能出一策以救时艰，内则畔官离次，外则委印弃城，避难偷生，尚何人为？亦何以见先帝于地下乎？

朝臣叛官离职，地方官挂印弃城，这就是亡国之前的乱象。受国恩，享厚禄，却不思报国，这就是末朝士大夫的画像。如果不是愤怒之极，朝廷大约不会发出这样绝望的哀号。道学扭曲了本性，理学光环下的伪君子遍布朝野，这大概也是南宋亡国的原因之一吧。

在十八日元军包围临安的当口，陈宜中又跑了。面对衰世，陈宜中也无计可施，只能一遍又一遍到元营乞和。先是表示愿意“称侄纳币”，后又再降一辈儿，愿称“侄孙”，然而大元志在统一，当然不允。伯颜明确地对宋使说：“你们宋朝昔日从孤儿寡母中得到天下，现在又从孤儿寡母中失去天下，这是天道轮回，很公平呀。”

求和无望，陈宜中计无所出，只得入宫请求谢太后和幼帝仿赵构故事，迁都避难。谢太后不同意，陈宜中痛哭流涕长跪不起，太后便吩咐他准备车驾在宫外等候。一直等到日落天暮，仍然不见陈宜中，谢太后大怒：“我说不走，他反复请求；我同意走了，又找不见他的人影。这是欺负我们孤儿寡母吗！”气得她把准备好的行李如簪子、耳环等首饰摔在地上，下令关闭宫门，谁也不见。实际上并不是陈宜中失约，而是两人根本就没有约好时间，太后以为是晚上，陈宜中安排的是次日早晨。第二天陈宜中等不上谢太后，以为又发生了变故，便独自一人逃离了临安。

劝说迁都避难的还有新晋右相文天祥和新任检校太保张世杰，他们请太后、皇帝、皇后三宫入海，由他们死守临安，背城一战。这时谢太后已经得到元军封锁海面的消息，便决定不走。文天祥又苦谏，最后同意让小皇帝赵㬎的哥哥、益王赵昰和他的弟弟、广王赵昺先行逃离，一旦临安覆亡，好为赵氏留下一点骨血。他们相信，如同北宋一样，只要皇室骨血在，江山就在。

人心乱了，朝臣作鸟兽散，军队也不稳定。当时临安城内外还有各类士兵四十万左右，数量不可谓不庞大，只是素质参差不齐，缺乏战斗力。面对即将沦陷的都市，部分底层士兵担心以后生活无着于是发动暴动，主要是上街抢劫商铺，掠夺财富。他们不敢到外面去打击侵略者，对付老百姓却毫不手软。当然，暴动很快被镇压，因为高层将领或投降，或逃跑，还没有到山穷水尽的时候。按照一般历史规律，只要他们不做殊死抵抗，战胜方不会将他们斩尽杀绝，到了新朝之后仍然享有较高的地位和优厚的待遇，即使异族也不例外，吕文焕、范文虎等为他们做出了榜样，所以无论忠于旧朝还是打算迎接新朝，他们都不会太忧虑生活。

亡国有很多种情形，失去凝聚力几乎是各朝的共性，这大约就是古人所谓的“天命”。

临安降

南宋朝廷欲战无力，欲和不能，等待他的只有一条路可走，那就是投降。

正月十八日，皇太后谢道清遣监察御史杨应奎带着传国玉玺、降表到皋亭山向伯颜请降，降表写道：

宋国主㬎谨百拜奉表言，㬎眇然幼冲，遭家多难，权奸似道背盟误国，至勤兴师问罪。㬎非不能迁避以求苟全，今天命有归，㬎将焉往！谨奉太皇太后命，削去帝号，以两浙、福建、江东西、湖南、二广、四川、两淮见存州郡，悉上圣朝，为宗社生灵祈哀请命。伏望圣慈垂念，不忍㬎三百余年宗社遽至陨绝，令赵氏子孙世世有赖，不敢弭忘。

这份降表中把战争的责任推向贾似道，找个奸臣作为替罪羊，是历代失国的通用套路。降表提出的请求是“不忍㬎三百余年宗社遽至陨绝”，对保留宗庙还心存幻想。伯颜接受了南宋的国玺，但对降表不甚满意，比如赵㬎仍然把自己称作“宋国主”，通篇没有称臣等。他收下国玺，派人随同宋使回临安督促重写降表，并商讨受降仪式事宜。

二月初五，在南宋皇宫进行了简单的受降仪式。伯颜乃低调稳健之人，并不太注重形式，他自己及重要将领都没有亲来，只委派使者接收降表，监督实施。是日，赵㬎带着文武百官到祥曦殿朝着元大都的方向跪拜，表示臣服，乞求成为大元藩属，南宋的正式统治就此宣告结束。

南宋既然不复存在，成立新政府具有象征意义，伯颜宣布废除临安的宋朝都城地位，成立大都督府管理两浙地区，任命忙兀台、范文虎治都督府事。

接下来便是具体的政权交接，伯颜派董文炳、张弘范等封库府，收史馆、礼寺图书及百司符印、告敕，解散原有的官府及侍卫军。十一日派人到宫中整理接收皇帝的衮冕、圭璧、符玺、车辂、辇乘、麾杖等皇权的象征符号，以及宫中图书、宝玩、账册等珍贵物品；三月二日又派人到赵氏祖庙中将礼器、祭器、乐器、仪仗等一一造册，把能够收缴的运到船上，到时候随大军运往上都或者大都。办理这些事情的都是南宋旧臣，他们既熟悉情况，可以做到收缴工作准确无误、有条不紊；又顾忌原主人，不至于造成毁坏或者哄抢。伯颜这样安排可谓用心良苦。

期间，伯颜令人到宫中取太皇太后的手诏，以及三省、枢密院各宰执大臣的檄文，以便派人到尚未收复的地区诏谕投降，接收政权。三省枢密院的大臣大都配合元军签署了檄文，只有端明殿学士、签书枢密院事家铉翁不签，元使想要逮捕他，家铉翁说："没有在中书省绑缚执政大臣的道理，我在家里等你们。"

虽然接收了政权，但临安作为南宋的旧都城依然隐藏着许多不稳定因素，怀念南宋政权的人一定大有人在，不愿投降的大臣军将也不乏其人。伯颜不敢大意，加强临安及周边军事部署，防止宋军卷土重来。他派阿剌罕部镇守西湖、钱塘门，派阇里帖木儿部镇守城西；派晏彻儿部镇守城北。此外，派重兵防守在湖州、建德、婺州、衢州、富阳、盐官、德清，将临安与四周完全隔开。这样做的好处是南宋未降地区难以与旧朝臣联络，各地群龙无首，成为孤军，更容易被降服。从驻守临安的种种举措可见，伯颜确实是谨慎缜密之将。

早在三军会师时，伯颜就严令诸军不得抄掠人口，侵夺财产，焚烧民居。宋廷投降后，禁止军队入城，违者军法处置。他先派遣吕文焕持皇榜公告诏谕宋朝原有的军队和官吏一切如故，严禁乘政权交接之际杀掠、扰乱民众，破坏公共私人财物。交接完毕，元军入城，更是严明纪律，做到井然有序，没有发生征服者常有的烧杀抢掠等欺凌事件。元军又令临安城家家户户在门前张贴家族全部成员名单，禁止夜间外出，确保特殊时期社会稳定和治安良好。应当说，蒙古人接手临安，与历次改朝换代相比，温和、平静，史书中除了记录数百宫女跳水自杀、一名太学生以全家赴死殉国外，没有其他血腥的记载。

忽必烈为此还特意对南宋官员、军卒、士民发布诏谕，对能够想到的方方面面进行了严格的规定："尔等各守职业，其勿妄生疑畏。凡归附前犯罪，悉从原免；公私逋欠，不得征理。应抗拒王师及逃亡啸聚者，并赦其罪。百官有司、诸王邸第、三学、寺、监、秘省、史馆及禁卫诸司，各宜安居。"忽必烈诏谕还明确不准拆毁历史遗迹和名胜景致，不准损毁图书典籍和文化器具，并且特别对鳏寡孤独人士表示关怀和扶助。

伯颜面临的一个棘手问题是如何处置皇室人员。他深知功高主忌的道理，不该做主的事情决不擅自做出决定，把最后的裁决权交给皇帝忽必烈。伯颜派人把宋国玺送到元大都，向忽必烈请示下一步如何处理，遣宋室旧臣贾余庆、刘岊、吴坚等充当祈请使到元大都朝觐忽必烈，作为宋皇室朝觐的先行人员。同时派人入宫做宋帝及皇室人员的工作，稳定他们的情绪。

二月二十四日，伯颜接到忽必烈诏书："朕闻自古降王必有朝觐之礼，已遣使特往迎致。"有了圣旨，伯颜才于三月十二日姗姗而来，进入临安。南宋皇室请求相见，伯颜恪守臣子之道："未入朝，没有相见的规矩。"第二天派阿答海入宫宣示忽必烈诏旨，免去带有侮辱性的"系颈牵羊之礼"，下令皇帝及太后随行出宫。太后搀扶着赵㬎："因为天子圣明慈祥你才得以活命，应当拜谢。"礼毕，阿答海将他们带到城外的军营，同行的还有皇室近支及一些三学学生。太皇太后谢道清因为病重得免。当天伯颜亲率大军护卫他们浩浩荡荡地启程北上，难免让人想起靖康徽宗、钦宗被掳北国的场景。历史再一次重演，只是南宋皇室的待遇比北宋要更人道一些。

南宋王朝至此已正式灭亡，但还有一些人在为南宋的复国而努力。后来赵昺又称帝，但已是流亡政府，非正统。

十二 帝国余晖

状元宰相

在元军围困临安的前夕，宰相陈宜中逃遁，公元 1276 年正月十九日朝廷匆忙之间任命文天祥为右相，至二月初五在祥曦殿举行仪式投降元朝，文天祥只做了十九天宰相，实际在任上只有一夜，因为第二天就被扣押元军大营成了阶下囚。他是南宋任职时间最短的宰相，却又是历史上最令人敬仰的宰相之一。

文天祥出生于公元 1236 年五月初二，江西庐陵人，与宋代名臣欧阳修、杨邦乂、胡铨是同乡，这三人的谥号中都有一个“忠”字。文天祥上学时见到学校悬挂着三人画像，内心钦慕：“死后如果不能厕身于他们中间受人祭祀就不算大丈夫。”二十一岁文天祥考取进士，宋理宗赵昀在集英殿面试，让考生针砭时弊写一篇策论，文天祥一气呵成一万多字的《御策试一道》，列举当时社会存在的主要问题，对朝廷的错误进行规劝，对内政外交提出中肯的建议。赵昀看后颇为满意，夸奖这篇策论切中要害，见识不凡，考官王应麟也称赞文章作者忠心肝胆好似铁石。赵昀拆封卷纸，看见考生一栏写着“文天祥”，觉得这个名字十分吉利：“此天之祥，乃宋之瑞也。”钦定其为进士第一，文天祥当时天真地以为皇帝是真伯乐，将表字改为“宋瑞”。那一科还录取了一位更年轻的进士，只有十九岁的陆秀夫，两人与张世杰并称“宋末三杰”。

崇尚忠义的文天祥是不折不扣的主战派。公元 1259 年忽必烈攻打鄂州时，宦官董宋臣建议迁都四明，随时做好逃跑入海的准备，朝臣们一片惶恐，莫衷一是，临安城内风雨飘摇，人心浮动。时任宁海军节度判官的文天祥旗帜鲜明地反对妥协，上奏赵昀请斩董宋臣："陛下是中国主，则当守中国；为百姓父母，则当卫百姓。"以往人们议事大多从社稷宗庙上着眼，很少能站在国家、百姓的道德高度去认识战与和的问题，"国家意识""民族意识"在文天祥身上得到了充分的体现。

忠直耿介的文天祥不适合南宋文恬武嬉的官场，赵昀也没有持之以恒的决心革新除弊，此后大多数时间里文天祥在江西、湖南等地任职，如果不是国家分崩离析，无论皇帝、朝臣甚至历史大约都不会记忆起这位不苟于世事的状元。

公元 1274 年底，元军攻占鄂州，谢太后急忙下《哀痛诏》，要求天下文经武纬之臣、忠肝义胆之士同仇敌忾，起兵勤王。彼时文天祥知赣州，手捧诏书，心情沉痛。但赣州地处腹地，本身无兵，文天祥又是文弱书生，想要率师救国谈何容易！次年正月十六，他传檄各路，希望有人挺身而出共赴国难，但当时已人心离散，无人响应。

文天祥不愿袖手旁观，开始自己动手募兵募粮。一位叫陈继周的老人担任地方官二十八年，非常熟悉当地情况。文天祥登门拜访，虚心求教。陈继周帮助他出谋划策并给他介绍了一些豪杰之士，特别是发动山区的畲族、苗族、瑶族部落武装，这些少数民族彪悍好武，有较强的战斗力。文天祥很快拉起了一支两万人的队伍。有了人就要吃饭，朝廷自顾不暇根本不可能调拨军饷，赣州毗邻庐陵，文天祥就把自己的私产捐出去供应军需。他的义举得到乡亲们的响应，乡宦士绅纷纷解囊，出钱出粮，终于解决了民兵后勤供应的难题。

有兵有粮的文天祥准备入卫临安，有好友劝阻："元军气焰正炽，势不可挡，你以乌合之众去抵御元军，无异于驱群羊而搏猛虎。"文天祥义正辞严："我当然知道这个道理，但国家养育臣民三百多年，一旦危急征天下之兵，却无一人一骑入卫，我为此而痛心。因此不自量力，以身殉国，目的是唤醒忠臣义士，若能闻风而动，众志成城，一定能保全国家。"于是他驱兵北上，试图守卫临安。

陈宜中不信任临时招募的民兵，派张世杰陈兵焦山，正面迎敌，文天祥守卫平江。伯颜火烧焦山后，分三路进击临安，朝廷无人可用便想起文天祥来，诏令他移守京师。守卫京师曾是文天祥渴望不及的愿望，现在终于等到了这个机会，他却一点也高兴不起来。临安命悬一线，仅仅靠自己的两万人马无异于以卵击石。尽管如此，他抱着临危受命的使命感，下决心与元军决战到底。

公元 1276 年正月十八日，元军围临安，谢太后派人奉上降表，伯颜让宰相出城议事，这本是陈宜中的分内差事，不想陈宜中临阵脱逃，谢太后无奈，任命文天祥为右丞相兼枢密使，负责与元军谈判投降之事。跟随文天祥的天台义士杜浒劝谏说："敌虎狼也，入必无还。"但文天祥觉得义不容辞："国事如此，吾不得爱身。"同时幻想着元军能通情达理，变"谈降"为"谈和"，便毅然决然出使元营。

二十日，文天祥在杜衍和部属吕武、金应等人陪同下出城来到皋亭山，这是伯颜临时帅府所在地。在这里，文天祥毫不妥协，与伯颜展开了一场唇枪舌剑。

文天祥："关于议降的事情是前宰相承办的，我一概不知。今天皇上任命我为丞相，我先来军前与元帅商量两国关系的大事。"伯颜："我们正是要谈论大事，丞相说得极是。"文天祥："本朝是正统的中华王朝，是合法政府。北朝是打算与我们建立友好邻邦呢，还是想要灭亡我大宋社稷？"伯颜想了想，觉得还是应以忽必烈诏命为准，便说："社稷必不动，百姓必不杀。"文天祥感觉还有商量的余地："你们北朝多次对我们失信，如果要与大宋结为盟好，请退兵到平江或者嘉兴，然后咱们商议用岁币或者金帛犒师，这样北朝全兵而退，是上策。如果想要亡我国家，毁我社稷，那么两淮、浙江、福建、两广还有许多地盘在我们手上，接下来连年战祸在等着你们。"伯颜心想："这是来议降的吗？分明是来责难的。"便不耐烦地威胁道："你不怕死吗？"文天祥挺直腰杆凛然作答："我是南朝的状元宰相，受国恩甚隆，只欠以死相报，刀锯鼎镬何所惧！"伯颜赞叹之情油然而起，回顾左右："这才是大丈夫！"尽管内心钦佩，但他知道文天祥曾募集两万民兵勤王卫京，担心将来成为元朝的麻烦，决定将其扣留，免得纵虎归山。文天祥愤怒地质问："我代表国家前来商议大事，是为使者，为什么扣留我？"

伯颜假意劝慰：“不要发怒，你是宋朝丞相，责任重大，接下来我们还有许多事情要商议。”遂下令将文天祥安排在皋亭山下的驿馆，由忙兀台、唆都二人负责看管，派重兵围守。

如果不出意外，文天祥可能就此成为元军阶下囚，从而退出历史舞台。

逃离虎口

文天祥有一首《酹江月》:“镜里朱颜都变尽，只有丹心难灭。”描述他狱中的生活，也是被扣押在皋亭山时的真实写照。无论身处何地，面临怎样险恶的环境，在他心中，唯有报国。

二十二日，宋廷另派左相吴坚、贾余庆、吕师孟等再来议降并递送修改后的降表。双方议定后文天祥与使臣同处一室。文天祥极力反对投降，愤怒斥责贾余庆认贼作父、卖国求荣，贾余庆无言以对，沉默不语。文天祥犹不解恨，又痛骂伯颜背信弃义、卑劣奸诈。

当时吕文焕在座，劝导说:“天命有定数，朝代有更替，非人力所能为。丞相之忠义固然可嘉，贾大人顺应时事也不为过。”吕文焕不插话则已，一插话文天祥怒气更炽，骂道:“你这乱贼有什么资格跟我说话！”吕文焕一脸无辜:“丞相何故骂文焕为乱贼？”文天祥大声斥责:“国家不幸至此，你才是罪魁祸首，你难道不是乱贼吗？三尺童子都在骂你，何况是我！”吕文焕辩解:“我守了襄阳六年没人来救。”文天祥厉声道:“战斗到最后一刻没有援兵，可以以死报国。你贪生怕死，爱惜妻子，既对不起国家，又有辱家族名声。现在整个家族全都叛逆，真是遗臭万年的乱臣贼子！”

这时吕文焕的侄子吕师孟鸣不平:“丞相既说我们阖族叛国，在朝中为什么不将师孟杀了？”文天祥骂道:“你们叔侄都是投降派，没有把你们阖族诛杀问罪是本朝刑罚失当，还有什么面目在朝中做官！我恨不能杀掉你们叔侄！你们叔侄现在反而能够杀我了，但我是大宋忠臣，正好凭靠你们叔侄成全，求之不得。”

吕文焕叔侄尴尬得无地自容，元将唆都在一旁冷冷地说：“骂得好。”伯颜听到消息后赞叹：“文天祥心直口快，是真男儿。”

二月初五，南宋在祥曦殿举行投降仪式。初九，伯颜遣宋旧臣贾余庆、刘岊、吴坚、家铉翁等为祈请使前往大都觐见忽必烈，押文天祥及随从一同前往。文天祥一度心灰意冷，身上带着一把匕首想要自杀殉国。家铉翁看出文天祥的意图，劝他说：“现在到元大都祈请保留宗社，也许还有一线机会，如果失败再死也不晚。况且，圣上的两位兄弟逃难在外，还有机会重整社稷，丞相应想办法脱身报国才是，怎么能轻言生死。”家铉翁的话击中文天祥痛处，也重新燃起他希望的火焰，于是开始琢磨怎样潜逃。

二月十日，船到杭县谢村，这是个家家傍江渠、户户有篷船的江南水乡。入夜，杜浒在邻居家偷了一艘小船载着文天祥摸黑逃走，不料一位刘姓元军将领起来巡夜，刚好碰到，这次逃跑没有成功，元军看守得更严了。船过镇江，驻守瓜洲的阿术突发奇想，想要见识一下这些曾经位高权重的南宋大臣，于是要求祈请使渡江北上，拜见他这位副统帅。在瓜洲，阿术以战胜国将领自居，对待祈请使如同对待俘囚，趾高气扬，傲慢无礼。其他人尚且能够低三下四，文天祥却感觉受了莫大屈辱，奋笔写下《渡瓜洲》：“跨江半壁阅千帆，虎在深山龙在潭。当日本为南制北，如今翻被北持南。”诗中充满了不屈、不甘之意。

船回镇江，文天祥一行住在沈颐家，看守王千户凶恶粗暴，态度十分不敬，一天到晚在文天祥身边寸步不离，连睡觉都要在同一个屋子里。文天祥逃走的决心更加坚定，同杜浒等商议：“现在不逃，出了长江就更难逃了。”杜浒想了想：“想要逃走必须过王千户这一关，硬来恐怕不行，只有智取。”部属金应补充：“还必须有一艘小船。”

元军看守文天祥虽然严密，杜浒等随从行动相对自由些。于是随从们分头去找船。杜浒认识一位真州人叫余元庆，余元庆对当地一带比较熟悉，用钱收买了一位在元军中管船的老乡，答应鼎力相助，这样终于解决了交通工具的问题。接下来需要摆脱看守的元军，这也难不倒随从们，杜浒借口将要启程，一来答谢房东，二来请押送卫兵途中多多关照文天祥，特备下酒宴一起欢饮。王千户不便推辞，推杯换盏中喝得烂醉如泥。

二月二十九日夜，杜浒将王千户灌醉，几个人蹑手蹑脚跨出门槛。他们一行十二人，余元庆对地形熟悉，作为向导走在前面，文天祥紧跟其后，最后是吕武、杜浒二人。吕武正如他的名字一样，孔武有力、武艺高超但做事有些鲁莽，他瞧见卫兵身上的佩刀不仅技痒，心想若能握在自己手中或许路上能够应急，便试着去解佩刀。那卫兵虽然喝醉了酒，但长期的军旅生活养成了应有的敏锐性，一下子就警醒了，本能地张嘴就要喊叫，幸亏后面的杜浒眼疾手快，扑过来用包裹捂住卫兵的嘴使他无法发声，然后死死地将头按在地上。吕武一拳打在卫兵太阳穴上，卫兵一声不响地昏倒在地，吕武急忙解下佩刀，几个人便脚步匆匆地走出沈颐家门。

众人来到江边约定的地点，却不见本应等候在这里的船只，这一下众人慌了手脚。如果被老乡放了鸽子，或者老乡贪图富贵报告了元军，那只有等死的份儿了。文天祥做了最坏的打算，对众人吩咐："如果出现意外就一起跳江吧。昔日屈原怀着一颗赤子之心投身汨罗江，今日我们为何不能步先贤后尘，将一腔热血抛洒在中国的土地上？"众人心怀悲壮地等着船，余元庆独自一人沿着江岸逆流寻找。大约过了一个时辰，船才慢悠悠地赶到。当时宋军占领的地盘有两个地方离镇州比较近，一是扬州，一是真州，因余元庆是真州人，众人跳上船便向真州驶去。

船行七里，天已大亮，江上江岸水波草木一览无余。众人的心又忐忑起来，因为失去夜色的掩护最容易被发现。果然一艘大船游弋过来，上面有人喊话："前面什么船？停下检查！"原来碰到了元军的巡逻船。艄公不敢答话，拼命摇橹加速前行。小船无论如何是跑不过大船的，眼看这一次在劫难逃，谁知恰好碰到江水退潮，元军的大船搁浅了，文天祥又侥幸逃过一劫。

十二人终于到了真州，看见城头依然悬挂着宋朝的旗帜，老百姓穿着宋朝的服饰，感到无比亲切，就像流浪汉回到了故土。真州安抚使苗再成已经很久没有得到朝廷的消息了，见到文天祥分外高兴，听到临安沦陷的消息又悲愤不已。苗再成向文天祥介绍两淮情况：“两淮安抚制置大使李庭芝驻扎在扬州，淮西安抚制置大使夏贵驻扎在黄州，一个淮东一个淮西，可惜二人不能齐心协力。如果丞相能够调和二人的矛盾，协调作战，何愁不能复兴！”文天祥问苗再成有没有具体计划，苗再成胸有成竹：“先约夏贵佯攻建康，元军必全力以赴应付淮西军。这时以通州、泰州兵攻湾头，以高邮、宝应、淮安兵攻杨子桥，扬州兵攻瓜洲，我带真州兵直捣镇江。四路并发，同一天起兵，协同作战，元军必然顾首不顾尾。其中湾头、杨子桥兵力薄弱，我军得手后三面围攻瓜洲，敌军可破，江南可得。”文天祥大为兴奋，立刻给李庭芝、夏贵以及各州府守将写信，将这个作战计划告知他们。

心头燃起希望，文天祥体会到了颠簸逃亡的价值。

九死一生

文天祥热切地等待着各地的回应，可他万万没有想到等来的却是自己人的屠刀。

战争风云变幻莫测，此时夏贵已经投降了元军，而李庭芝正在四处搜捕文天祥，只是由于交通不畅，消息还没有传到真州。李庭芝统领淮东，是苗再成的上司。李庭芝听到传闻元军会派一个丞相来劝降，但他又不相信文天祥能从看守严密的元军眼皮底下逃走。待他确信派来的丞相就是文天祥，于是通牒各州，要求抓捕并杀掉文天祥。苗再成接到通牒，一时难辨真伪，既不忍心杀文天祥，又怕文天祥会把元军引来里应外合。思虑良久，取了个折中的办法。在真州的第三日，他假意请文天祥一行检阅城防，将他们骗出城外，然后关闭城门，说明意图，让他们赶紧离去。

元军扣留、追杀，自己人也误解，文天祥一行彷徨城外，痛苦万分，杜浒甚至想要跳壕沟自杀。这时城中又下来两位军将，问文天祥要去何处。文天祥想了想说："去扬州向李庭芝辩解清楚。"两位军将送给文天祥几匹马作为他们的脚力。又过了一会儿，城中又下来两位军将，骑马追上文天祥一行，送还了他们的行李，好心提醒："到扬州李安抚会杀掉你们。"然后给他们指了一条"明路"："苗安抚在江边准备了船只，宰相南去北归均可自由。""北归"在这里暗指投靠元军，文天祥悲戚地说："苗安抚也怀疑我们？"原来苗再成让两拨人前来观察文天祥，如果发现异常立刻杀掉。两军将经过试探知道文天祥一片忠心，遂决定将他们护送到扬州。

到了扬州城下，文天祥反而犹豫起来：万一死在自己人手里，太没有价值了。杜浒也劝他说："到闽越寻找二王（益王赵昰和广王赵昺）才是正理。"金应却不同意，因为闽越之地路途遥远，不知何年何月才能到达。文天祥一贯行事果断，此时也拿不定主意了。最后决定先到高邮躲一躲，毕竟扬州离元军太近了，随时会有被发现、抓捕的危险。然而到高邮全是陆路，又不敢走大路，没有向导寸步难行。正在为难之际，余元庆带来一名向导，声称能将他们带到目的地，这让大家精神一振。向导陪着众人休息了一个晚上，第二天天色微亮就起身赶路。这时他们发现人数不够了，原来余元庆等四人吃不了颠簸之苦，夜里偷偷溜走了。

这似乎预示着前途将更加坎坷。

从扬州到高邮大约百十里路，但天太黑不能走，看不见道，天亮了也不能走，怕碰到元军，他们只有靠黎明前的一段时间赶路。即使这样，文天祥也步履蹒跚，因为他们已经一天没有吃东西了，腹中饥饿，身上无力，行走得非常缓慢。等到天色大亮，樵夫把众人领到一个小山坡上歇息。山坡上是一段残墙断壁，中间有几处坍塌的房屋，看样子过去是一个村庄，后来被战火毁掉，老百姓不知所终。这样的土围子倒是避风的好去处，只是里面污水横流，马粪遍地，鼠虫出没，早已不是人居之所。但眼下形势只能将就，大伙儿折一根树枝当扫帚，在马粪中扫出一块儿空地，权且落脚。

大家和衣而卧，有的已经起了鼾声，有的静静地想着心思，有的两两窃窃私语，虽然臭气熏天，但毕竟能够喘口气了。谁知忽然远处传来急促的马蹄声，金应趴在土墙上往外张望，发现一大队元军骑兵浩浩荡荡向这里奔驰过来。他赶紧喊醒沉睡的人，大家心中一惊，四处张望还有哪里可以藏身，这时元军骑兵却已经到了近前。只听外面喊道："这里有一处村庄，去里面瞧瞧。""看来今天要死在这里了。"文天祥心想。未等元军停下马来，忽然狂风大作，乌云翻滚，看来一场大雨就要落下来了。"赶路要紧。"外面一个头目招呼着，马蹄声便渐走渐远了。"看来天不亡我，天不亡大宋！"元军走远，文天祥与众人忘却饥寒，欢呼起来。

躲过了元军，众人依然不敢行路，一直休息到晚上，饥饿和寒冷更严重了。杜浒走出土围子溜达一圈，回来说：“山下有座破庙，总比这里要暖和些，不如去哪里避避寒。”众人来到破庙，恰好一群打柴人晚上也在破庙借宿，文天祥向打柴人讨饭吃，打柴人见他一脸斯文，不像坏人，就给他们做了一顿热饭，众人总算有了一个温饱的夜晚。

第二天继续前行，走了四十里，到了一个叫板桥的地方迷了路，众人不辨东西，在野外游荡一夜还没有找到正道。拂晓时晨雾散去，看见前面一对元军骑兵走了过来，大家争相躲进路旁的竹林中，却已然被元兵瞧见，动作稍慢的两个人被箭射中被俘。元军又进入竹林进行搜捕，大家趴在地上，用竹叶和腐草盖在身子，企图侥幸不被发现。有一个人脚被马蹄踏出血不敢做声，有两个人被搜出逮捕，杜浒也被捉住，幸好身上装着一些金子，送给元兵得以逃脱。文天祥就趴在杜浒不远的地方，元兵来来回回在身边转了几圈却没有发现他。元军还有任务在身，不能久留，叫喊着要烧了林子，见躲藏的人仍然没有反应便拍马上路了。

经过这一折腾，一行人越发疲惫，向导也无踪无影。正山穷水尽之时，又遇到一伙樵夫，杜浒便请他们引路，并把箩筐当轿子，文天祥坐在箩筐里由几个樵夫轮流抬着走。下面的路比较顺利，到高邮城边是黎明时分，他们在城外看见了李庭芝捉拿文天祥的告示，几个人又不敢进城，只好雇船沿河东去。走到稽家庄的时候，庄主听说文天祥来了，邀请他到家做客，摆酒设宴，盛情款待，并全然不顾李庭芝的逮捕令，派儿子和庄客将文天祥一路护送到泰州，之后又坐船从泰州到达三百里外的通州。

通州就是现在的江苏南通，当时的管辖范围直达东海，从这里入海是最便捷的通道。文天祥直接要求面见守将杨思复，杨思复也接到了李庭芝的通牒，一度怀疑文天祥是奸细，对他反复盘问，不让他进城。后来发现元军也在通缉文天祥，才意识到是个误会，愉快地接纳了他。文天祥三月二十三日到达通州，休息一段时间后便急着要到永嘉去觐见二王。由于南方已被元军占领，最安全的是走海上通道。不过通州海船已经发尽，只有等待。一直到闰三月中旬，有三艘海船归来，文天祥乘坐其中一艘，和太监曹镇结伴出海，这一天是十七日。

文天祥仿佛看到了复兴的希望，心潮澎湃，写下诗句“臣心一片磁针石，不指南方不肯休。”后来依据这一诗句，将他记录一路坎坷、九死一生的诗集取名《指南录》。

惟有一腔忠烈气

四月八日，文天祥到了永嘉，不过这时“二王”却已经逃亡福州了。

文天祥在温州扑了个空，一边向福州进发，一边上疏奏请益王赵昰称帝。国不可一日无主，在福州的陈宜中等也有此意，五月初一赵昰在福州正式称帝，拜陈宜中为左丞相兼枢密使，都督诸路军马，张世杰为枢密副使，朝中大权掌握在二人手中。

文天祥五月下旬赶到温州，被授予右丞相兼枢密使、都督诸路军马。文天祥本打算大干一场，不过很快就失望了，因为小朝廷又陷入了无休无止的争斗和倾轧之中。皇帝只有七岁，不能亲政，杨淑妃也常年生活在深宫，不精通国事，致使皇帝太后只能是名义上的统治者，没有办法做出科学决策。国舅杨亮节利用主管内务的优势，常常借太后皇帝之口操纵国事。还有一位宗亲赵与檡，曾为小朝廷立足福建打前站，自以为有功，与杨亮节发生了尖锐矛盾。赵与檡在朝廷中得罪人更多，最后被排挤到浙南。左相陈宜中是政治斗争的老手，他打压所有的文臣以排挤掉潜在的对手。能够对陈宜中构成威胁的数陆秀夫，陈宜中便指使言官弹劾陆秀夫，以至于武将张世杰都看不惯了：“这都什么时候了还用言官谏人。”陈宜中最忌惮的是张世杰，因为朝廷中只有张世杰手中有兵，陈宜中奈何不得。张世杰是流亡朝廷的主要依靠力量，然而张世杰不喜欢文天祥，因为文天祥曾招募过军队，威信又高，是唯一能在军事领域与张世杰抗衡的人。

面对复杂局势，文天祥不愿把精力耗费在尔虞我诈当中，主动辞去右丞相一职，并提出离开朝廷去经营永嘉，为朝廷北伐开辟前沿阵地。永嘉是个敏感而重要的地方，陈宜中、张世杰都不愿放一个强势的人在那里，要求文天祥去巩固岭南，作为小朝廷的备用行在。文天祥正要赴任，传来战报广州失守，不得已改派他到南剑州。文天祥七月到南剑，过去的部下以及福建的一些仁人志士很快聚集到文天祥周围，南剑州俨然成了又一个抗元基地。元军九月沿海而下，赵与檡守温州城破被俘，不屈而死，元军所到之处宋军皆不能守，小朝廷只好放弃福建，登舟入海。

朝廷在流浪，抗元力量中只有文天祥最有影响。元军反复遣人写信劝降，文天祥不为所动。降将吴浚亲自登门，被文天祥斩首祭旗。公元 1277 年初，元军侵入福建，文天祥自知兵力寡弱不足以抗衡，便率军南下攻占了广东梅州。正在这时，元朝内部出现纷争，元宪宗蒙哥第四子昔里吉造反，忽必烈急遣伯颜率军平叛，江西元军兵力大为削弱。五月，文天祥从梅州出发，越南岭进入江西，吉州、赣州义军和宋军残部纷纷聚集到他的麾下，一时声势壮大。文天祥率大军接连收复会昌、于都、兴国等地，极大地鼓舞了人们抗元的斗志。兴国县地势险要，城内设施齐全，文天祥将都督府设在兴国，以此为中心指挥整个江西的收复战斗。义军应势而动，陆续收复赣州、吉州各县，将两州州府围成孤城。

正当江西抗元势力蓬勃发展的时候，元军平叛回来，江西宣慰使李恒率大军援救赣州，直逼兴国。八月，文天祥派部将黎贵达阻击元军，在泰和县钟步村一带展开激烈战斗。尽管义军作战勇敢，不惜性命，然而步兵根本无法与骑兵抗衡，义军还是未能抵挡住元军彪悍的铁骑。无奈之下，文天祥再次转移，准备将都督府设在老家庐陵。当他们行进到兴国县边界的方石岭，李恒追兵已到。都统巩信率领十数人扼守岭口，阻挡元军，被乱箭射死，但为文天祥转移争取了宝贵的时间。

撤出方石岭，第二天晚上到达永丰县的空坑村，文天祥借宿在一个叫陈师韩的乡绅家里。元军追兵又至，文天祥卫兵被打散，妻妾子女都被抓住，部将赵时赏自称姓文被捉拿，文天祥在陈师韩和山民的帮助下，靠着对地形的熟悉才侥幸逃脱。

年底，文天祥退回广东东北部，重整兵马，于公元1278年二月进兵海丰县，并收复惠州，另一支义军又收复了广州，广东的抗元形势有所好转。并且这时二王小朝廷流亡到广东，文天祥的抗元力量对保护朝廷起到直接的屏障作用。

十二月，元军卷土重来，以张弘范为元帅、李恒为副元帅，定要将宋朝流亡朝廷和抗元力量消灭殆尽。文天祥得知消息，将军队转移到海丰县北部的五坡岭山区避其锋芒。元军在叛徒的引领下摸清了文天祥的位置，然后扮成老乡悄悄接近五坡岭，文天祥义军竟毫无察觉。等元军从天而降，义军猝不及防，仓促应战，文天祥见已无逃脱的可能，服下了随时备在身上的龙脑自杀，结果只是昏厥而已，文天祥由是被俘。

张弘范把文天祥关在一艘海船上打算战争结束后押解到元大都。海船路过珠江口外的零丁洋，南宋流亡朝廷所在地崖山近在咫尺。想到山河破碎，君臣蒙难，文天祥心绪难平，写下《过零丁洋》：

辛苦遭逢起一经，
干戈寥落四周星。
山河破碎风飘絮，
身世浮沉雨打萍。
惶恐滩头说惶恐，
零丁洋里叹零丁。
人生自古谁无死，
留取丹心照汗青。

感时事，叹身世，表达了“留取丹心照汗青”的道德品格和坚定信念。连张弘范都赞叹不已：“好诗，好诗。”

四月二十二日，崖山海战已经硝烟散尽，张弘范将文天祥押送到元大都。路过庐陵时，文天祥决心死在家乡，开始绝食，八天不吃不喝但最终没有死去。船离开庐陵很远，文天祥听说要在建康停留一段时间，于是恢复了饮食，希望能够像上次一样在镇江逃脱。然而这次他的愿望落空了，从六月十二日到八月二十四日，船在建康停泊两个多月，却始终没有寻找到逃亡的机会。十月初一晚上，文天祥被押送抵大都。

忽必烈并没有想杀掉文天祥。文天祥此时早已名声在外，是人人皆知的英雄志士，忽必烈企图感化他使他投降，这有助于元朝安定江南，收拢汉人。元人以他的妻子女儿相要挟，文天祥没有屈服；又让南宋归附的前宰相留梦炎来劝降，文天祥也没有动心；又让废帝赵㬎给文天祥下达投降的“命令”，文天祥痛哭流涕地予以回绝。种种利诱没有起到作用，就由平章政事阿合马对他进行恐吓。

阿合马令人把文天祥押到自己面前，要文天祥下跪，文天祥正气凛然：“南朝宰相不跪北朝宰相。”阿哈马充满威胁地对左右说：“此人生死在我手里。”文天祥丝毫不惧：“要杀就杀，说什么由你不由你。”元人达不到目的，就开始从肉体上折磨文天祥，把文天祥关进阴湿寒冷的地下室，让他自己做饭，且伙食极差。不久，文天祥身上爬满虱子，背上长疽，皮上生癞，折磨了一个多月，另一个宰相博罗审问他：“你既然知道国家挽救不了，为什么还要去做？”文天祥类比说：“父母病了，明知道医不好也要治。”博罗想杀掉文天祥，但忽必烈惜才，舍不得让文天祥死。

文天祥想死，外面的许多宋朝遗民也想让他死。一个叫王炎午的宋朝太学生写了一篇《生祭文丞相文》，文章的大意是鼓励文天祥做忠君爱国的道德楷模，既然是楷模就一定要坚贞不屈，慷慨就义，这样形象才高大伟岸。文中还提醒文天祥，只要想死，办法很多，比如绝食、撞墙等，一定要自己主动死，这样死得才更有价值。留梦炎更想让文天祥死，文天祥多活一天，就会把他的投降行径对比得很难看。他对忽必烈说：“不能释放文天祥，不然他又会跑到南方作乱。”

公元 1282 年，河北中山有个叫薛保柱的聚拢千人，想要救出文天祥，还专门写了告示。忽必烈得到消息，感到再留文天祥性命终究是祸害，于是亲自找文天祥进行了最后一次谈话，允诺文天祥做宰相，文天祥说：“我是大宋的宰相，怎能作元人的宰相？”忽必烈：“那就做枢密使吧。”文天祥也坚决地拒绝了。忽必烈：“那你要什么？”文天祥：“一死之外，别无他求。”

公元1283年一月九日，农历元世祖至元十九年十二月初九，文天祥在元大都柴市刑场被斩。刑前，文天祥向南方拜了两拜：“臣报国至此矣。”然后要过纸笔，写下绝笔诗：

惟有一腔忠烈气，碧空长共暮云愁。

残阳如血

在文天祥四处漂泊聚拢力量抗元复宋时，南宋各地残余力量正在受到元军的绞杀。

赵㬎投降后，淮东更加孤立。宋太皇太后谢道清遣人招降驻守扬州的李庭芝："我和皇帝都已经臣服了，你还为谁守江山？"李庭芝一度产生动摇的心理，与得力干将、通州副都统姜才商议，姜才不同意投降，他担心李庭芝有变，甚至派兵守卫李庭芝宅第。在姜才的鼓励、督促下，李庭芝坚定了抗元的决心，令弓箭手射杀反复来招降的人。伯颜掳皇帝北上，李庭芝、姜才试图劫驾，派四万人在瓜洲拦截，鏖战三个时辰没有得手。公元 1276 年三月，降将夏贵来到扬州城下，一来炫耀武力，二来给李庭芝做个"示范"。李庭芝对夏贵喊话："吾唯一死而已。"

从前扬州由周边的真州、泰州、通州等地供应粮食，后来四周州县大多沦陷，交通也已阻绝，城内供需不足。李庭芝便把民户家的粮食收起来供士兵食用，消耗尽后，又征收官员、将校的粮食。最后全城无粮，只好以牛皮、曲蘖为食，甚至发展到人吃人的地步。为了纾解扬州困境，姜才派兵到城外筹集粮食，遭遇元军，损兵折将，粮食也没能运到城中。

七月，新成立的赵昰小朝廷任命李庭芝为右相，任命姜才为保康军承宣使，要求二人到福安府护卫朝廷。李庭芝、姜才带七千人取道泰州、通州，准备泛舟南下，将扬州交给了朱焕。二人刚走，朱焕就投降了元军。元将阿术派兵追赶李庭芝、姜才，将二人包围在泰州城内，泰州裨将擅自开门投降，李庭芝逃亡不及，跳水自杀未遂，被俘；姜才因病卧床，亦被俘。阿术欲招降二人，降将朱焕担心遭受报复，在一旁唆使道："扬州积骸遍野，都是这二人的罪过。"阿术便将李庭芝斩首，姜才施以剐刑。姜才死时夏贵从他身边走过，姜才切齿痛恨："见到我你难道不应该羞愧而死吗？！"

战斗比较惨烈的还有广西静江。静江是广西路的治所，即现在的桂林，其守臣叫马塈。公元 1276 年七月，元军开始征广西，静江东北有严关，是扼守静江的隘口。马塈亲自带领三千兵卒驻守。十一月，元将阿里海牙统帅大军至严关，久攻不下。阿里海牙便派偏师绕道静江东南的平乐，然后溯漓江而上，在背后夹击严关。马塈见不能守，便退回到静江城内。

静江因为水道纵横，外城以水军防守为主。阿里海牙是久经沙场的老将，善于因地制宜。他把江水从上游阻断，然后又从下游泄洪，这样造成静江城内江水干涸，宋军的战船搁浅，变成了废铜烂铁。元军又佯攻西门，实际上从东门城墙外的墙垛攀爬上墙，这样打开了缺口，从而占领了外城。接着借助优势兵力进攻内城，宋军防守不力，又被攻破。马塈带着士兵与元军展开巷战，手臂被敌人砍伤仍然战斗不止，最后英勇就义。部将娄钤辖率二百五十人坚守瓮城继续抵抗，阿里海牙轻松一笑："负隅顽抗，不值得进攻。"他令人对瓮城围而不攻，十数天后，娄钤辖对外喊话："我们都饿了，坚守不下去了，让我们饱餐一顿就投降。"元军信以为真，送过去几头牛，几斛米。宋军取回食物后又紧闭城门，吃饱喝足后却吹响号角，擂响战鼓，元军以为他们要出城进攻，赶忙披甲持刃，严守以待。谁知宋军点燃一门火炮，轰的一声巨响，瓮城城墙被炸开了个口，顿时尘土飞扬，硝烟弥漫，离得近的元军被炸死了几个人。等烟尘散尽，元军一看，二百五十名守军皆与瓮城同归于尽。

重庆是座英雄的城市。在襄阳之战前，元军一直试图从四川突破，沿长江顺流而下进入两湖、江浙，四十多年未能得逞，就是被阻挡在重庆。重庆守将张珏原本守卫合州钓鱼城，多次建功立勋，人称"四川虓将"。公元 1259 年蒙古大汗蒙哥亲率大军围攻钓鱼城，钓鱼城固若磐石，蒙军半年毫无建树，最后蒙哥死在钓鱼城下，有说病死，有说被宋军飞石击中，无论如何，是钓鱼城改变了世界历史，延续了南宋命数。当时钓鱼城主将是王坚，副将就是张珏。成都失守后，重庆府是四川治所，统领四川地区，钓鱼城是重庆的前沿哨所。公元 1275 年张珏被任命为四川制置副使、知重庆府。

元军在四川有两支互不隶属的部队，东川军和西川军。公元 1278 年初，两军合围重庆，东川军围东面和南面，西川军围西面；东川军主要负责陆地进攻，西川军负责水路进攻。元军照例先是招降，西川枢密院事李德辉亲笔给张珏写信："作为臣下，你对赵氏没有人家的子孙亲，作为守臣，你守卫的地方没有宋朝大。人家的子孙都已经投降了，你还负阻穷山，说我要忠于职守，这不是太不明智了吗？"张珏置之不理。张珏见城外元军还没有部署妥当，立足未稳，就遣总管李义偷袭广阳。结果敌军早有防备，一支元军正面抵御，一支从后面掐断后路，在前后夹击之下，李义全军覆没。张珏深知，坐地守城即使没有战死也会困死，因此决定亲自出战，改变被动挨打的局势。二月，他带兵出熏风门迎面进击敌军，在扶桑壩与元将也速答儿战在一起。双方正难分难解之时，元军增援部队从两旁合围过来，张珏早有防备，安排接应军分成左右两翼拦击敌军合围。这一场战斗尤其激烈，元西川行枢密院汪良臣被射中四箭，险些丧命。不过彼时敌众我寡，元军又气焰正炽，张珏勉强战了一个时辰，渐渐不支，于是拍马回城。士兵跟在后面争相溃退，死伤惨重。城外作战接连败北，张珏只好死守不战。

四月到七月，元军昼夜不停猛攻重庆，双方消耗都比较大。元军有源源不断的补给，重庆一座孤城日渐困蹇。重庆的盛夏非常炎热，元军停止了进攻，但城内士兵却粮食断绝，热病流行，伤亡严重。都统赵安请战："与其困死，不如战死。"张珏明知难胜也只好同意。九月，赵安率五百兵卒出城对元军发动自杀式攻击，最后除赵安一人受伤回城，其余全部战死。

十二月的重庆又奇冷无比，这让缺衣少食的士兵们更加难熬。士兵们人心浮动，一些将领也开始动摇，连他的爱将赵安也受不了了，到张珏面前劝降。张珏虽然坚决反对，但已不忍斥责。

公元 1279 年正月的一个夜晚，赵安悄悄打开重庆镇西门投降。元军一拥而入，张珏想喝毒药自杀，左右藏匿不给，只好带着妻子乘舟逃亡涪州。中途张珏感到逃跑无益，拿起斧头想要砍沉小船溺死，被船夫夺过扔进江里；又想跳水自尽被妻子抱住不放。第二天张珏在涪州被元军俘获。解押去元大都的途中，一位朋友劝道：“你尽忠一生报效自己的事业，现在一切都没有了，不死还能做什么？”张珏于是在厕所用弓弦勒死了自己。死后，随从将他焚烧火化，用瓦罐匆匆掩埋，致使尸骨无迹。

新政权，新希望

各地反抗元朝的战争此起彼伏，风起云涌，一个重要原因是他们还能够看到最后一丝希望，那就是皇室还有血脉残存在福建、两广。

文天祥到皋亭山出使元营前就想到了后路，建议封皇帝的两个弟弟赵昰和赵昺镇守福建、两广，朝廷还有幻想，一开始不答应，后来形势紧迫，不得已封赵昰为益王，判福州，封赵昺为广王，判泉州，下令二王就藩，即允许他们离开临安，躲避到福建。由于二王年幼，两位母亲杨淑妃和俞充容跟随照料，他们的弟弟杨亮节和俞如圭主管王府事务，驸马都尉杨镇为护卫。

二王原本打算从海上逃走，无奈元军已经封锁了附近的出海通道，只好先逃到婺州。当时先后出逃的还有宰相陈宜中，驻兵六和塔的张世杰不满朝廷不战而降，也率所领人马出走定海。元军不明就里，以为他们是一拨人马，下令追击，但波涛浩渺的钱塘江早已船去江空。元军十分重视二王的动向，一直没有停止打探他们的消息，也没有放弃对他们的追捕。

公元 1276 年二月，元军得知二王到了婺州，立即派范文虎前去招降。杨镇早一步得到消息，对二王说："我去与敌人周旋，延缓时间掩护你们逃走。"遂独身前往范文虎军营。杨亮节背负着二王藏匿到深山中，整整七天不敢露面。后来统制张全带领数十名宋兵找到他们，才辗转一路逃到温州。

临安投降后，二王便成为皇室的象征，一些不愿投降元朝的大臣克服重重困难来到温州，试图组建新的政府。闰三月，礼部侍郎陆秀夫归于二王麾下，他遣人到清澳召陈宜中，到定海召张世杰，这些人聚集在一起便有点像朝廷的样子了。他们拥戴赵昰为兵马大元帅，意图仿效赵构建立南宋故事，整合各路军马共同抗元。不久，谢太后派两名宦官带百余士兵传谕他们投降，陈宜中将这些人统统沉入江中，以示不屈。因为温州渐渐接近前线，元帅府后又迁移到赵昰的封地福州。

国不可一日无主，陈宜中等人商议应早立凤阙，便拥戴赵昰即位，于五月初一正式称帝，改元景炎，尊杨淑妃为皇太妃，一同听政。升福州为福安府，温州为瑞安府。接着大封诸臣，封弟弟赵昺为卫王，陈宜中为左丞相兼枢密使、都督诸路军马，李庭芝遥领右丞相，张世杰为枢密副使，陆秀夫为直学士，苏刘义主管殿前司。

赵昰即位有凝聚人心的作用，一些原本准备投降元朝的将领又回心转意，转而坚定地团结在新皇帝周围。原江西制置使黄万石曾任福建漕使，归顺元朝后被派往福建当说客，汀州、建州都已经答应放弃抵抗，听到二王入闽，他们重又拿起武器，拒绝了黄万石的要求。南剑州守臣林起鳌派兵驱逐黄万石，粉碎了他继续为元军效力的图谋。当时福建、广东尚未降附元朝，且二地连成一片，朝廷颇有振作迹象。小朝廷传檄各地，企图收复江西和浙南的一些失地。吴浚从广昌发兵，收复了南丰、宜黄、宁都三个县，翟国秀收复了秀山，赵潜收复了韶州、广州。八月，秀王赵与檡围攻婺州，受到元将董文炳的激烈抵抗，赵与檡不敌而退，被迁往瑞安府。

九月，元军展开大规模反击，一路以骑兵攻江西，阿剌罕、董文炳从明州南下攻浙南、福建。十四日元军围瑞安，赵与檡以三万兵众出城迎战，鏖战四十里不敌元军，只好退守城中。城中有一叫李雄的小校乘夜里人们不备打开城门，元兵蜂拥而入，赵与檡率部下与之巷战，最后兵败被俘。董文炳威逼利诱赵与檡投降，赵与檡厉声道："我是国家近亲，力战而死是我的本分。"与手下一百八十多名将士皆被杀。

江西战场上，宋军也节节失败，元军顺利进入福建。这时的福建制置使王积翁先是放弃南剑州逃回福安，又派人暗通元军，献上福建地图，愿意作为福安的内应。在这种情况下，小朝廷在福安肯定是待不下去了，不过陈宜中、张世杰早就准备好了海船，于十一月十五日登舟入海，开始了流亡生涯。二十三日，元将唆都兵临福安，福安守将和王积翁一同献城投降。

福州而下是泉州。泉州自唐朝以来就是重要的对外贸易口岸，有许多外国人在此定居，以阿拉伯商人为最。为了管理海外贸易，朝廷专门设立了市舶司。市舶司是个开放的机构，由阿拉伯人蒲寿庚负责。蒲寿庚的权力很大，除了提举舶司，还兼任闽广招抚使，既是官员，又是商人，既有一定量的军队，又是地头蛇，可以说在泉州一手遮天，权力大过知州田子真。流亡朝廷在泉州能不能立住脚，很大程度上取决于蒲寿庚。

作为泉州关键人物的蒲寿庚是个认钱不认人的商人，他信奉伊斯兰教，不读孔孟更不读程朱，不懂忠孝仁义那些道理，只讲利益。其实蒲寿庚对南宋的印象还不错，毕竟这是个开明开放的王朝，不然也不会有那么多阿拉伯人不远万里来这里做生意。让蒲寿庚头痛的是泉州作为商贾大都、繁华胜地，不少王公贵族、皇室宗亲住在这里，平日里耀武扬威、飞扬跋扈，南宋强盛时蒲寿庚自然不敢得罪他们，所以曲意奉承、得让且让，心里憋屈着一肚子委屈和窝火。对于赵昰流亡朝廷的到来，他颇有疑虑，犹豫着是接纳还是对抗，不过那些皇室宗亲早已迫不及待地想要去迎接了。蒲寿庚经过思想斗争，认为同流亡朝廷合作能够增加自己的地位和分量，所以恭恭敬敬地前去觐谒赵昰，请求皇帝驻跸泉州。

赵昰一个小孩子自然不知怎样选择，朝政还是陈宜中和张世杰说了算，如果答应蒲寿庚的请求，泉州不失为一个避风港，或许能苟延残喘几年几十年也未可知。但张世杰却不同意，他从骨子里鄙视胡人，羞于与他们为伍。有人劝张世杰："既然不愿与蒲寿庚合作，把他扣留下来，免得生事。"张世杰是直来直去硬碰硬的人，不屑于与胡人耍心眼，就把蒲寿庚放了回去。张世杰不合作的态度惹恼了蒲寿庚，但对方毕竟是朝廷，蒲寿庚忍一忍不好意思说什么，如果张世杰就此路过泉州南下，二者相安无事，这一段插曲在历史中完全可以忽略不计。不过，朝廷穷蹇，人多船少，蒲寿庚那里有的是大船巨轮，张世杰不愿向蒲寿庚说好话，带着军队强登蒲寿庚的船只，将上面的闲杂人全部赶下去，只留下船工为朝廷服务，这船就算是朝廷的了。对于蒲寿庚来说，不但没有在流亡朝廷中分得一杯羹，还凭空损失了许多船只，如何不愤怒！好歹他已经在泉州盘踞经营了三十年！气急之下，将住在泉州的赵氏宗室、朝廷官兵全部杀掉，彻底与南宋决裂了！

听闻蒲寿庚大开杀戒，张世杰打算还以颜色，带兵清剿，陈宜中劝道："算了吧，元军将至，我们在这里盘桓下去未必是好事，不可因小失大。"于是扬帆起航过了泉州，就这样错过了又一支抵御元军的有生力量。十二月，蒲寿庚与知泉州田子真向元军献城，元朝封蒲寿庚为福建行省中书左丞，相当于福建省的丞相。

从泉州事件可以看出，张世杰忠心有余，心胸狭窄，收服人心工作远逊元军。

流亡，流浪

流亡朝廷继续向广东进发，这时又传来广州再次失陷的消息，前行意味着自投罗网。公元 1277 年四月，船队行进到香港九龙的官富场，这里天高地远，元军没有触及，能够暂时获得喘息的机会，于是在这里建立起了简陋的行宫。

流亡朝廷驻跸官富场后，又进行了一系列军事行动试图恢复失地，均遭遇失败。张世杰一直对泉州蒲寿庚耿耿于怀，联合广东义军陈吊眼等回头攻打，围困了三个多月不能攻克。元兵得到消息前来救援，张世杰只好撤退。

公元 1277 年九月起，元军横扫广东、福建，十一月直逼官富场，流亡朝廷只好再次转移，准备移至今澳门的浅湾。中途遭受元军袭击，张世杰战于香山岛，失败，带着流亡朝廷暂时躲避在今广东中山的井澳。当时刚好遭遇台风，舟船、将士倾覆溺死无数。十一岁的赵昰哪里见过这种场面，惊惧不已，加上沿途奔波，竟染病在身。十二月元军追至井澳，流亡朝廷一边转移一边抵抗，卫王赵昺的舅舅俞如圭在战斗中被俘，而赵昰只能在海上漂泊。

眼看流亡朝廷行将不保，左相陈宜中提出要到占城借兵而擅自离开了朝廷。占城是越南中部的一个小国，一直向宋朝进贡，关系友好。许多大臣认为陈宜中不会再回来了，殿前指挥使苏刘义试图追赶，但陈宜中思维缜密，早已不知所终。

流亡朝廷失去了陈宜中这个“主心骨”，上下一片惶恐，最后商议不如追随陈宜中也到占城避难。船队行到雷州半岛时，已是公元 1278 年四月，赵昰病情恶化，竟一命呜呼。小皇帝的去世让人更加沮丧，大臣们一时间失去效忠的目标，纷纷议论想要散去，这时陆秀夫站了出来："度宗皇帝还有一个儿子在，我们打算如何安置他？古人有以一旅一城中兴者，现在朝廷体系尚在，还有过万士兵，天若不灭宋，这难道不能成就一个国家吗？"于是大家立赵昺为帝，改元祥兴，升陆秀夫为左丞相，张世杰为枢密使，就在雷州半岛的冈州安置下来。

要想保证冈州安全，必须把雷州控制在手中。但雷州很快就被元军占领了。张世杰派张应科、王用克复雷州，又被打败，王用投降。王用向元军详细介绍了流亡朝廷的状况，并指出冈州无粮草，宋军正准备打琼州运粮。元军得到情报，立即掐断流亡朝廷的运粮通道。为了争夺雷州，张世杰孤注一掷，投入全部兵力进攻雷州，但久攻不下，附近州县的元军又常常出其不意进行骚扰，无奈之下，六月份流亡朝廷将行宫转移到广东新会县的崖山。

在冈州时，张世杰自知不是久居之地，亲自到附近勘察地形，最后选择了崖山。崖山与对面汤瓶山隔江而望，是珠江的出海口之一。其两山夹一海，如一扇门掌控着船队进出，因此海道之处叫崖门。崖门地势险要，进可以出海逃亡，退可以据守内陆，确是用兵驻跸的理想之地。张世杰做好了长期驻守的打算，一到崖山就派遣兵卒到山里采伐树木，烧砖制瓦，建造宫殿。基建工程从六月一直做到十月，为杨太妃、赵昺皇帝等建造宫殿三十间，部队驻扎军营三千间。朝廷和军队的粮食布帛到广东各州及海外采办，又拘制工匠建造舟船、兵器，一时间热热闹闹，倒有些人间烟火。

流亡朝廷渴望有稳定的生活，哪怕只是一处小小的出海口。然而在元朝几乎"天下大同"的情况下，这一愿望无疑是奢侈的。九月底忽必烈任命江东宣慰使张弘范为蒙汉军都元帅，李恒为副帅，对南宋发起最后一击。

张弘范原是金国的汉民，元军南下时父亲张柔在家乡保州一带聚集乡民自保，后被元军击败被俘，投降蒙古。张弘范出生时，金国已亡，所以可以看作是纯粹的元人。张柔请名师教育子弟，张弘范挺拔英俊，文武双全，忽必烈对他非常信任，跟随伯颜攻打襄阳，为元军突破南宋防线做出了突出贡献。这一次忽必烈任命张弘范为都元帅，张弘范惶恐不安："大蒙古从立国之日起，未有用汉人为元帅者，今令臣统兵，恐将士不服。”忽必烈宽慰道：“这是我的任命，谁敢不服。”张弘范请求：“愿给一个信物号令三军。”忽必烈便令把府库中的宝剑全部搬出来，让张弘范挑一把，作为尚方宝剑，可以处置江南任何事宜，包括生杀蒙古将领。

十月，张弘范率水师沿海从福建进入广东，李恒率步骑从梅岭入广东，他们分道而袭，目标一致，剑指崖山！如同以往一样，所到之处无不摧枯拉朽。闰十一月十四日李恒进入广州，一名叫做戴宝的宋兵向他透露了流亡朝廷在崖山的情况，告诉他宋廷有船七百艘，军士很多，但具体数目说不清楚。戴宝只是一个小兵，根据目击提供情报，了解得当然不够准确。史载张世杰军队这时仍有二十万，估计虚数不少。宋军逃亡以来一路损兵折将，特别是争夺雷州损失不小。陆秀夫立赵昺时说一万多人，与二十万人相差甚远，当时尚在雷州战役之前。逃亡路上历史资料遗漏错讹很多，宋军数目也成了谜。崖山之战后，说海面上漂浮起十万尸体，也是约数，不过推算此时流亡朝廷军队、大臣连同家属应该在十多万。当然军队多少已无意义，从襄阳城破那一天起，再多的军队在元军面前几乎都是摆设。

李恒并不在意宋军有多少军队，不过他是副帅，只能等张弘范到后才能做出决定。所以他按兵不动，巩固广州，防范周围宋朝残部和民间义军的侵袭。到这一年底，他以广州为据点，先后击败了宋将王道夫、凌震的军队，并在海丰县五坡岭俘虏了宋朝右相文天祥，基本平定了广东地区。

不屈的崖山

崖山已成孤岛，只等一场飓风揉成碎片。

公元 1279 年正月张弘范水师到达广东，十三日到达崖山，十六日李恒也率一百二十艘战舰入海，协同张弘范完成对宋廷的最后围剿。张弘范扼守南面入海口，李恒则在北面镇守，对崖山形成包围之势。从军队数量来看，元军只有二三万水军，但都是训练有素、士气高昂的精兵强将，张世杰军队数量中大多是入伍不久的民兵，还拖儿带女，战斗力十分薄弱。但是张弘范从海道而来，乘坐的都是大型海船，这是元军所不适应的。因此从表面上看，张世杰仍可一战，胜负依然有可能逆转。

流亡朝廷已经辗转太多地方，累了、困了，不想再迁徙了，所以张世杰摆出防守的架势，准备在此地以死相搏。按正常战斗部署，宋军应该把守出海口和两山对峙的崖门处，但张世杰放弃了这些要隘，直接陈兵江上，等待敌人来攻。同在焦山一样，他仍然把战船用绳索一个个地系在一起，一进俱进，一退俱退，与在陆地作战并无不同。如此一来，元军不善操纵大型战船的劣势消除了，变成宋军呆滞、元军灵活了。此时文天祥被押缚在元军阵营观战，内心暗暗叫苦："大船绑在一起难以机动，这样不能攻击敌人，只能被动挨打。"张世杰从郢州防卫起进入历史视野，其忠勇可嘉，但军事才能实在平庸。

元军完成合围后，并没有急着进攻，张弘范还在观察、适应，设想种种可能，防止宋廷再次逃脱。他琢磨流亡朝廷既然住在崖山上，饮用水一定是山泉，于是派小股部队悄悄绕道山后，掐断水源，将宋廷辛辛苦苦四个月建造的宫殿一把火烧掉。这样，无论太后皇帝还是军政大臣只能吃住在船上，再无回到陆地的可能了。接着元军派轻型舰不断骚扰宋军，使他们不能到山上人工取水，又控制山中要道，彻底断绝了宋军淡水补给。宋军在船上储藏有半年干粮，但没有淡水无法食用，有些士兵被迫饮用海水，拉肚呕吐，体乏身弱，战斗力大打折扣。随后张弘范令在珠江西岸的汤瓶山上架设石炮向赵昺乘坐的战船发射攻击，但赵昺船只坚固牢靠，石块落到上面毫不颠簸摇晃，这个战术没有起到作用。元军还想效仿焦山以火烧船，这次宋军有所提防，在战船上涂满泥巴，又悬挂无数水桶，即使着火也能很快扑灭。

张弘范的另一个策略就是进行政治宣传，瓦解宋朝军心。他让士兵在对面喊："陈宜中丞相已经逃跑了，文天祥丞相已经被俘了，你们为何而战？"然后就是诱降，他连续派三拨人劝说张世杰，张世杰不为所动："我也知道降了能够得到富贵，但为君主而死的决心不会改变。"

张弘范试图不战而胜没有奏效，但又不愿看到宋廷突围逃跑，李恒建议："应该急攻，不然宋军淡水用尽只有突围。"张弘范认为有道理，于是决定发起总攻。二月初五，张弘范将元军战船陈列于宋军对岸，也一字形排开，元军战船少，就集中在赵昺船只前面，目标十分明确，擒贼擒王，一定要捉拿赵昺。

初六黎明，历史性一刻终于到来，宋元崖山海战决战打响。元军的战术很明晰：李恒攻打北面的舰队，另一部攻打南面的舰队，张弘范亲自率军紧盯赵昺。另外，元军预计退潮的时候宋军会离船潜逃，因此要求严加提防，不能让宋军得逞。李恒率先从北面冲击宋军，元军在每艘船的尾部建造一座战楼，船头则布满帷幔。开始时用船头冲击宋船，宋军急忙以弓箭迎敌，这些箭镞射在帷幔上，相当于诸葛亮的草船借箭。等宋军弓箭势头减弱，元军调转船身，以船尾对宋军船头，战楼高出对方战船一大截，这样便于居高临下实施进攻。宋军船与船之间有绳索相连，难以调头，因此只有被动挨打的份儿了。元军弓箭、石块像雨滴般地砸向宋军，宋军则完全暴露于敌人的视野之下，伤亡惨重。眼看压制住了宋军，元军又用斧头砍断宋船相连接的绳索，这样使位于边缘的战船孤立起来，然后各个击破。战到巳时，元军缴获了宋军三艘战船。宋军一旦局部战败，多米诺骨牌效应马上显现，到中午，元军已经全面突破到宋军船队中。元军跳上宋船展开了白刃战，北方蒙汉人身经百战、骁勇善战，宋军缺乏训练，不久，北面船队就被击溃。

中午涨潮时分，海水回溢向北流，南部元军趁顺流向宋军发动进攻，这样在力量上占有不少便宜。张弘范令人擂响战鼓，奏起军乐，为自己的军队加油鼓劲。宋军听了士气更加低落，只能仓皇应战。元军依然采用战楼居高临下进攻的老办法，成千上万的石块砸向宋军，宋船上一片混乱和哀号。两军激战到申时，宋军已基本失去抵抗能力，不少将领卸下盔甲举手投降，成片成片的士兵跪地求饶，战场上的金戈碰撞交响的声音渐渐稀疏。张世杰见大势已去，急忙令中间尚有战斗力的几艘战船砍断绳索，护卫赵昺突围。张世杰和赵昺分乘两艘大船，相隔遥远，无法靠近，只好派一艘小船去接应赵昺。这时赵昺的身边是宰相陆秀夫，他担心小船没有战斗力，中途被元军所俘，又难以分辨小船上到底是不是自己人，于是拒绝了张世杰的接应。张世杰万般无奈，率领十余艘战船保护杨太后突围而去。不久心灰意冷，与杨太后均自杀溺亡海中。

拒绝张世杰的那一时刻，陆秀夫心中已有打算。如果突围成功，将又是漫漫无期的飘荡岁月，天下之大哪里有容身之处？如果突围不成功，赵昺势必落到元人手中，忍受靖康二帝和赵㬎那样的屈辱。“靖康耻，犹未雪。臣子恨，何时灭。”作为臣子最难以忍受的是眼睁睁看着君主受辱而无能为力。与其辱，不如死！那一刻陆秀夫已经抱定了必死的决心！他步履沉重地走到自己的妻子儿女面前：“我军已败，大宋已亡，生有何益，你们去吧！”他的眼中泪水横溢，用手指指船外：“跳下去吧。”他的儿女尚幼，一个个瞪着惊恐的大眼睛，妻子则用手紧紧抓着船帮歇斯底里地叫道：“不！”陆秀夫摇摇头：“你甘心落在野蛮的敌军之手吗？投海事小，失节事大，跳下去，为国守节，为夫守节。”妻子眼中的惊恐变成了绝望，似乎陆秀夫才是那一根泅渡的稻草。然而陆秀夫决绝地说：“你以为我还会独活吗？与圣上有个了结，我一定追随你们而去。”这时，天已向晚，西天残阳里一只鸟儿孤单地掠过，就像赤色的海面飘过一袭白色的裙裾。

料理完妻儿，陆秀夫抹干眼中的泪水，然后从容地整理了一下自己的朝服，转过身步履坚定地走向赵昺，扑通一声跪倒在他面前：“国事至此，陛下当为国死。德祐皇帝（赵㬎）受辱已甚，陛下不可再受辱。”说完站了起来，抱起这个八岁的小孩，一步一步走向大海，这时他的眼中没有泪水，只有执着。

那一年，陆秀夫四十四岁，正值壮年；那一天，海水平缓，未起风浪；那一刻，刀剑入鞘，四周突然死一般寂静。

公元 1279 年农历二月初六，大宋彻底灭亡。